史記會注考證校補

（日）水澤利忠　著
楊海崢　整理

肆

上海古籍出版社

史記會注考證校補卷六十七

仲尼弟子列傳第七

〔宰我子貢〕 瀧二・七，慶一右四，殿一右九，凌一右五。

索 政事在言語上 ○索學政事在言語上。

索 是其記有異也 ○索「有異也」三字作「異耳」二字。

〔師也辟〕 瀧二・九，慶一右六，殿一右一〇，凌一右七。○辟，景井蜀衲耿慶彭索毛游凌殿僻。下注同。札記中統舊刻、王、柯本並作「僻」。

集 失於邪辟文過 ○文，慶游之，彭又。

〔由也喭〕 瀧三・一，慶一右七，殿一左二，凌一右八。

索 今此傳序之 ○殿無「此」字。

索 次參次師次由 ○索此六字作「言由」二字。

正 吷音畔又音岸　○慶彭凌「吷音畔」三字移在索隱注上，而無「又」字。札記各本錯在索隱前，今移正。原脱「喭」字，今補。

〔億則屢中〕　瀧三・二，慶一右九，殿一左四，凌一右一〇。○南化楓三野有正義本，「億」作「意」，六字注。

集 唯財貨是殖　○毛唯財貨是殖焉。

集 不虛心　○虛，景井成。

集 雖不窮理　○雖，毛唯。

*__正__ 意音億　南化楓三野瀧　按：此三字非正義注文。瀧川氏妄斷正義佚文者不少。

〔於衛蘧伯玉〕　瀧三・六，慶一左三，殿一左八，凌一左五。

集 大戴禮云　○景井衲慶彭游毛凌無此注四字。南化楓三梅野校補此四字。耿無此注四字，而有「裴駰曰」三字。

集 自娛於隱括之中　○娛，殿金陵設，札記官本「設」，與大戴記合。各本誤「娛」。按：札記引正文「娛」作「設」。

集 汲汲於仁以善自終　○景井衲此注八字作「以善存亡汲汲」六字。

〔於齊晏平仲〕　瀧三・八，慶一左四，殿一左九，凌一左六。

集 大戴禮云　○景井衲慶彭游毛凌無此注四字。南化楓三梅野校補此四字。耿無此注四字，而有「裴駰曰」三字。

〔於楚老萊子〕 瀧三・九，慶一左四，殿一左九，凌一左六。

索 大戴記又云 ○耿慶彭游凌殿無「又」字。

索 德恭而行信 ○耿慶彭游凌殿「德恭」二字作「蹈忠」。

索 貧而樂也 ○耿慶彭游凌殿「樂也」二字作「能樂」。

索 終日言不在悔尤之内 ○耿慶彭游凌殿終日言不在無「悔」字。尤之内國無道處賤不悶。

〔柳下惠〕 瀧四・一，慶一左七，殿二右一，凌一左九。

集 大戴禮云 ○景井衲慶彭毛游凌無此注四字。南化楓三梅野校補此四字。

〔孔子皆後之不並世〕 瀧四・四，慶一左八，殿二右三，凌一左一〇。○索出此八字於上文「之師也僻參也魯」下。

集 晉大夫羊舌赤之邑 ○羊，景曰。

索 不並代 ○代，慶彭索游凌殿世。

索 皆孔子同時人也 ○索無「人」字。

索 家語又云至蓋隨武子之行五十三字 ○索無此注五十三字。

索 唯舉銅鞮介山二人行耳 ○鞮，凌鍉。下同。耿慶彭凌殿——二人之行也，「耳」字作「也」。

〔少孔子三十歲〕 瀧五・一，慶二右五，殿二右一〇，凌二右九。○三，南化二。楓三野——三十七或作「二」。歲。

正 少戍妙反 ○戍，慶彭凌殿成，南化梅校記「戍」。札記「戍」訛「成」，今改。

〔一簞食一瓢飲〕　瀧六・一，慶二右九，殿二左三，凌二左二。

集　簞笥也　○[南化][三]簞笥也瓢瓠也。

〔唯我與爾有是夫〕　瀧六・四，慶二左二，殿二左七，凌二左七。

正　肇字永初　○[慶][彭][凌][殿]無「初」字。

正　作論語疑釋十卷論語駮二卷　○[慶][彭][凌]作論無「語」字。疑釋十卷及無「論」字。語駮虛二卷。按：景印慶元本補「語」字而「語」上補「論」字。　[札記]官本如此，各本作「論疑釋十卷」及「語駮虛二卷」，脱誤也。

〔髮盡白蚤死〕　瀧六・七，慶二左五，殿二左一〇，凌二左九。○[詳節]無「髮盡白」三字。

索　先孔子卒時　○[耿][慶][彭][游][凌][殿]重「卒」字。

索　孔子曰鯉也死　○[耿][慶][彭][游][凌][殿]無「孔」字。

索　按顏回死在伯魚之前　○顏，[耿][慶][彭][游][凌]言。按：景印慶元本「言」改「顏」。

索　故以論語爲設詞　○[慶][彭][凌][殿]故知以殿本無「以」。論語爲設詞。

〔少孔子十五歲〕　瀧七・八，慶三右三，殿三右七，凌三右八。

索　家語亦云魯人少孔子十五歲　○[耿][慶][彭][游][凌][殿]無此注十二字。

〔不食汙君之祿〕　瀧八・一，慶三右五，殿三右九，凌三左一。○[南化][楓][三]無「之祿」二字。

〔冄耕字伯牛〕　瀧八・四，慶三右八，殿三左二，凌三左四。

索　按家語云魯人　○耽慶彭游淩殿無此注六字。按：索隱引家語，合刻者嫌與集解複而删之。如此之例甚多，今不悉載録。

〔自牖執其手〕　瀧八・六，慶三右九，殿三左三，淩三左五。

集　牛有惡疾　○疾，景井蜀衲慶彭游殿病。

〔命也夫〕　瀧八・七，慶三右一〇，殿三左四，淩三左七。

集　包氏曰　○景井衲耽慶彭毛無「氏」字。下倣之。札記中統、游、毛本脱「氏」字。下「可使南面」下，集解同。

集　冉言之者　○景冉言之大者。

集　痛之甚也　○南化三痛惜之甚也。

〔使民如承大祭〕　瀧八・八，慶三左二，殿三左六，淩三左九。

集　孔安國曰莫尚乎敬　○南化楓三孔安國曰仁之道莫尚乎敬。

〔在邦無怨〕　瀧八・九，慶三左三，殿三左七，淩三左一〇。○邦，紹國，耽「邦」字下有「監本在國」四字注。

〔聞斯行諸〕　瀧九・九，慶四右二，殿四右六，淩四右九。

集　賑窮救乏之事也　○賑，耽振。

〔聞斯行諸〕　瀧九・一〇，慶四右三，殿四右七，淩四右一〇。○聞，紹門。按：紹興本誤。

〔如之何其聞斯行之〕　瀧一〇・一，慶四右四，殿四右七，淩四左一。○通志下「之」字作

「諸」。

〔敢問問同而荅異〕　瀧一〇・二，慶四右五，殿四右八，凌四左二。○耿此下有「監本無問同而荅異」八字注。

〔志伉直〕　瀧一〇・八，慶四右八，殿四左二，凌四左五。○伉，毛阬。

〔陵暴孔子〕　瀧一〇・八，慶四右九，殿四左三，凌四左六。

集　佩以猳豚　○景井蜀衲耿毛無「以」字。札記北宋本、毛本無「以」字。

〔因門人請爲弟子〕　瀧一〇・一〇，慶四左一，殿四左五，凌四左八。

索　古者始仕　○仕，耿慶彭游凌殿事。

索　示必死節於其君也　○索無「其」字。

〔先之勞之〕　瀧一一・二，慶四左二，殿四左六，凌四左九。

集　先導之以德　○導，毛道。

集　民忘其勞　○忘，蜀妄。按：蜀本訛。

〔無倦〕　瀧一一・三，慶四左三，殿四左七，凌四左一〇。

集　行此二事無倦則可　○二，景井衲耿慶彭毛游凌上。

〔君子好勇而無義則亂〕　瀧一一・五，慶四左四，殿四左八，凌五右二。

集　而受不義之責也　○責，蜀貴。按：蜀本訛。

索　晉中書侍郎　○侍，慶彭省，南化三校記「侍」。

索　亦作論語解　○耿亦作論語解故注引之。

〔其由也與〕　瀧一一・八，慶四左八，殿五右二，凌五右六。○與，耿凌歟。下同。

集　聽訟　○聽，紹融。

集　必須兩辭以定是非　○定，耿受。

集　偏信一言折獄者　○一，紹片。

〔無所取材〕　瀧一一・一〇，慶四左一〇，殿五右三，凌五右七。

索　按肇字永初　○永，慶彭游凌殿求。

〔可使治其賦〕　瀧一二・四，慶五右四，殿五右八，凌五左二。○札記中統「賦」誤「富」。

〔然吾語汝〕　瀧一二・九，慶五右八，殿五左一，凌五左六。○紹無「語」字。

〔靈公太子蕢聵得過南子〕　瀧一三・二，慶五左一，殿五左四，凌五左九。○蕢，通志蒯。聵，紹毛聵。下並同。

〔子路爲衛大夫孔悝之邑宰〕　瀧一三・六，慶五左五，殿五左一〇，凌六右二。○南化楓三梅野無「孔悝之邑宰」五字。札記警言索隱本出「爲衛大夫」四字注云云，則小司馬所見史文無「孔悝之邑宰」五字。

〔而蕢聵入立〕　瀧一三・八，慶五左八，殿五左一〇，凌六右五。○立，游蕢。按：游本涉上而訛。

〔出公去矣〕　瀧一三・一〇，慶五左一〇，殿六右一，凌六右七。○南化梅出公已去矣。

〔蕢聵弗聽〕　瀧一四・六，慶六右三，殿六右五，凌六左一。○弗，殿勿。札記「蒯」作「蕢」，疑誤。

〔惡言不聞於耳〕　瀧一四・一〇，慶六右七，殿六右九，凌六左四。

集　子路爲孔子侍衛　○毛無下「子」字。札記北宋、毛本脱下「子」字。

集　故侮慢之人　○侮，慶彭凌悔。

〔是時子貢爲魯使於濟〕　瀧一五・一，慶六右八，殿六右九，凌六左五。○索出此九字於上文之「好廢擧時轉貨資」下。札記案：此於上下文皆不相涉，索隱本出此九字於「子貢傳好廢擧與時轉貨貲」條後，疑今本錯簡。

索　蓋此文誤也　○耿慶彭游凌殿蓋此文錯誤也聊亦記之。

〔利口辯辭〕　瀧一五・三，慶六右一〇，殿六左一，凌六左七。

索　家語亦云魯人　○耿慶彭游凌殿無此注六字。

〔鑽燧改火〕　瀧一五・六，慶六左二，殿六左三，凌六左九。○燧，游遂。

〔天下之通義也〕　瀧一六・一，慶六左八，殿六左九，凌七右五。

集　自天子達於庶人　○庶，蜀廣。按：蜀本誤。

〔宰予晝寢〕　瀧一六・一，慶六左八，殿六左九，凌七右六。○予，景井蜀衲耿慶游毛殿我，札記中統、游、王、柯、毛本「予」作「我」。

〔朽木不可雕也〕 瀧一六・三，慶六左九，殿六左九，凌七右六。

集 雕琢刻畫 ○畫，殿畫。按：殿本誤。

〔糞土之牆不可圬也〕 瀧一六・三，慶六左九，殿六左一〇，凌七右七。○圬，景井衲耿慶彭凌殿圬，游巧。下注同。

〔予非其人也〕 瀧一六・五，慶七右一，殿七右一，凌七右八。○予，紹通志子。

〔宰我爲臨菑大夫〕 瀧一六・五，慶七右一，殿七右二，凌七右八。

索 齊都臨淄 ○都，耿何。

〔孔子恥之〕 瀧一六・六，慶七右三，殿七右三，凌七右一〇。

索 因而爭寵 ○因，慶彭游凌固，耿殿此注四字作「而田闞爭寵」五字。

索 按左氏傳 ○慶彭游凌殿無「傳」字。耿無「氏」字。

索 遂爲陳恒所殺 ○耿慶彭游凌殿子游本作「予」字。我無「遂」字。爲陳恒所殺。

〔端木賜衛人〕 瀧一七・二，慶七右五，殿七右五，凌七左二。○木，索金陵沐，札記索隱本「沐」，吴校本同，各本作「木」。

〔字子貢〕 瀧一七・二，慶七右五，殿七右五，凌七左二。

索 家語作木 ○耿慶彭游凌殿無此注四字。

〔陳子禽問子貢曰〕 瀧一七・一〇，慶七右一〇，殿七右一〇，凌七左七。○彭陳子禽問於子貢曰。

〔而亦何常師之有〕　瀧一八・二，慶七左三，殿七左三，凌七左一〇。

集　無所不從學　〇所，耿有。

〔抑與之與〕　瀧一八・三，慶七左五，殿七左四，凌八右二。

集　抑人君自願與之爲治者　〇井耿慶彭游毛凌殿無「者」字。

〔其諸異乎人之求之也〕　瀧一八・五，慶七左七，殿七左六，凌八右四。

集　明人君自與之　〇楓三明人君自顧與爲治之。君，衲若。按：百衲本誤。

〔富而好禮〕　瀧一八・七，慶七左一〇，殿七左八，凌八右七。〇楓三富而好禮者也。

集　不以貧爲憂苦也　〇南化三不以貧賤爲憂苦也。

〔故移其兵〕　瀧一八・九，慶八右一，殿七左一〇，凌八右八。〇移，紹多。

〔子張子石請行〕　瀧一九・二，慶八右三，殿八右二，凌八右一〇。

索　公孫龍也　〇耿無此注四字。

〔其士民又惡甲兵之事〕　瀧一九・七，慶八右七，殿八右五，凌八左四。〇民，蜀氏。按：蜀本訛。

〔破國以尊臣〕　瀧二〇・二，慶八左五，殿八左二，凌九右一。

集　鮑晏等帥師　〇帥，游師。按：游本涉下而訛。

〔以立其義〕　瀧二二・二，慶九左五，殿九右九，凌九左一〇。〇通志以立其義也。

〔且王必惡越〕　瀧二二・三，慶九左七，殿九左一，凌一〇右二。

索　惡猶畏惡也　○耿 慶 彭 游 凌 殿無下「惡」字。
〔名從諸侯以伐也〕　瀧二二・四，慶九左八，殿九左二，凌一〇右三。○從，耿使。
〔待我伐越乃可如此破越必矣〕　瀧二二・七，慶一〇右二，殿九左五，凌一〇右七。○南化 楓 三 梅 野無「乃可如此」四字。通志待我伐越而「乃」作「而」。後可如此——。
〔有報人之意〕　瀧二二・九，慶一〇右三，殿九左六，凌一〇右八。○意，金陵志，札記北宋本「志」，各本作「意」。
〔國家敝於數戰〕　瀧二三・三，慶一〇右八，殿九左一〇，凌一〇左三。○戰，通志載。
〔子胥以諫死〕　瀧二三・四，慶一〇右九，殿一〇右一，凌一〇左四。
索　王劭按家語越絶　○耿 慶 彭 游 凌 殿——越絶書。
〔是殘國之治也〕　瀧二三・五，慶一〇右一〇，殿一〇右二，凌一〇左五。○南化 楓 三 野是殘國家之治也。
〔以徼其志〕　瀧二三・六，慶一〇左一，殿一〇右三，凌一〇左六。
集　徼結堯反　○景 井 衲無「反」字。
集　激射其志　○激，游徼。射，耿謝。
〔重寶以說其心〕　瀧二三・七，慶一〇左二，殿一〇右四，凌一〇左六。○南化 三 野以重寶——。

〔王之福矣〕　瀧二三・八，慶一〇左三，殿一〇右五，凌一〇左八。○矣，通志也。

〔臣請北見晉君〕　瀧二三・八，慶一〇左四，殿一〇右五，凌一〇左八。○南化 三 梅無「君」字。

〔劒一〕　瀧二三・一〇，慶一〇左六，殿一〇右六，凌一一右一。○劒，毛釼。按：毛本因字形相似而訛。

〔敢修下吏〕　瀧二四・六，慶一一右二，殿一〇左三，凌一一右七。○修，南化 三循。

〔鈇屈盧之矛〕　瀧二四・八，慶一一右六，殿一〇左六，凌一一右一〇。○鈇，慶 彭 殿鈌，凌鈌，南化校記「鈇」。札記「鈇」字，柯本誤「鈇」，凌本誤「鈌」，注同而音趹。案：疑屈聲近鈌而訛衍。索隱引「劉氏云」，一本無是也。

索　鈇音膚　○膚，耿 慶 彭 游 凌 殿趺。

索　斧也　○耿 慶 彭 游 凌 殿謂斧也。

〔吴王許諾〕　瀧二五・二，慶一一右一〇，殿一〇左一〇，凌一一左四。○吴，慶 彭君，南化 楓 三校記「吴」。

〔於是吴王乃遂發九郡兵伐齊〕　瀧二五・三，慶一一左一，殿一〇左一，凌一一左四。○耿無「遂」字。

〔不可以應卒〕　瀧二五・五，慶一一左二，殿一一右一，凌一一左六。

索 不可以應卒有非常之事　○[耿]重「卒」字。

〔吴王果與齊人戰於艾陵〕　瀧二五・八，慶一一左七，殿一一右五，淩一一左一〇。

索 按左傳在哀十一年　○[殿]「在哀」二字作「哀公」。

〔與晉人相遇黄池之上〕　瀧二五・一〇，慶一一左八，殿一一右七，淩一二右二。○[索]「人」字、「之上」二字並無。

索 在哀十三年　○[殿]在哀公十三年。下倣之。

〔晉人擊之〕　瀧二六・一，慶一一左一〇，殿一一右八，淩一二右三。○[殿]無「之」字。

〔越遂圍王宫殺夫差而戮其相〕　瀧二六・四，慶一二右二，殿一一右一〇，淩一二右六。○[索]此十二字作「越圍王宫夫差自殺」八字。

〔故子貢一出存魯亂齊破吴彊晉而霸越〕　瀧二六・六，慶一二右四，殿一一左二，淩一二右八。○[札記]據下「五國各有變」，索隱疑舊本無此十六字，後人即依索隱竄入「特删」云字耳。

〔五國各有變〕　瀧二六・八，慶一二右六，殿一一左三，淩一二右九。

索 子貢一出　○一，[耿]二。

〔子貢好廢舉〕　瀧二七・三，慶一二右六，殿一一左四，淩一二右一〇。○舉，[野]居。

〔與時轉貨貲〕　瀧二七・四，慶一二右七，殿一一左四，淩一二右一〇。

集　即逐時轉易貨賣取資利也　○資，殿貲。

索　謂物賤而收買之　○耿慶彭凌殿無「收」字。

〔常相魯衛〕　瀧二七・八，慶一二右一〇，殿一一左七，凌一二左四。○常，南化三嘗。

〔言偃吴人〕　瀧二七・八，慶一二左一，殿一一左九，凌一二左五。

索　按偃仕魯爲武城宰耳　○城，耿成。

〔爲武城宰〕　瀧二七・一〇，慶一二左二，殿一一左一〇，凌一二左六。

正　魯武城邑　○慶彭凌殿「城」、「邑」二字互倒。札記各本誤倒，考證改。

〔卜商字子夏〕　瀧二八・六，慶一二左一〇，殿一二右七，凌一三右四。

索　按家語云衛人鄭玄云温國人不同者　○耿慶彭游凌殿無此注十五字。

〔少孔子四十四歲〕　瀧二八・七，慶一三右一，殿一二右七，凌一三右五。○南化楓三野「四十四」作「三十四」。

〔巧笑倩兮〕　瀧二八・七，慶一三右一，殿一二右八，凌一三右五。○兮，耿巧。按：耿秉本涉上而訛。

〔美目盼兮〕　瀧二八・七，慶一三右一，殿一二右八，凌一三右五。○盼，慶彭凌殿眄。下注同。

〔何謂也〕　瀧二八・八，慶一三右二，殿一二右九，凌一三右六。

集　在衛風碩人之二章　○碩，耿頊。二，游三。

集　逸詩　○逸，耿言。

〔繪事後素〕　瀧二八・九，慶一三右三，殿一二右一〇，凌一三右七。

集　凡畫繪　○繪，景井蜀衲續。

〔禮後乎〕　瀧二八・一〇，慶一三右四，殿一二左一，凌一三右八。

集　子夏聞而解知以素喻禮　○而，耿面。按：耿秉本因字形相似而訛。

〔師與商孰賢〕　瀧二九・二，慶一三右六，殿一二左三，凌一三右一〇。○彭師與商也孰賢。

〔子謂子夏曰汝爲君子儒〕　瀧二九・三，慶一三右七，殿一二左四，凌一三左二。○紹無「子謂」二字。南化楓三無「曰汝」二字。

〔子夏居西河教授〕　瀧二九・四，慶一三右九，殿一二左六，凌一三左三。

索　今同州河西縣　○索無「河」字。

索　有子夏石室學堂也　○耿慶彭凌游殿——學堂在也。

正　謁泉山　○謁，慶彭凌殿竭，札記「謁」訛「竭」，依郡縣志、寰宇記改。攷異說同。

正　在汾州隰城縣北四十里　○隰，慶彭凌殿堰，札記「隰」訛「堰」，考證據唐志改。

正　其山崖壁五　○崖，慶彭凌岸。五，彭立。

正　頂上平地十許頃　○頃，凌殿項。

〔字子張〕　瀧三〇・六，慶一三左六，殿一三右三，凌一四右一。

索　屬陳郡　○[耿][慶][彭][凌][游]亦屬陳郡。

〔則寡尤〕　瀧三〇・一〇，慶一三左八，殿一三右五，凌一四右三。

集　猶慎言之則少過　○猶，[游]尤。按：「尤」「猶」之略體。

〔則寡悔〕　瀧三一・一，慶一三左九，殿一三右六，凌一四右四。

集　殆危也　○危，[耿]厄。

〔禄在其中矣〕　瀧三一・二，慶一三左一〇，殿一三右七，凌一四右五。

集　言行如此　○言，[彭]君。

〔他日從在陳蔡閒困〕　瀧三一・二，慶一四右一，殿一三右七，凌一四右六。○困，[彭][凌]因，[楓][三]校記「困」。

〔雖蠻貊之國行也〕　瀧三一・三，慶一四右二，殿一三右八，凌一四右七。○[耿]「國」字作「邦」，而此下有「監本作國」四字注。

〔雖州里行乎哉〕　瀧三一・四，慶一四右三，殿一三右九，凌一四右八。

集　五家爲鄰　○家，[毛]象。

〔夫然後行〕　瀧三一・五，慶一四右四，殿一三左一，凌一四右九。

集　衡軶也　○軶，[景][井][衲][耿][慶][彭][毛][游][凌][殿]軛。下同。

集　立則常想見參然在前　○[梅]——參然在目前。想，[毛]相。

〔子張對曰〕　瀧三一・八，慶一四右七，殿一三左三，凌一四左二。○[楓][三]無「對」字。

〔慮以下人〕　瀧三一・一〇，慶一四右九，殿一三左五，凌一四左四。

集　觀顔色　〇[紹]觀其顔色。

集　其念慮常欲下於人　〇[三]——常欲以下於人。

〔在國及家必聞〕　瀧三一・三，慶一四左二，殿一三左八，凌一四左七。

集　佞人黨多　〇[游]「黨」、「多」互倒。

〔曾參南武城人〕　瀧三一・三，慶一四左四，殿一三左一〇，凌一四左九。

索　故言南也　〇故，[慶][彭]軥，[南化]校記「故」。按：景印慶元本改「故」。

正　地理志云　〇理，[慶][彭]里。

〔孔子以爲能通孝道〕　瀧三一・七，慶一四左六，殿一四右二，凌一五右一。

正　櫰題三尺　〇題，[慶][彭][凌][殿]提，[三][梅]校記「題」。

〔澹臺滅明〕　瀧三一・五，慶一四左九，殿一四右五，凌一五右五。

正　在滑州靈昌縣東七里　〇七，[慶][彭][凌]北。

正　昔澹臺子羽齎千金之璧渡河　〇[殿]無「之」字。

正　不可以威劫　〇劫，[慶][彭]刦，[南化][楓][三][梅]校記「劫」。

正　三投而輒躍出　〇[殿]無「出」字。

〔武城人〕　瀧三一・六，慶一五右一，殿一四右七，凌一五右七。

正　亦在兗州　〇[殿]無「亦」字。

〔少孔子二十九歲〕　瀧三三・七，慶一五右二，殿一四右八，凌一五右八。○二，景井蜀紹衲耿慶彭毛游凌殿金陵三。按：瀧本誤。

〔退而修行〕　瀧三三・八，慶一五右三，殿一四右九，凌一五右九。○殿「退」、「而」互倒。

〔以貌取人失之子羽〕　瀧三四・二，慶一五右六，殿一四左二，凌一五左三。

索　而行不勝其貌　○耿慶彭游凌——其貌宰我有文雅之辭而智不充其辯。

索　而上文云滅明狀貌甚惡則以子羽形陋也　○耿慶彭游凌殿「而上文」三字作「今」字，而此十五字移在「則失之宰予」句下。

索　今此孔子云　○耿慶彭游凌殿無「今此」二字。

索　以貌取人　○貌，耿慶彭游凌殿容。

索　失之子羽　○耿慶彭游凌殿則失之子羽以言取人則失之宰予。

索　與家語正相反　○耿慶彭游凌殿「正」字移在「與」字上。

正　在兗州鄒城縣　○慶彭殿在兗州鄒城縣是也。

〔宓不齊字子賤〕　瀧三四・六，慶一五右一〇，殿一四左五，凌一五左六。○宓，景井蜀慶彭密，南化楓三野校記「宓」。按：景本「欄」外有「虙」字。

正　兗州永昌郡城　○慶彭凌殿無「昌」字。　南化楓梅校補「昌」。

正　東門有子賤碑　○慶彭凌殿無「門」字。

正　漢世所立　○慶彭凌殿無「漢」字。　札記脱「昌」字，脱「門」字，脱「漢」字，以上並考證據顏氏家訓增。

正 誤爲宓較可明矣 ○宓慶彭凌殿密南化楓三梅校記「宓」。下同。

正 虙字從虍 ○慶彭凌殿無「虍」字。

正 宓從宀音緜 ○慶彭凌殿此注五字作「寧從音綿」四字。

〔少孔子三十歲〕 瀧三四・八，慶一五左二，殿一四左七，凌一五左八。○景井蜀紹衲耿慶彭毛游凌殿「三十歲」作「四十九歲」。札記各本作「四十九歲」，蓋後人依家語改，今依索隱本。

索 魯人字子賤 ○耿慶彭游凌殿無此注五字。

〔斯焉取斯〕 瀧三四・九，慶一五左三，殿一四左八，凌一五左九。

集 如魯無君子子賤安得此行而學 ○彭重「子」字。

索 少孔子四十九歲 ○耿慶彭游凌殿「四十九」作「三十」。

索 此云三十 ○耿慶彭游凌殿「三十」作「四十九」。札記各本「四十九」與「三十」互易，蓋既依家語改史文，遂并易其注，而不復計其與家語不合也。

〔子賤爲單父宰〕 瀧三四・一〇，慶一五左四，殿一四左九，凌一五左一〇。

正 我之謂任人 ○任，慶彭凌殿在。

正 子之謂任力 ○任，慶彭凌殿在，南化楓三梅校記「任」。

〔此國有賢不齊者五人〕 瀧三五・二，慶一五左六，殿一五右一，凌一六右二。

索　不同也　○耿慶彭凌游殿與此不同。無「也」字。

〔教不齊所以治者〕　瀧三五・三，慶一五左七，殿一五右二，凌一六右四。○所，蜀听。

按：蜀本誤。

〔原憲字子思〕　瀧三五・四，慶一五左九，殿一五右四，凌一六右六。

索　家語云宋人　○耿慶彭游凌殿家語云宋人所記不同。

〔恥也〕　瀧三五・六，慶一六右一，殿一五右五，凌一六右八。

集　孔安國曰　○殿孔安國曰穀祿也邦有道當食祿。

〔克伐怨欲不行焉〕　瀧三五・七，慶一六右一，殿一五右六，凌一六右九。○焉，通志乎。

〔仁則吾弗知也〕　瀧三五・八，慶一六右三，殿一五右八，凌一六右一〇。

集　包氏　○毛「包氏」二字作「鄭玄」。

集　四者行之難者　○景井蜀衲耿慶彭游凌殿無「者」字。

集　未足以爲仁　○足，慶彭凌殿知。

〔原憲遂亡在草澤中〕　瀧三五・九，慶一六右四，殿一五右八，凌一六左一。○南化楓三無「在草澤中」四字。○景井蜀紹衲耿慶彭毛游凌殿無「遂」字。

〔排藜藋入窮閻〕　瀧三五・一〇，慶一六右五，殿一五右九，凌一六左二。○藋，南化通志藋。

〔字子長〕　瀧三六・五，慶一六右一〇，殿一五左四，凌一六左七。

索 字子長 ○耿慶彭游凌殿無此注三字。

〔雖在縲絏之中〕 瀧三六・七，慶一六左一，殿一五左五，凌一六左八。○累，南化楓三縲。

〔南宮括字子容〕 瀧三六・八，慶一六左三，殿一五左七，凌一六左一〇。

索 按其人是孟僖子之子 ○索按其人是魯孟——。

索 仲孫閲也 ○閲，慶彭凌閱，南化楓三校記「閱」。

〔奡盪舟〕 瀧三七・二，慶一六左四，殿一五左八，凌一七右一。

集 篡夏后位 ○夏，景見。三篡夏后相位。

集 其徒寒浞殺之 ○浞，毛捉。

〔俱不得其死然〕 瀧三七・三，慶一六左五，殿一五左九，凌一七右三。○楓三此下有「孔安國曰此二子者皆不得以壽終也」十五字注。

〔孔子弗荅〕 瀧三七・四，慶一六左六，殿一五左一〇，凌一七右三。

集 稷播百穀 ○梅稷播殖百穀。

集 皆爲王 ○景井蜀紹衲耿慶彭毛游凌殿金陵無「爲」字。南化楓三梅校補「爲」。按：瀧本依楓、三本補「爲」字。

〔上德哉若人〕 瀧三七・六，慶一六左八，殿一六右二，凌一七右五。

集 賤不義而貴有德 ○景井蜀衲耿慶彭毛凌殿無「有」字。楓三校補「有」。

〔國有道不廢〕瀧三七・七，慶一六左八，殿一六右二，淩一七右六。

集　言見任用　○景井蜀紹衲耿慶彭毛游淩殿金陵無「任」字。三校補「任」。

按：瀧本依三條本補「任」字。

〔三復白珪之玷〕瀧三七・八，慶一六左九，殿一六右三，淩一七右七。

集　三反之　○南化三反復之。

〔公晳哀字季次〕瀧三七・九，慶一七右二，殿一六右六。淩一七右一〇。○晳，景井紹衲耿慶彭淩哲。下注同。

〔唯季次未嘗仕〕瀧三七・一〇，慶一七右三，殿一六右七，淩一七左一。

索　故字特賞歎之　○字，耿慶彭游索淩殿金陵子。按：瀧本誤。

〔曾蒧〕瀧三八・一，慶一七右五，殿一六右九，淩一七左三。○蒧，南化楓三蔵。

索　音點又音其炎反　○耿慶彭淩游殿無此注七字。

〔字晳〕瀧三八・一，慶一七右五，殿一六右九，淩一七左三。

索　家語云至曾參之父十二字　○耿慶彭游淩殿無此注十二字。

〔詠而歸〕瀧三八・三，慶一七右七，殿一六左一，淩一七左五。

集　暮春者　○暮，殿莫。

集　我欲得冠者五六人　○蜀無「得」字。

〔孔子喟爾歎曰〕瀧三八・五，慶一七右九，殿一六左二，淩一七左七。○爾，通志然。

〔路者顏回父〕　瀧三八・七，慶一七右一〇，殿一六左四，凌一七左八。〇索無「路者顏」三字。

索　故易稱顏氏之子者　〇者，耿慶彭游凌殿也。

索　是父子俱學孔門也　〇耿慶彭游凌殿無此注八字。

〔請孔子車以葬〕　瀧三八・一〇，慶一七左二，殿一六左六，凌一七左一〇。

集　賣以作椁　〇椁，彭槨。

〔有棺而無槨〕　瀧三九・一，慶一七左三，殿一六左七，凌一八右二。〇槨，景井紹蜀衲耿慶彭毛游金陵椁。下同。

〔不可以徒行〕　瀧三九・二，慶一七左五，殿一六左八，凌一八右三。

集　孔子子伯魚　〇慶彭不重「子」字。

〔少孔子二十九歲〕　瀧三九・四，慶一七左六，殿一六左一〇，凌一八右五。〇紹通志無「九」。

索　家語云至吾恐子或晚生非妻之過也四十七字　〇耿慶彭游凌殿無此注四十七字。

〔瞿瞿傳楚人馯臂子弘〕　瀧三九・五，慶一七左七，殿一七右一，凌一八右六。〇札記案：「弘」當爲「厷」，厷即肱字，名臂，故字子厷。諸書作「弓」者，同音假借。

索　馯徐廣音韓鄒誕生音汗至是子夏門人四十五字　〇耿慶彭游凌殿無此注四十五字。

索　荀卿子及漢書　〇荀，索蘭。

〔弘傳江東人矯子庸疵〕　瀧三九・七，慶一七左八，殿一七右二，凌一八右七。○庸，[南化][楓][三]膚。

集　矯音橋疵自移反　○[景][井][衲][毛]矯又音橋——。

索　儒林傳及系本至橋疵楚人也七十九字　○[耿][慶][彭][游][凌][殿]無此注七十九字。

正　漢書作橋疵　○疵，[慶][彭][殿]庛。下同。

〔疵傳燕人周子家豎〕　瀧三九・一〇，慶一七左九，殿一七右三，凌一八右九。○豎，[蜀]竪。下同。

索　周豎字子家有本作林　○[耿][慶][彭][游][凌][殿]無此注九字。

〔何傳東武人王子中同〕　瀧四〇・三，慶一八右二，殿一七右六，凌一八左二。

正　漢書作王同字子仲　○[慶][彭][凌][殿]無「書」字。

〔同傳菑川人楊何〕　瀧四〇・四，慶一八右四，殿一七右七，凌一八左三。

索　自商瞿傳易至何字叔元二十字　○[耿][慶][彭][游][凌][殿]無此注二十字。

〔子羔長不盈五尺〕　瀧四〇・八，慶一八右六，殿一七右九，凌一八左六。

索　鄭玄云至誤也三十字　○[耿][慶][彭][游][凌][殿]無此注三十字。

〔子路使子羔爲費郈宰〕　瀧四一・一，慶一八右七，殿一七右一〇，凌一八左六。○[南化][楓][三][梅]無「郈」字。

〔賊夫人之子〕　瀧四一・三，慶一八右八，殿一七左一，凌一八左七。○賊，[蜀]賤。

集　子羔學未孰習　○孰，蜀衲耿慶彭游凌殿熟。

〔是故惡夫佞者〕　瀧四一·四，慶一八左一，殿一七左三，凌一八左一○。○佞，殿侫。

集　疾其以口給應　○景井蜀紹衲耿慶彭毛游凌殿金陵無「口」字。南化楓三校補「口」。　按：瀧本依楓、三本補「口」字。

〔漆彫開字子開〕　瀧四一·五，慶一八左二，殿一七左五，凌一九右一。○彫，景井紹衲慶毛殿通志雕。

索　鄭玄云至故曰未能信也五十八字　○耿慶彭游凌殿無此注五十八字。

〔公伯繚字子周〕　瀧四一·一○，慶一八左五，殿一七左八，凌一九右四。○繚，景井蜀衲耿慶彭毛游凌殿僚，紹通志寮。下同。

索　馬融云至且繚亦作遼也六十八字　○耿慶彭游凌殿無此注六十八字。

〔司馬耕字子牛〕　瀧四二·六，慶一九右一，殿一八右四，凌一九右一○。○楓三無「子」字。

索　家語云至故牛遂以司馬爲氏也四十四字　○耿慶彭游凌殿無此注四十四字。

索　宋桓魁之弟也魁爲宋司馬　○索金陵「宋」字作「是」，兩「魁」字作「魋」，而「也」字作「以」。

*正　孔安國曰牛宋人弟子司馬犂也家語云宋（南北本有「人字子牛」四字。）桓魁之弟也魁爲宋（南北本有「人」字。）司馬故牛以司馬爲氏　南化野瀧。

〔其言也訒〕　瀧四二·九，慶一九右二，殿一八右五，凌一九左一。○訒，彭軔。

〔斯可謂之仁乎〕 瀧四二·九，慶一九右三，殿一八右五，凌一九左一。○三無「可」字。

〔言之得無訒乎〕 瀧四二·一〇，慶一九右三，殿一八右六，凌一九左二。

集 言仁亦不得不訒也 ○井無「亦」字。訒，景井蜀衲耿游毛殿難，慶言，札記北宋、中統、游、王、毛本並作「不難也」。

〔子曰〕 瀧四三·二，慶一九右四，殿一八右八，凌一九左三。○殿無「子」字。

〔樊須字子遲〕 瀧四三·三，慶一九右八，殿一八右一〇，凌一九左七。○南化三無「子」字。

索 家語云魯人也 ○耿慶彭游凌殿無此注六字。

〔則民莫敢不用情〕 瀧四三·六，慶一九左一，殿一八左三，凌二〇右一。

集 各以實應 ○景衲無「應」字。

〔有若少孔子四十三歲〕 瀧四三·一〇，慶一九左六，殿一八左七，凌二〇右五。○慶彭游凌殿無「四」。南化楓三校補「四」。札記各本脱「四」字，今依北宋本、毛本索隱注引作「四十二」，未知孰誤。

索 家語云至又所見不同也三十二字 ○耿慶彭游凌殿無此注三十二字。

〔亦不可行也〕 瀧四四·三，慶一九左八，殿一八左九，凌二〇右七。

集 馬融曰 ○曰，紹臣。按：紹興本誤。

集 亦不可以行也 ○也，井慶彭毛游凌之，札記北宋本「也」，各本作「之」。

〔言可復也〕　瀧四四・五，慶一九左九，殿一八左一〇，凌二〇右八。

集　以其言可反覆　○景井蜀紹衲耿慶彭毛游凌殿金陵無「反」字。南化楓三梅校補「反」。按：瀧本依楓、三本補「反」字。

〔弟子問曰〕　瀧四四・一〇，慶二〇右五，殿一九右五，凌二〇左四。○問，蜀可。

〔俾滂沱矣〕　瀧四五・一，慶二〇右六，殿一九右六，凌二〇左五。○俾，南化楓三雨。

集　噣也　○噣，耿慶彭游凌濁，南化楓三校記「噣」。

〔其母爲取室〕　瀧四五・二，慶二〇右八，殿一九右七，凌二〇左七。

正　六五。○六，慶彭凌殿立，梅校記「六」。

正　景子水爲應　○景，梅凌丙。子，慶彭殿行，梅校記「子」。札記「六」訛「立」，「子」誤「行」，依攷異改。

正　世生外象生象來爻生互内象艮別子應有五子　○別，梅凌丙，札記此下訛脱，攷異雖以意推衍，未必盡合。其云「子水爲世，寅木爲應」，則「世」、「應」互誤矣。

〔敢問夫子何以知此〕　瀧四五・七，慶二〇左三，殿一九左四，凌二一右三。○此，詳節通志之。

〔與之庾〕　瀧四六・五，慶二〇左七，殿一九左七，凌二一右七。

集　包氏曰　○游此注三字作「勉正曰」三字。

〔巫馬施字子旗〕　瀧四六・七，慶二一右一，殿二〇右一，凌二一右一〇。○旗，游祺，通志期。下同。

索　鄭玄云至字子期十三字　○耿慶彭游凌殿無此注十三字。

〔陳司敗〕　瀧四六・八，慶二一右一，殿二〇右一，凌二一右一〇。○敗，游馬。

〔魯君而知禮〕　瀧四七・一，慶二一右五，殿二〇右五，凌二一左四。○通志無「魯」字。

〔爲諱者禮也〕　瀧四七・三，慶二一右八，殿二〇右七，凌二一左七。○南化三梅爲之諱者禮也。

集　禮也　○禮，紹故。按：紹興本誤。

集　故受之爲過也　○故，紹道。按：紹興本誤。

集　聖人之道弘　○南化三聖人智深之道弘。

〔梁鱣字叔魚〕　瀧四七・五，慶二一右九，殿二〇右九，凌二一左九。○南化楓三無「叔」字。魚，紹思。

〔顔幸字子柳〕　瀧四七・六，慶二一右一〇，殿二〇右一〇，凌二一左一〇。○札記志疑引宋本家語。宋史禮志作「顔辛」。案：疑作「辛」是也。「柳」字本从丣。丣，古「酉」字。名字相配，形近訛爲「幸」。

索　家語云顔幸字柳按禮記有顔柳或此人　○耿慶彭游凌殿無此注十六字。

〔少孔子四十六歲〕　瀧四七・七，慶二一右一〇，殿二〇右一〇。凌二一左九。

索　家語云少三十六歲與鄭玄同　○耿慶彭游凌殿無此注十二字。

〔冉孺字子魯〕　瀧四七・七，慶二一左一，殿二〇左一，凌二二右一。

集　一作曾　○景井蜀衲耿慶彭毛游凌殿一作曾家語曰魯人。

索　家語字子魯魯人作冉孺　○耿慶彭游凌殿無此注十字。

〔少孔子五十歲〕　瀧四七・八，慶二一左二，殿二〇左二，凌二二右二。

索　家語同　○耿慶彭凌游殿無此注三字。

〔曹卹字子循〕　瀧四七・八，慶二一左二，殿二〇左二，凌二二右一。　○南化楓三無「子」字。

〔伯虔字子析〕　瀧四七・九，慶二一左三，殿二〇左三，凌二二右三。　○析，紹通志折殿晳。

〔少孔子五十歲〕　瀧四七・九，慶二一左三，殿二〇左三，凌二二右三。

索　家語作伯處字子晳皆轉寫字誤未知適從　○耿慶彭游凌殿無此注十七字。

正　家語云子哲　○哲，殿晳。

〔公孫龍字子石〕　瀧四七・一〇，慶二一左四，殿二〇左四，凌二二右四。

索　家語或作寵至則其人也四十六字　○耿慶彭游凌殿無此注四十六字。

〔自子石已右三十五人〕　瀧四八・二，慶二一左五，殿二〇左五，凌二二右五。　○已，游以。

〔顯有年名〕　瀧四八・三，慶二一左五，殿二〇左五，凌二二右五。　○顯，南化楓三野梅蜀耿毛殿頗，札記王、毛本「顯」作「頗」。年，通志能。

〔及受業聞見于書傳者〕　瀧四八・三，慶二一左六，殿二〇左五，凌二三右六。○南化楓三野「聞」字作「問難」二字。蜀無「聞」字。

〔紀于左〕　瀧四八・四，慶二一左七，殿二〇左六，凌二三右八。○南化楓三紀于左方。左，毛右，札記案：索隱本於傳末出正文「已上四十二人無年及不見書傳者」十四字，著注云云。疑此文「顯有年名」及「受業于書傳」下，亦當有「者」字。題上「三十五人」也。其下「四十二人」之末，則當如索隱本所出。後人移并一處，預提在前，截趾適屨，增減其字，失史文之真矣。「左」字，毛訛「右」。

索　顏亥　○索「顏亥」二字作「步」字。

索　然自公伯繚　○繚，耿慶彭凌索金陵遼，殿寮。按：瀧本誤。

索　縣亶當此三人數　○亶，耿慶彭索游豐。按：景印慶元本「豐」改「亶」。當，耿彭游富。耿慶彭游凌殿——三人之數。

索　於今殆不可考　○耿慶彭游凌殿無「於」字。

〔冄季字子產〕　瀧四八・七，慶二一左一〇，殿二〇左一〇，凌二三左一。○南化三無「子」字。

〔秦祖字子南〕　瀧四八・一〇，慶二二右二，殿二一右二，凌二三左三。

索　家語字子南　○耿慶彭游凌殿無此注五字。

〔漆雕哆字子斂〕　瀧四九・一，慶二三右三，殿二一右三，凌二三左四。○南化楓三無「子」字。

索　哆赤者反家語字子斂　○耿慶彭游凌殿無此注九字。

〔顔高字子驕〕　瀧四九・二，慶二三右四，殿二一右四，凌二三左五。○南化楓三無「高」字。

索　家語名産至産爲御也二十二字　○耿慶彭游凌殿無此注二十二字。

〔漆雕徒父〕　瀧四九・七，慶二三右五，殿二一右五，凌二三左六。

索　家語字固也　○耿慶彭游凌殿無此注五字。

〔壤駟赤字子徒〕　瀧四九・七，慶二三右六，殿二一右六，凌二三左七。

索　家語字子徒者　○耿慶彭游凌殿無此注六字。

〔商澤〕　瀧四九・八，慶二三右七，殿二一右七，凌二三左八。○南化三梅商澤字南化、三本無字。季，索「商澤」二字作「石高澤」三字。札記　索隱本作「石高澤」，疑「石」字涉下而衍。「商」、「高」形近易訛。

集　家語曰字子季　○季，毛秀。

〔石作蜀字子明〕　瀧四九・八，慶二三右八，殿二一右八，凌二三左九。○南化三索無「子」字。

索　家語同　○耿慶彭游凌殿無此注三字。

〔任不齊字選〕　瀧四九·九，慶二二右九，殿二一右九，凌二三左一〇。

索　家語字子選也　○耿慶彭游凌殿無此注六字。

〔公良孺字子正〕　瀧四九·九，慶二二右一〇，殿二一右一〇，凌二三右一。○南化三無「子」字。

索　家語作良儒陳人字子正賢而有勇孔子周遊常以家車五乘從孔子遊家語在三十五人之中亦見系家在三十五人不見蓋傳之數亦誤也鄒誕本作公褱儒　○耿慶彭游凌殿無此注六十二字。索「從」字、「游」字並無。金陵中之「五」作「二」。札記文有脱誤，參正義自明。

正　今在四十二人數　○四，慶彭凌殿三，札記「四」誤「三」，依史文改。

〔后處字子里〕　瀧五〇·二，慶二二左二，殿二一左二，凌二三右三。○南化三無「子」字。

索　家語同也　○耿慶彭游凌殿無此注三字。

〔夏首字乘〕　瀧五〇·四，慶二二左五，殿二一左五，凌二三右六。○首，南化楓三守。梅夏首字乘子。

〔奚容蒧字子皙〕　瀧五〇·四，慶二二左六，殿二一左六，凌二三右七。○蒧，景井衲耿慶彭毛索游凌殿金陵箴。

〔公肩定字子中〕　瀧五〇·五，慶二二左七，殿二一左七，凌二三右八。○肩，慶彭游凌堅，南化楓三校記「肩」。中，南化三仲。札記毛本「肩與」，索隱本合它本作「堅」。

〔鄡單字子家〕　瀧五〇·七，慶二二左九，殿二一左九，凌二三右一〇。

集　苦堯反　〇景井蜀衲毛無「反」字。

集　音善　〇景井蜀衲毛無「音」字。

〔句井疆〕　瀧五〇·九，慶二二左一〇，殿二一左一〇，凌二三左一。

正　句作鉤　〇鉤，彭勾。

〔秦商字子丕〕　瀧五〇·一〇，慶二三右二，殿二二右二，凌二三左三。〇南化三無「字子丕」三字。

索　其父堇與孔子父紇俱以力開也　〇索下「父」字作「人」。

〔申黨字周〕　瀧五一·二，慶二三右三，殿二二右三，凌二三左四。〇黨，南化索堂。

〔榮旂字子祈〕　瀧五一·四，慶二三右五，殿二二右五，凌二三左六。〇三無「旂」字。祈，慶彭毛索凌祺，南化楓三野旗，札記毛誤「祺」，下「子祺」誤同。

〔燕伋字思〕　瀧五一·六，慶二三右八，殿二二右八，凌二三左九。〇伋，南化楓三索級。思，恩。

〔施之常字子恒〕　瀧五一·八，慶二三左一，殿二二左一，凌二四右二。〇南化三無「字子恒」三字。

〔顔噲字子聲〕　瀧五一·九，慶二三左二，殿二二左二，凌二四右三。〇南化三無「子」字。

〔欒欬字子聲〕　瀧五一・九，慶二三左五，殿二二左五，凌二四右六。　○[南化][三]無「字子聲」三字。

〔原亢籍〕　瀧五一・一〇，慶二三左四，殿二二左四，凌二四右五。

集　名亢　○亢，[景][井][衲]抗，[毛]伉。

正　亢作穴　○穴，[慶][彭][凌]冗。

〔廉絜字庸〕　瀧五二・一，慶二三左六，殿二二左六，凌二四右七。　○庸，[南化][三]膚。　絜，[索][游]潔。[索]——字子庸。

〔叔仲會字子期〕　瀧五二・二，慶二三左七，殿二二左七，凌二四右八。　○[南化][楓][三]「叔」、「仲」互倒。　按：依南化本欄外校記。幻雲所見正義本不倒。

集　晉人　○晉，[景][井][蜀][衲][慶][彭][毛][游][殿]魯。[札記]舊刻、柯本作「魯人」。

索　與孔璇年相比　○璇，[耿][慶][彭]旋[游][凌]族。　按：景印慶元本「旋」改「璇」。

索　孟武伯見而訪之　○訪，[索]放。

索　是也　○[耿][慶][彭][游][凌][殿]無「是也」二字。

*__正__　魯人少孔子五十四歲與孔璇年相比二孺子俱執筆迭侍於夫子孟武伯見而訪之是也　[南化][幻][瀧]。

〔狄黑字皙〕　瀧五二・四，慶二三左一〇，殿二二左一〇，凌二四左一。　○[南化][野]有「正義本皙作哲」六字注。

索　家語同　○耿慶彭游凌殿家語無「同」字。載本各異。

〔邦巽字子斂〕　瀧五二・五，慶二二四右一，殿二三右一，凌二四左二。○巽，南化楓三選。邦，景井蜀紹耿慶彭毛游凌殿邽，南化校記「邦」。札記 索隱本「邦」，各本作「邽」。襍志云：廣韻：邦又姓。而「邽」下不云是姓。索隱謂家語「巽」作「選」，而不云「邦」作「邽」，則家語亦作「邦」。今本作「邽」，皆後人所改。

索　蓋亦避漢諱改之　○索蓋亦由避——。

〔孔忠〕　瀧五二・六，慶二二四右三，殿二三右三，凌二四左四。○忠，南化楓三野思。

集　忠字子蔑　○南化有「正義本蔑作篾」六字注。

〔公西輿如字子上〕　瀧五二・七，慶二二四右四，殿二三右四，凌二四左五。○井游無「如」字。札記 舊刻無「如」字。

索　家語同　○耿慶彭游凌殿家語載亦同此。

〔公西箴字子上〕　瀧五二・八，慶二二四右五，殿二三右五，凌二四左六。○箴，景井衲慶彭毛凌殿金陵葴。按：南化本引正義本「箴」作「葴」。札記 索隱本作「箴」。毛刻家語作「減」。案：上、尚古通，尚，加也。與「減」名字相配。

〔疑者闕焉〕　瀧五三・七，慶二二四右九，殿二三右九，凌二四左一〇。

索　將師宮尹　○南化楓三此注四字作「將帥官尹」。

史記會注考證校補卷六十八

商君列傳第八

〔衛之諸庶孽子也〕 瀧二・二，慶一右二，殿一右七，凌一右三。○景井蜀耿慶彭毛游凌殿衛之諸庶孽公子也。南化楓三梅刪「公」字。

〔其祖本姬姓也〕 瀧二・三，慶一右三，殿一右八，凌一右四。○本，南化棭梅亦，楓三無「本」字。

〔事魏相公叔痤〕 瀧二・四，慶一右三，殿一右八，凌一右四。○痤，景井蜀耿慶彭毛索游凌金陵座。下同。

〔爲中庶子〕 瀧二・五，慶一右四，殿一右九，凌一右五。○紹無「中」字。

〔魏惠王親往問病〕 瀧二・七，慶一右六，殿一右一〇，凌一右七。○南化楓三無「親」字。

索　即魏侯之子　○札記「魏」下疑脫「文」字。

〔痤之中庶子公孫鞅〕　瀧二・九，慶一右八，殿一左二，淩一右九。

索　衛庶子也　○衛，耿慶彭游淩御，南化校記「衛」。

〔今者王問可以爲相者〕　瀧三・二，慶一左一，殿一左五，淩一左二。○楓三無「者」字。

〔因孝公寵臣景監以求見孝公〕　瀧三・八，慶一左九，殿二右二，淩一左九。

索　監音去聲平聲並通　○耿慶彭游淩殿監音甲彡（耿本作「甲三」，彭、游本作「甲之」）去聲——。並，耿索亦。

*正　監甲暫反閹人也（南化、幻本無上三字。）　楚族　南化幻瀧。

〔孝公時時睡弗聽〕　瀧三・一〇，慶二右一，殿二右三，淩二右一。○聽，南化楓棭三梅應。

〔吾說公以霸道〕　瀧四・七，慶二右七，殿二右九，淩二右八。○南化楓棭梅吾說孝公以霸道。

〔其意欲用之矣〕　瀧四・七，慶二右八，殿二右九，淩二右八。○南化楓三梅無「用」字。

〔公與語不自知膝之前於席也〕　瀧四・一〇，慶二右九，殿二右一〇，淩二右九。○膝，景井刹，蜀慶彭游淩殿厀。

〔吾說君以帝王之道比三代〕　瀧五・二，慶二左一，殿二左二，凌二左一。○【南化】【楓】【棭】【三】【梅】【高】吾說君以五帝三王之道南化、梅、高本「道」作「事」。比三無「代」字。

索　下同比三比者頻也謂頻三見孝公言帝王之道也比音必耳反　○【慶】【彭】【游】【凌】【殿】無此注二十五字。

〔安能邑邑待數十百年以成帝王乎〕　瀧五・五，慶二左三，殿二左四，凌二左三。○王，【彭】業，【楓】【棭】【三】校記「王」。

〔恐天下議己〕　瀧五・八，慶二左六，殿二左七，凌二左六。○下，【紹】【毛】子，【札記】北宋、毛本下誤「子」。

〔必見敖於民〕　瀧六・一，慶二左八，殿二左九，凌二左九。

索　作必見訾於人也　○訾，【索】驁。

〔不法其故〕　瀧六・五，慶三右二，殿三右二，凌三右二。

索　則不必要須法於故事也　○【索】「要」、「須」互倒。

＊**正**　言聖人救弊之政苟有可以彊國不法故國之舊也　【南化】【幻】【瀧】。

〔不然〕　瀧六・六，慶三右四，殿三右四，凌三右四。

索　甘姓龍名也　○【耿】【慶】【彭】【游】【凌】【殿】「龍」、「名」互倒。

索　出春秋時甘昭公王子帶後　○【耿】【慶】【彭】【游】【凌】【殿】出春秋時甘昭公各本無「王」字。子帶之後。

〔龍之所言〕　瀧六・一〇，慶三右六，殿三右六，凌三右六。○【南化】【楓】【棭】【三】【梅】甘龍之所言。

〔要於故俗〕　瀧六・一〇，慶三右七，殿三右六，凌三右七。〇故，[南化][楓][棭][三][梅]世。

〔五伯不同法而霸〕　瀧七・二，慶三右九，殿三右八，凌三右九。〇伯，[毛]霸。

〔功不十不易器〕　瀧七・四，慶三左一，殿三右一〇，凌三左一。

*正　言利倍百乃可變舊也，南化、幻本上九字作「言贏利倍乃可變改舊所也」十一字，而移「注不變法」句下。　功倍十乃可新器也。南化、幻本上八字作「言功勞十倍勝舊乃可改易新樣器」十四字。[南化][幻][野][高][瀧]。

〔法古無過循禮無邪〕　瀧七・五，慶三左二，殿三右一〇，凌三左二。〇[南化][楓][棭][三][梅][高]法古者無過循禮者無邪。

〔便國不法古〕　瀧七・六，慶三左三，殿三左一，凌三左三。〇[南化][楓][棭][三][梅]便國不必法古。

〔夏殷不易禮而亡〕　瀧七・六，慶三左四，殿三左二，凌三左三。〇[札記]舊刻「禮」作「古」。

〔以衛鞅爲左庶長〕　瀧七・八，慶三左五，殿三左三，凌三左五。

*正　長展兩反　[南化][幻][瀧]。

〔令民爲什伍〕　瀧七・九，慶三左六，殿三左四，凌三左六。〇伍，[紹][慶][彭]五，[南化][楓][棭][三][梅][高]校記「伍」。

索　十保相連　〇保，[慶][彭][游][凌][殿]家。

正　或爲五保　○五，慶彭凌伍。

〔而相牧司連坐〕　瀧八・一，慶三左七，殿三左五，凌三左七。○牧，蜀慶彭凌殿收。下同。

索　謂相糾發也　○索此注五字作「爲相紏發也」。

索　而九家連擧　○而，索則。

〔與斬敵首同賞〕　瀧八・五，慶三左九，殿三左六，凌三左八。

＊**正**　謂告奸之人賜爵一級　南化幻瀧。

〔與降敵同罰〕　瀧八・六，慶三左一〇，殿三左七，凌三左九。

索　言當與之同罰也　○索無「言當」二字，而「罰」字作「罪」。

＊**正**　謂隱匿奸人人身被刑家口没官　南化幻瀧。

〔倍其賦〕　瀧八・八，慶四右一，殿三左九，凌四右一。

正　不别爲活者　○活，南化楓棭三梅高治。

〔各以率受上爵〕　瀧八・九，慶四右二，殿三左九，凌四右二。○率，景井蜀慶彭凌卒，南化梅校記「率」。札記北宋、柯、凌本訛「卒」。

〔擧以爲收孥〕　瀧八・一〇，慶四右四，殿四右一，凌四右三。

索　末謂工商也　○耿慶彭游凌殿末利謂工商也。

索　以言懈怠不事事之人而貧者　○懈，慶彭游凌殿解。

索　則糾舉而收録其妻子　○則，慶彭游凌殿即。糾，索糺。

索　蓋其法特重於古也　○耿慶彭凌游殿蓋其法特又耿本無「又」字。重於古制也孥音奴。

〔論不得爲屬籍〕　瀧九・二，慶四右六，殿四右四，凌四右六。

索　謂宗室若無軍功　○無，耿非。

索　則無功不及爵秩也　○耿慶彭索游凌殿金陵則雖無功不及爵秩也。南化楓三刪「雖」字。按：瀧本依楓、三本刪「雖」字。

＊正　屬籍謂屬公族宗正籍書也宗室無事功者皆須論言南化本「言」下有「之」字。不得入公族籍書也南化幻瀧。

〔明尊卑爵秩等級〕　瀧九・五，慶四右七，殿四右五，凌四右七。○秩，紹袟。按：紹興本誤。

〔莫敢徙〕　瀧九・八，慶四左二，殿四右九，凌四左二。○南化楓椷三梅莫敢徙者。札記舊刻「敢」誤「能」。

〔秦民之國都言初令之不便者以千數〕　瀧一〇・二，慶四左四，殿四右一〇，凌四左四。

＊正　初令謂鞅之新法　南化幻瀧。

〔自上犯之〕　瀧一〇・四，慶四左六，殿四左二，凌四左六。○自，南化楓椷三梅因。

〔於是以鞅爲大良造〕　瀧一〇・一〇，慶五右二，殿四左七，凌五右一。

索　秦之第十六爵名也　○索即秦之第十六爵名也。

〔作爲築冀闕宮庭於咸陽〕　瀧一一・二，慶五右三，殿四左九，凌五右三。○闕，紹闗。

札記疑「爲」字一本作「築」，校者旁注，後人誤并。

索　出列教令　○出，耿慶彭游凌殿記。

索　當記於此門闕　○耿慶彭游凌殿無「記」字。

＊**正**　爲宮殿朝廷也　南化幻瀧。

〔而令民父子兄弟同室内息者爲禁〕　瀧一一・五，慶五右五，殿四左一〇，凌五右五，○禁，紹楚。

〔爲田開阡陌封疆〕　瀧一一・六，慶五右七，殿五右一，凌五右六。

正　疆音彊　○札記案：正文及注中上「疆」字，疑皆誤。古「疆」或作「畺」，或省作「彊」、「壃」、「畺」，見集韵及字類，不知史文何屬。

〔殺將軍龐涓〕　瀧一二・二，慶五左一，殿五右六，凌五左一。○游殺其將軍龐涓。

〔何者魏居嶺阨之西〕　瀧一二・三，慶五左三，殿五右七，凌五左三。○嶺，南化楓棭三梅索領，札記索隱本「領」，各本作「嶺」。

〔都安邑〕　瀧一二・四，慶五左四，殿五右八，凌五左三。

索　山領險阨之地　○領，慶彭游凌殿嶺。阨，耿厄。

索　連汾晉之嶮嶝也　○耿慶彭游凌殿連汾游本「汾」字作「分」。晉之嶮嶝是也阨阻也。

〔魏不支秦〕　瀧一二・七，慶五左七，殿五左一，凌五左七。○支，紹友。

〔東鄉以制諸侯〕　瀧一二・七，慶五左八，殿五左二，凌五左八。○以，南化棭梅而。

〔魏使公子卬將而擊之〕 瀧一二・八，慶五左一〇，殿五左三，凌五左九。

＊**正** 卬五郎反 南化 幻 瀧。

〔軍既相距〕 瀧一二・九，慶五左一〇，殿五左三，凌五左一〇。○距，詳節 拒。

〔而魏遂去安邑徙都大梁〕 瀧一三・五，慶六右六，殿五左九，凌六右五。

正 徙汴州浚儀也 ○汴，凌 沐。

〔號爲商君〕 瀧一三・七，慶六左一，殿六右二，凌六右九。

索 與此文合 ○耿 慶 彭 游 凌 殿「合」字作「亦同」二字。

〔商君相秦十年〕 瀧一三・九，慶六左一，殿六右四，凌六左一。

索 與此文不同者 ○與，殿 於。

索 蓋連其未作相之年耳 ○耿 慶 彭 游 凌 殿 蓋連其未作相之年說也。各本「耳」字作「也」。

〔今鞅請得交〕 瀧一四・四，慶六左五，殿六右七，凌六左五。○南化 楓 棭 三 梅 今鞅請得侍交，札記 舊刻「交」作「見」，疑涉上而誤。

〔僕聽君之義〕 瀧一四・八，慶六左九，殿六右一〇，凌六左八。○南化 楓 三 梅 僕聽君之德義。

〔則恐僕貪位貪名也〕 瀧一四・八，慶六左九，殿六右一〇，凌六左八。○耿 無「貪位」二字。

〔反聽之謂聰〕　瀧一四・一〇，慶六左一〇，殿六左二，凌六左一〇。○反，[南化][楓][棭][三][梅][高]外。

〔自勝之謂彊〕　瀧一四・一〇，慶七右一，殿六左二，凌七右一。

索　謂守謙敬之人　○[耿][慶][彭][游][凌][殿]謂守謙敬無「之」字。　人自伏非。

索　是爲自勝　○[索]無「自」字。

〔君不若道虞舜之道〕　瀧一五・二，慶七右三，殿六左四，凌七右三。○[南化][楓][棭][三][梅]君不若道虞舜之爲道。

〔子觀我治秦也〕　瀧一五・五，慶七右五，殿六左六，凌七右五，○治，[殿]視。

〔一救荆國之禍〕　瀧一六・七，慶七左七，殿一右六，凌七左六。

索　案六國年表　○[耿][慶][彭][游][凌][殿]此五字作「十二諸侯年表」六字。[札記]「六國」誤，當云「十二諸侯」。

索　會晉救楚朝周　○[札記]「救」字誤，表作「伐」，無救荆事。攷異云：謂宋有荆禍而秦救之。

索　是也　○[耿][慶][彭][游][凌][殿]此注二字作「此云救荆未詳」六字。

〔舂者不相杵〕　瀧一七・三，慶八右三，殿七左一，凌八右二。

集　謂送杵聲以聲音自勸也　○[景][井][衲][耿][慶][彭][游][凌][殿]「聲」、「音」互倒。

***正**　相謂送杵以音聲曲禮南化、幻本「禮」下有「自勸也」三字。瀧川本訛脱。不舂不相。按：上四字非正義注文。[南化][幻][瀧]。

〔刑黥太子之師傅殘傷民以駿刑是積怨畜禍也〕　瀧一七・七，慶八右六，殿七左四，凌八右五。○南化 楓 三 無此十九字。

〔殘傷民以駿刑〕　瀧一七・七，慶八右六，殿七左四，凌八右五。○駿，殿 峻。

〔是積怨畜禍也〕　瀧一七・八，慶八右七，殿七左五，凌八右五。

*正　駿刑上音峻　南化 幻 瀧。

〔教之化民也〕　瀧一七・八，慶八右七，殿七左五，凌八右六。○民，索 人。按：唐諱「民」作「人」。

〔深於命〕　瀧一七・八，慶八右七，殿七左五，凌八右六。

索　命謂秦君之命也　○命，凌 令。

*正　言鞅受孝公命行之更添加命南化、幻本上三字作「加添命」。按：瀧川本誤。　南化 幻 瀧。

〔捷於令〕　瀧一七・九，慶八右八，殿七左六，凌八右七。

索　上謂鞅之處分　○耿 慶 彭 游 凌 殿 上謂商鞅之處分。

索　謂秦君之令　○耿 慶 彭 游 凌 殿 謂秦君之教令。彭、游、殿本「令」作「命」。

*正　言民放效君上之命須捷急遁之畏商鞅也　南化 幻 瀧。

〔君又南面而稱寡人〕　瀧一八・三，慶八右一〇，殿七左八，凌八右九。○耿 毛 君又南面也而稱寡人。而，紹 慶 彭 游 詳節 也，札記 中統、游、王本「而」作「也」，毛本「而」上有「也」字。

〔相鼠有體〕瀧一八・三，慶八左一，殿七左九，凌八右一〇。〇體，[游]禮，[札記]中統、游、柯本「體」訛「禮」。

〔旁車而趨〕瀧一八・九，慶八左九，殿八右六，凌八左八。

集 闟所及反 〇[耿]騶案闟者所及反。按：耿本此注七字移在「干將之雄戟」下。

索 鄒誕音 〇誕，[索]又。

索 九勿反 〇勿，[索]物。

索 矛戟者名 〇[耿]無「者」字。[索]矛戟者之名。

〔君固不出〕瀧一九・二，慶八左九，殿八右六，凌八左八。〇固，[紹][詳節]乘。

〔恃力者亡〕瀧一九・三，慶八左一〇，殿八右七，凌八左九。

*****正** 周書晉五經博士孔晁序録有九卷 [南化][幻][瀧]。

〔尚將欲延年益壽乎〕瀧一九・四，慶九右一，殿八右七，凌八左一〇。〇將，[南化][楓][棭][三]特。

〔則何不歸十五都〕瀧一九・四，慶九右一，殿八右八，凌八左一〇。

索 其中凡有十五都 〇五，[耿][慶][彭][游][凌][殿]三。

正 公孫鞅封商於十五邑 〇公，[慶][彭][凌]都。

〔灌園於鄙〕瀧一九・五，慶九右三，殿八右九，凌九右二。〇[南化][楓][棭][三]此四字作「灌韭於園耶」五字。

〔秦國之教〕　瀧一九・七，慶九右五，殿八左一，凌九右四。○教，詳節政。

〔秦王一旦捐賓客而不立朝〕　瀧一九・八，慶九右五，殿八左一，凌九右四。○捐，南化楓有。

〔客舍人不知其是商君也〕　瀧二〇・四，慶九右一〇，殿八左五，凌九右九。○耿慶彭游凌殿無「舍」字。南化楓棭三梅高校補「舍」。

〔商君秦之賊〕　瀧二〇・八，慶九左三，殿八左八，凌九左二。○南化楓棭三梅無此五字。

〔商君既復入秦走商邑〕　瀧二〇・九，慶九左四，殿八左九，凌九左三。

索　走向也　○索秦走向也。

〔與其徒屬發邑兵〕　瀧二〇・一〇，慶九左五，殿八左一〇，凌九左四。○南化楓棭三梅高——發商邑兵。

〔北出擊鄭〕　瀧二〇・一〇，慶九左五，殿八左一〇，凌九左四。○毛索無「北」字。

索　初縣杜鄭　○杜，凌封。

〔殺之於鄭黽池〕　瀧二一・一，慶九左七，殿九右二，凌九左五。○蜀無「鄭」字。

索　時黽池屬鄭故也　○黽，慶彭凌殿澠。

索　黽或作彭者　○索黽或作彭池者。殿無「者」字。

索　按鹽鐵論云商君困於彭池故也　○索無「故也」二字。

〔莫如商鞅反者〕　瀧二一·四，慶九左九，殿九右四，凌九左八。○如，南化三知。毛無「反」字。

〔商君其天資刻薄人也〕　瀧二一·七，慶一〇右一，殿九右六，凌九左九。

索　謂棄仁義不悃誠也　○索謂棄仁義不悃誠是薄也。

〔非其質矣〕　瀧二一·九，慶一〇右三，殿九右七，凌一〇右二。○南化棭三此四字作「其非實也」。

索　非本性也　○索非其本性也。

〔亦足發明商君之少恩矣〕　瀧二二·二，慶一〇右五，殿九右一〇，凌一〇右五。○詳節亦足以發是商君之少恩矣。

〔與其人行事相類〕　瀧二二·二，慶一〇右六，殿九左一，凌一〇右六。

索　按商君書　○索無「書」字。

*__正__　商君書有農戰篇有開塞篇南化、野本無上七字。五卷三十六篇南化本無上四字。開謂峻法嚴刑政化開行也塞謂布恩則政化杜塞也耕謂開阡陌封疆農爲南化、幻本「農」、「爲」互倒。耕也戰謂斬敵首等南化本等下有「給」字。級賜爵則士卒勇於公戰也。野、高本無「三十六篇」至「於公戰也」五十三字。南化幻野高瀧。

〔有以也夫〕　瀧二二·九，慶一〇右八，殿九左三，凌一〇右八。

集 北收上郡 ○收，蜀牧。

集 周室歸籍 ○籍，殿藉，札記中統、游本「籍」，它本作「藉」。

集 使民内急耕織之業以富國 ○急，蜀争。

集 外重戰伐之賞以勸戎士 ○士，毛君。按：毛本誤。

集 法令必行 ○法，毛發。按：毛本「法」、「發」音相近誤。

集 内不阿貴寵 ○阿，紹慶彭毛游凌殿私，三校記「阿」。

集 周后稷之勸農業 ○紹無「之勸」二字。

集 夫霸君若齊桓晉文者 ○彭無「者」字。

集 存亡繼絶 ○繼，紹體。

集 詐取三軍之衆 ○蜀「三軍」二字作「二君」。取，殿聚。

集 原其事不諭也 ○原，蜀源。諭，蜀論，毛喻，凌踰。

集 蔽芾 ○芾，蜀茀。

集 管仲奪伯氏邑三百户 ○仲，游氏。

集 畜怨積讎 ○讎，毛仇。

集 比於丘山 ○比，詳節高。丘，殿邱。

集 霸者之佐 ○霸，詳節王。

索 誤爲藉耳 ○攷異予謂「藉」、「胙」聲相近。

索 按本紀周歸文武胙於孝公者 ○[索]無「者」字。

索 秦法棄灰於道者刑 ○[索]秦法棄灰於道者有刑。

索 逆旅不賓 ○不，[索]作。

史記會注考證校補卷六十九

蘇秦列傳第九

〔東周雒陽人也〕　瀧二・二，慶一右二，殿一右七，凌一右三。○紹通志無「東」字。

索　此下云秦弟代代弟厲也　○耿慶彭游凌殿——弟厲未詳。無「也」字。

正　蘇秦雒陽乘軒里人也　○慶彭凌殿蘇秦雒陽無「乘」字。軒里之人也。札記脱「乘」字，「里」下衍「之」字。考證據趙策改。

〔而習之於鬼谷先生〕　瀧二・四，慶一右四，殿一右一〇，凌一右六。

索　又樂臺注鬼谷子書云　○臺，耿慶彭索游凌殿金陵壹。

索　故假名鬼谷　○索故假名曰鬼谷。

＊**正**　鬼谷谷名在雒州城縣北五里七録有蘇秦書樂壹注云秦欲神祕其道故假名鬼谷也｜南化、野本無上三十四字。　鬼谷子三卷樂壹注樂壹字正魯郡人　南化野高贇異瀧。

〔逐什二以爲務〕　瀧二・八，慶一右九，殿一左四，凌一左一。

*正　言工商十分之南化本無「之」字。中得二分利　南化幻野高瀧。

〔出其書偏觀之〕瀧二・一〇，慶一左一，殿一左五，凌一左二。○索「偏觀之」三字移在「屈首受書」下，而「偏」字作「徧」。偏，金陵偏。札記索隱本於「屈首受書」下出「偏觀之」三字，其下出「得周書陰符」五字，疑此文六字當在下文「雖多亦奚以爲」下，作「於是出其書偏觀之得周書陰符」云云。今本錯簡。

索　音遍官二音　○耿慶彭游凌殿「官」字作「觀」，而無「二音」二字。

*正　鬼谷子有陰符七術樂南化本「樂」下有「壹」字。注云陰符者私志於内物應於外若今符契故云陰符本太公兵法　南化幻瀧。

〔伏而讀之〕瀧三・四，慶一左四，殿一左八，凌一左五。

〔期年以出揣摩〕瀧三・五，慶一左四，殿一左八，凌一左六。

集　伏而誦之　○誦，殿讀。

集　引錐自刺其股　○錐，耿雖。按：耿本誤。

集　不能出其金玉錦繡　○繡，彭綉。

索　則陰符是太公之兵符也　○耿慶彭游凌殿無「之」字，而「兵符」二字作「兵法」。

索　揣情摩意　○摩，耿毒。

索　是鬼谷之二章　○章，詳節篇。

*正　鬼谷子有揣及摩二篇言揣諸侯之情以其所欲切摩爲揣之術也按鬼谷子乃蘇秦之南化本無「之」字。

書明矣 南化 幻 瀧。

〔弗信〕 瀧四・二，慶一左一〇，殿二右五，凌二右三。

索 而以爲蘇秦智識淺 ○殿「而」字、「蘇」字並無，而「識」字作「説」。 耿 慶 彭 游 凌 無「蘇」字。

索 故云少之 ○慶 彭 凌 殿無「云」字。

*正 言顯王左右慣知蘇秦有少不知南化本「知」作「信」。行故不用 南化 幻 瀧。

〔被山帶渭〕 瀧四・四，慶二右三，殿二右七，凌二右五。○渭，南化 楓 三 梅 高 江。

〔東有關河〕 瀧四・四，慶二右三，殿二右七，凌二右六。○南化 楓 三 梅 此四字作「外有江河」。

正 有函谷蒲津龍門合河等關 ○函，慶 彭 幽。按：景印慶元本「幽」改「函」。 札記 王、柯「函谷」訛「幽谷」。

正 南山及武關嶢關 ○嶢，慶 彭 堯，札記「南」下有脱文，當云「南有某山」云云。王、柯「嶢」訛「堯」。

正 被山帶渭又爲界地里 ○殿無「被山帶渭」四字，而「界」、「地」互倒。渭，南化 楓 江。里，南化 三 理。

正 江渭岷江 ○渭，南化 楓 三 凌 殿 謂。

正 渭州隴山之西南流入蜀 ○殿 從渭州——。

〔南有巴蜀〕 瀧四・八，慶二右五，殿二右九，凌二右八。○南化 楓 三 無「南有」二字。

〔北有代馬〕　瀧四・八，慶二右五，殿二右一〇，凌二右八。

索　代郡又有馬邑城　○耿慶彭索游凌殿金陵「邑城」二字作「城縣」。按：瀧本誤。

索　一云代郡兼有胡馬之利　○耿慶彭索游凌殿金陵一云代馬謂代郡——。按：瀧本誤脱。

〔此天府也〕　瀧五・二，慶二右六，殿二右一〇，凌二右九。

索　言天尊　○耿慶彭游凌殿無「天」字。

*__正__　府聚也萬物所聚　贇異瀧。

〔以秦士民以衆兵法之教〕　瀧五・三，慶二右七，殿二左一，凌二右一〇。○南化楓三無此十字。

〔稱帝而治〕　瀧五・四，慶二右八，殿二左二，凌二左一。○南化楓三無「治」字。

〔文理未明〕　瀧五・五，慶二右九，殿二左三，凌二左二。○未，南化棭梅不。

〔疾辯士弗用〕　瀧五・六，慶二右九，殿二左三，凌二左二。○札記中統本「疾」誤「病」。

〔奉陽君弗説之〕　瀧五・七，慶二右一〇，殿二左四，凌二左四。○南化楓三無「之」字。

〔歲餘而後得見説燕文侯〕　瀧五・九，慶二左一，殿二左五，凌二左四。

索　下並同　○耿慶彭游凌殿無此注三字。

〔燕東有朝鮮遼東〕　瀧五・一〇，慶二左二，殿二左六，凌二左五。

索　朝鮮朝仙二音潮仙二水名　○耿慶彭游凌殿此注十一字作「朝鮮音潮仙二水名」八字。

索金陵無下「二」。

〔北有林胡樓煩〕瀧六・一，慶二左三，殿二左六，凌二左六。○索「林」、「胡」互倒。

正　二胡國名　○二，殿林。

〔西有雲中九原〕瀧六・一，慶二左三，殿二左七，凌二左七。

索　漢武帝改曰五原郡　○原，耿索。

正　在榆林縣東北四十里　○慶彭凌「榆」、「林」互倒。下同。札記官本「榆林」，各本誤倒。下同。

正　九原郡城　○慶彭凌殿無「城」字。札記「城」字，考證增。

〔南有嘑沱易水〕瀧六・三，慶二左五，殿二左九，凌二左九。○嘑，南化楩梅呼。

集　其川嘑沱　○川，殿州。嘑，景井蜀紹衲耿毛滹。下同。札記周禮「嘑沱」作「虖池」。

集　嘑沱出鹵城　○索「嘑沱」二字作「滹沲」。

索　按滹沱　○滹，慶彭游凌殿嘑。下同。沱，索金陵沲。下同。

索　屬代郡　○代，游州。

索　自縣東至參合　○合，慶彭凌殿谷。

正　嘑沱　○嘑，慶彭殿呼。

正　出易州易縣　○慶彭凌殿無下「易」字。札記「易」字，考證據唐志增。

正　東與呼沱河合也　○呼，凌嘑。慶彭凌「河」、「合」互倒。按：景印慶元本不倒。札記各本倒，官本不誤。

〔地方二千餘里〕　瀧六・五，慶二左八，殿三右二，凌三右二。○地，毛城。按：毛本誤。二，詳節一。

〔粟支數年〕　瀧六・五，慶二左九，殿三右三，凌三右三。

索　粟支十年　○十，南化三二。

〔南有碣石鴈門之饒〕　瀧六・六，慶二左一〇，殿三右三，凌三右三。

索　大碣石山在右北平驪城縣西南　○碣，索揭。耿慶彭游凌殿——西南是也。

〔北有棗粟之利〕　瀧六・八，慶三右一，殿三右四，凌三右五。○栗，南化椷三梅野高紹粟。

〔發號出令〕　瀧七・五，慶三右九，殿三左一，凌三左三。○慶彭「出」、「令」互倒。按：景印慶元本不倒。

〔軍於東垣矣〕　瀧七・五，慶三右一〇，殿三左二，凌三左三。

索　地理志　○理，耿攻。按：耿本訛。

〔渡嘑沱〕　瀧七・六，慶三左一，殿三左三，凌三左五。○嘑，蜀毛滹。

〔夫不憂百里之患〕　瀧七・八，慶三左三，殿三左五，凌三左七。○南化楓椷三夫不憂百里內之患。

〔文侯曰〕　瀧七・一〇，慶三左五，殿三左七，凌三左九。○南化楓椷三梅燕文侯曰。

〔西迫彊趙〕 瀧七・一〇，慶三左六，殿三左七，凌三左九。○迫，通志逼。

正 貝冀深趙四州 ○貝，棭三高見，凌真。深，慶彭凌殿燕，札記各本「深」訛「燕」，考證據地里志改。

〔南近齊〕 瀧八・一，慶三左六，殿三左八，凌三左一〇。

正 齊地北境 ○地，慶彭凌也。按：景印慶元本「也」改「地」。札記官本「地」，各本訛也。

〔而奉陽君已死〕 瀧八・三，慶三左九，殿三左一〇，凌四右二。○南化無「已」字。

〔即因説趙肅侯〕 瀧八・三，慶三左九，殿三左一〇，凌四右三。

索 肅侯名語 ○語，耿慶彭索游凌殿金陵言，南化楓棭三校記「語」。按：瀧本依楓、三本改。

〔天下卿相人臣〕 瀧八・四，慶三左一〇，殿四右一，凌四右三。○臣，南化楓棭三君。

〔及布衣之士〕 瀧八・五，慶三左一〇，殿四右一，凌四右四。○南化楓棭三梅及至布衣之士。

〔雖然奉陽君妬君而不任事〕 瀧八・六，慶四右二，殿四右三，凌四右五。○南化楓棭三雖然奉陽君妬賢君無「而」字。不任事。金陵「君」、「而」互倒。札記「而」、「君」誤倒，考證據趙策改。襍志説同。

〔且無庸有事於民也〕 瀧八・一〇，慶四右五，殿四右五，凌四右八。○南化楓三無「事於」二字。

〔常苦出辭〕　瀧九・四，慶四右九，殿四右九，淩四左二。○苦，游若。按：游本訛。

〔陰陽而已矣〕　瀧九・五，慶四右一〇，殿四右一〇，淩四左四。

索　請屏左右　○屏，游并。

索　然言別白黑者　○然，耿終。言，耿慶彭游淩殿則。

〔劫韓包周〕　瀧一〇・九，慶五右五，殿五右三，淩五右八。

正　趙邯鄲危故須起兵自守　○慶彭淩殿「危」字移在「起」字上。札記「危」字錯在「須」下。考證移改。

〔則趙氏自操兵〕　瀧一〇・一〇，慶五右六，殿五右四，淩五右九。

索　作自銷鑠　○耿慶彭游淩殿無「自」字。

〔據衛取卷〕　瀧一〇・一〇，慶五右六，殿五右五，淩五右一〇。○衛，彭渭，楓棭三高校記「衛」。景井蜀紹耿慶彭毛游淩殿據衛取淇（毛本作「溯」。）卷，札記索隱本出此四字，各本作「取淇卷」，毛本訛作「取溯巷」。襍志云：「淇」字後人加之，史作「取卷」，策作「取淇」，正義但言「守衛得卷」，則無「淇」字明矣。

集　丘權反　○丘，慶彭淩殿兵，南化校記「丘」。

索　取淇　○耿慶彭游淩殿據衛取淇。無「卷」字。

〔則兵必戰於邯鄲之下矣〕　瀧一一・三，慶五左二，殿五右八，淩五左六。

索　按徐氏所引據地理志云然也　○耿慶彭游淩殿「云然」二字作「而知」。

正　在鎮州常山縣東二十里　○常，慶彭淩旁，札記官本「常」，各本誤「旁」。

〔北有燕國〕　瀧一二・一，慶五左七，殿五左四，淩六右一。

正　然三家分晉　○殿無「然」字。三，淩二。

〔然而秦不敢舉兵伐趙者何也〕　瀧一二・二，慶五左九，殿五左六，淩六右三。○南化楓棭三梅無「何也」二字。

〔然則韓魏趙之南蔽也〕　瀧一二・三，慶五左一〇，殿五左七，淩六右四。○札記舊刻無「則」字。案：然，猶是也。亦，猶則也。然則二字不必連用，説見經傳釋詞。此疑後人依國策增。

〔固已形於胷中矣〕　瀧一三・一，慶六右八，殿六右五，淩六左二。○形，紹刑，通志判。

〔豈揜於衆人之言〕　瀧一三・二，慶六右八，殿六右五，淩六左二。○揜，殿掩。

〔六國爲一〕　瀧一三・三，慶六左一，殿六右七，淩六左五。○南化梅無「爲一」二字。

〔并力西鄉而攻秦〕　瀧一三・四，慶六左一，殿六右七，淩六左五。○鄉，南化楓棭三梅高面。

〔夫破人之與破於人也〕　瀧一三・四，慶六左二，殿六右八，淩六左六。○景井蜀紹衲耿慶彭毛游淩殿夫破人之與見破於人也。

〔臣人之與臣於人也〕　瀧一三・五，慶六左三，殿六右九，淩六左七。○景井蜀紹衲耿慶彭毛游凌殿臣人之與見臣於人也。

〔夫衡人者〕 瀧一三・七，慶六左五，殿六左一，凌六左九。○景井紹衲游毛「衡」字下有「音横」二字注。札記中統舊刻，游、毛本「衡」下並有「音横」二字，疑後人旁注。合刻本無。

〔皆欲割諸侯之地以予秦〕 瀧一三・七，慶六左六，殿六左一，凌六左九。

索 秦地形東西横長 ○索無「秦」字。

正 衡音横 ○横，游行。

〔前有樓闕軒轅〕 瀧一三・一〇，慶六左八，殿六左三，凌七右二。○闕，通志關。

索 又史記俗本亦有作軒冕者 ○慶彭游凌殿無「亦」字。

〔後有長姣美人〕 瀧一四・二，慶六左九，殿六左四，凌七右三。

索 姣音交 ○交，耿慶彭游凌殿絞。

〔以求割地〕 瀧一四・三，慶一右一，殿六左七，凌七右五。

索 其意疏 ○耿慶彭游凌殿此注三字作「義踈」二字。

〔故尊主廣地彊兵之計〕 瀧一四・五，慶七右三，殿六左八，凌七右七。○計，南化楓三謀。

〔莫加一韓魏齊楚燕趙以從親〕 瀧一四・六，慶七右四，殿六左九，凌七右八。○蜀無「燕」

字。以，[詳節]而。

〔會於洹水之上〕　瀧一四・七，慶七右五，殿六左一〇，凌七右九。

*正　洹音桓洹水出相州林慮縣西北林慮山中也　[南化][幻][瀧]。

〔刳白馬而盟〕　瀧一四・八，慶七右六，殿七右一，凌七左一。〇[楓][三]無「盟」字。

索　又音蹎　〇蹎，[游]質。按：游、明本訛。

*正　質音致令六國將相會於洹水之上通洩疑質之嫌約（南化本「約」下有「結」字。）盟定縱刳割也　[南化][幻][瀧]。

〔齊魏各出鋭師以佐之〕　瀧一四・九，慶七右七，殿七右二，凌七左一。

*正　要約（南化本「要約」二字作「約曰」。）上如字又音於妙反　[南化][幻][瀧]。

〔韓絶其糧道〕　瀧一四・一〇，慶七右八，殿七右二，凌七左二。

*正　韓引兵至嶢關武關外絶其糧（南化、幻本「糧」下有「之」字。）道　[南化][幻][瀧]。

〔趙涉河漳〕　瀧一五・一，慶七右八，殿一右三，凌七左二。

索　欲與韓作援　〇作，[蜀][耿][慶][彭][游][凌][殿]相。

*正　趙涉漳河南西南以相援　[南化][幻][瀧]。

〔韓守城皋〕　瀧一五・四，慶七左二，殿七右六，凌七左六。〇城，[殿]成。

〔魏塞其道〕　瀧一五・五，慶七左二，殿七右六，凌七左六。

*正　戰國策其道（南化、幻本無上二字。）作午（南化、幻本「午」作「仵」。）道　[南化][幻][瀧]。

〔趙涉河漳博關〕　瀧一五・五，慶七左三，殿七右七，凌七左七。○井蜀紹耿慶彭毛游凌殿無「漳」字。南化楓棭三高校補「漳」。關，慶彭游殿闕。南化楓棭三梅高校記「關」。札記北宋本有「漳」字。王本「關」訛「闕」。

集　晉伐齊到博陵　○博，蜀傅。

***正**　涉貝州南河而至博陵今博州南化本「州」下有「博」字。平縣即博陵南化、幻本「陵」作「縣」。南化幻瀧。

〔燕出鋭師以佐之〕　瀧一五・七，慶七左三，殿七右八，凌七左八。○以，楓三而。

〔秦攻趙〕　瀧一五・九，慶七左六，殿七右九，凌七左一〇。○趙，通志魏。

〔則韓軍宜陽〕　瀧一五・九，慶七左六，殿七右一〇，凌七左一〇。○軍，通志守。

〔齊涉清河〕　瀧一五・一〇，慶七左七，殿七左一，凌八右一。

正　齊從貝州過河而西　○凌無「貝」字。

〔六國從親以賓秦〕　瀧一六・二，慶七左九，殿七左二，凌八右三。

索　謂六國之軍　○軍，彭君，高校記「軍」。

〔立國日淺〕　瀧一六・五，慶八右一，殿七左四，凌八右五。○南化楓棭三梅高立國之日淺。

〔乃飾車百乘〕　瀧一六・六，慶八右三，殿七左六，凌八右七。○札記舊刻「飾」作「飭」。

〔黄金千溢〕　瀧一六・六，慶八右三，殿七左六，凌八右七。○溢，景蜀衲慶彭游凌殿鎰。下同。札記中統、毛本作「溢」。索隱本、游本注皆作「溢」，則正文作「鎰」者，後人所改也。

索 戰國策作萬溢 ○慶彭游凌殿無此注六字。

索 一溢爲一金 ○慶彭游凌殿無「爲」字。

索 則二十兩曰一溢爲米二升 ○慶彭游凌殿無此注十一字。

索 鄭玄以一溢爲二十四分之一 ○慶彭凌游殿「以」字作「云」，而無「爲」字。

索 其說異也 ○慶彭游凌殿其說各異。無字也。

〔以約諸侯〕 瀧一六·九，慶八右六，殿七左八，凌八右一〇。

集 純匹端名 ○匹，耿四。按：耿、秉本字形相似而訛。

〔且欲東兵〕 瀧一七·一，慶八右八，殿七左一〇，凌八左三。

索 雕陰屬上郡 ○慶彭游凌殿雕陰縣屬上郡。

〔於是說韓宣王曰〕 瀧一七·四，慶八右一〇，殿八右二，凌八左四。○景井蜀紹衲耿慶彭毛游凌殿「惠」、「宣」互倒。索金陵無「惠」字。札記各本「宣」下有「惠」字。索隱本無，志疑云衍。

〔韓北有鞏成皋之固〕 瀧一七·五，慶八右一〇，殿八右三，凌八左四。○景蜀慶彭游凌殿韓北有鞏洛成皋之固。札記索隱本無「洛」字。御覽百五十八引亦無。按：札記引正文有「洛」字。

〔西有宜陽商阪之塞〕　瀧一七・六，慶八左一，殿八右四，凌八左六。○楓三無「阪」字。
阪，通志版。

索　適秦楚之險塞是也　○耿慶彭游凌殿無「是」字。

〔東有宛穰洧水〕　瀧一七・八，慶八左三，殿八右六，凌八左八。

索　並居南陽　○居，慶彭索游凌殿金陵屬。按：瀧本誤。

索　音于軌反　○慶彭游凌殿無此注四字。

〔天下之彊弓勁弩皆從韓出〕　瀧一七・一〇，慶八左六，殿八右八，凌九右一。○弓，蜀引。

〔谿子〕　瀧一八・一，慶八左七，殿八右九，凌九右一。

索　以爲南方谿子蠻　○耿慶彭游凌殿無「谿子」二字。

***正**　谿子蠻也出柘弩及竹弩皆善材　南化幻瀧。

〔皆射六百步之外〕　瀧一八・二，慶八左九，殿八左二，凌九右五。

集　案時力者　○耿此四字作「按肯力潘」。

索　韓又有少府所造　○又，游人。按：游本訛。

***正**　少府時力距來者皆弩名具於淮南子少府韓府名也言谿子之蠻出柘竹南化、幻本無「竹」字。弩材令少府造時力距來二弩皆射六百步外　南化幻瀧。

〔韓卒超足而射〕　瀧一八・六，慶八左一〇，殿八左二，凌九右五。

索　謂超騰用勢　○騰，耿屬。

索　蓋起足蹋之而射也　○足，耿走。

正　兩手引揍機　○兩，慶彭材，殿無「材」字。

正　然始發之　○始，殿後。

〔棠谿〕　瀧一八・一〇，慶九右四，殿八左六，凌九右九。

集　汝南吴房有棠谿亭　○游「汝」字作「淮」，而「房」字作「号」。

〔墨陽〕　瀧一九・一，慶九右五，殿八左七，凌九右一〇。

索　淮南子云服劍者貴於剡利而不期於墨陽莫邪則墨陽匠名　○慶彭凌殿無此注二十四字。

*正　墨陽地名也淮南子云服劍者貴於剡利而不期於墨陽莫邪　南化幻瀧。

〔鄧師〕　瀧一九・三，慶九右六，殿八左八，凌九左二。

索　鑄劍而師名焉　○耿慶彭游凌殿此六字作「因名鄧師」四字。

*正　鄧出鉅鐵有善鐵劍之師因名　南化幻瀧。

〔龍淵太阿〕　瀧一九・五，慶九右七，殿八左九，凌九左三。○淵，索泉。下注同。

集　越有歐冶　○歐，紹猷。

集　寡人欲因子請此二人作劍　○紹下「人」字作「子」。

集　乃往見二人作劍　○人，景井蜀衲毛子。

集　二曰龍淵　○各本「二」作「一」。按：瀧本誤。

索　又太康地記曰　○耿慶彭游凌殿又慶、彭、凌、殿本「又」字作「晉」。太康地理記曰。

索 特堅利　〇特，耿待。下同。

索 故有龍泉之劍　〇耿慶彭游凌殿故有龍泉水之劍。

索 三曰合伯　〇伯，殿膊。

索 一別領户　〇耿慶彭游凌殿無「一」。

〔當敵則斬堅甲鐵幕〕　瀧一九・九，慶九左二，殿九右五，凌九左九。

索 當敵則斬甲盾鞮鍪鐵幕也　〇慶彭凌殿當敵則斬堅甲盾——。

索 幕一作陌　〇幕，慶彭殿莫。陌，凌盾，殿貊。

索 謂以鐵爲臂脛之衣　〇臂，耿齊。

索 言其劍利能斬之也　〇利，耿慶彭游凌殿皆。

＊**正** 幕者爲鐵臂衣之屬言能斬之　南化幻瀧。

〔革抉〕　瀧二〇・一，慶九左四，殿九右七，凌一〇右一。〇抉，耿扶。下注同。

索 音決　〇慶彭凌殿無此注二字。

〔無不畢具〕　瀧二〇・二，慶九左五，殿九右八，凌一〇右三。

索 吷與瞂同　〇瞂，耿跋。

索 謂繫楯之綬也　〇耿慶彭游凌殿謂繫楯之紛綬也。

正 盾自關東謂之瞂　〇瞂，慶彭戢，札記王、柯「瞂」訛「戢」。

＊**正** 吷音伐下音仁鋭反　南化幻瀧。

〔大王事秦〕　瀧二〇·七，慶九左九，殿九左一，淩一〇右六。○大，紹通志曰。

〔與則無地以給之〕　瀧二〇·八，慶一〇右一，殿九左三，淩一〇右八。○南化楓棭三與之則無地以給之。

〔何異於牛後乎〕　瀧二一·四，慶一〇右七，殿九左八，淩一〇左四。○耿奈何異於牛後乎。

〔無爲牛後〕　瀧二一·一，慶一〇右四，殿九左六，淩一〇左一。

索　不爲牛之從後也　○慶彭淩殿不爲牛子之從後也。

〔按劒仰天太息〕　瀧二一·五，慶一〇右九，殿九左一〇，淩一〇左六。

索　謂久蓄氣而大吁也　○吁，慶彭游淩殿呼。

〔今主君〕　瀧二一·六，慶一〇右一〇，殿一〇右一，淩一〇左七。

索　故稱曰主　○耿慶彭游淩殿故稱曰主君。

〔新鄭〕　瀧二一·九，慶一〇左三，殿一〇右三，淩一一右二。

集　於嚧切　○嚧，游隱。

集　潁川有昆陽舞陽縣　○殿無下「陽」字。

索　又有傿陵縣　○傿，耿慶彭游淩殿鄢。下同。

索　故所稱惑也　○耿慶彭游淩殿此五字作「鄢郾不同必有一（彭本「一」誤「二」）。誤」八字。

索　按新鄭即鄭丘　○鄭，慶彭游淩殿下「鄭」字作「椄」。按：景印慶元本改「鄭」。

索 章帝以封殷後於宋　○[耿][慶][彭][游][凌][殷]章帝建初四年徙無「以」字。封殷後宋公於此更名宋。

〈東有淮潁煑棗無胥〉　瀧二二·三，慶一〇左七，殷一〇右八，凌一一右五。

索 按無胥其地闕　○[耿]無「其地」二字。

〈輷輷殷殷〉　瀧二二·一〇，慶一一右三，殷一〇左三，凌一一左一。○[紹][通志]「輷輷」二字作「軥軥」。

〈然衡人怵王〉　瀧二三·一，慶一一右四，殷一〇左四，凌一一左二。

**正* 怵誘也　[南化][野][高][瀧]。

〈天下之賢王也〉　瀧二三·四，慶一一右七，殷一〇左七，凌一一左五。○王，[南化][楓][三][狩][高][景][井][紹][衲][毛][通志]主。

〈受冠帶〉　瀧二三·五，慶一一右九，殷一〇左八，凌一一左七。

索 謂冠帶制度皆受秦法　○[耿][慶][彭][游][凌][殷]——秦之法。

〈祠春秋〉　瀧二三·六，慶一一右九，殷一〇左九，凌一一左七。

索 言春秋貢奉　○[耿][慶][彭][游][凌][殷]無「言」字。

索 以助秦祭祀　○秦，[慶][彭][凌]奉。

〈臣聞越王句踐戰敝卒三千人〉　瀧二三·七，慶一一右一〇，殷一〇左一〇，凌一一左八。○[通志]無「戰」字。

〔禽夫差於干遂〕 瀧二三・七，慶一一左一，殿一〇左一〇，凌一一左九。

索 然按干是水旁之高地 ○旁，游彎。

索 於干有道 ○耿慶彭游凌殿於江干有遂道。

索 因爲地名 ○耿慶彭游凌殿無「地」字。

正 在蘇州吴縣西北四十餘里萬安山西南一里太湖 ○慶彭凌殿——萬安山前㙨殿本作「遂」。西南山「一里」二字作「山」字。 太湖 札記各本「山」下衍「前㙨」二字，「一里」二字脱，誤作「山」。考證據春申君傳正義改。

正 禽於干遂 ○遂，慶彭㙨，札記王、柯「遂」訛「㙨」。

〔武士二十萬〕 瀧二四・一，慶一一左五，殿一一右五，凌一二右四。

集 魏氏武卒 ○氏，殿士。

索 謂中試之人 ○耿慶彭游凌殿無「謂」字。

〔蒼頭二十萬〕 瀧二四・四，慶一一左九，殿一一右八，凌一二右八。

索 謂以青巾裹頭以異於衆 ○巾，凌中。

索 荀卿魏有蒼頭二十萬 ○慶彭游凌殿荀卿子——。

〔騎五千匹〕 瀧二四・五，慶一二右一，殿一一左一，凌一二右一〇。

索 廝音斯 ○廝，索廁。按：索隱本誤。

索 今起爲之卒 ○耿慶彭游凌殿「爲」、「之」互倒。

〔偷取一時之功〕　瀧二五・二，慶一二右六，殿一一左五，凌一二左五。○時，【南化】【楓】【棭】【三】【梅】日。

〔以內劫其主〕　瀧二五・三，慶一二右七，殿一一左六，凌一二左六。○主，【毛】王。

〔願大王孰察之〕　瀧二五・四，慶一二右七，殿一一左六，凌一二左六。○【南化】【楓】【三】願大王孰察之也。

〔豪氂不伐〕　瀧二五・五，慶一二右八，殿一一左七，凌一二左七。○【慶】【彭】【毛】【游】【凌】【殿】「豪氂」二字作「豪釐」。【札記】「豪氂」，依北宋本，各本作「豪釐」。

〔專心并力壹意〕　瀧二五・八，慶一二右一〇，殿一一左八，凌一二左九。○壹，【彭】一。

〔使臣效愚計奉明約〕　瀧二五・九，慶一二左一，殿一一左九，凌一二左一〇。○【南化】【楓】【棭】【三】【梅】重「使」字。

〔在大王之詔詔之〕　瀧二五・一〇，慶一二左二，殿一一左一〇，凌一三右一。○【南化】【楓】【棭】【三】【梅】不重「詔」字。

〔三軍之良〕　瀧二六・五，慶一二左七，殿一二右四，凌一三右五。○三，【南化】【楓】【棭】【三】齊。

〔五家之兵〕　瀧二六・六，慶一二左七，殿一二右四，凌一三右六。

*正　齊世家云桓公既得管仲修齊國政連五家之兵　【南化】【幻】【瀧】。

〔解如風雨〕　瀧二六・九，慶一二左九，殿一二右七，凌一三右八。

索　錐矢小矢　○錐，耿雖。按：耿秉本誤。　耿慶彭游凌殿無上「矢」字。

索　爲應聲而至　○慶彭游凌殿爲其應聲而至。

正　齊軍之進　○軍，慶彭凌殿君，札記「軍」，各本誤「君」，今改。

正　若鋒芒之刀良弓之矢　○刀，慶彭殿刃。

〔六博蹋鞠者〕　瀧二七・六，慶一三右五，殿一二左二，凌一三左四。

集　皆因嬉戲而講練之　○戲，耿戰。按：耿秉本誤。

索　行六棊　○棊，慶彭游凌殿碁。

索　蹋鞠上徒臘反下居六反　○耿慶彭游凌殿無此注十字。按：合刻者以重複集解而删之。

索　别録注云　○索無「别録」二字。　耿慶彭游凌殿無「注」字。

索　蹴踘促六反蹴亦蹋也　○耿慶彭游凌殿「促六反」三字與「蹴亦蹋也」四字互易。

〔舉袂成幕〕　瀧二七・九，慶一三右八，殿一二左五，凌一三左七。○成，凌之。

〔志高氣揚〕　瀧二七・一〇，慶一三右九，殿一二左六，凌一三左八。○揚，南化楓棭三陽。

〔過衛陽晉之道〕　瀧二八・七，慶一三左六，殿一三右二，凌一四右五。

集　秦拔魏蒲坂陽晉封陵　○耿「蒲坂」二字作「湏阪」。

索　衛國之西南也　○耿慶彭游凌殿在衛國之西南也。

正　曹衛下邑也　○衛，慶彭凌魏。

正　陽晉故城　○慶彭凌殿無「城」字。札記「城」字考證增。

〔則狼顧恐韓魏之議其後也〕　瀧二九・二，慶一四右一，殿一三右七，凌一四左一。○南化楓棭三梅高則狼顧恐畏韓魏之——。

〔虛喝驕矜〕　瀧二九・三，慶一四右二，殿一三右八，凌一四左二。○喝，索猲，札記索隱本「猲」，各本作「喝」。按：札記引正文作「猲」。

〔而不敢進〕　瀧二九・三，慶一四右四，殿一三右九，凌一四左三。

索　恫疑上音通一音洞恐懼也猲本一作喝並呼葛反　○耿慶彭游凌殿此注二十字作「恫音通恫恐懼之心也喝本亦作猲並呼合反」。

索　虛作恐怯之詞　○怯，耿慶彭游凌猖，殿喝，南化楓棭三梅校記「怯」。

〔僻遠守海〕　瀧二九・九，慶一四右八，殿一三左三，凌一四左八。○南化楓棭三梅僻遠守海嵎。

〔天下之賢王也〕　瀧三〇・一，慶一四左一，殿一三左六，凌一四左一〇。○王，南化楓棭三高景井紹衲毛通志主。

〔西有黔中巫郡〕　瀧三〇・二，慶一四左二，殿一三左六，凌一五右一。

集　黔中徐廣曰今之武陵也　○也，殿地。凌無此注十字。慶彭此注十字，作「巫郡者南郡之西界」八字。楓三校記「黔中徐廣曰今之武陵」。按：景印慶元本「巫郡者南郡之西界」八字作「黔中徐廣曰今之武陵也」十字。

〔東有夏州海陽〕　瀧三〇・四，慶一四左三，殿一三左八，凌一五右二。

集　車胤撰桓温集云　○胤，紹徹。

索　而劉伯莊以爲夏州侯之本國　○慶彭凌殿重「州」字。

索　亦未爲得也　○耿慶彭游凌殿亦未之爲得也。

索　無海陽　○耿慶彭游凌殿此注三字作「海陽地闕」四字。

〔南有洞庭蒼梧〕　瀧三〇・六，慶一四左七，殿一四右一，凌一五右六。

索　今之青草湖是也　○耿慶彭游凌殿無「之」字。

〔北有陘塞郇陽〕　瀧三〇・七，慶一四左八，殿一四右二，凌一五右八。

索　北有郇陽　○耿慶彭游凌殿無「北有」二字。

索　其地當在汝南潁川之界　○耿慶彭游凌殿無「其」字。

索　檢地理志及太康地記　○檢，索驗。

索　猶豳邑變爲栒　○耿慶彭游凌殿猶豳邑變爲栒邑圁耿秉本「圁」作「固」。陰變爲圜陰爾耿秉本「爾」作「耳」。

索　亦當然也　○耿慶彭游凌殿郇亦當然也。

索　蓋耳疏也　○耿慶彭游凌殿「其」字、「也」字並無。

正　順陽故城　○慶彭凌此注四字作「即順故城」。按：景印慶元本改「順陽故城」。札記「順」上王衍

「門」字，凌衍「即」字，並脱「陽」字。官本不誤。

〔騎萬匹〕　瀧三一・二，慶一五右三，殿一四右七，凌一五左三。○詳節「萬匹」二字作「四萬」。

〔一軍下黔中〕　瀧三一・七，慶一五右八，殿一四左二，凌一五左九。○下，通志入。

〔患至而后憂之〕　瀧三一・九，慶一五左一，殿一四左五，凌一六右一。○而，慶彭凌其。按：景印慶元本「其」改「而」。

〔則無及已〕　瀧三一・九，慶一五左一，殿一四左五，凌一六右二。○已，游矣，札記中統、游本「已」作「矣」。

〔使臣效愚計奉明約〕　瀧三三・一，慶一六右五，殿一五右七。凌一六左五○南化楓棭三梅重「使」字。

〔而國已危〕　瀧三三・五，慶一六右九，殿一五右一〇，凌一六左九。○已，毛以。

〔寡人自料以楚當秦〕　瀧三三・六，慶一六右一〇，殿一五左一，凌一六左九。○自，蜀且。
按：蜀本誤。

〔而無所終薄〕　瀧三三・七，慶一六左二，殿一五左二，凌一七右一。
集　白洛反　○洛，蜀各。

〔諸侯各發使送之甚衆疑於王者〕　瀧三四・一，慶一六左六，殿一五左六，凌一七右五。○

甚，南化楓棭三梅高其。疑，景井蜀衲慶彭毛游凌殿擬，南化有正義本「甚衆擬於王者」六字作「卒有疑於王者」十八字注。札記索隱本「疑」，各本作「擬」。

＊正 輜厠也謂軍糧什物雜厠載之以其累重故曰輜重上二十字非正義注文。卒倉忽反言車騎使送之甚多疑是王者之行 南化幻瀧。

〈使人郊勞〉 瀧三四·四，慶一六左七，殿一五左七，凌一七右六。

＊正 勞郎到反 南化幻瀧。

〈嫂委虵蒲服〉 瀧三四·七，慶一六左九，殿一五左九，凌一七右八。○服，通志伏。

〈以面掩地而謝曰〉 瀧三四·七，慶一六左九，殿一五左九，凌一七右八。○札記「以面掩地」四字，疑後人依索隱增竄。

索 謂以面掩地而進 ○耿慶彭游凌殿無「以」字。

索 並音蒲仆 ○仆，索卜，札記「仆」疑本作「僕」，乃俗寫也。單本作「卜」，又「仆」之爛文。

＊正 蒲服猶匍匐南化本有「言如蛇之行匍匐」。以面掩地而謝南化、幻本「謝」作「進」。者若蛇行以面掩地南化、幻本「地」作「之」。而進南化、幻本「進」作「謝」。劉伯莊云蛇謂曲也按南化、幻本有「有」字。本作委蛇者非也

按：上八字疑非正義注文。以此爲正義注文則張守節所見正文與今本異乎？南化幻瀧。

〈吾豈能佩六國相印乎〉 瀧三五·二，慶一七右四，殿一六右四，凌一七左三。

＊正 負猶背也近城郭之田流澤肥沃也 南化幻瀧。

〈以賜宗族朋友〉 瀧三五·四，慶一七右五，殿一六右四，凌一七左四。○朋，南化楓棭

三梅高貧。

〔貸百錢爲資〕瀧三五・四，慶一七右六，殿一六右五，凌一七左五。○景衲金陵貸人百錢爲資。札記北宋本有「人」字，各本脱。

〔徧報諸所嘗見德者〕瀧三五・五，慶一七右六，殿一六右六，凌一七左五。○徧，紹編。按：紹興本誤。

〔獨未得報〕瀧三五・六，慶一七右七，殿一六右六，凌一七左六。○南化楓棭三梅獨未得報德。

〔趙肅侯封爲武安君〕瀧三五・九，慶一七右一〇，殿一六右九，凌一七左九。○南化楓棭三梅趙肅侯封之爲武安君。

〔乃投從約書於秦〕瀧三五・九，慶一七左一，殿一六右九，凌一七左一〇。○按：依索隱注文，則索隱本所出正文「投」字當作「設」。

索　乃設從約書　○耿慶彭游凌殿無此注五字，而有「投當作設」四字。按：合刻者依索隱本，所出正文爲如此之注。

索　案諸本亦作投　○耿慶彭游凌殿此六字作「今本並作投」。按：合刻者所改乎？

索　若作投亦爲易解　○亦，慶彭游凌殿甚。

〔仰而弔〕瀧三八・二，慶一八右一，殿一六左九，凌一八右一〇。

索　但史家不録耳　○索但史書家不録耳。

〔而與餓死同患也〕　瀧三八・四，慶一八右五，殿一七右二，凌一八左四。

集　本草經曰　○本，蜀太。按：蜀本誤。

索　謂食烏頭爲其暫愈飢而充腹　○耿慶彭游凌殿此注十二字作「按謂飢人食烏頭則愈益充腹」。

索　少時毒發而死　○死，耿慶彭凌游殿斃。

索　亦與飢死同患也　○耿慶彭游凌殿——同患也斃音弊。

正　蕉奚毒附子也　○慶彭凌殿「蕉奚」二字作「蘇奥」。札記「奚」誤「奥」，依廣雅改。淮南主術訓「奚毒」作「鷄毒」。

〔即秦王之少壻也〕　瀧三八・六，慶一八右七，殿一七右四，凌一八左六。○少，南化楓三女。

*正　少壻謂少女壻也　南化幻野高瀧。

〔而彊秦敝其後〕　瀧三八・七，慶一八右八，殿一七右五，凌一八左七。○南化楓棭三梅高而前彊秦敝其後。

〔齊王愀然變色曰〕　瀧三八・一〇，慶一八右九，殿一七右六，凌一八左八。

索　音自酉反　○酉，慶彭游凌西。

〔而禮之於廷〕　瀧三九・一〇，慶一八左一〇，殿一七左五，凌一九右八。○廷，游庭，札記中統、游本作「庭」。

〔今來而王不官臣者〕　瀧四〇・一，慶一九右一，殿一七左六，凌一九右九。○臣，慶彭宧，南化楓棭三校記「臣」。按：景印慶元本「宧」改「臣」。

〔臣聞忠信者所以自爲也〕　瀧四〇・二，慶一九右三，殿一七左八，凌一九左一。○南化楓棭三——自爲己也。

〔而事弱燕之危王哉〕　瀧四〇・九，慶一九右八，殿一八右二，凌一九左六。○王，毛主。

〔而餓死首陽山下〕　瀧四〇・一〇，慶一九右一〇，殿一八右四，凌一九左八。○南化楓三梅而餓死乎首陽山上「下」字作「上」。

〔抱梁柱而死〕　瀧四一・二，慶一九左二，殿一八右六，凌一九左一〇。○景井蜀衲耿慶彭毛游凌殿無「梁」字。南化楓棭三梅高校補「梁」。

〔吾已作藥酒待之矣〕　瀧四一・七，慶一九左七，殿一八右一〇，凌二〇右五。○南化楓棭三吾已爲作——。

〔於是乎〕　瀧四一・一〇，慶一九左一〇，殿一八左二，凌二〇右七。○乎，蜀子。按：蜀本訛。

〔故妾一僵而覆酒〕　瀧四一・一〇，慶二〇右一，殿一八左三，凌二〇右八。○妾，蜀妄。

〔不幸而類是乎〕　瀧四二・二，慶二〇右三，殿一八左五，凌二〇右一〇。○南化楓三無「乎」字。

〔燕易王卒〕　瀧四三・三，慶二〇右一〇，殿一九右一，淩二〇左七。

集　易王十二年卒　〇二，[蜀]三。

〔不死殊而走〕　瀧四三・四，慶二〇左二，殿一九右三，淩二〇左九。

集　與誅同指　〇指，[彭]旨。

〔齊王使人求賊〕　瀧四三・六，慶二〇左三，殿一九右四，淩二〇左一〇。〇[南化][梅]無「使人」二字。

〔齊之爲蘇生報仇也〕　瀧四三・一〇，慶二〇左七，殿一九右八，淩二一右四。〇[南化][楓][棭][三][梅][高]齊之爲蘇秦生報仇也。

〔乃恨怒燕〕　瀧四四・三，慶二〇左九，殿一九右九，淩二一右五。〇恨，[南化][梅]良。怒，[耿]怨。

〔代弟蘇厲〕　瀧四四・三，慶二〇左九，殿一九右一〇，淩二一右六。〇[南化][楓][棭][三][梅]代弟曰蘇厲。

〔見兄遂亦皆學〕　瀧四四・三，慶二〇左九，殿一九右一〇，淩二一右六。〇[南化][楓][三]「見兄」二字作「兄弟」。

〔釋鉏耨而干大王〕　瀧四四・五，慶二一右二，殿一九左二，淩二一右八。

*正　耨乃豆反除草也　[南化][幻][瀧]。

〔子所謂明王者何如也〕　瀧四四・九，慶二一右四，殿一九左四，凌二一左一。○南化　楓　三　梅——何如者也。

〔楚魏者燕之援國也〕　瀧四五・一，慶二一右六，殿一九左六，凌二一左三。○楚，殿韓。

〔今王奉仇讎以伐援國〕　瀧四五・一，慶二一右七，殿一九左六，凌二一左三。○奉，紹　毛秦。按：誤。

〔王自慮之〕　瀧四五・二，慶二一右八，殿一九左七，凌二一左四。○南化　楓　三　梅無「之」字。

〔所欲伐也〕　瀧四五・三，慶二一右九，殿一九左八，凌二一左五。○南化　楓　三所欲破伐也。

〔則寡人舉國委子〕　瀧四五・五，慶二一右一〇，殿一九左九，凌二一左六。○楓——舉國而委子。

〔對曰〕　瀧四五・六，慶二一左一，殿一九左九，凌二一左七。○對，毛封。按：毛本字形相似而訛。

〔燕處弱焉〕　瀧四五・六，慶二一左一，殿一九左一〇，凌二一左七。○南化　三　梅而燕處弱焉。

〔北與燕人戰〕　瀧四五・一〇，慶二一左六，殿二〇右四，凌二三右二。○紹無「戰」字。

〔而包十二諸侯〕　瀧四六・二，慶二二左九，殿二〇右七，凌二三右五。

正　乃當赧王二十九年　○慶彭「赧」、「王」互倒。按：景印慶元本不倒。二，凌三。

正　齊宋在前三十餘年恐文誤矣　○三，慶彭王，南化高校記「三」。按：景印慶元本「王」改「三」。札記「齊」下疑脱「滅」字，王、柯本「三」訛「王」。

〔可以爲固〕　瀧四六・五，慶二三右二，殿二〇右一〇，凌二三右九。

正　流入海　○海，凌大。按：凌本欄外有「大作海」三字注。

〔足以爲塞〕　瀧四六・六，慶二三右四，殿二〇左二，凌二三左一。

集　濟北盧縣有防門　○濟，慶彭凌齊。下同。札記官本「濟」，各本訛「齊」，下「濟西」，正義同。

正　竹書紀年云　○慶彭凌無「年」字。札記官本有「年」字。

正　梁惠王二十年　○慶彭凌無「王」字。札記官本有「王」字。

〔所以備趙也〕　瀧四七・一，慶二三右七，殿二〇左五，凌二三左四。

正　濟州已西也　○已，殿以。

〔封内敝矣〕　瀧四七・三，慶二三右九，殿二〇左六，凌二三左五。○蜀無「矣」字。

〔夫驕君必好利〕　瀧四七・四，慶二三右九，殿二〇左六，凌二三左六。○蜀大夫驕君必好利。

〔王誠能無羞從子母弟以爲質〕　瀧四七・四，慶二三右一〇，殿二〇左七，凌二三左六。○從。景井蜀衲耿慶彭毛游凌殿寵，札記索隱本「從」，各本作「寵」，後人依策改。

索　戰國策從作竄　○慶彭凌殿無此注六字。

〔蘇厲因燕質子〕　瀧四七・一〇，慶二二左三，殿二〇左一〇，凌二二左九。○厲，南化楓三高代。

〔欲因蘇厲〕　瀧四八・二，慶二二左四，殿二〇左一〇，凌二二左一〇。○厲，南化楓三代。

〔已遂委質爲齊臣〕　瀧四八・三，慶二二左四，殿二一右一，凌二三右一。

正　真真栗反　○慶彭凌殿金陵上「真」字作「質」。殿「真」、「栗」互倒。按：瀧川本誤。

〔於是燕王專任子之〕　瀧四八・六，慶二二左八，殿二一右四，凌二三右四。○王，毛主。

〔齊請以宋地封涇陽君〕　瀧四八・八，慶二三右一，殿二一右七，凌二三右七。○南化楓三梅無「地」字。

正　以封涇陽君　○封，慶彭射。按：景印慶元本「射」改「封」。札記官本「封」，各本誤「射」。

〔不信齊王與蘇子也〕　瀧四九・一，慶二三右四，殿二一右一〇，凌二三左一。

正　恐爲不成也　○成，彭誠。

〔名卑而權輕〕　瀧四九・六，慶二三左一，殿二一左五，凌二三左七。○紹重「卑」字。

〔是益一齊也〕　瀧五〇・一，慶二三左六，殿二一左一〇，凌二四右二。

正　而齊總并之　○總，慶彭惣。下同。

〈北夷方七百里〉　瀧五〇・一，慶二三左六，殿二一左一〇，凌二四右二。○札記襍志云「北夷」當爲「九夷」。

索　謂山戎北狄附齊者　○耿「戎」字作「戍」而「狄」字作「秋」。彭無「戎」字。

〈夫一齊之彊〉　瀧五〇・七，慶二三左九，殿二一右二，凌二四右五。○南化楓棭三高夫以一齊之彊。

〈燕猶狼顧而不能支〉　瀧五〇・七，慶二三左九，殿二一右三，凌二四右五。○南化楓棭三梅無「而」字。

〈而賈十倍〉　瀧五〇・九，慶二四右三，殿二一右七，凌二四右一〇。

集　染以爲紫　○染，毛深。

索　而其國中困斃也　○斃，慶彭游殿弊，凌獘。

正　貴於錦　○錦，慶彭凌殿餘。

正　君欲止之　○止，殿正。

正　何不試勿衣也　○彭殿何不試之勿衣也。

〈使使盟於周室焚秦符曰〉　瀧五一・五，慶二四右七，殿二二左一，凌二四左四。○盟，南化楓棭三明，札記中統本「焚」訛「楚」。

〈其次必長賓之〉　瀧五一・六，慶二四右八，殿二二左一，凌二四左五。○賓，三擯。

索 賓爲擯　○爲，慶彭游凌殿音。

〔然則王何不使辯士以此若言説秦王〕　瀧五一・九，慶二四左一，殿二二左四，凌二四左八。○景井蜀紹衲耿慶彭毛游凌殿金陵無「若」字。南化楓棭三梅高校補「若」。

〔令涇陽君高陵君先於燕趙〕　瀧五二・二，慶二四左五，殿二三左七，凌二五右一。

索 高陵君名顯　○顯，耿穎。按：耿本誤。

索 涇陽君名悝　○悝，耿匣。

〔立三帝以令於天下〕　瀧五二・五，慶二四左七，殿二三左九，凌二五右四。○南化楓三並立三帝——。

〔則燕趙伐之〕　瀧五二・六，慶二四左八，殿二三左一〇，凌二五右五。○南化楓三則燕趙共三條本「共」作「並」。伐之。

〔天下孰敢不聽〕　瀧五二・六，慶二四左九，殿二三左一〇，凌二五右五。○通志天下孰莫敢不聽。

〔燕趙之所利也〕　瀧五二・七，慶二四左一〇，殿二三右二，凌二五右七。○紹毛「燕」、「趙」互倒。

〔如脱躧矣〕　瀧五二・九，慶二五右二，殿二三右三，凌二五右八。○脱，毛稅。

〔是國伐也〕　瀧五二・一〇，慶二五右三，殿二三右四，凌二五右九。○南化楓棭三是國見伐也。

〔則王何不使辯士以此若言說秦〕　瀧五三・三，慶二五右六，殿二三右七，凌二五左二。○若，景井蜀紹衲耿慶彭毛游凌殿苦，南化楓棭三梅高校記「若」。札記襍志云：「若言」猶「此言」。燕策作「若此言」，各本「若」訛「苦」，今依改。

〔而蘇氏去燕燕欲報仇於齊〕　瀧五三・八，慶二五右一〇，殿二三右一〇，凌二五左五。○蜀不重「燕」字。

〔楚得枳而國亡〕　瀧五四・一，慶二五左三，殿二三左二，凌二五左八。

集　秦拔楚鄢西陵　○鄢，景毛郡。景井蜀紹衲耿慶彭毛游凌殿無「西陵」二字。札記「西陵」二字，考證據正義增。

〔齊得宋而國亡〕　瀧五四・二，慶二五左四，殿二三左四，凌二五左一〇。

正　四十年　○四，慶彭凌殿三，札記「四」誤「三」，考證據年表改。

〔正告天下〕　瀧五四・五，慶二五左七，殿二三左七，凌二六右三。

*****正**　正猶顯然　南化幻瀧。

〔五日而至郢〕　瀧五四・六，慶二五左九，殿二三左九，凌二六右五。

索　汝音旻　○耿慶彭凌游殿無此注三字。

索　謂夏潦之水盛長時也　○長，【耿】【慶】【彭】【游】【凌】【殿】漲。

*正　汶音泯（南化本「泯」作「岷」，下同。）謂泯江從蜀而下夏水謂潦水　【南化】【幻】【瀧】。

〔四日而至五渚〕　瀧五四・一〇，慶二六右二，殿二四右一，凌二六右七。

索　巴水名與漢水近　○【耿】【慶】【彭】【游】【殿】——漢水相近。【凌】無此注七字。

索　五處洲渚也　○【耿】【慶】【彭】【游】【凌】【殿】無「渚」字。處，【索】渚。

索　劉氏以爲宛鄧之閒　○【耿】【慶】【彭】【游】【凌】【殿】劉氏以爲五渚宛鄧之閒。

索　與劉説不同也　○【耿】【慶】【彭】【游】【凌】【殿】與劉氏説各不同，【索】蓋與劉説不同也。

正　南回記　○【札記】「記」字當誤。

*正　劉伯莊云巴國在漢水上是　【南化】【幻】【瀧】。

〔寡人積甲宛東下隨〕　瀧五五・三，慶二六右三，殿二四右三，凌二六右九。

*正　宛城今鄧州南陽縣城東下隨今隨州　【南化】【幻】【野】【高】【瀧】。

〔寡人如射隼矣〕　瀧五五・五，慶二六右五，殿二四右四，凌二六左一。　○【南化】【楓】【三】【梅】無「如」字。

索　獲之無不利　○【索】無「之」字。

正　若今之鶻　○【彭】若今之鶻是也。

〔二日而莫不盡繇〕　瀧五五・一〇，慶二六右一〇，殿二四右九，凌二六左六。

*正　繇動也　【南化】【幻】【瀧】。

〔五日而國學〕　瀧五六・一，慶二六左一，殿二四右一〇，凌二六左八。

索　謂屯兵以罷二周也　〇罷。耿慶彭游凌殿離。

正　歷二周而東觸新鄭州　〇觸。慶彭凌解，札記官本「觸」，各本訛「解」。

〔我舉安邑塞女戟〕　瀧五六・三，慶二六左三，殿二四左一，凌二六左九。

索　蓋在太行山之西　〇耿慶彭游凌殿無「蓋」字。

〔韓氏太原卷〕　瀧五六・四，慶二六左三，殿二四左二，凌二六左一〇。

索　音軌免反也　〇慶彭游凌音軌免反又音丘權反。無「也」字。耿殿音軌免反非也又音邱權反。

索　及至韓氏之韓國宜陽也　〇慶彭游凌殿無「之」字。

索　太原者魏地　〇耿慶彭游凌殿此注五字作「太原縣名魏地」六字。

索　太原者蓋太衍字也　〇耿慶彭游凌殿無「太原者蓋」五字。

索　是魏境　〇耿慶彭游凌殿是魏之境。

索　原當爲京京及卷　〇索不重「京」字。

索　又下軹道是河内軹縣　〇耿慶彭游凌殿「又下」二字、「道」字並無。

索　徐廣云其疏謬如此　〇云。耿慶彭游凌殿引。

索　其疏謬如此　〇耿慶彭游凌殿此注五字作「蓋誤」二字。

〔我下軹道南陽封冀〕　瀧五六・七，慶二六左四，殿二四左三，凌二七右一。

索　按魏之南陽　○耿慶彭游凌殿無「按魏之」三字。

索　故徐廣云　○云。耿慶彭游凌殿引。

索　河東皮氏縣有冀亭　○慶彭游凌殿河東皮氏無「縣」字。有冀亭是也。

*正　封冀既包兩周其地合當南化、幻本無「當」字。在南陽之東未詳處所　南化幻瀧。

〔錟戈在後〕　瀧五七・一，慶二六左九，殿二四左八，凌二七右六。○錟，凌欽。

集　錟之冄反　○之，耿慶彭游凌殿由。

〔魏無大梁〕　瀧五七・二，慶二六左一〇，殿二四左九，凌二七右七。

*正　決滎澤之口令河水灌大梁城又按滎澤渠首起滎澤縣西北二十里　南化幻瀧。

〔魏無外黃濟陽〕　瀧五七・二，慶二六左一〇，殿二四左九，凌二七右七。

索　決其流以灌外黃及濟陽　○耿慶彭游凌殿無「及」字。

*正　白馬津在滑州白馬縣北三十里決之灌外黃濟陽　南化幻瀧。

〔決宿胥之口〕　瀧五七・五，慶二七右三，殿二五右一，凌二七右一〇。

索　蓋亦津之名　○耿慶彭游凌殿無「之」字。

正　出衛州淇縣界之淇口東　○口，慶彭凌殿水，札記各本誤「水」，依水經淇水注改。

正　武帝於清淇口東　○清，慶彭凌青。按：景印慶元本「青」改「清」。札記官本「清」，各本訛「青」。

〔魏無虛頓丘〕　瀧五七・五，慶二七右五，殿二五右三，凌二七左三。○丘，殿邱。下同。

索　虛邑名地與酸棗相近　○耿慶彭游凌殿此注九字作「虛頓丘地名與酸棗相近」十字。

正　頓丘故城　○丘，殿州。

〔爲木人以象寡人〕　瀧五七・一〇，慶二七右九，殿二五右七，凌二七左七。○象，井紹慶彭毛凌殿寫，南化楓棭三高校記「象」。蜀耿「象」字下有「監本作寫」四字注。札記「寫」乃「爲」字之訛。「爲」，古「象」字。燕策作「象」。

〔因以破宋爲齊罪〕　瀧五八・三，慶二七左一，殿二五右九，凌二七左九。

*正　言秦（南化本「秦」作「齊」。）已得安邑塞女戟乃以破宋爲齊之罪名也　南化幻瀧。

〔塞鄳阸〕　瀧五八・一〇，慶二七左八，殿二五左五，凌二八右六。○塞，索安，札記索隱本「塞」作「安」。襍志云：「『安』即『阸』字。阸亦塞也。」

索　蓋今之均州　○耿慶彭游凌殿無「蓋」字。

正　蓋古鄳縣之阸塞　○鄳，慶彭凌盲，札記官本「鄳」，各本誤「盲」。

〔因以塞鄳阸爲楚罪〕　瀧五九・二，慶二八右一，殿二五左八，凌二八右九。

*正　與國楚國也　南化幻瀧。

〔重燕趙〕　瀧五九・四，慶二八右二，殿二五左九，凌二八右一〇。

集　河南苑陵有林鄉　○苑，蜀范。

〔已得講於魏〕　瀧五九・六，慶二八右三，殿二五左九，凌二八左一。○已，景井蜀紹衲耿慶彭毛游凌殿趙，南化楓棭三梅高校記「已」。札記「已」訛「趙」，考證據策改，褋志説同。

〔至公子延〕　瀧五九・七，慶二八右三，殿二五左一〇，凌二八左一。〇至，南化 楓 棭 三 梅 高 質。

〔因犀首屬行而攻趙〕　瀧五九・八，慶二八右三，殿二五左一〇，凌二八左一。

索　謂連兵相續也　〇連，殿車。

＊正　屬行上燭下胡郎反　南化 幻 瀧。

〔兵傷於譙石〕　瀧五九・九，慶二八右五，殿二六右二，凌二八左三。〇譙，景 衲 離。

札記 北宋本「譙」作「離」。

〔而遇敗於陽馬〕　瀧五九・九，慶二八右五，殿二六右二，凌二八左三。〇景 井 蜀 紹 衲 耿 慶 彭 毛 凌 游 殿無「而」字。札記 索隱本有「而」字。

〔而重魏〕　瀧五九・九，慶二八右六，殿二六右二，凌二八左三。

索　並趙地名　〇耿 慶 彭 游 凌 殿 並趙之地名。

＊正　譙石陽馬南化本有「並」字。未詳　南化 幻 瀧。

〔則劫魏不爲割〕　瀧六〇・一，慶二八右六，殿二六右三，凌二八左五。〇札記「不」上當重「魏」字。策有。

〔嬴則兼欺舅與母〕　瀧六〇・二，慶二八右七，殿二六右四，凌二八左六。

*正 嬴猶寬假也 [南化][幻][野][高][瀧]。

〔此必令言如循環〕 瀧六〇・四，慶二八右一〇，殿二六右七，凌二八左九。 ○[南化][楓][三][梅][高]此 南化、楓、三、高本無「此」字。 必亡令言如循環。

〔用兵如刺蜚〕 瀧六〇・五，慶二八左一，殿二六右七，凌二八左九。 ○蜚，[南化][楓][三][梅]蜚。按：南化本欄外有「幻雲謂正義所帖本文用兵如刺爲已無蜚字」十八字注。

*正 刺七賜反猶過惡之人有罪 南化本有「過」字。 刺之則易也言秦譴謫諸國以兵伐之若刺擧有罪之人言易也 [南化][野][高][瀧]。

〔岸門之戰〕 瀧六〇・九，慶二八左二，殿二六右八，凌二八左一〇。

集 秦大破我岸門 ○[札記]舊刻作「鴈門」。

〔趙莊之戰〕 瀧六一・一，慶二八左三，殿二六右一〇，凌二九右二。

集 趙肅侯十二年 ○[景][井][蜀][紹][衲][耿][慶][彭][毛][游][凌][殿][金陵]趙肅侯二十二年。按：瀧本誤脱。

集 趙莊與秦戰敗 ○敗，[景][衲]而，[札記]北宋本「敗」作「而」。

〔皆死秦之孤也〕 瀧六一・二，慶二八左五，殿二六左一，凌二九右三。 ○孤，[彭]狐，[楓][棭][梅]校記「孤」。

〔三川晉國之禍〕 瀧六一・三，慶二八左六，殿二六左二，凌二九右四。

*正 西河之外謂同華等州也上雒之地謂商州也二地先屬晉國也三川洛州周都也 南化本「此」作「言」。 三

地全晉之時秦朝夕攻伐是南化本有「皆」字。晉國之禍敗也　南化 野 高 瀧。

〔秦禍如此其大也〕　瀧六一・五，慶二八左六，殿二六左二，凌二九右四。

索　是秦禍如此其大者乎　○耿 慶 彭 游 凌 殿無「乎」字。

*正　三晉韓魏趙也南化本有「言」字。三晉之南化、幻本有「國」字。邊南化、幻本有「人」字。民被秦傷如此其大之甚　南化 幻 瀧。

〔皆以争事秦説其主〕　瀧六一・七，慶二八左八，殿二六左四，凌二九右六。

*正　言燕趙之士往秦者皆争事幻本無「事」字。秦而却説燕趙之主南化、幻本「主」作「惡」。也　南化 幻 瀧。

〔蘇代復重於燕〕　瀧六一・八，慶二八左九，殿二六左九，凌二九右八。

*正　復音幻本「音」作「淵」。富反重南化本有「音」字。直拱反言燕更尊蘇代　南化 幻 瀧。

〔其術長於權變〕　瀧六二・二，慶二九右三，殿二六左九，凌二九左二。

索　按蘇氏譜云然　○耿 慶 彭 游 凌 殿蓋按蘇氏——。

〔而蘇秦被反閒以死〕　瀧六二・三，慶二九右四，殿二六左九，凌二九左三。

*正　閒紀莧反　南化 幻 瀧。

史記會注考證校補卷七十

張儀列傳第十

〔張儀者魏人也〕　瀧二・四，慶一右二，殿一右七，淩一右三。

索　又河東有張城　○耿慶彭游淩殿又河東有西張城。

索　張氏爲魏人必也　○索張氏爲魏氏人必也。

索　又書略説餘子　○慶彭游淩殿又書略説以餘子。

索　謂庶子也　○耿慶彭淩游殿此注四字作「謂之季子也」五字。

正　左傳　○慶彭淩此注二字作「傳云」。

正　晉有公族餘子公行　○按：景印慶元本「族」作「扶」。上杉家藏慶元本第一葉補鈔而作「族」。

正　爲公族大夫　○慶彭淩以爲公族大夫。

〔張儀已學而游説諸侯〕　瀧二・七，慶一右六，殿一左一，淩一右七。○紹無「張儀」二字。

〔共執張儀掠笞數百〕　瀧二・九，慶一右八，殿一左三，淩一右九。○南化楓棭三梅共拘執張儀——。

〔安得此辱乎〕　瀧三・一，慶一右一〇，殿一左四，凌一左一。

索　鄭玄曰　○玄　殿　元。按：清諱「玄」作「元」。

〔坐之堂下〕　瀧三・七，慶一左七，殿一左一〇，凌一左八。○紹無「坐之」二字。

〔念諸侯莫可事〕　瀧四・一，慶一左一〇，殿二右四，凌二右一。○南化　楓　棭　三　梅無「事」字。

〔而能用秦柄者〕　瀧四・三，慶二右三，殿二右五，凌二右三。○南化　楓　棭　三　梅無「柄」字。

〔與同宿舍〕　瀧四・六，慶二右六，殿二右八，凌二右八。○南化　楓　三　梅　高與同宿舍人。按：依南化、楓、三、梅本則「舍」字當屬下文。

〔盡蘇君之計謀〕　瀧五・一，慶二左二，殿二左三，凌二左二。○南化　楓　棭　三　梅　高盡蘇君之計謀也。

〔此在吾術中而不悟〕　瀧五・二，慶二左三，殿二左四，凌二左三。○南化　梅　高此在吾術中而吾不悟　凌　殿「在」、「吾」互倒。札記中統本「吾」誤「乎」。

〔爲吾謝蘇君〕　瀧五・三，慶二左四，殿二左五，凌二左四。○楓　棭　三「吾」字作「張儀」二字。

〔爲文檄告楚相曰〕 瀧五・八，慶二左六，殿二左七，凌二左六。

集 一作尺一之檄 ○景 井 蜀 耿 慶 彭 游 凌 殿 尺一二字作咫尺。檄，耿 儌。札記 中統、游、王、柯、凌本作「咫尺」，今從北宋、毛本。

索 按徐廣云一作丈二檄 ○慶 彭 凌 游 殿 無此注九字。按：合刻者所削乎？

索 檄二尺書 ○殿 檄二尺書也爲檄即傳檄爾。

〔我顧且盜而城〕 瀧五・一〇，慶二左八，殿二左九，凌二左九。

索 若者汝也 ○慶 彭 游 凌 殿 無「者」字。

〔苴蜀相攻擊〕 瀧六・一，慶二左九，殿二左一〇，凌二左九。

集 讀爲包黎之包 ○景 井 蜀 紹 衲 毛 兩「包」字作「苞」。凌 游 作「巴」。

集 音與巴相近 ○巴，紹 一。

索 按巴苴是草名 ○慶 彭 游 凌 殿 無「是」字。

索 本因芭苴得名 ○本，殿 木。

索 注益州天苴讀爲芭黎 ○慶 彭 游 凌 殿 此注九字作「注引」二字。蓋合刻者之所改乎？

索 即織木葺爲葦籬也 ○慶 彭 游 凌 殿 即織木葺所以爲葦籬也。

正 因取苴與巴焉 ○慶 彭 凌 殿 「取苴與巴焉」五字作「滅巴蜀二郡」。札記 各本「取苴與巴焉」五字作「滅巴蜀二郡」，考證據華陽國志改。

正 在合州石鏡縣南五里 ○鏡 慶 彭 凌 殿 鐃，札記 各本訛「鐃」，考證據唐志改。

〔以爲道險狹難至〕　瀧六・七，慶三右六，殿三右七，凌三右七。○狹，楓陘。

〔秦惠王欲先伐韓後伐蜀〕　瀧六・八，慶三右七，殿三右八，凌三右八。○南化楓梭三

高——後伐蜀蜀亂。

〔猶豫未能決〕　瀧六・九，慶三右八，殿三右九，凌三右九。○豫，南化三與。

〔司馬錯與張儀爭論於惠王之前〕　瀧六・九，慶三右八，殿三右九，凌三右九。

索　二音　○耿慶彭游凌殿無此注二字。

〔塞什谷之口〕　瀧七・二，慶三左一，殿三左一，凌三左二。○什，凌斜。

索　一本作尋谷　○耿慶彭游凌殿無此注五字。蓋合刻者所削乎？

索　尋什聲相近　○什，殿斜。

索　戰國策云　○云，耿慶彭游凌殿作。

索　環轅緱氏之口　○環，耿慶彭索游凌殿轘。

索　亦其地相近也　○耿慶彭游凌殿亦其地相近也什殿本「什」作「斜」。谷地名。

正　按洛州緱氏縣東南四十里　○緱，慶彭凌殿維，札記「緱」訛「維」。考證據唐志改。

〔當屯留之道〕　瀧七・六，慶三左四，殿三左四，凌三左五。

正　潞州縣也　○潞，彭路。

〔魏絶南陽〕　瀧七・六，慶三左四，殿三左五，凌三左六。

正　今魏絶斷壞羊腸　○令，慶彭凌今，札記官本「令」，各本訛「令」。

〔楚臨南鄭〕　瀧七・七，慶三左五，殿三左六，凌三左七。

正　是塞斜谷之口也　○斜，慶彭凌什。

正　令楚兵臨鄭南塞轘轅鄩口　○令，凌今。鄩，殿斜。

〔秦攻新城宜陽〕　瀧七・八，慶三左六，殿三左七，凌三左八。

索　此新城　○耿慶彭游凌殿無「此」字。

〔而戎翟之倫也〕　瀧八・三，慶三左一〇，殿三左一〇，凌四右二。○戎，耿我。按：耿本誤。

〔去王業遠矣〕　瀧八・六，慶四右三，殿四右三，凌四右五。○索無「業」字。

〔今王地小民貧〕　瀧八・八，慶四右六，殿四右五，凌四右八。○南化楓棭三高今王之地小民貧。

〔足以富民繕兵〕　瀧九・一，慶四右九，殿四右八，凌四右一〇。○民，索人。按：唐諱「民」作「人」。

〔不傷衆而彼已服焉〕　瀧九・一，慶四右一〇，殿四右八，凌四左一。

索　取作得　○取，索遇。

正　繕音膳　○繕，凌饍。

〔而天下不以爲貪〕　瀧九・二，慶四左一，殿四右九，凌四左二。

索　其實西亦有海也　○耿慶凌彭游殿其實西亦有海無「也」字。所以云西海。

〔是我一舉而名實附也〕　瀧九・五，慶四左三，殿四左一，凌四左四。

索　謂傳其德也　○傳，耿慶彭游殿博，凌傳。

索　謂土地財寶　○耿慶彭索游凌殿謂得土地財寶也。

〈而又有禁暴止亂之名〉　瀧九・五，慶四左四，殿四左二，凌四左五。○止，南化楓棭三梅正。

〈臣請謁其故〉　瀧九・八，慶四左六，殿四左四，凌四左七。○謁，景井蜀紹耿慶彭毛游凌殿論，南化楓棭三梅高校記「謁」。下注同。札記 索隱本「謁」，各本作「論」。　襍志云：秦策、新序並作「謁」。

索　論者告也　○論，索金陵謁。

〈韓自知亡三川〉　瀧一〇・一，慶四左八，殿四左五，凌四左九。○三，彭山，楓三高校記「三」。

正　韓自知亡三川　○慶彭凌殿「三川」二字作「二周」。

〈不如伐蜀完〉　瀧一〇・三，慶四左一〇，殿四左八，凌五右二。○南化楓三梅無「完」字。

〈十月取之〉　瀧一〇・四，慶五右一，殿四左九，凌五右三。

正　秦惠王后九年十月　○九，慶彭凌殿元。

〈使公子華與張儀圍蒲陽降之〉　瀧一〇・八，慶五右四，殿五右一，凌五右六。

索 魏邑名也 ○耿慶彭游凌殿魏之邑名也。

〔秦王之遇魏甚厚〕 瀧一〇・一〇，慶五右七，殿五右四，凌五右八。○南化楓棭三梅高「甚」、「厚」互倒。

〔更名少梁曰夏陽〕 瀧一一・二，慶五右九，殿五右五，凌五右一〇。

集 在梁山龍門 ○在，蜀有。

索 音下夏山名也 ○耿慶彭游凌殿此注六字作「夏音下山名」五字。

索 是蜀所都 ○耿慶彭游凌無「是」字，而「蜀」字作「禹」。

〔東還而免相〕 瀧一一・七，慶五左三，殿五右九，凌五左五。○東，南化三來。

〔欲令魏先事秦〕 瀧一一・八，慶五左四，殿五右一〇，凌五左五。○南化楓三故欲令魏先事秦。

〔魏地方不至千里〕 瀧一二・四，慶五左一〇，殿五左五，凌六右一。○不，詳節過。

〔地四平〕 瀧一二・五，慶六右一，殿五左六，凌六右二。○南化楓棭三高地四平易。

〔不待力而至梁〕 瀧一二・八，慶六右二，殿五左七，凌六右四。○南化三「待力」二字作「持刀」。楓作「持勵」。

〔東與齊而不與趙〕 瀧一三・一，慶六右五，殿五左一〇，凌六右六。○景井蜀紹毛無「而」字。

〔則楚攻其南〕　瀧一三・三，慶六右七，殿六右一，凌六右八。○景井蜀紹游無則字，札記中統、游本脱「則」字。

〔此所謂四分五裂之道也〕　瀧一三・三，慶六右七，殿六右一，凌六右八。○此，慶彭北，南化校記「此」。按：景印慶元本「北」改「此」。

〔大王不事秦〕　瀧一三・七，慶六左二，殿六右六，凌六左三。○慶彭無「不」字。南化楓棭三梅校補「不」。札記柯本脱「不」字。

〔秦下兵攻河外〕　瀧一三・七，慶六左二，殿六右六，凌六左三。

索　即曲沃平周之邑等　○等，耿慶彭游殿也，凌無「等」字。

〔據卷衍燕酸棗〕　瀧一三・八，慶六左三，殿六右七，凌六左四。○景井蜀紹耿凌殿無「燕」字。南化楓棭三梅高校補「燕」。札記志疑云：「國策『衍』下有『燕』字。正義亦有。故云『燕滑州胙城縣』。」傳寫失之。按：札記引正文無「燕」字。

集　卷丘權反　○丘，景衲輕井毛兵。

集　衍以善反　○景井衲毛無「衍」字。

索　卷縣在河南　○耿慶彭游凌殿無「縣」字。

正　皆黃河南岸地　○凌無「岸」字。

〔從道絶〕　瀧一四・二，慶六左六，殿六右九，凌六左七。○紹無此三字。

〔其卒雖多〕 瀧一四・八，慶七右二，殿六左五，凌七右三。○南化楓棭三梅其卒雖衆多。

〔悉梁之兵南面而伐楚〕 瀧一四・九，慶七右三，殿六左六，凌七右四。○楓三無「楚」字。

〔割楚而益梁〕 瀧一四・九，慶七右四，殿六左六，凌七右五。○楓三無此五字。

〔衆口鑠金〕 瀧一五・五，慶七右一〇，殿七右二，凌七右一〇。○口，南化三言。

〔積毀銷骨〕 瀧一五・五，慶七右一〇，殿七右二，凌七左一。○南化楓三梅無此四字。

〔且賜骸骨辟魏〕 瀧一五・七，慶七左一，殿七右二，凌七左一。○南化楓棭三梅高儀且賜骸骨辟魏。

〔臣請獻商於之地六百里〕 瀧一六・四，慶七左七，殿七右七，凌七左七。

索 商即今之商州 ○耿慶彭游凌殿無「即」字。

＊**正** 商於二邑解在商君傳 南化幻瀧。

〔使秦女得爲大王箕帚之妾〕 瀧一六・五，慶七左八，殿七右八，凌七左八。○帚，景井耿慶彭毛凌殿箒。下同。

〔楚王大説而許之〕 瀧一六・七，慶七左一〇，殿七右一〇，凌七左一〇。○説，毛悦。

〔楚王怒曰〕 瀧一六・八，慶八右一，殿七左一，凌八右一。○南化三梅楚王大怒曰。

〔秦奚貪夫孤國〕 瀧一七・一，慶八右六，殿七左五，凌八右五。○夫，蜀天。按：蜀本誤。

〔西生患於秦地〕 瀧一七・三，慶八右七，殿七左六，凌八右七。○地，景井蜀紹耿慶彭毛游凌殿金陵也。按：瀧川本誤。

〔善爲王計者〕 瀧一七・四，慶八右八，殿七左七，凌八右七。○善，南化楓三梅高蓋。

〔詳失綏墮車〕 瀧一七・八，慶八左三，殿八右一，凌八左二。○墮，耿慶彭游殿墯，蜀惰。

〔臣受令於王〕 瀧一八・三，慶八左七，殿八右五，凌八左六。○令，南化楓三梅命。

〔攻之不如割地反以賂秦〕 瀧一八・五，慶八左九，殿八右七，凌八左八。○南化楓梜三梅高攻之不可不如割地——。

〔楚大敗〕 瀧一九・二，慶九右四，殿八左一，凌九右三。

*正 藍田縣在雍州東南八十里從藍田關入藍田縣時楚襲秦深入 南化幻瀧。

〔秦要楚〕 瀧一九・三，慶九右五，殿八左二，凌九右四。○南化楓三梅高秦乃要楚。

〔秦王欲遣之〕 瀧一九・六，慶九右七，殿八左三，凌九右六。○遣，南化楓梜三梅與。

〔彼楚王怒子之負以商於之地〕 瀧一九・七，慶九右八，殿八左四，凌九右七。○楓三無

「王」字。
〔楚何敢加誅〕　瀧一九・九，慶九左一，殿八左七，淩九右九。○南化三梅楚何必敢加誅。
〔靳尚謂鄭袖曰〕　瀧二〇・一，慶九左三，殿八左八，淩九左一。○南化楓三高靳尚爲儀謂鄭袖曰。
〔子亦知子之賤於王乎鄭袖曰何也靳尚曰〕　瀧二〇・一，慶九左三，殿八左九，淩九左一。○南化楓棭三梅無此十七字。
〔而不欲出之〕　瀧二〇・三，慶九左四，殿八左一〇，淩九左三。○蜀無「不」字。
〔以宮中善歌謳者爲媵〕　瀧二〇・五，慶九左七，殿九右二，淩九左五。○南化以宮中善歌謳者爲之媵。游「歌」、「謳」互倒。
〔楚王重地尊秦〕　瀧二〇・六，慶九左七，殿九右二，淩九左六。○南化楓棭三梅高楚王重地尊秦女。
〔被險帶河〕　瀧二一・五，慶一〇右四，殿九右八，淩一〇右二。○詳節「被險」二字作「披山」。
〔積粟如丘山〕　瀧二一・七，慶一〇右五，殿九右九，淩一〇右三。○丘，蜀兵。
〔天下有後服者先亡〕　瀧二一・一〇，慶一〇右八，殿九左二，淩一〇右六。○南化梅無

「有」字。

〔今王不與猛虎而與羣羊〕　瀧二二一・二，慶一〇右一〇，殿九左三，凌一〇右八。○[南化][梅]無「猛」字。

〔其勢不兩立〕　瀧二二一・四，慶一〇左二，殿九左五，凌一〇右一〇。○[札記]北宋本「其」誤「兵」。按：今不見所誤「兵」之本。

〔秦下甲據宜陽〕　瀧二二一・五，慶一〇左二，殿九左六，凌一〇左一。○甲，[毛]申。

〔梁則從風而動〕　瀧二二一・六，慶一〇左四，殿九左七，凌一〇左二。

*正　上地上郡之地　[南化][幻][瀧]。

〔浮江以下〕　瀧二二三・二，慶一一右一，殿一〇右三，凌一〇左八。○以，[慶][彭][游]已，[南化][三][高]校記「以」。

〔舫船載卒〕　瀧二二三・三，慶一一右一，殿一〇右三，凌一〇左九。

索　謂並兩船也　○船，[索]舫。下同。

索　亦音舫　○[慶][彭][游][凌][殿]無此注三字。

〔不至十日而距扞關〕　瀧二二三・六，慶一一右四，殿一〇右五，凌一一右一。○距，[慶][彭][凌]拒，[南化][楓][棭][三][梅]校記「距」。

集　巴郡魚復縣　○[景][井][蜀][紹][衲][耿][慶][彭][毛][游][凌][殿]無「縣」字。

集 有扞水關　○景井蜀紹衲耿慶彭毛游淩殿有扞水扞關。札記脱「縣」字。
「水」下衍「扞」。考證據通鑑集覽注增删。

〔則北地絶〕　瀧二三・九，慶一一右七，殿一〇右八，淩一一右四。

*正　非謂幽州北地也　南化幻瀧。

〔夫待弱國之救〕　瀧二四・一，慶一一右九，殿一〇右一〇，淩一一右七。○待，紹持。

〔此臣所以爲大王患也〕　瀧二四・三，慶一一右一〇，殿一〇左一，淩一一右七。○楓三景井紹耿毛無「以」字。

〔存民苦矣〕　瀧二四・四，慶一一左一，殿一〇左二，淩一一右九。

索　此云新城　○云，耿慶彭游淩殿之。

〔遂亡漢中〕　瀧二四・一〇，慶一一左七，殿一〇左八，淩一一左五。

索　其地在秦南山之南　○耿慶彭游淩殿此注八字作「其地在秦之山南」七字。

索　漢水之北　○耿慶彭游淩殿此注四字作「漢水南之地」五字。

〔此所謂兩虎相搏者也〕　瀧二五・二，慶一一左八，殿一〇左八，淩一一左六。

*正　搏音博猶戟也　南化幻瀧。

〔計無危於此者矣〕　瀧二五・四，慶一一左一〇，殿一〇左一〇，淩一一左七。○矣，蜀也。

〔必大關天下之匈〕　瀧二五・五，慶一二右一，殿一一右一，淩一一左八。○索「必」字、「之」字並無。

索　夫以常山爲天下脊　○[慶][彭][游][凌][殿]無「夫」字。

索　則他國不得動也　○[凌]則他國不得以動也。也，[耿]之。

*正　陽晉在曹州乘氏[幻]本「氏」作「民」。縣[南化]、[幻]本有「西北」二字。與濮滑相近皆衛地常山爲天下脊陽晉爲天下胸　[南化][幻][瀧]。

〈凡天下而以信約從親相堅者蘇秦〉　瀧二五・九，慶一二右五，殿一一右四，凌一二右三。○而，[三]所。

〈混一諸侯〉　瀧二六・四，慶一二右九，殿一一右八，凌一二右七。○一，[景][井][蜀][紹][慶][彭][游]壹，[札記]北宋、中統、舊刻、游、王、柯本並作「壹」。

〈請以秦女爲大王箕帚之妾〉　瀧二六・七，慶一二左二，殿一一左一，凌一二右一〇。○帚，[景][井][蜀][耿][慶][彭][毛][游][凌][殿]箒。

〈長爲昆弟之國〉　瀧二六・八，慶一二左三，殿一一左二，凌一二左一。○昆，[詳節]兄。

〈後而倍之不可〉　瀧二七・三，慶一二左八，殿一一左六，凌一二左五。○[楓][三][梅]無「不可」二字。

〈大抵飯菽藿羹〉　瀧二七・五，慶一二左一〇，殿一一左八，凌一二左七。○[南化][楓][棭][三][梅][高]大抵豆飯菽藿羹。

〈民不饜糟糠〉　瀧二七・七，慶一三右一，殿一一左八，凌一二左八。○糠，[景][井][蜀][耿]

慶彭毛游凌殿糠。

〔而廝徒負養在其中矣〕 瀧二七・九，慶一三右三，殿一一左一〇，凌一二左九。

索 謂褋役之賤者 ○彭無「者」字。棭三高校補「者」。

〔跿跔科頭〕 瀧二八・一，慶一三右五，殿一二右二，凌一三右二。

集 跿跔音徒俱跳躍也 ○景井蜀紹衲毛「跿跔音徒」四字作「上徒下」三字。

索 跿跔音徒俱二音 ○耿慶彭游凌殿無此注七字。按：合刻者所削乎？

索 劉氏云謂跳躍也又韻集云偏舉一足曰跿跔 ○慶彭凌殿無此注十八字。耿無「劉氏云謂跳躍也又」八字。索「韻」、「集」互倒，而「跿跔」作「跔號」。游無「跿」字。札記各本「韻」、「集」誤倒。按：札記所言各本者，索隱本之訛歟？

索 戰國策曰 ○曰，耿慶彭游凌殿作。

索 跿跔科頭謂不著兜鍪 ○慶彭凌殿無此九字。跿，索虎。南化楓三耿游此注九字作「虎跔科頭謂不着游本「着」作「著」。兜鍪南化、楓、三游本「鍪」作「予」。」也。

〔至不可勝計〕 瀧二八・三，慶一三右七，殿一二右四，凌一三右四。

索 貫頤至趨入陣二十九字 ○殿此索隱二十九字誤爲正義。

*正 貫頤劉伯莊云以兩手捧面直入敵言其勇也奮幻本「奮」作「執」。戟奮怒而趨戰 南化幻瀧。

〔戎兵之衆〕 瀧二八・六，慶一三右八，殿一二右五，凌一三右五。○兵，南化楓棭三梅馬。

〔探前趹後〕　瀧二八・七，慶一三右九，殿一二右五，凌一三右六。

索　謂後足抉地　○抉，紹 毛 趹。地，游 也。

索　言馬之走埶疾也　○埶，耿 慶 彭 游 凌 殿 勢。走，游 疾。

〔蹄閒三尋騰者不可勝數〕　瀧二八・八，慶一三右九，殿一二右五，凌一三右六。○南化 楓 棭 三 梅 蜀 無「騰」字。札記 舊刻無「騰」字，者下有「而」字。

索　前後蹄閒一擲過三尋也　○耿 慶 彭 游 凌 殿 前後蹄閒一擲而過三尋也。

＊**正**　七尺曰尋馬蹄間有二丈一尺亦疾也　南化 幻 瀧。

〔秦人捐甲徒裼以趨敵〕　瀧二八・一〇，慶一三左一，殿一二右八，凌一二右九。

＊**正**　徒跣裼袒也言六國之卒皆著甲及兜（南化、幻本以「牟」字充。）而戰秦人棄甲徒跣袒肩而戰　南化 幻 瀧。

〔夫戰孟賁烏獲之士〕　瀧二九・三，慶一三左四，殿一二右一〇，凌一三左一。○南化 楓 棭 三 無此八字。梅 高 無「戰孟賁烏獲之士」七字。

〔必無幸矣〕　瀧二九・四，慶一三左五，殿一二左一，凌一三左三。○南化 楓 三 無「無幸矣」三字。

〔夫羣臣諸侯〕　瀧二九・五，慶一三左六，殿一二左二，凌一三左三。○南化 楓 三 無「臣」字。

〔註誤人主〕　瀧二九・七，慶一三左九，殿一二左四，凌一三左五。○南化 楓 棭 三 註誤其人主。按：各本校記有「或無人字」四字注。

〔斷韓之上地〕　瀧二九・八，慶一三左一〇，殿一二左五，凌一三左六。○南化 楓 三 高 斷韓之上黨地。

〔非王之有也〕　瀧二九・一〇，慶一四右一，殿一二左六，凌一三左八。

〔轉禍而説秦〕　瀧三〇・七，慶一四右八，殿一三右二，凌一四右四。

集　桑一作栗　○栗，毛 粟。

*__正__　説式拙反　南化。

〔而有亡國之實〕　瀧三一・六，慶一四左七，殿一三右一〇，凌一四左三。○南化 楓 三

梅「亡國」二字作「危亡」。

〔再戰而趙再勝秦〕　瀧三一・八，慶一四左九，殿一三左二，凌一四左五。○楓 三 無「趙」字。

〔割河間以事秦〕　瀧三二・六，慶一五右四，殿一三左六，凌一四左一〇。

索　暫割以事秦耳　○耿 慶 彭 游 凌 殿 無「暫」字。

〔大王不事秦〕　瀧三三・一，慶一五右五，殿一三左七，凌一五右一。○南化 楓 棭 三

梅 今大王不事秦。

〔悉趙兵渡清河〕　瀧三三・一，慶一五右六，殿一三左八，凌一五右二。○南化楓棭三梅悉卷趙兵渡清河。

〔非王之有也〕　瀧三三・二，慶一五右七，殿一三左九，凌一五右三。○詳節非大王無「之」字。有也

正　則漯河南臨淄即墨危矣　○彭無「南」字。

〔隱居東海之上〕　瀧三三・四，慶一五右九，殿一四右一，凌一五右五。○南化楓棭三梅隱居都東海之上。

〔大王之威行於山東〕　瀧三三・八，慶一五左二，殿一四右三，凌一五右八。○紹無「於」字。

〔飾車騎習馳射〕　瀧三三・九，慶一五左三，殿一四右四，凌一五右九。○馳，南化楓棭三梅戰。

*正　懾之涉反　南化幻瀧。

〔力田積粟〕　瀧三三・九，慶一五左四，殿一四右五，凌一五右九。○南化楓三梅高力田耕積粟。

〔舉巴蜀并漢中包兩周遷九鼎〕　瀧三四・一，慶一五左六，殿一四右七，凌一五左二。○南化楓棭三梅高西舉巴蜀東梅本「東」字作「南」。并漢中東包兩周遷九鼎。

〔然而心忿含怒之日久矣〕　瀧三四・四，慶一五左七，殿一四右八，凌一五左三。○含，耿 凌舍。按：耿、凌本誤。

〔軍於澠池〕　瀧三四・五，慶一五左八，殿一四右八，凌一五左四。○景 井 蜀 紹 毛「澠」下有「綿善切」景、井本無「切」字。之注。札記 北宋、毛本「澠」下複衍音切，今刪。

〔會邯鄲之下〕　瀧三四・五，慶一五左九，殿一四右八，凌一五左四。○南化 楓 棭 三 梅 高「會」字作「禦戰」二字。

〔願以甲子合戰〕　瀧三四・七，慶一五左九，殿一四右九，凌一五左四。○合，耿會。

〔敬使使臣先聞左右〕　瀧三四・七，慶一五左一〇，殿一四右一〇，凌一五左五。○南化 楓 棭 敬使使臣先以聞左右。

〔欲反覆齊國〕　瀧三五・一，慶一六右一，殿一四左一，凌一五左七。○景 井 蜀 耿 慶 彭 毛 凌 殿 無「覆」字。南化 楓 棭 三 梅 校補「覆」。

〔其一軍塞午道〕　瀧三五・五，慶一六右六，殿一四左五，凌一六右一。○南化 楓 其一將軍塞午道。

〔軍於邯鄲之東〕　瀧三五・五，慶一六右七，殿一四左七，凌一六右三。

索　謂交道也　○耿 謂之交道也。

*****正**　劉伯莊云道蓋在齊趙之交按謂交南化本「交」作「郊」。　午之道　南化 幻 瀧。

〔請案兵無攻〕　瀧三五・一〇，慶一六左二，殿一五右一，凌一六右七。○南化 楓 棭 三 梅 高 請案兵無先攻。

〔不與國謀計〕　瀧三六・三，慶一六左四，殿一五右二，凌一六右九。○南化 無「計」字。

〔奉祀之日新〕　瀧三六・四，慶一六左五，殿一五右三，凌一六右一〇。○南化 楓 棭 梅 高 景 井 蜀 紹 毛 奉祭祀南化、楓、棭、梅本「祀」下有「之」字。日新。札記 北宋毛本「奉祀」作「奉祭祀」。

〔適聞使者之明詔〕　瀧三六・七，慶一六左七，殿一五右五，凌一六左二。

正　趨音趣　○凌 無此注三字。

〔約與代王遇於句注之塞〕　瀧三六・一〇，慶一六左一〇，殿一五右八，凌一六左五。○代，蜀 大。

*正　下朱諭反　南化 幻 瀧。

〔令可以擊人〕　瀧三七・一，慶一七右二，殿一五右一〇，凌一六左七。

索　則名爲科　○科，慶 糾，殿 杍。

索　其形若刀也　○耿 慶 彭 游 凌 殿 此注五字作「其形若刀者是也」七字。

〔進熱啜〕　瀧三七・三，慶一七右三，殿一五右一〇，凌一六左八。

索　於下云　○耿 慶 彭 游 凌 殿 無「於」字。

索 故因名羹曰斟　○耿慶彭游凌殿此注六字作「故名汁曰斟」五字。

索 左氏羊羹不斟　○耿慶彭游凌殿此注六字作「左氏傳公羊傳云羊羹不斟」十一字。索故左氏羊羹不斟。

***正** 啜昌拙反劉伯莊曰即熱羹也　南化幻瀧。

〔反斗以擊之〕　瀧三七・六，慶一七右四，殿一五左二，凌一六左九。

正 反即倒斗柄擊也　○慶彭「斗」字移在「即」上。

〔王腦塗地〕　瀧三七・七，慶一七右六，殿一五左三，凌一七右一。

***正** 斟音針　南化幻瀧。

〔故至今有摩笄之山〕　瀧三七・八，慶一七右七，殿一五左四，凌一七右二。

集 如今象牙擿　○擿，蜀擿，紹適。

正 在蔚州飛狐縣東北百五十里　○凌無「東北百五十里」六字。

〔夫趙王之很戾無親〕　瀧三七・一〇，慶一七右九，殿一五左五，凌一七右三。○很，景井蜀耿慶彭毛游凌殿狼，札記各本「很」訛「狼」，今改。

〔且以趙王爲可親乎〕　瀧三八・一，慶一七右九，殿一五左六，凌一七右四。○王，凌主。

〔非大王之有也〕　瀧三八・四，慶一七左三，殿一五左九，凌一七右八。

***正** 古雲中九原郡皆在勝州雲中郡故城在榆林東北四十里九原郡故城在勝州西界今連谷縣是易水長城　南化幻。按：此正義，資治通鑑胡三省注引史記正義乎？

〔裁如嬰兒〕　瀧三八・八，慶一七左七，殿一六右三，凌一七左一。○南化楓裁而如嬰兒。

＊**正**　裁才代反（梅本無上三字。）　謂形體也公羊辯而裁之（南化、幻、高本無上六字。）　南化幻梅狩野高瀧。

〔言不足以采正計〕　瀧三八・一〇，慶一七左七，殿一六右三，凌一七左二。○足，彭定。采，南化楓三梅來。

〔請西面而事秦〕　瀧三九・一，慶一七左八，殿一六右四，凌一七左二。○面，蜀鄉。

〔獻恒山之尾五城〕　瀧三九・一，慶一七左九，殿一六右四，凌一七左三。○尾，南化楓三邑。

索　謂獻恒山城以與秦　○慶彭凌謂獻恒山之東（楓、三、耿、游、殿本「東」字作「末」。）　五城以與秦。

＊**正**　五城謂常山之東五城今易州界　南化幻瀧。

〔羣臣多讒張儀曰〕　瀧三九・四，慶一八右一，殿一六右六，凌一七左五。○紹無「張」字。

〔祭器必出〕　瀧四〇・三，慶一八左一，殿一六左五，凌一八右四。

索　因謂此等爲祭器也　○耿慶彭游凌殿無「等」字。

〔謂齊王曰〕　瀧四〇・七，慶一八左五，殿一六左九，凌一八右九。

索　舊本作憙者誤　○索無「作」字。耿慶彭游凌殿無「者」字。

＊**正**　馬喜戰國策作馮喜　南化幻瀧。

〔固與秦王約曰〕　瀧四一・一，慶一八左八，殿一七右一，凌一八左二。○固，三因。

〔齊必興師伐之〕 瀧四一・三，慶一九右一，殿一七右四，凌一八左四。○南化齊必興師而伐之。

〔卒於魏也〕 瀧四二・一，慶一九右八，殿一七右一〇，凌一九右一。

索 張儀以安僖王十年卒 ○耿慶彭游凌殿無「僖」字。

索 梁安僖王九年五月卒 ○慶彭凌殿「安僖」二字作「哀」字。耿游作「令」字。

＊**正** 張儀秦武王元年卒王赧之五年 南化幻野高瀧。

〔皆貴重爭寵〕 瀧四二・四，慶一九右一〇，殿一七左二，凌一九右三。○爭。毛尊。按：毛本誤。

〔曾參孝於其親〕 瀧四三・一，慶一九左七，殿一七左八，凌一九右一〇。○南化楓棭三梅高「曾參」二字作「孝己」。

〔良婦也〕 瀧四三・四，慶一九左九，殿一七左一〇，凌一九左一。

＊**正** 售音授 南化幻瀧。

〔楚亦何以軫爲忠乎〕 瀧四三・四，慶一九左九，殿一七左一〇，凌一九左二。○忠，南化楓棭三梅臣。蜀無「忠」字。

〔王以其言爲然〕 瀧四三・五，慶一九左一〇，殿一八右一，凌一九左三。○王，毛主。按：毛本誤。

〔而使陳軫使於秦〕 瀧四三・七，慶二〇右二，殿一八右五，凌一九左四。○南化楓三無「使」字。

〔吾請令公猒事〕　瀧四四・一，慶二〇右六，殿一八右六，凌一九左八。○猒，景 井 蜀 耿 慶 彭 毛 游 凌 殿 饜，札記 索隱本「猒」，各本「饜」。事，紹 士。

索　猒者飽也　○猒，凌 殿 饜。

〔楚王疑之未信也〕　瀧四四・二，慶二〇右七，殿一八右七，凌一九左一〇。

*正　需音須魏相　南化 幻 瀧。

〔公謂於王曰〕　瀧四四・三，慶二〇右八，殿一八右七，凌一九左一〇。○謂，南化 楓 三 謁。

〔臣與燕趙之王有故〕　瀧四四・四，慶二〇右八，殿一八右七，凌一九左一〇。○與，毛 於。

〔可陳之於庭〕　瀧四四・六，慶二〇右一〇，殿一八右九，凌二〇右二。○可，南化 楓 棭 梅 高 耳。

〔而犀首之燕趙〕　瀧四四・八，慶二〇左二，殿一八左一，凌二〇右四。○南化 楓 棭 梅 高 而使犀首之燕趙。

〔中謝對曰〕　瀧四五・九，慶二一右一，殿一八左八，凌二〇左二。○南化 高 蜀 紹 耿 中謝之士對曰。札記 北宋本下有「之士」二字。

〔猶尚越聲也〕 瀧四五・一〇，慶二一右三，殿一八左一〇，凌二〇左四。

索 中謝蓋謂侍御之官 ○耿慶彭游凌殿無「中謝蓋」三字。

〔今臣雖棄逐之救〕 瀧四六・三，慶二一右三，殿一八左一〇，凌二〇左四。○救，景井蜀耿慶彭毛游凌殿楚。

〔或曰勿救便〕 瀧四六・四，慶二一右五，殿一九右二，凌二〇左六。

索 此蓋張儀等之計策 ○耿慶彭游凌殿「蓋」字、「之」字並無。

〔願以子爲子主計之餘〕 瀧四六・五，慶二一右六，殿一九右二，凌二〇左七。○景井蜀耿慶彭毛凌游殿無「以」字。南化楓棭三梅高校補「以」。

〔亦嘗有以夫卞莊子刺虎聞於王者乎〕 瀧四六・六，慶二一右七，殿一九右四，凌二〇左八。○卞，慶彭辨，索館南化楓棭三高校記「卞」。下同。札記王、柯本「卞」作「辨」，下同。

索 館莊子 ○耿慶彭游凌殿戰國策作館莊子。

索 謂逆旅舍其人字莊子者 ○耿慶彭游凌殿無「者」字。

索 或作卞莊子也 ○耿此注六字作「或云是卞莊子」。

〔莊子欲刺虎〕 瀧四六・八，慶二一右八，殿一九右五，凌二〇左一〇。○南化楓棭三卞莊子欲刺虎。

〔一舉必有雙虎之名〕　瀧四六・一〇，慶二一右一〇，殿一九右七，凌二一右二。○凌空格雙字。

〔立須之〕　瀧四七・一，慶二一左一，殿一九右七，凌二一右二。○須，耿慶彭游頃，南化校記「須」。札記中統、游、王、柯本「須」訛「頃」。

〔臣主與王何異也〕　瀧四七・五，慶二一左五，殿一九左一，凌二一右六。

索　臣主爲軫之主　○爲，耿慶彭游凌殿謂。

索　亦無異也　○耿慶彭游凌殿亦無以異也。

〔此陳軫之計也〕　瀧四七・七，慶二一左七，殿一九左三，凌二一右九。○蜀無「此」字。

〔魏之陰晉人也〕　瀧四七・八，慶二一左九，殿一九左四，凌二一右一〇。

集　司馬彪曰　○彪，凌虎。按：凌本誤。

〔道遠不得復過〕　瀧四八・九，慶二二右八，殿二〇右二，凌二一左九。

索　今日已後不復得更過相見　○日，凌自。

〔請謁事情〕　瀧四八・一〇，慶二二右九，殿二〇右三，凌二一左一〇。

索　謂欲以秦之緩急告語之也　○彭無「之」字。

〔中國無事〕　瀧四八・一〇，慶二二右一〇，殿二〇右三，凌二一左一〇。

索　按謂山東諸侯齊魏之六國等　○耿慶彭游凌殿無「等」字。六，耿大。

正　謂關東六國　○東，凌中。

〔秦得燒掇焚杅君之國〕　瀧四九・一，慶二二左一，殿二〇右四，凌二三右一。○杅，毛杆。

按：毛本誤。

索　焚杅音煩烏二音　○耿慶彭游凌殿無「二音」二字。

索　按焚揉而牽制也　○慶彭游凌殿此注七字作「謂焚蹂而牽製」。游、殿本「製」作「掣」也。

索　戰國策云　○凌戰國策有云。

索　秦且燒焫君之國　○耿慶彭游凌殿且各本「且」上無「秦」字。燒焫獲君之國。

*正　掇判也杅割也言攻伐侵略也中國無事不攻秦秦則侵掠義渠南化本無「義渠」二字。之國義渠在寧夏之南化本「夏之」二字作「度三」。州高、野本無上二十二字。南化幻野高瀧。

〔事君之國〕　瀧四九・三，慶二二左三，殿二〇右七，凌二三右四。

正　事義渠之國　○殿無「之」字。札記王脱「之」字。

正　犀首此言　○慶彭殿犀首此言者。札記「言」下王衍「者」字。

〔其後五國伐秦〕　瀧四九・四，慶二二左四，殿二〇右八，凌二三右六。

索　是其事也　○耿慶彭游凌是其事者也。

*正　秦惠王后元七年五國共攻秦不勝而還　南化幻瀧。

〔乃以文繡千純婦女百人遺義渠君〕　瀧四九・七，慶二二左八，殿二〇右一〇，凌二三右八。

索　一段爲一純　○爲，殿謂。

〔此公孫衍所謂邪〕　瀧四九・九，慶二二左九，殿二〇左二，凌二二右一〇。

索　君之國有事秦將　○耿重「秦」字。

索　故云衍之所謂因起兵襲秦　○耿慶彭游凌殿故云公孫衍之所謂因起凌本「起」字作「趙」。兵襲秦。

＊**正**　今彼重遺如犀首前言　南化幻瀧。

〔大敗秦人李伯之下〕　瀧四九・一〇，慶二二左一〇，殿二〇左三，凌二二左二。　○人。南化楓三高索游入，札記中統、游本「人」作「入」，與索隱合。

索　謂義渠破秦而收軍而入於李伯之下　○耿慶彭游凌殿「而收」二字「而入」二字並無。

〔而儀振暴其短〕　瀧五〇・七，慶二三右六，殿二〇左九，凌二二左七。

索　謂振揚而暴露其短　○揚，彭陽。

〔成其衡道〕　瀧五〇・八，慶二三右七，殿二〇左一〇，凌二二左八。

索　故謂張儀爲連横矣　○耿慶彭游凌殿此注八字作「故蘇爲合從張爲連衡也」十字。

史記會注考證校補卷七十一

樗里子甘茂列傳第十一

〔樗里子甘茂列傳第十一〕　瀧一・九，慶一右一，殿一右六，凌一右二。○茂，[南化][楓][三][梅][高]戊。下同。

〔秦惠王之弟也〕　瀧二・二，慶一右二，殿一右七，凌一右三。

索　其里有大樗樹　○[凌][殿]無「有」字。[耿][慶][彭][凌][游][殿]無「大」字。

索　故曰樗里　○[索]無「故」字。

索　然疾居渭南陰鄉之樗里　○渭，[凌]滑。按：凌本「滑」、「渭」訛。

索　則謂之樗里疾也　○樗，[耿][慶][彭][凌][游][殿]褚。

〔秦人號曰智囊〕　瀧二・八，慶一右七，殿一左三，凌一右九。

索　鄒誕解云　○[索]鄒誕又音滑稽或解云。

索　謂辨捷之人　○[索]「謂辨」二字作「言便」。

正　故楊雄酒賦云　○楊，[慶][彭][殿]揚。按：景印慶元本「揚」改「楊」。

正　稽礙也　○礙，[殿]疑。

〔爵樗里子右更〕　瀧三・二，慶一右八，殿一左三，凌一右一〇。

索　秦之第十四爵名也　○[耿][慶][彭][游][凌][殿]無「之」字。

〔盡出其人取其城〕　瀧三・三，慶一右九，殿一左四，凌一左一。○[札記]中統本吳校金板「出」作「入」。

〔地入秦〕　瀧三・三，慶一左二，殿一左七，凌一左四。

索　又秦本紀　○[耿][慶][彭][凌][游][殿]無「又」字。

索　圍秦使庶長　○[索]重「秦」字。

索　拔明也　○[索]無「拔」字。

索　今亦殆不可考　○[耿][慶][彭][游][凌][殿]今各本無「亦」字。殆不可參考也。

正　曲沃故城　○[慶][彭][凌][殿]無「曲沃」二字。

〔使樗里子爲將伐趙〕　瀧三・七，慶一左三，殿一左八，凌一左五。○[南化]無「爲」字。

〔號爲嚴君〕　瀧三・九，慶一左五，殿一左一〇，凌一左七。

＊**正**　地理志云蜀郡有嚴道　[南化][幻][瀧]。

〔以車百乘入周周以卒迎之〕　瀧四・四，慶一左八，殿二右二，凌一左一〇。○[南化][楓]

掖三梅無「之」字。

〔意甚敬〕 瀧四・四，慶一左八，殿二右三，凌一左一〇。〇楓梅無「意」字。

〔知伯之伐仇猶〕 瀧四・五，慶一左一〇，殿二右四，凌二右二。〇知，景井蜀慶彭毛凌殿智，札記索隱本「知」，各本作「智」。

〔因隨之以兵〕 瀧四・六，慶二右四，殿二右八，凌二右七。〇慶彭無「以」字。南化楓掖三梅高校補「以」。札記舊刻、王、柯無「以」字。

〔仇猶遂亡〕 瀧四・六，慶二右五，殿二右九，凌二右七。

索 戰國策云智伯欲伐仇猶遺之大鐘載以廣車 〇耿慶彭凌殿高誘注戰國策。各本無下十四字，蓋合刻所削乎？

索 以仇猶爲厹由 〇猶，耿慶彭凌殿酋。下同。

索 臨淮有厹猶縣也 〇厹，耿慶彭凌殿仇。

正 并州孟縣外城 〇孟，金陵盂，札記王本「盂」訛「孟」。按：札記引正文「孟」作「盂」。

正 智伯欲伐仇猶國 〇慶彭凌殿無「仇」字。札記「仇」字，考證據韓子增。

正 除塗內之 〇除，慶彭凌險，札記官本「除」，各本訛「險」。

正 赤章曼支諫曰 〇章，慶彭凌草，札記官本「章」，各本訛「草」。

正 曼支因斷轂而馳 〇曼，凌殿蔓。

正 戰國策曰至橫陳之車三十四字 〇金陵同。各本此正義三十四字爲集解。按：瀧本依金陵本重誤。

正　廣車之卒　○卒，[景][井][蜀][毛]卒。

正　廣車橫陳之車　○[慶][彭][凌][殿]無「廣車」二字。

〔樗里子將伐蒲〕　瀧五・五，慶二左一，殿二左四，凌二左三。

索　楮里疾圍蒲不克　○楮，[慶][彭][凌][殿]褚。

索　事與此合　○[凌]無「合」字。

正　即子路作宰地　○地，[慶][彭][凌]也，[札記]官本「地」，各本訛「也」。

〔衛必折而從之〕　瀧五・一〇，慶二左六，殿二左八，凌二左八。

索　入於魏　○魏，[慶][彭][凌][殿]衛。

〔王必罪公〕　瀧六・四，慶二左九，殿三右二，凌三右二。○王，[南化][楓][三]主。

〔蒲守恐〕　瀧六・七，慶三右三，殿二右五，凌三右五。○[南化][楓][三]無「恐」字。

〔樗里子疾室〕　瀧七・四，慶三右九，殿三右一〇，凌三左一。○[南化][楓][三]無「子」字。

〔智則樗里〕　瀧八・三，慶三左三，殿三左三，凌三左五。○[南化][楓][棭][三][梅]智則樗里子。

〔甘茂者下蔡人也〕　瀧八・四，慶三左四，殿三左四，凌三左六。

索　地理志　○[凌]此注三字作「括地志」。

正　潁州縣　○州，[殿]川。

正　即州來國　○來，[慶][彭]萊。

〔學百家之説〕 瀧八・五，慶三左五，殿三左五，凌三左七。

索 上蔡監門 ○耿慶彭凌殿上蔡監門者。

〔王見而説之〕 瀧八・六，慶三左六，殿三左六，凌三左八。○南化楓三梅惠王見而説之。

〔蜀侯煇相壯反〕 瀧八・八，慶三左八，殿三左七，凌三左一〇。○煇，慶彭游凌輝，南化楓三梅校記「煇」。下同。札記中統、游、王、柯、凌本作「輝」。

索 華陽國志作暉 ○暉，索煇。

〔而寡人死不朽矣〕 瀧九・二，慶四右一，殿四右一，凌四右三。○朽，游利，札記中統、游本訛「利」。

〔然願王勿伐〕 瀧九・六，慶四右四，殿四右三，凌四右六。○南化然願王勿伐也。

〔王迎甘茂於息壤〕 瀧九・七，慶四右五，殿四右四，凌四右七。

索 昔伯鮌竊帝之息壤以堙洪水 ○耿慶彭游凌無「昔伯」二字，南化校補「昔伯」二字。

〔積之久矣〕 瀧九・九，慶四右七，殿四右五，凌四右九。

索 謂上黨 ○慶彭游凌殿無「謂」字。

正 韓之北三郡 ○三，南化楓三二

〔攻之難〕 瀧一〇・一，慶四右九，殿四右七，凌四左一。

索　數音率腴反　○腴，耿慶彭游凌庚。殿無此注五字。

正　謂函谷及三崤五谷　○三，楓三二。

〔昔曾參之處費〕　瀧一〇・一，慶四右九，殿四右七，凌四左一。

集　音祕　○殿無此注二字。

〔頃之一人又告之曰〕　瀧一〇・四，慶四左一，殿四右九，凌四左三。○之，南化楓三然。

〔夫以曾參之賢與其母之信也〕　瀧一〇・七，慶四左四，殿四左一，凌四左五。○景井蜀紹耿慶彭毛游凌殿「之」、「信」互倒。

〔魏文侯令樂羊將而攻中山〕　瀧一一・四，慶四左九，殿四左五，凌四左一〇。○攻，殿伐。耿索以魏文侯——。

〔王母宣太后〕　瀧一二・一〇，慶五左一，殿五右六，凌五左二。○南化楓三昭王母宣太后。

〔乃以兵圍韓雍氏〕　瀧一三・一，慶五左二，殿五右七，凌五左三。

索　當赧王之三年　○三耿慶彭游凌殿七。

正　在洛州洛陽縣東北二十里　○彭無「洛州」二字。

〔故敢扞楚也〕　瀧一三・五，慶五左七，殿五左一，凌五左八。○紹無「故」字。

〔公叔且以國南合於楚〕 瀧一三・七，慶五左八，殿五左二，凌五左九。○蜀無「公叔」二字。札記二字疑衍。葉校刪。

〔禽困覆車〕 瀧一四・四，慶六右五，殿五左九，凌六右六。

集 傾覆人車 ○人，景井久。

〔公仲收國復事秦〕 瀧一四・五，慶六右六，殿五左九，凌六右七。○紹無「公仲」二字。

〔封小令尹以杜陽〕 瀧一四・七，慶六右八，殿六右二，凌六右一〇。○南化楓棭

三——以杜陽奉楚。

索 又封楚之小令尹以杜陽 ○慶彭凌「又」字、「之小」二字並無。

索 杜陽亦秦地 ○耿慶彭游殿此注五字作「杜陽秦之地」。凌無「亦」字。

索 是秦楚合也 ○耿慶彭凌游殿是秦楚相合也。

*****正** 杜陽秦邑也秦封楚小令尹杜陽以向壽言之故也秦楚合乃向壽和之優攻韓韓必亡幻本無「亡」字。也 南化幻瀧。

〔彼有以失之也〕 瀧一五・七，慶六左八，殿六右一〇，凌六左九。

索 彼公孫奭及甘茂也 ○耿慶彭凌游殿彼言公孫奭及甘茂也。

正 言秦王雖受習公孫奭甘茂 ○王，慶彭凌主。

正 爲黨韓魏也 ○爲，殿謂。

正 不知壽黨於楚以事秦王者 ○者，殿有。

〔公何以異之〕　瀧一五・一〇，慶七右二，殿六左四，凌七右三。

〔自爲責也〕　瀧一六・二，慶七右三，殿六左五，凌七右五。○責，耿貴。

正　又一云　○殿無「又」字。

〔公之讎也〕　瀧一六・五，慶七右七，殿六左八，凌七右八。○也，南化楓三梅已。

正　故韓爲向壽之讎　○彭無「爲」字。

〔甘茂許公仲以武遂反宜陽之民〕　瀧一六・八，慶七右九，殿六左一〇，凌七右一〇。○反，南化楓三梅及。

〔武遂終不可得也〕　瀧一七・一，慶七左二，殿七右三，凌七左三。○也，南化楓三梅已。

索　徐廣曰秦昭王元年豫韓武遂　○各本此注十二字爲集解。按：瀧川本誤。

〔是令行於楚〕　瀧一七・四，慶七左四，殿七右六，凌七左六。○南化楓三梅高是令得行於楚。

〔而以其地德韓也〕　瀧一七・四，慶七左五，殿七右六，凌七左六。○德，毛得。按：毛本誤。

〔是韓楚之怨不解〕　瀧一七・五，慶七左五，殿七右六，凌七左七。○紹是韓楚之怨不得解。

〔不能得〕　瀧一八・三，慶八右四，殿七左四，凌八右六。

正　予韓武遂也　○予，慶彭子，楓三歸。

〔茂僱輟伐魏蒲阪〕　瀧一八・四，慶八右五，殿七左五，凌八右七。○南化楓三甘茂僱輟伐魏蒲阪。

〔而子之燭光幸有餘〕　瀧一八・一〇，慶八右九，殿七左九，凌八左一。○有，毛可。按：毛本誤。

〔而得一斯便焉〕　瀧一九・一，慶八右一〇，殿七左一〇，凌八左二。○便，南化楓棭三梅使，札記宋本訛「使」。

〔其地形險易皆明知之〕　瀧一九・五，慶八左四，殿八右四，凌八左六。

*正　鬼谷南化本有「在」字。陽城縣北也　南化幻瀧。

〔王不若重其贄厚其祿以迎之〕　瀧一九・八，慶八左六，殿八右五，凌八左八。○贄，南化楓棭三梅勢。

〔使彼來〕　瀧一九・八，慶八左七，殿八右六，凌八左八。○南化楓棭無「使」字。

〔終身勿出〕　瀧一九・八，慶八左八，殿八右七，凌八左一〇。

索　案徐廣云鬼谷在陽城劉氏云此鬼谷在關內雲陽是也　○慶彭游凌無此注二十二字。耿案：「徐廣云鬼谷在陽」八字、「此」字並無，而「氏」字作「子」。殿無「案徐廣云」至「劉氏云」十二字。

正　案陽城鬼谷　○慶彭凌殿無「鬼」字。札記官本有「鬼」字，各本脱。按：所見殿本無「鬼」字，札記所謂官本有「鬼」者，誤歟？

〔楚懷王新與秦合婚而驩〕　瀧二〇・六，慶九右四，殿八左二，凌九右五。

集　昭王二年時　○王，耿三。

〔使人謂楚王曰〕　瀧二〇・七，慶九右五，殿八左三，凌九右六。　○南化 楓 三 梅無「曰」字。

〔寡人欲置相於秦孰可〕　瀧二〇・八，慶九右七，殿八左五，凌九右八。

集　蜎一作蠉　○蠉，蜀環。

正　許緣反　○殿無此注三字。

〔甘茂事之順焉〕　瀧二一・三，慶九右一〇，殿八左八，凌九左一。　○順，南化 楓 三 梅 高慎。

〔且王前嘗用召滑於越〕　瀧二一・五，慶九左三，殿八左一〇，凌九左四。　○越，紹趙。

〔而內行章義之難〕　瀧二一・六，慶九左四，殿九右一，凌九左五。

集　徐廣曰一云內句章昧之難　○殿無此注十一字。句，毛可。按：毛本誤。章，游意。

索　注一云內句章昧之難案戰國策云納章句之難　○耿 慶 彭 凌 游 殿此注十九字作「戰國策云內句章昧之難也」十一字。

*****正**　內猶陰也楚令召滑相越陰內南化、幻本「內」作「行」。章句定義之禍難亂敗越也　南化 幻 瀧。

〔故楚南塞厲門〕　瀧二一・一〇，慶九左五，殿九右二，凌九左七。

集 一作瀨湖 ○瀨，紹賴。湖，景井蜀紹衲慶彭毛游凌殿胡。

〔而忘用諸秦〕 瀧二二·三，慶九左八，殿九右五，凌九左九。○忘，紹秦。

〔則莫若向壽者可〕 瀧二二·四，慶九左九，殿九右六，凌九左一〇。○南化楓三無「莫」字。

〔而甘茂竟不得復入秦〕 瀧二二·八，慶一〇右三，殿九右八，凌一〇右四。○復，耿慶彭毛游獲，南化楓棭三梅校記「復」。札記中統、游、毛「復」誤「獲」。

〔張唐謂文信侯曰〕 瀧二三·三，慶一〇右九，殿九左三，凌一〇右九。○謂，蜀爲。

〔而不肯行〕 瀧二三·七，慶一〇左四，殿九左七，凌一〇左三。

＊正 張唐爲卿故曰張卿南化、幻、梅、狩本無上四字。南化幻梅狩瀧。

〔夫項橐生七歲爲孔子師〕 瀧二三·九，慶一〇左六，殿九左九，凌一〇左六。○夫，南化楓棭三梅高索大，札記索隱本「大」，各本作「夫」。按：札記引正文「夫」作「大」。

索 尊其道德 ○殿無「德」字。

索 故云大項橐 ○耿慶彭凌游殿無「大」字。

＊正 尊梅本「尊」下有「大尊大」三字，野本「尊」下有「大」。其道德故曰大 南化幻梅狩野瀧。

〔君其試臣〕 瀧二四·一，慶一〇左七，殿一〇右一，凌一〇左七。○君，紹若。

〔何遽叱乎〕 瀧二四·一，慶一〇左八，殿一〇右一，凌一〇左七。○南化楓棭梅何遽言叱乎。

〔請因孺子行〕　瀧二四・八，慶一一右六，殿一〇右八，凌一一右五。〇孺　蜀　穤，札記　宋本「孺」作「穤」。按：古「孺」作「穤」。

〔請爲張唐先報趙〕　瀧二四・一〇，慶一一右七，殿一〇右九，凌一一右六。

*正　借時夜反　南化　幻　瀧。

〔王不如齎臣五城以廣河閒〕　瀧二五・七，慶一一左六，殿一〇左六，凌一一左四。

索　一音賫　〇凌　此注三字作「一音齎」。按：凌本誤。

*正　齎音即齊南化、幻本「齊」作「兮」。反梅本上五字作「齎即者反」。割五城廣河閒託南化、幻、梅本「託」作「訖」。甘羅還報秦也　南化　幻　梅　狩　瀧。

〔令秦有十一〕　瀧二六・一，慶一一左一〇，殿一〇左一〇，凌一一左八。〇令，紹　毛　今。

〔固其理〕　瀧二六・五，慶一二右二，殿一一右二，凌一二右一。〇紹　此三字作「其智」二字。

〔顯名諸侯重彊齊楚〕　瀧二六・六，慶一二右三，殿一一右三，凌一二右二。

集　誤脱一字。〇脱，紹　說。按：紹本誤。

史記會注考證校補卷七十二

穰侯列傳第十二

〔秦昭王母宣太后弟也〕　瀧二・二，慶一右二，殿一右七，凌一右三。

索　姓芊氏曰芊八子者是也　○慶彭凌殿無「者是」二字。

*正　穰鄧州穰縣冄日嶮反|梅、|狩、|野本無上四字，疑非正義注文乎？　梅幻狩野高瀧。

〔武王母號曰惠文后先武王死〕　瀧二・六，慶一右六，殿二左一，凌一右七。○紹無「武王母」三字。

索　秦內亂　○內，彭凌肉，梅高校記「內」。

〔爲華陽君〕　瀧二・九，慶一右九，殿一左四，凌一右一〇。

正　司馬彪云　○慶彭凌無「司馬」二字。札記官本有「司馬」二字，它本脱。

正　即此　○慶彭凌即此城。

〔高陵君涇陽君而魏冄最賢〕　瀧三・一，慶一左一，殿一左五，凌一左二。

＊正　悝客南化、梅本「客」字作「苦」。　廻反　南化 梅 狩 瀧。

〔誅季君之亂〕　瀧三・五，慶一左四，殿一左八，凌一左五。

集　庶長壯　○庶，毛 器。

索　亦事勢然也　○也，殿 耳，彭 作「云耳」二字。

〔乃使仇液之秦〕　瀧四・一，慶二右一，殿二右四，凌二右二。

索　戰國策作仇郝　○仇，慶 彭 索 游 机。

〔其客宋公謂液曰〕　瀧四・二，慶二右二，殿二右五，凌二右四。○札記中統本脱「謂」字。

〔禮出奔齊〕　瀧四・六，慶二右七，殿二右九，凌二右八。○南化 楓 棭 三 梅 呂禮出奔齊。

〔使代向壽將〕　瀧四・七，慶二右八，殿二右一〇，凌二右九。○南化 楓 梅 使代向壽爲將。

〔號曰穰侯〕　瀧五・一，慶二左二，殿二左四，凌二左四。

＊正　陶南化、幻本「陶」上有「邦封」二字。　今雷南化本「雷」字作「曹」。　州陶城　南化 幻 瀧。

〔白起者穰侯之所任擧也〕　瀧五・一〇，慶二左八，殿二左九，凌二左九。○任，蜀 住。

按：訛。

〔富於王室〕　瀧六・一，慶二左九，殿二左一〇，凌二左一〇。○室，南化 楓 棭 三 家。

〔而故地復反衛〕 瀧六・八，慶三右六，殿三右七，凌三右七。○毛「故」、「地」互倒。

〔數伐割地而國隨以亡〕 瀧七・一，慶三右八，殿三右八，凌三右九。○南化 楓 棭 梅 數伐數割地而國之隨以亡。

〔又盡晉國〕 瀧七・三，慶三右一○，殿三右一○，凌三左一。

索 河東河西 ○慶 彭 游 凌 殿 此注四字作「河西河東」。

〔且劫王以求多割地〕 瀧七・六，慶三左三，殿三左三，凌三左四。○劫，游 却，札記 中統、游本「劫」訛「郤」。

〔秦必受之〕 瀧七・八，慶三左五，殿三左五，凌三左六。○受，南化 楓 棭 三 梅 愛。

〔願王之必無講也〕 瀧七・九，慶三左六，殿三左六，凌三左八。○彭 無「講」字。

〔不然必見欺〕 瀧七・一○，慶三左七，殿三左六，凌三左八。

*****正** 秦欲和魏魏割地仍求秦質 南化 幻 梅 狩 瀧。

〔此臣之所聞於魏也〕 瀧八・一，慶三左八，殿三左七，凌三左九。○札記 此繳上所聞魏長吏之説也。小司馬注「即聞魏見欺」句，不可解。

索 若少割地而求秦質 ○慶 彭 游 凌 殿「地」字、「秦」字並無。

〔願君王之以是慮事也〕 瀧八・二，慶三左九，殿三左八，凌三左一○。○札記 君，指穰侯，下文屢稱「君」，可證。「王」字衍。

〔惟命不于常〕　瀧八・三，慶三左一〇，殿三左九，凌四右一。〇于，[南化][楓][棭][三][梅]爲。

〔此非兵力之精也〕　瀧八・五，慶四右一，殿三左一〇，凌四右二。〇[蜀]無「力」字。

〔又非計之工也〕　瀧八・五，慶四右一，殿三左一〇，凌四右二。〇工，[毛]上。

〔臣聞魏氏悉其百縣勝甲以上戍大梁〕　瀧八・六，慶四右三，殿四右二，凌四右四。〇戍，[蜀]成。

〔以三十萬之衆〕　瀧八・八，慶四右四，殿四右三，凌四右五。〇[紹]無「以三十萬」四字。

〔守梁七仞之城〕　瀧八・八，慶四右五，殿四右五，凌四右六。

集　四尺謂之仞　〇[南化][梅]「四」作「八」，亦作「七」。[井][衲]無「之」字。仞，[景][蜀]刃，[衲]刃。

集　倍仞謂之尋　〇仞，[景][蜀]刃，[衲]刃。

〔而得以少割爲利必欲之〕　瀧九・三，慶四左三，殿四左一，凌四左四。〇利，[南化][楓][棭][梅][高]和。

〔從以此散〕　瀧九・六，慶四左四，殿四左二，凌四左六。

索　故云從以此散　〇[慶][彭][游][凌][殿]無此注六字。

〔幾盡故宋〕　瀧九・一〇，慶四左八，殿四左六，凌四左一〇。

*__正__　宋時已爲齊滅　[南化][幻][瀧]。

〔何索而不得〕　瀧一〇・一，慶四左一〇，殿四左七，淩五右一。〇紹無「不」字。毛無此五字。

〔而無行危〕　瀧一〇・二，慶五右一，殿四左八，淩五右二。〇危，紹色。按：紹本誤。

〔得魏三縣〕　瀧一〇・六，慶五右四，殿四左一〇，淩五右五。〇三，毛二。按：毛本訛。

〔穰侯與白起客卿胡陽復攻趙韓魏〕　瀧一〇・七，慶五右四，殿五右一，淩五右五。〇陽，南化、楓、棭、三、梅、高、殿傷。

〔取魏之卷蔡陽長社〕　瀧一〇・八，慶五右六，殿五右二，淩五右七。〇札記柯本「社」訛「杜」。

集　卷丘權反　〇彭無「丘」字。

〔且與趙觀津益趙以兵伐齊〕　瀧一〇・一〇，慶五右六，殿五右三，淩五右八。〇南化、楓、棭、三無下之「趙」字。梅無「觀津益趙」四字。

〔使蘇代爲齊陰遺穰侯書曰〕　瀧一一・一，慶五右八，殿五右四，淩五右九。〇書，蜀晉。按：蜀本訛。

〔秦將益趙甲四萬以伐齊〕　瀧一一・二，慶五右九，殿五右五，淩五右一〇。〇將，毛兵。

〔臣竊必之敝邑之王曰〕　瀧一一・三，慶五右一〇，殿五右五，淩五右一〇。〇札記如小馬解「臣竊必之」四字，當連下爲文。正義中斷之，非是。

正　王謂齊王也　○慶彭無此注五字。

〔秦反受敵〕　瀧一二・三，慶五左一〇，殿五左五，凌六右一。○敵，南化楓棭三梅高弊。

〔於是秦昭王悟〕　瀧一三・五，慶六左二，殿六右五，凌六左三。○慶彭凌無「昭」字。南化楓棭梅校補「昭」字。札記「昭」字，王、柯、凌脱。

〔皆西鄉稽首者〕　瀧一三・一〇，慶六左七，殿六右九，凌六左七。○稽，南化楓三高低。

〔一夫開説〕　瀧一四・一，慶六左八，殿六右一〇，凌六左八。○開，南化楓棭三梅高闕。

〔況於羈旅之臣乎〕　瀧一四・一，慶六左九，殿六右一〇，凌六左九。

索　内倚太后　○倚，凌荷。

史記會注考證校補卷七十三

白起王翦列傳第十三

〔將而擊韓之新城〕 瀧二・二，慶一右三，殿一右八，凌一右四。

＊正 長展兩反 [南化][幻][瀧]。

〔是歲〕 瀧二・三，慶一右四，殿一右九，凌一右五。○是，[蜀]楚。按：蜀本訛。

〔擧任鄙以爲漢中守〕 瀧二・三，慶一右四，殿一右九，凌一右五。○任，[蜀]住。按：蜀本訛。

〔涉河取韓安邑以東到乾河〕 瀧二・七，慶一右七，殿一左二，凌一右九。

集 乾音干 ○干，[彭]下。

索 故云取韓安邑 ○[索]故云取韓安邑之地。

＊正 乾河源出絳州絳縣東南殽山南流注河其（高、梅本「其」字作「是」。）水冬乾夏流故曰乾河 [幻][梅][狩][野][高][瀧]。

〔起與客卿錯攻垣城拔之〕 瀧二·一〇，慶一右一〇，殿一左五，凌一左一。

*正 故垣城在絳州垣縣北二十里本魏王垣也 南化。

〔白起攻楚拔鄢鄧五城〕 瀧三·三，慶一左三，殿一左七，凌一左四。○鄧，南化 楓 棭 三 梅 郢。

集 昭王二十八年 ○二，蜀三。

〔遂東至竟陵〕 瀧三·五，慶一左四，殿一左八，凌一左六。

正 今峽州郭下縣 ○峽，慶 彭 凌 殿 硤，札記「峽」作「硤」。考證據唐志改。

正 竟陵故城 ○慶 彭 凌 殿 無「竟陵」二字。

〔斬首五萬〕 瀧四·三，慶二右一，殿二右四，凌二右二。

正 陘城故城 ○慶 彭 上「城」字作「庭」。按：景印慶元本「庭」字改「城」。

正 在絳州東北三十五里也 ○在，慶 彭 有，南化 三 梅 校記「在」。按：南化本引正義本亦作「在」。又按：景印慶元本改「在」。紹——三十五里是也。

〔白起攻南陽太行道絶之〕 瀧四·四，慶二右一，殿二右四，凌二右二。

集 此南陽 ○此，紹 毛 北。按：紹、毛本訛。

正 則韓太行羊膓道絶矣 ○膓，慶 彭 凌 殿 腸。

〔伐韓之野王〕 瀧四·五，慶二右三，殿二右六，凌二右四。

*正 野王懷州河内南化、幻本「内字」作「南」。縣南化、幻本有「時」字。本春秋野王邑也太行山在縣北二十五里

南化幻瀧。

〔鄭道已絶〕　瀧四・七，慶二右五，殿二右七，凌二右六。

集　韓之國都是也　○蜀殿無「是」字。

*正　鄭縣本韓之國都秦攻韓南陽野王則野王上黨之道絶矣　南化幻瀧。

〔趙孝成王與平陽君平原君計之〕　瀧五・一，慶二右八，殿二左一，凌二右一〇。

索　未詳何人　○札記　攷異云：「趙豹，見趙世家。」

*正　趙世家曰封趙豹爲平陽君　南化、梅、高本「平陽君」三字作「王」字。　平陽故城在相州臨漳縣西二十五里　南化幻梴梅狩高野瀧。

〔受之禍大於所得〕　瀧五・二，慶二右一〇，殿二左二，凌二左一。　○紹無「受」字。

〔秦攻韓緱氏藺拔之〕　瀧五・五，慶二左二，殿二左四，凌二左三。

正　綸氏屬潁川郡　○綸。慶彭輪，札記官本「綸」，各本訛「輪」。

〔趙軍長平〕　瀧五・八，慶二左六，殿二左八，凌二左七。

正　長平故城　○城，彭成。

正　在澤州高平縣西二十一里也　○慶彭凌殿「二十」作「北」。札記「二十」誤作「北」。考證據郡縣志改。

〔取二鄣四尉〕　瀧六・一，慶二左一〇，殿三右一，凌三右四。

正　又有故穀城　○又，彭文。按：彭本訛。

正　此二城即二鄣也　○鄣，慶郡，彭此二城郎二郡「鄣」字作「郡」。地也，楓三刪「地」字。札記王、柯訛「郡」。

〔趙王數以爲讓〕　瀧六・六，慶三右五，殿三右六，凌三右七。○王，彭主，三校記「王」。

〔而又聞秦反閒之言〕　瀧六・九，慶三右八，殿三右九，凌三右一〇。○紹無「秦反閒」三字。

〔追造秦壁〕　瀧七・三，慶三左三，殿三左三，凌三左五。

正　今亦名秦長壘　○亦，慶彭凌古。按：景印慶元本「古」改「亦」。札記官本「亦」，各本訛「古」。

〔而秦出輕兵擊之〕　瀧七・五，慶三左六，殿三左五，凌三左七。

*正　人馬不帶甲爲輕兵　南化幻野高瀧。

〔因築壁堅守以待救至〕　瀧七・六，慶三左六，殿三左六，凌三左八。○紹無「堅」字。

正　即趙括築壁敗處　○慶彭凌殿即趙括築壁自敗處。

〔其將軍趙括出鋭卒自博戰〕　瀧八・一，慶四右二，殿四右一，凌四右四。○博，紹毛摶。

〔卒四十萬人降武安君〕　瀧八・二，慶四右三，殿四右二，凌四右四。○南化楓棭三梅高與卒四十萬人——。按：紹、毛本訛。

〔前秦已拔上黨〕　瀧八・三，慶四右四，殿四右二，凌四右五。○已，紹以。

〔恐爲亂〕　瀧八・四，慶四右五，殿四右三，凌四右六。

＊正　欒爲上音洛南化本「洛」字作「欒」。下于危反梅、狩、野、高本無上九字。情不欒爲秦民　南化 幻 梅 狩 野 高 瀧。

〔乃挾詐而盡阬殺之〕　瀧八・五，慶四右五，殿四右四，凌四右七。○阬，景 井 蜀 紹 耿 慶 彭 毛 凌坑，札記官本「阬」，各本作「坑」，下並作「阬」。

〔遺其小者二百四十人歸趙〕　瀧八・五，慶四右六，殿四右四，凌四右七。○遺，毛遺。

〔秦復定上黨郡〕　瀧八・七，慶四右八，殿四右五，凌四右九。

索　今迴兵復定其郡　○迴。游回。

〔王齕攻皮牢拔之〕　瀧八・八，慶四右九，殿四右七，凌四右一〇。

正　皮牢故城　○慶 彭 凌 殿無「皮牢」二字。

〔武安君禽馬服子乎〕　瀧八・一〇，慶四左一，殿四右八，凌四左二。○禽。景 井 蜀 慶 彭 毛 凌擒，札記官本「禽」，各本作「擒」。

〔南定鄢郢漢中〕　瀧九・三，慶四左三，殿四左一，凌四左四。

正　在襄州夷道縣南九里　○夷，金陵率，札記各本「率」誤「夷」，考證據郡縣志及唐志改。

正　今梁州之地　○梁，慶 彭褒，凌 殿襄。札記各本誤「褒州」或誤「襄州」。考證據郡縣志及唐志改。

〔雖周召呂望之功〕　瀧九・四，慶四左五，殿四左二，凌四左六。○召，景 井 蜀 慶 彭毛游凌邵，札記官本「召」，各本作「邵」。

〔圍邢丘〕　瀧九・六，慶四左七，殿四左四，凌四左八。○札記褋志云：「邢丘，魏地，非韓地。」「丘」字衍「邢」即「陘」之借字。

集　平皋有邢丘　○邢，井邪。按：井本誤。

正　今懷州武德縣東南二十里　○德，慶彭凌殿陵。

〔亡幾何人〕　瀧九・九，慶五右一，殿四左七，凌五右二。

集　音無也　○井衲無「音」字。音，毛言。

〔趙六城以和〕　瀧一〇・二，慶五右五，殿四左一〇，凌五右五。

集　徐廣曰卷縣有垣雍城　○凌無此注九字　札記集解、正義、凌本並脱。

正　釋地名云卷縣所理垣雍城按今在鄭州原武縣西北七里也　○凌無此注二十四字。

〔四十九年正月〕　瀧一〇・六，慶五右八，殿五右四，凌五右八。○四，紹二。

〔陵攻邯鄲少利〕　瀧一〇・六，慶五右八，殿五右四，凌五右八。○南化楓三梅高無「攻邯」二字，而「鄲」字作「戰」。

〔國内空〕　瀧一〇・一〇，慶五左二，殿五右七，凌五左二。○詳節國内空虛。

〔破秦軍必矣〕　瀧一一・一，慶五左三，殿五右八，凌五左三。○軍，凌殿兵。

〔秦王使王齕代陵將〕　瀧一一・三，慶五左五，殿五右一〇，凌五左五。○南化椵梅——代王陵將。

〔秦軍多失亡〕瀧一一・五，慶五左一，殿五左七，凌五左六。○紹無「秦軍」二字。

〔武安君遂稱病篤〕瀧一一・七，慶五左九，殿五左三，凌五左七。○毛無「君」字。

正 彊其兩反 ○彊，慶疆，彭姜，梅校記「彊」。按：景印慶元本改「彊」。

〔遷之陰密〕瀧一一・八，慶五左一〇，殿五左四，凌五左九。

*****正** 如淳曰嘗有爵而以罪奪爵者稱士伍顏師古曰謂奪其爵令爲士伍言使從士卒之伍上十九字，南化本校記提行，非正義注文。按：瀧本誤。南化幻瀧。

〔至杜郵〕瀧一二・二，慶六右三，殿五左七，凌六右三。

索 今在咸陽城 ○慶彭游索凌殿今在咸陽城中。

〔其意尚怏怏不服〕瀧一二・三，慶六右六，殿五左九，凌六右五。○楓三「怏怏」二字作「鞅鞅」。

〔秦王乃使使者賜之劍自裁〕瀧一二・四，慶六右六，殿五左一〇，凌六右六。○裁，南化殺，楓三刎。

〔鄉邑皆祭祀焉〕瀧一二・九，慶六左一，殿六右四，凌六右一〇。

集 詐而阬其四十萬 ○阬，凌抗。

集 後亦難以重得志矣 ○亦，井示。

集 向使衆人皆豫知降之必死 ○向，井白。人，詳節夫。豫，紹毛預。

集　則張虛捲　○捲，毛拳，札記毛本「卷」，説文「捲」，气執也。或借作「拳」。詳段注。

集　況於四十萬被堅執鋭哉　○於，紹其。

集　頭顱似山　○顱，紹積。

集　故兵進而自伐其勢　○自，井日。

集　何者設使趙衆複合　○復，井祖。

集　非但憂平原君之補袒　○景井衲慶彭游毛凌無「君」字。袒，井毛但，札記毛本作「但」。案：補「袒」，字之借用。但猶「但裼」，字之借用「袒」矣。

集　患諸侯之捄至也　○捄，游救。

集　則毋所以遠智也　○南化有「師説云毋或作妄或作晦或作侫」十三字注。

集　可謂善戰而拙勝　○可，毛所。

集　皆荷戟而向趙矣　○戟，井裁。

集　秦王又親自賜民爵於河内　○内，井功。

集　夫以秦之彊而十五以上死傷過半者　○殿無「之」字。半，井千。

集　又何以稱奇哉　○景井衲慶彭毛游凌殿無「以」字。

集　不豫其論者　○豫，紹毛預。

集　降者可致也　○者，井昔。按：井本訛。

集　降殺雖易　○井無「雖」字。

集　然降殺之爲害　○害，毛患。

〔燕使荆軻爲賊於秦〕　瀧一三・九，慶七右四，殿六左七，凌七右五。

＊正　軻苦阿反　南化。

〔年少壯勇〕　瀧一四・二，慶七右八，殿七右一，凌七右九。○毛「年」、「少」互倒。

〔於將軍度用幾何人而足〕　瀧一四・四，慶七右一〇，殿七右三，凌七左一。

＊正　度徒啓反　南化

〔其言是也〕　瀧一四・六，慶七左三，殿七右六，凌七左四。

集　勢一作新　○新，紹斷。

〔蒙恬攻寢〕　瀧一四・九，慶七左六，殿七右八，凌七左六。

＊正　今光州固始縣本寢丘孫叔敖所封　南化　幻　瀧。

〔蒙恬會城父〕　瀧一五・三，慶七左八，殿七右一〇，凌七左八。

正　又許州華縣　○華，慶　彭　凌　殿葉。

正　使太子建居之　○使，慶　彭　凌是。按：景印慶元本「是」改「使」。札記官本「使」，各本誤「是」。

正　此二城父城之名耳　○此，慶　彭北。按：景印慶元本「北」改「此」。又按：南化本引正義本作「此」。

正　潁川父城縣　○父，慶　彭入，南化　楓　三　梅校記「父」。按：景印慶元本「入」改「父」。又按：南化本引正義本作「入」。

〔今聞荆兵日進而西〕　瀧一五・八，慶八右五，殿七左七，凌八右六。○聞，蜀門。按：蜀本訛。

〔始皇曰〕　瀧一六・一，慶八右九，殿七左一〇，淩八右一〇。○皇，毛王。按：毛本訛。

〔於是王翦將兵六十萬人〕　瀧一六・二，慶八右九，殿七左一〇，淩八右一〇。○兵，南化楓棭三梅將。

〔始皇自送至灞上〕　瀧一六・三，慶八右一〇，殿八右一，淩八左一。○紹無「自」字。毛「自」、「送」互倒。

〔使使還請善田者五輩〕　瀧一六・九，慶八左四，殿八右四，淩八左五。○還，彭遠，梅校記「還」。者，南化曰。

〔或曰〕　瀧一六・九，慶八左五，殿八右五，淩八左六。○曰，彭者，楓棭三梅校記「曰」。

〔將軍之乞貸〕　瀧一六・九，慶八左五，殿八右五，淩八左六。○南化無「之」字。

＊**正**　貸天得反　南化。

〔亦已甚矣〕　瀧一六・九，慶八左五，殿八右五，淩八左六。○已，毛以。

〔夫秦王怚而不信人〕　瀧一六・一〇，慶八左六，殿八右六，淩八左六。○怚，井慶淩殿怛，蜀粗，札記毛本「怚」，各本訛「怛」。案：說文：「怚，驕也。」

集　音麁　○麁，景井蜀衲麄。淩無「音麁」二字。

集　一作粗　○粗，蜀組。按：蜀本誤。

*正 徐廣曰一作粗並音息故反怛音丁達反又作怛音子奴反瀧本無上十二字。依南化、梅本補。南化 幻 梅 狩 瀧。

〔而專委於我〕 瀧一七・一，慶八左七，殿八右七，凌八左八。

集 專亦作摶 ○摶，凌傳。

〔顧令秦王坐而疑我邪〕 瀧一七・二，慶八左八，殿八右八，凌八左九。○南化有「師說云或本顧字作固」九字注。邪，景 井 紹 慶 彭 毛 詳節 矣，南化 校記「邪」。札記「邪」，王、柯作「矣」。

〔王翦果代李信擊荊〕 瀧一七・三，慶八左八，殿八右九，凌八左九。○果，南化 楓 三 梅 蜀 殿 東。

〔荊聞王翦益軍而來〕 瀧一七・四，慶八左九，殿八右九，凌八左一〇。○南化 棭 三——益軍而來也。

〔乃悉國中兵以拒秦〕 瀧一七・四，慶八左九，殿八右九，凌八左一〇。○南化無「乃」字。

〔王翦日休士洗沐〕 瀧一七・六，慶九右一，殿八左一，凌九右二。○南化 楓 三 梅 高 王翦日休士卒洗沐。

〔方投石超距〕 瀧一七・八，慶九右三，殿八左二，凌九右三。

集 爲機發行三百步 ○機，慶 彭 凌 幾，南化 高 校記「機」。按：景印慶元本「幾」改「機」。

集　拔距超距也　○井無「拔」字。

*正　超跳躍也　南化、梅、狩本無上四字。南化本後人補此四字。距木械也若雞距然南化、幻、梅、高本「然」字移在「壯」上。也壯士跳躍走拔梅本無「走拔」二字。之按出南化、梅本無「按出」二字。與否以定勝負也　南化 幻 棭 梅 狩 野 高 瀧。

〈至蘄南〉　瀧一八・二，慶九右六，殿八左六，凌九右七。○蘄。景 井 紹 毛 鄿。慶 彭 蘄。凌 蘄。

〈必其所殺伐多矣〉　瀧一八・九，慶九左六，殿九右四，凌九左六。○必。景 井 蜀 紹 慶 彭 毛 游 凌 殿 以。

〈其後受其不祥〉　瀧一八・一○，慶九左七，殿九右五，凌九左七。○祥。慶 彭 游 詳。南化 校記「祥」。札記 中統、游本作「詳」。案：字類引自序「陰陽之術大祥」，漢書作「詳」，是「祥」、「詳」亦通借。

〈聲震天下〉　瀧一九・四，慶九左一○，殿九右八，凌一○右一。○震。詳節 振。

〈固其根本〉　瀧一九・六，慶一○右二，殿九右一○，凌一○右三。○楓 棭 梅 無「其」字。固，彭 游 因，南化 梅 校記「固」。按：上杉家藏慶元本此葉補鈔而作「固」。札記 中統、游、柯本「固」訛「因」。

〈以至垢身〉　瀧一九・六，慶一○右二，殿九右一○，凌一○右三。

*正　坳没也　南化幻梅狩瀧。

〔彼各有所短也〕　瀧一九・九，慶一〇右三，殿九左一，凌一〇右四。

索　長平遂阬　〇阬，慶彭凌坑。

索　賁離繼出　〇賁，詳節王。

史記會注考證校補卷七十四

孟子荀卿列傳第十四

〔孟子荀卿列傳第十四〕 瀧一・八，慶一右一，殿一右六，凌一右二。

索 而此傳爲第十五。○此，彭北。按：彭本誤。

〔太史公曰至何以異哉九十八字〕 瀧二・三，慶一右三，殿一右八，凌一右九。○詳節此贊九十八字在卷末。

〔未嘗不廢書而歎也〕 瀧二・三，慶一右四，殿一右八，凌一右一〇。○書，詳節卷。

〔常防其原也〕 瀧二・四，慶一右五，殿一右一〇，凌一左一。○常，南化當。

〔孟軻騶人也〕 瀧二・八，慶一右七，殿一左一，凌一左三。○騶，慶彭凌鄒，南化棭梅校記「騶」。下同。

索 又云邾 ○邾，殿本。

〔受業子思之門人〕　瀧三・三，慶一右八，殿一左三，凌一左四。○南化 紹 無「人」字。

索　則以爲軻受業孔伋之門也　○慶 中統 索 彭 凌 殿 則以無「爲」字。軻親受業——。

索　乃受業於子思之弟子也　○乃，詳節 盖。

〔梁惠王不果所言〕　瀧三・八，慶一右九，殿一左五，凌一左五。○札記 褋志云：廣雅「果信」也。

〔齊威王宣王用孫子田忌之徒〕　瀧四・三，慶一左二，殿一左六，凌一左八。○南化 高 無「威」字。楓 三 梅 無上「王」字。

〔是以所如者不合〕　瀧四・五，慶一左四，殿一左九，凌一左一〇。○如，通志 好。

〔作孟子七篇〕　瀧四・八，慶一左六，殿一左一〇，凌二右二。

＊正　孟子有萬章公明高等孟軻撰趙岐注又一本七卷劉熙撰又一本九卷綦毋邃撰也　幻 椴 梅 狩 瀧。

〔其前騶忌以鼓琴干威王〕　瀧五・一，慶一左七，殿二右一，凌二右三。○騶，慶 中統 毛 鄒，札記 中統、游、王、柯、毛「騶」作「鄒」。

〔受相印〕　瀧五・一，慶一左八，殿二右二，凌二右四。○景 井 蜀 紹 衲 慶 中統 彭 凌 殿 金陵 而受相，井本「相」字作「於」。印。按：瀧本誤脱「而」字。

〔先孟子〕　瀧五・二，慶一左八，殿二右二，凌二右四。

＊正　三騶騶忌衍奭　梅野高瀧。

〔終始大聖之篇十餘萬言〕　瀧五・五，慶二右一，殿二右四，凌二右七。

＊正　參人仕燕幻、狩、瀧本無上四字。七録云鄒子鄒衍撰七略云鄒子二種合一百梅本有「餘」字。條篇梅本有「著」字。亡今惟此又似後人所記　幻梅狩瀧。

〔大並世盛衰〕　瀧六・二，慶二右三，殿二右六，凌二右九。

索　言其大體隨代盛衰　○殿言其並大體隨代盛衰。按：景印慶元本「大」字上補「並」字。

＊正　並蒲浪反言大並依時浮沈而説事　南化幻野瀧。

〔窈冥不可考而原也〕　瀧六・四，慶二右五，殿二右八，凌二左一。○原，南化楓棭三梅息。

〔物類所珍〕　瀧六・五，慶二右六，殿二右九，凌二左二。○珍，中統殄，札記中統、游本作「殄」。

〔而符應若茲〕　瀧六・七，慶二右八，殿二左一，凌二左四。

＊正　五德木南化、高本「木」字作「水」。火金水南化、高本「水」字作「木」。土　南化幻野高瀧。

〔於天下乃八十一分居其一分耳〕　瀧六・八，慶二右九，殿二左一，凌二左五。

索　以衍之所言迂怪虚妄　○慶中統彭索凌殿金陵並以衍之所——。按：瀧本誤脱。

索　熒惑六國之君　○熒，中統索金陵干。

索　所謂匹夫而熒惑諸侯者是也　○熒，索金陵營。匹，凌四。慶中統凌無「是」字。彭

*正　殿無「者是」二字。楓三校補「者」。鹽鐵論及論衡並以衍之所言迂怪虚妄熒惑六國之君因納其異説所謂匹夫而熒惑諸侯者也|南化本無上二十二字，而傍注曰：「以下與索隱同。」南化 幻 瀧。

〔於是有裨海環之〕　瀧七・三，慶二左三，殿二左五，凌二左八。

索　裨是小義也　○裨，凌亦。

〔莫能相通者〕　瀧七・四，慶二左四，殿二左六，凌二左一〇。○能，中統得，札記|中統、游本「能」作「得」。

〔乃爲一州〕　瀧七・四，慶二左五，殿二左七，凌三右一。○爲，毛謂。

〔天地之際焉〕　瀧七・五，慶二左六，殿二左八，凌三右一。

*正　言一州縣有裨海環繞之凡天下有九|梅本無「九」。州有大瀛海環繞其外乃至天地之際也　南化 幻 梜 梅 狩野 瀧。

〔始也濫耳〕　瀧七・七，慶二左八，殿二左九，凌三右三。○札記案：此謂其始泛濫無稽，故聞者心動。及其歸於仁義節儉，則又不能行。|小司馬説非是。

索　是江源之初始　○源，中統 索原。

索　行事之所施所始　○始，慶 中統 彭 凌 殿治。

索　皆可爲後代之宗本　○慶 中統 彭 凌 殿皆可以爲後代——。彭 殿無「宗」字，楓三校補「宗」。

*正　六親外祖父母一妻南化、梅本有「父」字。母二姨妹之子三兄弟南化本有「之」字。子四從子五女之子六王弼云父母兄弟妻子南化、狩本有「也」字。鄒子睹梅本「睹」作「褚」。有國者益淫侈不能尚德須若大雅南化本有「之」字。整之梅本有「於」字。身延及黎庶矣乃作術其終要歸南化、梅、狩本有「止」字。乎仁義節儉君臣上下六親之施始初也猶泛濫未能周備故云濫耳若江源濫觴南化幻梅狩瀧。

〔王侯大人〕　瀧八・一，慶二左九，殿二左一〇，凌三右五。○侯，景井蜀紹衲慶中統彭凌殿金陵公。按：瀧本誤。

〔懼然顧化〕　瀧八・一，慶二左一〇，殿三右一，凌三右五。

索　謂欲從其術也　○慶中統彭凌殿無「謂」字。

索　按化者是易常聞而貴異術也　○梅無「而」字。貴，彭從。易，凌異。

*正　懼俱遇反王公大人見衍無不懼然念駐南化本「駐」字作「相」，幻本作「拄」。欲顧其術以化民其後亦不能行南化幻瀧。

〔適梁惠王郊迎執賓主之禮〕　瀧八・三，慶三右二，殿三右三，凌三右七。○彭殿重「梁」字。札記王本「惠」上有「梁」字。

〔平原君側行襒席〕　瀧八・四，慶三右二，殿三右三，凌三右八。○襒，景井蜀紹衲毛金陵撇。

索　韋昭曰　○曰，慶中統彭凌殿音。

索　張楫三蒼訓詁云　○楫，慶中統彭凌索殿金陵揖。按：瀧本誤。

索　謂側而行以衣襒席　○慶 中統 彭 淩 殿「而」、「行」互倒而無「以」字。

〔昭王擁彗先驅〕　瀧八・五，慶三右四，殿三右五，淩三右一〇。

索　謂爲之掃地以衣袂　○掃，金陵埽。索無「袂」字。

＊**正**　篲帚（梅本有「箒」字。）也擁彗則執帚曲腰掃也言昭王向曲腰若擁彗先驅之類　幻 梅 狩 瀧。

〔作主運〕　瀧八・八，慶三右六，殿三右七，淩三左二。○主，毛王。

〔孟軻困於齊梁同乎哉〕　瀧八・九，慶三右八，殿三右八，淩三左四。

索　營惑諸侯　○營，慶 中統 彭 淩 殿熒。

＊**正**　孔子孟子法先王之道行仁義之化且菜色困窮鄒衍執詭怪惑諸侯反見尊禮痛哉時君之無（南化本無「無」字。）識也　南化 幻 瀧。

〔而孔子不荅〕　瀧九・二，慶三左一，殿三左一，淩三左七。○而，毛於。按：毛本訛。

〔孟軻稱大王去邠〕　瀧九・二，慶三左一，殿三左二，淩三左七。

索　今按孟子太王去邠　○慶 中統 彭 淩 殿無「今按」二字。

〔持方枘欲内圜鑿〕　瀧九・四，慶三左三，殿三左三，淩三左九。

＊**正**　邠彼珉反　南化。

＊**正**　圜音員也鑿在竈反　南化 幻。

〔其能入乎〕　瀧九・四，慶三左三，殿三左三，淩三左九。

索　是孔也　○是，淩其。

索　謂工人斲木　○斲，慶中統彭凌殿斲。

索　以方笥而内之圜孔　○以，索上。圜，慶彭凌殿圓。

索　以方枘而内圜鑿　○慶中統彭凌殿以方枘而納圓「内圜」二字作「納圓」二字。鑿者。

索　吾固知其齟齬而不入是也　○慶中統彭凌殿「固」字、「是」字並無。索「齟齬」二字作「鉏鋙」。

索　謂戰國之時　○慶中統彭凌殿無「之」字。

索　以仁義干世主　○世，索聖。按：唐諱「世」。

〔百里奚飯牛車下〕　瀧九・六，慶三左六，殿三左六，凌四右二。○飯，井蜀紹衲慶中統彭凌飦，南化高校記「飯」。

〔作先合〕　瀧九・七，慶三左六，殿三左六，凌四右三。

*正　先合人主之好乃得見用然後之大道　南化。

〔儻亦有牛鼎之意乎〕　瀧九・八，慶三左七，殿三左七，凌四右四。○札記案：此比鄒子始之泛濫者爲飯牛負鼎之類，鄙之也。索隱非。

索　函牛之鼎　○函，慶中統彭凌殿涵，高校記「函」。

索　是牛鼎　○慶中統彭凌殿是其有牛鼎也。

索　是其愛奇之甚　○慶中統彭凌殿是無「其」字。愛奇之甚矣。

*正　太史公見鄒衍之説怪迂詭辯而合時君疑衍若伊尹百里奚先作牛南化本作「牛」，「二」字作「之」字。鼎之

意南化 幻 瀧。

〔自騶衍與齊之稷下先生〕 瀧一〇・一，慶三左九，殿三左九，凌四右六。○札記 襍志云：此本作「自如騶衍」，二字連文，後人移「如」字於「云云自如淳于髡諸人」上，文不成義。

索 稷下齊之城門也 ○慶 中統 彭 凌 殿 無「下」字。下倣之。

索 謂齊之學士集於稷門之下 ○齊，凌 育。按：凌本誤。

〔環淵〕 瀧一〇・二，慶三左一〇，殿三左一〇，凌四右六。

索 按劉向別録環作姓也 ○慶 中統 彭 凌 殿 無此注九字。

〔接子〕 瀧一〇・二，慶三左一〇，殿三左一〇，凌四右六。

索 古著書人之稱號 ○慶 彭 凌 殿 環淵接子古著書人之稱號也。中統「人」、「之」互倒。

〔田駢〕 瀧一〇・二，慶三左一〇，殿三左一〇，凌四右六。

索 步堅步經反二音 ○慶 中統 彭 凌 殿 步堅反又步經反。無「二音」二字。

〔其諫説〕 瀧一〇・七，慶四右四，殿四右四，凌四左一。○諫，殿 陳。

〔子之稱淳于先生管晏不及〕 瀧一〇・一〇，慶四右七，殿四右七，凌四左四。○南化 楓 三 無「先」字。晏，凌 嬰。按：凌本訛。

〔豈寡人不足爲言邪〕 瀧一一・一，慶四右八，殿四右八，凌四左五。○足，毛 是。按：毛本訛。

〔壹語連三日三夜無倦〕 瀧一一・八，慶四左五，殿四左四，凌五右二。○倦，南化 棭 梅厭。札記舊刻「壹」作「一」。

〔齊諸騶子〕　瀧一二・五，慶五右三，殿四左九，凌五右九。○南化楓三梅無「子」字。

〔爲開第康莊之衢〕　瀧一二・七，慶五右五，殿五右一，凌五右一〇。○開，蜀門，札記舊刻「開」訛「門」。按：蜀本與札記所云舊刻間合。

集　四達謂之衢　○謂，衲爲。

***正**　言爲諸子起第宅於要路也　南化幻梅狩瀧。

〔荀卿趙人〕　瀧一二・九，慶五右八，殿五右四，凌五左三。

索　卿者時人相尊而號爲卿也　○爲，索曰。

索　後謂之孫卿子者　○慶中統彭索凌殿金陵後亦謂之孫——。按：瀧本誤脱。

索　避漢宣帝諱改也　○慶中統凌「諱改」二字作「之諱」。彭殿無「改」字。

〔有得善言〕　瀧一三・三，慶五右一〇，殿五右六，凌五左五。○各本有上有「時」字。按：瀧本誤脱。

〔炙轂過髡〕　瀧一三・四，慶五左一，殿五右七，凌五左六。

集　劉向別録曰　○札記警云「曰」字疑衍。

集　五德始終　○德，楓三行。

集　盡言天事　○盡，景井蜀紹衲慶中統彭殿書，南化校記「盡」。

集　飾若雕鏤龍文　○飾，紹節。按：紹本訛。

集　故曰雕龍奭　○景井蜀紹衲慶中統彭毛凌殿金陵無「奭」字。按：瀧本誤。

集　輠者車之盛膏器也　○輠，紹轉。按：紹本訛。

集　雖盡猶有餘流者　○雖，井錐。按：井本誤。

集　言其多智難盡如炙膏之有潤澤也　○景井蜀紹衲慶中統彭毛凌殿金陵——如炙彭殿本炙作脂楓三高本校記炙膏過之有潤澤也。按：瀧本誤脱「過」字。

索　按劉向別録至言兗智不盡如炙輠也三十三字　○慶彭凌殿無此注三十三字。中統索此注三十三字作「謂鄒衍談天地廣大及終始五行言天事故云談天也」。索本無「也」字。謂中統本無「謂」字。　鄒奭修衍之索本無「之」字。文飾如雕龍之文。

索　則過是器名　○慶中統彭凌殿「則」、「過」互倒。索無「過」字。札記單本脱「過」字，各本「錯」在「則」上，今乙正。案：説文「楇，盛膏器，讀若過」。廣韻作「輠」。「過」乃假借字。

索　音如字讀　○慶中統彭凌殿無「讀」字。

索　謂盛脂之器名過過與鍋字相近　○慶中統彭凌殿不重「過」字。

索　蓋即脂器也　○脂，彭殿指，梅校記「脂」。

索　則轂非衍字矣　○慶中統彭凌殿則轂非衍字明矣。

*正　譌音化椷、梅、狩本無上三字。亂譌疾言也　南化幻椷梅狩野高瀧。

〔皆已死齊襄王時〕　瀧一三・九，慶五左五，殿五左一，凌六右一。○襄，毛宣。按：毛本訛。

〔而荀卿三爲祭酒焉〕 瀧一四・一，慶五左七，殿五左三，凌六右三。

索 必以席中之尊者一人當祭耳 ○人，中統公。索無「當」字。

〔又猾稽亂俗〕 瀧一四・九，慶六右四，殿五左九，凌六右一○。○猾，景井蜀紹衲毛殿通志金陵滑，札記舊刻、毛本作「滑稽」。

〔序列數萬言而卒〕 瀧一四・一○，慶六右五，殿五左一○，凌六左一。○景井蜀紹衲慶中統彭毛凌殿金陵序列著數萬言——。按：瀧本誤脱。

〔而趙亦有公孫龍〕 瀧一五・一○，慶六右五，殿五左一○，凌六左一。

***正** 家語及弟子傳曰衛人也鄭玄云楚人此云趙人下更云或曰並孔子時或曰在其後按皆疑或未知孰是 南化幻。

〔爲堅白同異之辯〕 瀧一五・一○，慶六右六，殿六右一，凌六左二。○彭「同」、「異」互倒。

集 可用淬刀劍 ○淬，紹佼。刀，凌刃。

集 特堅利 ○特，毛持。按：毛本訛。

索 按即仲尼弟子名也 ○慶中統彭凌按中統本無「按」字。龍即仲尼弟子名慶、彭、凌本無「名」字。也

索 在其後 ○索無「其」字。

索 所以知非別人也 ○別，索趙。

〔劇子之言〕 瀧一六・六，慶六右一○，殿六右五，凌六左六。

集 直云處子也 ○處，南化楓三劇。

*正　趙有劇孟劇辛是有劇姓而史記南化、幻本無「記」字。不記其名徐廣曰應劭氏姓注直云處子也藝文南化本無上十二字。志云劇子九篇　南化　幻　瀧。

〔楚有尸子長盧〕　瀧一七・二，慶六左二，殿六右七，凌六左七。

集　謀事書計　○書，景　井　蜀　紹　衲　慶　中統　彭　毛　凌　殿　金陵畫。按：瀧本誤。

集　未嘗不與佼規之也　○景　井　衲　慶　中統　彭　凌　殿無「之」字。

集　卒葬蜀　○景　井　蜀　紹　衲　慶　中統　彭　毛　凌　殿　金陵卒因葬蜀。按：瀧本誤脱。

索　按尸子名佼音絞晉人事具別録長盧未詳　○慶　中統　彭　凌　殿無「晉人事具別録」六字。

〔阿之吁子〕　瀧一七・四，慶六左五，殿六右一〇，凌七右二。○景　井　蜀　紹　慶　中統　彭　毛　凌　殿　金陵阿之吁子焉。按：瀧川本與索隱本同。

索　阿齊之東阿也　○慶　彭　殿　凌無此注六字。

索　今吁亦如字也　○吁，凌呼。

〔善守禦爲節用〕　瀧一七・六，慶六左八，殿六左三，凌七右五。

集　公輸般爲雲梯之械成　○梯，紹柳。按：紹本訛。

集　將以攻宋　○宋，紹未。按：紹本訛。

集　墨子解帶爲城以牒爲械公輸般九設攻城之機變墨子九距之公輸般之攻械盡　○慶　彭　凌無「墨子解帶」至「九距之公輸般」二十八字。南化　梅校補此二十八字。按：景印慶元本補此注二十八字。札記「墨子解帶」以下二十八字，王、柯、凌本脱。

集　然臣之弟子禽滑釐等三百人　○釐，慶彭厘，南化氂，楓校記「釐」。按：楓本有「亦作氂」三字注。

索　注爲雲梯之械者　○慶中統彭凌殿「注」字作「公輸」二字。索無「者」字。

索　按梯構木瞰高也　○索金陵按梯者構木——。

索　雲者　○索言雲者。

索　謂攻城之樓櫓也　○慶中統彭凌殿謂攻城之樓櫓也與器械同。

索　注墨子解帶爲城者　○慶中統彭凌殿無「注」字。索無「者」字。

索　謂墨子爲術　○爲，慶中統彭凌殿所。

索　注以牒爲械者按牒者　○慶中統彭凌殿「注」字、「按」字、下「者」字並無。

索　注公輸般之　○慶中統彭凌殿無「注」字。

索　劉氏云　○云，索音。

索　械謂飛梯撞車飛石車弩之具　○撞，殿橦。

索　詘音丘勿反　○慶中統彭凌殿「丘勿反」三字作「屈」字。

索　禽滑釐者　○慶中統彭凌殿無「禽」字。索無「者」字。

索　墨子弟子之姓字也　○慶中統彭凌殿無「姓」字。

索　釐音里　○里，慶中統彭凌殿狸。

〔或曰在其後〕　瀧一八・五，慶七右五，殿七右一，凌七左三。

索　今按墨子書　○慶中統彭凌殿無「今按」二字。

索 文子即子夏之弟子　○慶、中統、彭、凌、殿無「即」字。

索 如此則墨子在七十子之後也　○慶、中統、彭、凌、殿如此則墨子者在七十子之彭、殿本無「之」字。後也。

史記會注考證校補卷七十五

孟嘗君列傳第十五

〔而齊宣王庶弟也〕 瀧二·三，慶一右三，殿一右八，凌一右四。

索 齊豹辯謂宣王曰 ○豹，慶 中統 彭 凌 殿貌。

〔與成侯鄒忌及田忌將而救韓伐魏〕 瀧二·五，慶一右六，殿一左一，凌一右八。○成，紹威。

〔而殺魏將龐涓〕 瀧二·一〇，慶一左一，殿一左五，凌一左二。

索 至三十六年改爲後元也 ○六，慶 中統 彭 索 凌 殿一。也，殿年。札記「六」誤「一」，據魏世家、索隱引紀年改。

〔韓魏服於齊〕 瀧三·二，慶一左二，殿一左六，凌一左三。○札記王本「韓魏」字不重。

〔盟而去〕 瀧三·二，慶一左三，殿一左七，凌一左五。

索　彼文作平阿　○慶中統彭凌殿無「彼文」二字。

索　會齊威王于鄄　○鄄，慶彭凌殿甄。下同。

索　文舛互並不同　○慶彭凌殿無「並」字。

正　濟州縣也　○濟，慶彭凌殿齊，札記「濟」訛「齊」，考證據唐志改。

〔復與梁惠王會甄〕　瀧三・四，慶一左五，殿一左九，凌一左六。

集　音絹　○絹，蜀紺。按：蜀本誤。

〔而封田嬰於薛〕　瀧四・一，慶一左九，殿二右四，凌二右二。

索　紀年以爲梁惠王后元十三年四月　○三，中統一。

〔文以五月五日生〕　瀧四・四，慶二右三，殿二右六，凌二右五。○楓三無「五日」二字。

〔嬰曰〕　瀧四・八，慶二右八，殿二右一〇，凌二右九。○嬰，紹因。

〔將不利其父母〕　瀧四・九，慶二右八，殿二左一，凌二右一〇。

索　俗説五月五日生子　○索無「子」字。

*正　俗説五月五日生子男害父女害母　南化棭梅謙狩瀧。

〔則可高其户耳〕　瀧五・一，慶二左一，殿二左三，凌二左二。○慶中統彭凌殿無「可」字。南化楓棭梅校補「可」字。

〔孫之孫爲何〕　瀧五・三，慶二左三，殿二左五，凌二左四。○南化楓三下「孫」字作「子」。

〔玄孫之孫爲何〕 瀧五・三，慶二左三，殿二左五，凌二左四。○南化 楓 三下「孫」字作「子」。

〔不能知也〕 瀧五・三，慶二左四，殿二左六，凌二左五。

索 玄孫之子爲來孫 ○慶 中統 彭 凌 殿無下之「孫」字。下倣之。

〔今君後宮蹈綺縠〕 瀧五・七，慶二左九，殿二左九，凌二左八。○縠，紹 梁。

〔而士不得裋褐〕 瀧五・七，慶二左八，殿二左九，凌二左九。○裋，景 井 蜀 紹 慶 中統 彭 索 毛 凌 凌 殿 金陵 短，南化 楓 三 梅 校記「裋」。按：瀧本依楓、三改。

索 短亦音竪 ○殿無「亦」字。札記據此疑「短」本作「裋」，故音「竪」。

索 以其省而便事也 ○索無「事」字。

〔僕妾餘粱肉〕 瀧五・八，慶二左九，殿二左一〇，凌二左一〇。○粱，慶 彭 凌 粱。按：景印慶元本「粱」改「粱」。

*正 粱成粟又成粱 南化 幻。

*正 粱肉粱梅、狩本無上二字。粟 南化 梅 狩。

〔而士不猒糟糠〕 瀧五・八，慶二左九，殿二左一〇，凌二左一〇。○糠，紹 慶 彭 凌 糠。

〔嬰迺禮文〕 瀧六・一，慶三右一，殿三右二，凌三右二。○迺，景 井 慶 彭 毛 凌 殿 乃。下同。札記舊刻「迺」各本作「乃」，下同。

〔謚爲靖郭君〕 瀧六・二，慶三右三，殿三右四，凌三右四。

集 在魯國薛城中東南陬　○[紹]「薛」字作「既」，而「東」字作「栗」。

索 按謂死後別號之曰靖郭耳　○[慶][中統][彭][凌][殿]諡爲靖郭君者按（中統本無「按」字。）謂死後——。

索 故漢齊王舅父駟鈞封靖郭侯　○鈞。[索]君。

*__正__ 靖郭君邑名蓋卒後賜邑號　[南化][幻][瀧]。

〔及亡人有罪者〕　瀧六・六，慶三右六，殿三右七，凌三右八。○人。[蜀]入。按：蜀本訛。

〔無貴賤一與文等〕　瀧六・八，慶三右九，殿三右九，凌三右一〇。[札記]御覽四百七十五引文作「之」，襍志云當作「之文代立」，下皆稱孟嘗君，不稱文之字，指食客而言。

〔孟嘗君待客坐語〕　瀧六・一〇，慶三右九，殿三右一〇，凌三左一。○待，[南化][楓][棭][三][高]侍下文「待客」之「待」亦作「侍」。

*__正__ 侍猶當也　[南化][梅][高]。

〔而屏風後常有侍史〕　瀧六・一〇，慶三右一〇，殿三右一〇，凌三左一。○侍，[中統]待。

〔客怒以飯不等〕　瀧七・二，慶三左二，殿三左二，凌三左四。○飯，[紹]飦。

〔人人各自以爲孟嘗君親己〕　瀧七・五，慶三左五，殿三左五，凌三左六。○[毛]——將親己。

〔以求見孟嘗君〕　瀧七・六，慶三左六，殿三左六，凌三左七。○以，[南化][楓][棭][三]亦。

〔見木禺人與土禺人相與語〕　瀧七・七，慶三左八，殿三左七，凌三左九。○禺，景 井 蜀 紹 慶 中統 彭 毛 凌 殿 偶，南化 楓 棭 三 梅 校記「耦」。下同。札記 索隱本「禺」，各本作「偶」。襍志云：封禪書「木禺龍」，後漢書劉表傳「其猶木禺之於人也」，是「偶」古通作「禺」。

索　禺音偶又音寓　○慶 中統 彭 凌 殿 此注六字作「偶音遇」三字。

〔敗則歸土〕　瀧八・一，慶三左一〇，殿三左九，凌四右一。○札記 御覽三百九十六引「則」作「即」，古通用。

〔昭王即以孟嘗君爲秦相〕　瀧八・四，慶四右四，殿四右二，凌四右五。○南化 楓 棭 三 梅 秦昭王——。

〔於是秦昭王乃止囚孟嘗君〕　瀧八・六，慶四右六，殿四右四，凌四右七。○楓 棭 三 梅 無「止」字。

〔乃夜爲狗以入秦宮藏中〕　瀧九・一，慶四左二，殿四右一〇，凌四左二。○藏，金陵 臧。札記 字類引作「臧」，各本作「藏」。

〔以出關〕　瀧九・三，慶四左五，殿四左二，凌四左五。

索　更者改也　○慶 中統 彭 凌 殿 無「者」字。

索　不言是孟嘗之名　○慶 中統 彭 凌 殿「之名」二字作「君」字。

索　猶今之驛券　○[慶][彭][凌][殿]無「猶」字。

〔即使人馳傳逐之〕　瀧九・五，慶四左七，殿四左四，凌四左八。

*正　傳驛也　[南化][梅]。

〔齊湣王不自得以其遺孟嘗君〕　瀧一〇・四，慶五右六，殿五右二，凌五右六。○得，[索]德。

索　不自德　○[慶][中統][彭][凌][殿]此三字作「得一作德」四字。

索　是愍王遺孟嘗君　○愍，[慶][彭][凌][殿]湣。

*正　言自嫌旡「旡」，瀧川本之誤。當作「无」。德而遺孟嘗野本有「君」字。　[南化][棭][梅][謙][狩][野][高][瀧]。

按：各本「言」上有「作不自德」四字，蓋正義本「得」作「德」。

〔將以齊爲韓魏攻楚〕　瀧一〇・五，慶五右八，殿五右四，凌五右八。○楚，[紹]秦。

〔因與韓魏攻秦〕　瀧一〇・六，慶五右九，殿五右四，凌五右九。○[紹]無此六字。

〔而借兵食於西周〕　瀧一〇・六，慶五右九，殿五右五，凌五右九。

集　軍於函谷　○谷，[中統]名。按：中統誤。

〔韓魏必輕齊畏秦〕　瀧一一・一，慶五左三，殿五右八，凌五左三。○[南化]無「畏秦」二字。

〔君令敝邑以此惠秦〕　瀧一一・五，慶五左八，殿五左二，凌五左八。○惠，[景][蜀][紹]患，[南化][楓][棭][三][梅]忠，[金陵]同。各本「敝」作「弊」。[札記]舊刻「敝」，各本作「弊」，下同。

〔因令韓魏賀秦〕　瀧一一・八，慶六右二，殿五左五，凌六右一。○[札記]志疑云「魏賀」二字誤。策作「韓慶入秦」，是也。

〔爲孟嘗君收邑入〕　瀧一二・二，慶六右五，殿五左八，凌六右四。

索　收其國之租稅也　○慶彭凌殿收謂收其國之租稅也。

〔湣王意疑孟嘗君〕　瀧一二・五，慶六右九，殿六右二，凌六右八。○南化梅無「疑」字。

〔孟嘗君迺奔〕　瀧一二・六，慶六右九，殿六右二，凌六右八。○紹無「孟嘗君」三字。

集　徐廣曰　○慶彭凌「徐廣」二字作「索隱」。按：慶、彭、凌本誤。

集　薛文走　○走，毛定。

〔以明孟嘗君〕　瀧一二・八，慶六左一，殿六右四，凌六左一。○南化楓三梅以明孟嘗君不亂。

〔代乃謂孟嘗君曰〕　瀧一三・二，慶六左四，殿六右七，凌六左四。○南化蘇代乃謂——。

〔而聽親弗〕　瀧一三・三，慶六左六，殿六右八，凌六左五。

索　親姓弗名也　○慶彭凌殿無此注五字。

〔收周冣以厚行且反齊王之信〕　瀧一三・七，慶六左九，殿六右九，凌六左八。

索　蘇代謂孟嘗君　○慶中統彭凌殿無「君」字。

索　令齊收周冣以自厚其行　○凌「周冣」二字作「最」字。

***正**　行塞孟反周本厚齊云云各本傍有「以下同索隱」五字注。　復旦傳反齊王之所信者又禁天下無秦之言南化幻棭謙狩。

〔則齊王孰與爲其國也〕　瀧一三・一〇，慶七右二，殿六左四，凌七右一。

*正 親弗相呂禮欲合齊秦若齊秦不合天下之從集歸於齊親「親」，瀧川本之誤。當作「魏」。弗必走去齊 南化 棭 梅 謙 狩 瀧。
〔秦必重子以取晉〕 瀧一四・一〇，慶七右九，殿六左一〇，凌七右八。
*正 取晉謂齊晉取 南化 幻 梅。
〔晉必重子以取秦〕 瀧一五・一，慶七右九，殿六左一〇，凌七右八。
*正 取秦謂親秦 南化 幻 梅 狩。
〔而孟嘗君中立於諸侯〕 瀧一五・一〇，慶七左六，殿七右五，凌七左四。○於，景 井 蜀 紹 慶 中統 彭 凌爲，札記舊刻「於」，各本誤「爲」。
〔謚爲孟嘗君〕 瀧一六・二，慶七左七，殿七右六，凌七左五。
集 孟嘗邑于薛城也 ○于，井乎。按：井本因字形近而訛。
索 此云謚 ○索無「此」字。
索 詩云居常與許鄭箋云常或作嘗 ○慶 彭 凌 殿無此注十三字。中統無「鄭箋云常或作嘗」七字。常，中統 索嘗。下同。
索 嘗邑在薛之旁是也 ○慶 中統 彭 凌 殿無「是」字。
〔孟嘗絶嗣〕 瀧一六・八，慶七左一〇，殿七右一〇，凌七左九。○詳節孟嘗君絶祀。「嗣」作「祀」。
〔初馮驩〕 瀧一六・九，慶八右一，殿七右一〇，凌七左九。○南化 梅無「初」字。
索 音歡字或作諼音況遠反 ○慶 彭 凌 殿無此注十字。

〔躡蹻而見之〕　瀧一六・九，慶八右一，殿七左一，凌七左一〇。〇蹻，[慶][彭][凌][殿]屩，[紹][毛]屩。同下。[札記]索隱本「蹻」，各本作「屩」。

索　蹻音腳字亦作繑　〇蹻，[慶][彭][凌][殿]屩。作，[南化]音。繑，[慶][中統][彭][索][凌][殿]蹻。

索　徐廣云草履也　〇[索][金陵]此注六字作「又作屩亦作僑」六字。[慶][中統][彭][凌][殿]作「又作僑」三字。按：瀧本誤。

〔孟嘗君置傳舍十日〕　瀧一七・四，慶八右四，殿七左三，凌八右二。〇[札記]御覽三百四十六引作「置之傳舍五日」，疑今本脱誤。

索　音逐緣反　〇逐，[索]遂。按：索本訛。

*正　傳舍下客所居　[南化][幻][椛][梅][狩][野][高][瀧]。

〔又蒯緱〕　瀧一七・六，慶八右五，殿七左五，凌八右四。

集　言其劍把無物可裝　〇[井]「劍」字空格。按：景印時之誤。

集　以小繩纏之也　〇[中統][毛]無「小」字。

集　謂把劍之處　〇[毛]「把」、「劍」互倒。

索　音蒯聵之蒯　〇[索]無「音」字。

索　音侯字亦作帿　〇[慶][中統][彭][凌][殿]無此注六字。

*正　驩貧用蒯草爲繩纏　[南化][幻][瀧]。

〔彈其劍而歌曰〕　瀧一七・八，慶八右八，殿七左七，凌八右七。〇歌，[慶][中統][彭][凌]謌，

札記 凌本「謌」，各本作「歌」。

〈長鋏歸來乎〉 瀧一七・八，慶八右八，殿七左七，凌八右七。○札記 御覽引「乎」作「兮」，下同。

*正 長鋏劍名古俠反梅狩本無上三字 南化 幻 梅 狩 野 高。

〈出無輿〉 瀧一八・一，慶八右一〇，殿七左九，凌八右九。○南化 楓 棭 三 梅 出入無輿。

〈貸錢者多不能與其息〉 瀧一八・九，慶八左六，殿八右四，凌八左四。○索「者」、「多」互倒。

〈何人可收債於薛者〉 瀧一八・一〇，慶八左七，殿八右五，凌八左六。○債，南化 楓 棭 三 梅 責。

〈形容狀貌甚辯〉 瀧一九・一，慶八左八，殿八右六，凌八左七。○貌，景 皃，札記 宋本「貌」作「皃」。

〈宜可令收債〉 瀧一九・一，慶八左九，殿八右六，凌八左七。○南化 梅 無「收」字，而「債」字作「責」。

〈故出息錢於薛〉 瀧一九・六，慶九右一，殿八右八，凌八左九。○出，彭 殿 貸，梅 校記「出」。札記 游、王本「出」作「貸」。

〈薛歲不入〉瀧一九・六，慶九右一，殿八右九，凌八左一〇。○【南化】【楓】【三】【梅】各本無「薛」字。歲餘南化本有「本無」二字注。不入。

〈今富給者以要期〉瀧二〇・四，慶九右八，殿八左五，凌九右七。○今，【景】【井】【蜀】【紹】【慶】【中統】【彭】【毛】【殿】令，【札記】中統、游、王、毛本「今」訛「令」。

〈貧窮者燔券書以捐之〉瀧二〇・四，慶九右一〇，殿八左六，凌九右八。

＊**正**　燔音煩　【南化】。

〈豈可負哉〉瀧二〇・五，慶九左一，殿八左七，凌九右九。○負，【楓】【棭】【三】【梅】背。

〈文奉邑少〉瀧二〇・七，慶九左三，殿八左九，凌九左一。○【南化】【楓】【棭】【三】薛文奉邑小。

索　言文之奉邑少　○【索】「之」、「奉」互倒。

＊**正**　文封邑非多而租稅少故求息南化、幻、梅本無上五字。【南化】【幻】【梅】【狩】【瀧】。

〈故請先生收責之〉瀧二〇・九，慶九左五，殿八左一〇，凌九左二。○【南化】【楓】【棭】【三】【梅】無「收」字。

〈不足者雖守而責之十年〉瀧二一・一，慶九左七，殿九右二，凌九左五。○責，【蜀】貴。

〈上則爲君好利不愛士民〉瀧二一・二，慶九左九，殿九右四，凌九左六。○上，【南化】【楓】【三】【梅】亡。

〔下則有離上抵負之名〕　瀧二一·三，慶九左九，殿九右四，凌九左七。○抵，南化楓棭三梅高拘。

〔焚無用虛債之券〕　瀧二一·四，慶九左一○，殿九右五，凌九左八。○債，南化楓棭三梅責。

〔孟嘗君乃拊手而謝之〕　瀧二一·五，慶一○右二，殿九右六，凌九左九。○手，蜀乎。

〔齊王惑於秦楚之毀〕　瀧二一·六，慶一○右三，殿九右七，凌九左一○。○秦，詳節齊。

〔遂廢孟嘗君〕　瀧二一·七，慶一○右四，殿九右八，凌一○右一。○南化楓棭梅於是遂廢——。

〔而奉邑益廣〕　瀧二一·九，慶一○右六，殿九右一○，凌一○右三。○札記王本「奉」訛「秦」。

〔憑軾結靷西入秦者〕　瀧二二·一，慶一○右七，殿九左一，凌一○右四。○憑，毛馮。下同。

〔此雄雌之國也〕　瀧二二·二，慶一○右九，殿九左三，凌一○右六。○紹「雄」、「雌」互倒。南化楓棭三梅此齊秦雌雄之國也。

〔勢不兩立爲雄雄者得天下矣〕　瀧二二·三，慶一○右九，殿九左三，凌一○右七。○勢，楓三而南化楓三梅無「立」字。矣，蜀紹奚。札記褋志引顧子明曰：「『爲雄』二字下屬，衍一『雄』字。」

〔秦王跽而問之曰〕　瀧二二・三，慶一〇右一〇，殿九左三，凌一〇右七。〇南化 楓 三 梅無「曰」字。

〔不可失時也〕　瀧二二・八，慶一〇左六，殿九左八，凌一〇左二。〇南化 楓 棭 三 梅不可失此時也。

〔馮驩辭以先行至齊〕　瀧二二・一〇，慶一〇左八，殿九左一〇，凌一〇左五。〇南化 梅無「以」字。

〔夫秦齊雄雌之國〕　瀧二三・二，慶一一右一，殿一〇右三，凌一〇左七。〇紹「雄」、「雌」互倒。

〔秦爲雄而齊爲雌〕　瀧二三・五，慶一一右四，殿一〇右五，凌一〇左一〇。〇而，南化 楓 棭則。

〔豈可以請人相而迎之哉〕　瀧二三・七，慶一一右七，殿一〇右七，凌一一右三。〇南化 楓 棭 梅無「以」字。

〔使還馳告之〕　瀧二三・九，慶一一右九，殿一〇右九，凌一一右五。〇南化 楓 棭 三 梅使者還馳告之。

〔王召孟嘗君而復其相位〕　瀧二三・一〇，慶一一右九，殿一〇右一〇，凌一一右五。〇南化 梅無「相」字。

〔而與其故邑之地〕　瀧二三・一〇，慶一一右一〇，殿一〇右一〇，凌一一右六。○而，南化梅復。

〔又益以千户〕　瀧二四・一，慶一一右一〇，殿一〇右一〇，凌一一右六。○又，南化楓有。

〔還車而去矣〕　瀧二四・一，慶一一左一，殿一〇左一，凌一一右七。○南化楓棭梅而西去矣。

〔自齊王毀廢孟嘗君〕　瀧二四・三，慶一一左一，殿一〇左一，凌一一右七　○南化楓棭三梅自南化本無「自」字。齊王以毀廢——。南化無「自」字。

〔後召而復之〕　瀧二四・四，慶一一左二，殿一〇左二，凌一一右八。○後，南化楓棭三梅復。

〔今賴先生得復其位〕　瀧二四・六，慶一一左五，殿一〇左五，凌一一左一。○楓三無「位」字。南化梅無「其位」二字。

〔以唾其面而大辱之〕　瀧二四・七，慶一一左六，殿一〇左六，凌一一左二。○南化楓棭三梅——大辱之矣。

〔君獨不見夫朝趣市者乎〕　瀧二五・一，慶一二右一，殿一〇左一〇，凌一一左七。○趣，景井蜀紹慶彭凌殿趨。下注同。札記索隱本「趣」，字類引同。各本作「趨」。襍志云：當作「趣市朝」。下文「過市朝」者，正承此文。索隱本已訛。

索　趣音娶趣向也　○慶中統彭凌殿趨各本「趣」字作「趨」。音娶趣向也又音趍。

〔平明側肩爭門而入〕　瀧二五・二，慶一一右二，殿一一右一，凌一一左七。○景井蜀紹慶中統彭毛凌殿金陵「平明」二字作「明旦」，南化楓棭三梅校記「平明」。

按：瀧本依楓、三本改。

〔日暮之後過市朝者〕　瀧二五・三，慶一一右二，殿一一右一，凌一一左八。○蜀無「朝」字。

〔掉臂而不顧〕　瀧二五・三，慶一一右三，殿一一右一，凌一一左八。

索　謂市之行位有如朝列　○慶中統彭凌殿「謂」字作「言」慶、中統本無「謂」字。而「位」、「列」互易。

索　因言市朝耳　○慶中統彭殿因言市朝云耳。耳，凌云。

*正　市朝言市之行位有如朝列故言朝　南化幻梅瀧。

〔非好朝而惡暮〕　瀧二五・五，慶一一右三，殿一一右二，凌一一左九。○慶重「而」字。

按：慶元本衍。

〔所期物亡其中〕　瀧二五・五，慶一一右四，殿一一右三，凌一一左九。○亡，景井蜀紹慶中統彭索毛凌殿金陵忘，南化楓棭三梅校記「亡」。下注同。按：瀧本依楓、三本改，詳節本亦作「亡」。又按：南化本亦有「無忘字」注。

索　按期物　〇期，索其。

索　故平明側肩爭門而入　〇故，慶中統彭凌殿人。

索　今日暮所期亡其中亡者無也　〇今，慶中統彭凌殿至。

＊正　言市平明萬物皆赴若期會　南化梅狩。

〔賓客皆去〕　瀧二五・七，慶一二右五，殿一一右四，凌一二右一。〇梅棭三梅蜀而賓客皆去。

〔而徒絶賓客之路〕　瀧二五・八，慶一二右六，殿一一右五，凌一二右二。〇南化楓三梅無「徒」字。

〔聞先生之言〕　瀧二五・九，慶一二右七，殿一一右六，凌一二右三。〇南化楓棭三梅無「聞」字。

〔姦人入薛中〕　瀧二六・一，慶一二左一，殿一一右八，凌一二右五。〇蜀無「入」字。按：蜀本誤脱。入，南化楓棭三梅又。

〔名不虚矣〕　瀧二六・二，慶一二左二，殿一一右九，凌一二右六。

索　魏子馮煖　〇煖，殿驩。

〔孟嘗君列傳第十五〕　瀧二六・一〇，慶一二左一〇，〇各本「孟」字作「孟」。按：瀧川本誤。

史記會注考證校補卷七十六

平原君虞卿列傳第十六

〔趙之諸公子也〕 瀧二·一，慶一右二，殿一右七，凌一右三。

集 魏公子傳曰 ○魏，[紹]以。

正 勝式證反 ○式，[凌]武。按：凌本「武式」，訛。

〔槃散行汲〕 瀧二·七，慶一右六，殿一左一，凌一右七。

索 散音先寒反作跚同音 ○[索]「散」作「跚」，「跚」作「散」。[耿][慶][中統][彭][凌][殿]此注九字作「散音先寒反亦作跚音同」十字。

〔臣不幸有罷癃之病〕 瀧二·一〇，慶一右九，殿一左四，凌一右一〇。○癃，[景][井][耿][慶][中統][彭][凌]𤸇，下注同。[札記]「癃」，毛本與索隱本同。各本作「𤸇」。

集 癃病也 ○[殿]無「癃」字。

索　罷癃謂背疾　○慶彭凌殿無「謂」字。

索　言腰曲而背隆高也　○隆，耿慶彭凌瘽，中統索癃。

〔未嘗敢失禮〕　瀧三・五，慶一左五，殿一左九，凌一左六。○紹「嘗」作「常」，「禮」作「躰」。

〔士即去耳〕　瀧三・七，慶一左七，殿一左一〇，凌一左八。○南化梅士即引去耳。

〔是時齊有孟嘗〕　瀧三・八，慶一左九，殿二右二，凌一左一〇。○楓——孟嘗君。

〔故爭相傾以待士〕　瀧三・九，慶一左一〇，殿二右三，凌一左一〇。

集　待一作得　○井無「一」。

〔則歃血於華屋之下〕　瀧四・五，慶二右四，殿二右六，凌二右四。

＊正　歃衫甲反　南化幻瀧。

〔前自贊於平原君曰〕　瀧四・八，慶二右六，殿二右八，凌二右七。○自，蜀白。按：蜀本訛。

〔平原君曰〕　瀧五・一，慶二右九，殿二右一〇，凌二右九。○中統無「君」字。

〔非特其末見而已〕　瀧五・五，慶二左五，殿二左六，凌二左五。

索　按鄭玄曰穎環也　○殿此注七字作「環鄭玄曰穎也」六字。

索　脱音吐活反　○活，耿适。

＊正　穎禾穗末也穎脱而出言特出衆穗之上各本校記「上」字作「表」。　南化幻梅狩野高瀧。

〔而未發也〕　瀧五・八，慶二左六，殿二左七，凌二左六。○發，索廢，札記索隱本「廢」，各本作「發」。　襍志云：謂未發於口也。「廢」即「發」之借字。

索　按鄭氏曰　○耿慶中統彭凌殿此注四字作「發一作廢中統本有「按」字。鄭玄云」七字。

*正　言十九人相與南化、梅、高本「相與」二字作「共」。目視之竊笑未敢發聲也發字或作廢者非也毛遂不由十九人而得廢棄也　南化幻梅狩野高瀧。

〔毛遂比至楚與十九人論議十九人皆服〕　瀧五・一〇，慶二左八，殿二左八，凌二左八。

*正　比卑利反　南化幻瀧。

〔縣於遂手〕　瀧六・七，慶三右六，殿三右五，凌三右五。○縣，景井蜀紹慶彭凌殿懸，札記毛本「縣」，各本作「懸」。

〔誠能據其勢而奮其威〕　瀧六・九，慶三右八，殿三右七，凌三右八。○奮，南化楓三劫。

〔持戟百萬〕　瀧六・九，慶三右九，殿三右八，凌三右八。○南化楓棭三持戟百萬粟支十年。

〔率數萬之衆〕　瀧七・一，慶三右一〇，殿三右九，凌三左四。○率，蜀卒。

〔從定乎〕　瀧七・五，慶三左五，殿三右一〇，凌三左三。○從，耿能。

〔取鷄狗馬之血來〕　瀧七・六，慶三左六，殿三左四，凌三左五。

索　諸侯用犬及猳　○用，耿慶中統彭凌殿以。及，凌反。按：凌本字形似而訛。猳，耿豭。

索　今此總言盟之用血　○總，耿慶彭惣。血，詳節牲。

*正　周禮盟之用牲天子以牛及馬諸侯以犬及猳大夫以下用雞今總言之用血未詳　南化幻

梅狩。

〔毛遂奉銅槃〕　瀧七・七，慶三左八，殿三左六，凌三左七。○槃，景井蜀紹耿慶中統彭毛凌殿盤。下同。札記索隱本「槃」，各本作「盤」。

索　敷奉反　○耿慶彭凌殿此注三字作「音捧」二字。

〔王當歃血而定從〕　瀧七・八，慶三左九，殿三左六，凌三左八。○南化楓棭三梅王當歃血盟而定從。

〔公等録録所謂因人成事者也〕　瀧七・一〇，慶四右一，殿三左九，凌三左一〇。

索　音禄　○禄，耿慶中統彭凌殿六。

索　又説文云録録隨從之貌　○游兩「録」字作「禄」。札記攷異云：「説文作『娽』，云『隨從也』。」志疑云：「廣韵引史作『娽』。」

〔自以爲不失天下之士〕　瀧八・三，慶四右四，殿四右一，凌四右三。○以，景井耿慶中統彭凌㠯，札記「㠯」字，宋、中統、游、王、柯、凌並同。

索　言爲天下所重也　○言，耿慶彭凌殿謂。殿無「爲」字。

〔而使趙重於九鼎大呂〕　瀧八・四，慶四右六，殿四右三，凌四右五。○趙，彭楚。

索　言爲天下所重也　○慶彭凌此注七字作「謂爲天子所重也」。殿作「謂天子所重也」六字。

〔而君之後宮㠯百數〕　瀧九・一，慶四左四，殿四右一〇，凌四左三。○㠯，凌以，札記「㠯」字，宋、中統、游、王、毛本並同。柯作「臣」，亦「㠯」之訛。

〔或郯木爲矛矢〕　瀧九・三，慶四左六，殿四左二，凌四左五。○郯，景井蜀紹耿慶中統彭毛凌殿金陵剡。按：瀧川本訛。

〔士方其危苦之時易德耳〕　瀧九・六，慶四左九，殿四左四，凌四左八。○札記王本「士」下衍「於」。

〔封其父爲李侯〕　瀧九・一〇，慶五右三，殿四左八，凌五右一。

集　河内成皋有李城　○成，蜀平，景井衲慶中統彭毛凌城。

〔且王擧君而相趙者〕　瀧一〇・四，慶五右七，殿五右二，凌五右六。○且，南化楓三梅曰。

〔非以君之智能爲趙國無有也〕　瀧一〇・四，慶五右八，殿五右二，凌五右六。○有，毛憂。按：毛本訛。

〔不辭無能〕　瀧一〇・七，慶五右一〇，殿五右四，凌五右九。○楓棭三梅不辭無智能。

〔今信陵君存邯鄲〕　瀧一〇・八，慶五左二，殿五右四，凌五右一〇。○今，慶彭游令，楓梅校記「令」。按：景印慶元本「令」改「今」。

〔事成操右券以責〕　瀧一〇・一〇，慶五左四，殿五右七，凌五左二。

*正　右券上契也言虞卿南化、梅本有「爲平原取封」五字。事成常取南化、梅本「常取」作「嘗操」。上契之功以責平

原報己之德　南化 幻 梅 狩 瀧。

〔乃絀公孫龍〕　瀧一一・六，慶五左九，殿五左二，凌五左七。

集　論白馬非馬之辯　○紹無「非馬」二字。

集　巧譬以相移　○移，紹務。

集　引人聲使不得及其意　○及，蜀反。

索　過音戈　○慶 彭 凌 殿無此注三字。

索　繳音叫　○叫，慶 中統 彭 凌 殿糾。

索　夫繳紛爭言而競後息　○競，耿 慶 中統 彭 凌 殿竟。

*正　徹南化、梅本「徹」字作「繳」。音叫繳繞紛亂爭言而相隨近競後息不能無害君子　南化 幻 梅 狩 瀧。

〔躡蹻擔簦〕　瀧一一・一〇，慶六右四，殿五左八，凌六右三。○擔，景 井 蜀 紹 慶 彭 游 毛 檐，札記宋、中統、王、毛本並作「檐」，它本作「擔」。

集　笠有柄者謂之簦　○簦，慶 彭 凌登。

索　蹻亦作屩音腳徐廣云蹻草履也　○耿 慶 中統 彭 凌 殿無此注十三字，而有「蹻音脚」三字。

〔故號爲虞卿〕　瀧一二・二，慶六右六，殿五左一〇，凌六右五。○紹無「虞」字。

索　在河東大陽縣　○在，殿屬。大，慶 中統 彭 凌太。

索　今之虞鄉縣是也　○[索]無「是」字。

〔不如發重使爲媾〕　瀧一二・六，慶六右一〇，殿六右三，凌六右九。○[索]不如發重使而爲媾。

索　古候反按求和曰媾媾亦講講亦和也　○[耿][慶][中統][彭][凌][殿]「古候反」三字、「求和曰媾」四字並無。

〔以附楚魏楚魏欲得王之重寶〕　瀧一二・一〇，慶六左四，殿六右七，凌六左三。○[札記]王本「楚魏」二字不重。

〔趙王不聽〕　瀧一三・二，慶六左六，殿六右九，凌六左五。○[南化][楓][棭][梅]趙王疑南化、梅本有「或有恐字」四字注。不聽。

〔入秦〕　瀧一三・五，慶六左一〇，殿六左二，凌六左九。○[楓]而入秦。

〔使趙郝約事於秦割六縣而媾〕　瀧一三・九，慶七右四，殿六左六。凌七右三。

索　音釋　○[耿][慶][彭][凌][殿]無此注二字。

〔王以其力尚能進〕　瀧一四・二，慶七右五，殿六左七，凌七右四。○王，[南化][楓][棭][三][梅]巳。

〔倦而歸王又以其力之所不能取以送之〕　瀧一四・四，慶七右八，殿六左七，凌七右七。○[紹]脱倦而歸至不能取十三字。王，[詳節]今。

〔此彈丸之地弗予〕　瀧一四・九，慶七左二，殿七右三，凌七右一〇。○南化 梅——地而弗予。

〔他日三晉之交於秦相善也〕　瀧一五・一，慶七左五，殿七右五，凌七左三。○善，南化 梅 高若。

〔今秦善韓魏而攻王〕　瀧一五・二，慶七左六，殿七右六，凌七左四。○今，慶 彭令，楓 棭 三 高校記「令」。按：景印慶元本「令」改「今」。札記 王本「今」訛「令」，下「今臣」同。

〔今臣爲足下解負親之攻〕　瀧一五・三，慶七左七，殿七右七，凌七左五。○札記 鮑彪注策云：「趙嘗親秦而負之，故秦來攻意自明。」小司馬所據本「之」、「攻」誤倒，因强爲之說。

索　言爲足下解其負擔而親自攻之也　○耿 慶 中統 彭 凌 殿無「言」字。擔，耿 慶 彭 索 凌 金陵檐。按：瀧川本依鳳文館刊史記評林。

*正　郝言爲趙王解負秦親韓魏之攻　南化 梅 狩 野 高 瀧。

〔開關通幣〕　瀧一五・五，慶七左八，殿七右八，凌七左六。○幣，紹 慶 中統 彭 游 毛弊，南化校記「幣」。

〔而王獨取攻於秦〕　瀧一五・六，慶七左九，殿七右八，凌七左六。

*正　言不媾至來年趙獨自取秦之攻　南化 幻 謙 梅 狩。

〔郝又以不能必秦之不復攻也〕　瀧一五・八，慶八右二，殿七左一，凌七左九。○南化 楓

三 梅 無「以」字。

〔今雖割六城何益〕　瀧一五・九，慶八右三，殿七左一，凌七左一〇。○楓 棭 三 無六字。南化 梅 無「六城」二字。

〔兵必罷〕　瀧一六・二，慶八右六，殿七左四，凌八右三。○南化 楓 棭 三 秦兵必罷，梅 兵必罷秦。

〔必以爲韓魏不救趙也而王之軍必孤有以〕　瀧一六・四，慶八右八，殿七左七，凌八右六。○札記 褋志云：「十六字衍。」趙策及新序善謀篇並無。

〔有以王之事秦不如韓魏也〕　瀧一六・五，慶八右九，殿七左七，凌八右六。○有，殿 又。

*正　有讀如又字相似變改者誤　南化 幻 瀧。

〔來年秦復求割地〕　瀧一六・八，慶八左一，殿七左九，凌八右八。○求，中統 來。

〔王將與之乎〕　瀧一六・八，慶八左一，殿七左九，凌八右八。○楓 三 王何以將與之乎。

〔趙王計未定〕　瀧一七・三，慶八左七，殿八右四，凌八左三。○南化 楓 三 無「趙王」二字。

〔予秦地何如毋予孰吉〕　瀧一七・四，慶八左八，殿八右五，凌八左四。○札記 褋志云：「何」字衍。如者，與也。新序作「予秦地與無予孰吉」。案：此「何」字，疑後人依趙策增。彼無「孰吉」二字。

〔試言公之私〕 瀧一七・七，慶八左九，殿八右六，凌八左六。

〔女子爲自殺於房中者二人〕 瀧一七・九，慶九右一，殿八右八，凌八左八。○南化楓三梅無「爲」字。

*正 試言緩之私情何如 南化幻梅狩瀧。

〔夫秦趙構難〕 瀧一八・一〇，慶九左三，殿八左八，凌九右九。○構，景井耿慶中統彭凌殿搆，札記宋本、毛本「構」，它作「搆」。

〔天下將因秦之彊怒乘趙之獘〕 瀧一九・三，慶九左七，殿八左一〇，凌九左二。○怒，南化楓棭三梅而，札記疑「怒」字一作「彊」，旁注誤并。

〔爪分之〕 瀧一九・三，慶九左七，殿九右一，凌九左三。○爪，南化瓜。

〔危哉樓子之所以爲秦者〕 瀧一九・六，慶九左九，殿九右三，凌九左五。○危，南化楓棭三梅高寛。

〔而取償於秦也〕 瀧一九・九，慶一〇右四，殿九右七，凌九左一〇。○中統重「取」字。

〔則使虞卿東見齊王〕 瀧二〇・五，慶一〇右一〇，殿九左二，凌一〇右五。○使，楓發。

〔寡人固未之許〕 瀧二一・三，慶一〇左五，殿九左五，凌一〇右一〇。○之，紹有。

〔寡人未之許〕 瀧二一・三，慶一〇左五，殿九左七，凌一〇左一。○之，紹有。

〔然則從終不可乎〕 瀧二一・四，慶一〇左六，殿九左八，凌一〇左一。○南化楓棭梅——不可成乎。

〔今魏㠯小國請其禍〕　瀧二一・六，慶一〇左八，殿九左九，凌一〇左三。〇㠯，中統臣。按：中統本誤。札記宋本、凌本作「㠯」，下「竊㠯」同。

〔曰節義稱號揣摩政謀凡八篇〕　瀧二二・二，慶一一右四，殿一〇右五，凌一〇左九。〇楓柀三梅無「號」字。南化楓柀三梅高——政教謀凡八篇。

〔平原君翩翩濁世之佳公子也〕　瀧二二・六，慶一一右七，殿一〇右七，凌一一右一。〇紹詳節無「君」字。

〔然未睹大體〕　瀧二二・六，慶一一右七，殿一〇右七，凌一〇一右一。〇睹，耿慶彭凌曙，南化梅校記「睹」。按：景印慶元本改「睹」。

〔使趙陷長平兵四十萬餘衆〕　瀧二二・八，慶一一右九，殿一〇右八，凌一一右三。〇楓三「兵」字、「衆」字並無。

〔亦不能著書以自見於後世云〕　瀧二三・一，慶一一左二，殿一〇左二，凌一一右六。〇紹無「書」字。按：紹本誤脫。

索　盟定毛遂　〇定，索宅。

索　及困魏齊　〇及，凌乃。困，中統詳節因。

史記會注考證校補卷七十七

魏公子列傳第十七

〔魏公子列傳第十七〕　瀧一・七，慶一右一，殿一右六，凌一右二。○[慶][彭][凌][殿]「魏公子」三字作「信陵君」。[南化][梅]作「魏公子無忌」五字。　[札記]宋本，中統、游、毛各本並與索隱本合。合刻本作「信陵君列傳」，疑本正義。

〔封公子爲信陵君〕　瀧二・四，慶一右三，殿一右八，凌一右四。

索　按地理志　○[彭][凌]無「按」字。　地理志云。

索　或是鄉邑名也　○[耿][慶][彭][凌][殿]或曰是鄉邑名。各本無「也」字。

*__正__　信陵地名　[南化][幻][瀧]。

〔公子與魏王博〕　瀧三・一，慶一右一〇，殿一左三，凌一右一〇。○[南化][楓][棭][三][梅]公子與魏王方博。

〔言趙寇至且入界〕　瀧三・二，慶一右一〇，殿一左四，凌一左一。

集　作高木櫓　〇木，【景】【紹】【衲】【耿】【慶】【毛】土，【楓】【三】【井】【蜀】【中統】土，【南化】校記「木」。【札記】中統本作「土櫓」，宋本、毛本「土」又訛爲「士」。

集　櫓上作桔槹　〇上，【紹】止。

集　桔槹頭兜零

*__正__　兜斗候反　【南化】【幻】。

集　常低之　〇低，【彭】【殿】眂，【楓】【三】校記「低」。

*__正__　低音抵　【南化】【幻】。

集　有寇即火然　〇然，【井】【蜀】【紹】燃。

*__正__　烽敷蓬反注櫓音魯　【南化】【幻】【瀧】。

〔居頃復從北方來傳言曰〕　瀧三・五，慶一左三，殿一左七，凌一左四。〇【南化】【楓】【棭】【三】【梅】居有頃復從北方來傳言曰。

〔趙王獵耳〕　瀧三・五，慶一左四，殿一左七，凌一左五。〇【南化】【楓】【棭】【三】【梅】【高】趙王田獵耳。

〔臣之客有能深得趙王陰事者〕　瀧三・七，慶一左五，殿一左八，凌一左六。〇深，【景】【井】【蜀】【紹】【耿】【慶】【中統】【彭】【毛】【凌】探，【札記】索隱本「深」，各本作「探」。

索　按譙周作探得趙王陰事　〇【耿】【慶】【彭】【凌】【殿】無此注十字。

*正 探音貪一南化、幻、梅本「一」字作「亦」。作「深」。南化 幻 梅 狩 瀧。

〔曰侯嬴〕 瀧三・九，慶一左八，殿二右一，凌一左八。○嬴，南化 楓 三 梅 索嬴。

索 又曹植音羸瘦之羸 ○中統兩「羸」字作「嬴」。

〔侯生攝敝衣冠〕 瀧四・四，慶二右二，殿二右五，凌二右三。○金陵同。各本「敝」作「弊」。札記舊刻「敝」，各本作「弊」。

〔直上載公子上坐〕 瀧四・四，慶二右三，殿二右五，凌二右三。○楓 三 梅直上載公子車上坐。

〔侯生下見其客朱亥俾倪〕 瀧四・七，慶二右五，殿二右七，凌二右五。

索 下音五計反鄒誕云又上音疋未反下音五弟反 ○耿無「反鄒誕云又」五字。慶 彭 殿 凌「云」字作「生」而無「又」字生。

〔微察公子公子顏色〕 瀧四・八，慶二右七，殿二右八，凌二右七。○札記各本「公子」二字不重。按：今所見之各本重「公子」，札記誤。

〔徧贊賓客〕 瀧五・一，慶二右一〇，殿二左二，凌二右一〇。

索 贊者告也 ○耿 慶 中統 彭 凌 殿無「者」字。

索 謂以侯生遍告賓客 ○遍，耿 慶 中統 彭 凌 殿徧。

*正 劉熙云稱人美曰讚讚纂集其美而敍之 南化 棭 梅 狩 野 高 瀧。

〔賓客皆驚〕 瀧五・二，慶二左一，殿二左二，凌二左一。○皆，蜀雷。

〔親枉〕　瀧五・四，慶二左三，殿二左四，凌二左三。○枉，毛往。按：毛本誤。

〔自迎嬴於衆人廣坐之中〕　瀧五・四，慶二左四，殿二左五，凌二左四。○自，蜀同。南化 楓 棭 三 梅「衆」字作「稠」，而「坐」字作「衆」。

〔今公子故過之〕　瀧五・五，慶二左五，殿二左五，凌二左四。○今，梅令。

〔世莫能知〕　瀧五・九，慶二左九，殿二左九，凌二左九。○知，南化 楓 棭 梅 高用。

〔故隱屠閒耳〕　瀧五・九，慶二左九，殿二左九，凌二左九。○南化 楓無「閒」字。

〔公子怪之〕　瀧五・一〇，慶二左一〇，殿二左一〇，凌二左一〇。

*正　列野本「列」字作「烈」。士傳秦召公子無忌無忌不行使朱亥奉璧一雙謝秦王秦王大怒將南化、梅本無「將」字。朱亥著虎圈梅本有「中」字。亥瞪目視虎眦裂血濺虎終本敢動　南化 幻 謙 梅 狩 野 瀧。

〔今邯鄲旦暮降秦而魏救不至安在公子能急人之困〕　瀧六・九，慶三右九，殿三右八，凌三右八。○札記此二十一字王本脱。

〔不憐〕　瀧六・一〇，慶三左一，殿三右九，凌三右一〇。○憐，毛怜。按：「怜」、「憐」之略體。

〔欲以客往赴秦軍〕　瀧七・三，慶三左四，殿三左二，凌三左三。○南化 梅無「以客」二字。楓 棭 三無「客」字。

〔辭決而行〕　瀧七・四，慶三左六，殿三左三，凌三左四。○楓 三將辭決而行。

〔然公子遇臣厚〕　瀧七・一〇，慶四右二，殿三左九，凌四右一。○札記舊刻「然」作「往」。

〔侯生乃屏人閒語曰〕　瀧八・一，慶四右四，殿三左一〇，凌四右二。○札記褋志云「閒」讀「閒廁」之「閒」。漢書鄧禹傳「因留宿閒語」，注：「閒，私也。」

索　閒音閑謂静語也　○索金陵閒音閑閒金陵本無「閒」字。語謂静也　札記「語」上疑脱「閒」字，各本并删「語」字。

〔如姬資之三年〕　瀧八・四，慶四右六，殿四右三，凌四右五。

索　謂欲爲父復讎之資　○耿無「欲」字。彭殿「復讎」二字作「報仇」。

索　畜於心已得三年矣　○矣，中統也。

〔此五霸之伐也〕　瀧八・八，慶四左二，殿四右七，凌四右一〇。○五，紹王。

〔主令有所不受〕　瀧八・一〇，慶四左四，殿四右九，凌四左二。○主，中統王。按：中統本誤。

〔而晉鄙不授公子兵〕　瀧九・二，慶四左五，殿四右一〇，凌四左三。○授，中統受。按：中統本誤。

〔是㠯泣耳〕　瀧九・五，慶四左九，殿四左四，凌四左七。○楓三無「耳」字。㠯，中統臣。按：中統本誤。

索　上烏白反下争格反案嚄唶謂多詞句也　○耿慶中統彭凌殿無「上烏白反下争格反案」九字。

〔臣迺市井鼓刀屠〕　瀧九・七，慶四左一〇，殿四左五，凌四左八。○迺，景井耿慶

【中統】【彭】【毛】【凌】【殿】乃，【札記】舊刻「迺」，各本作「乃」。

〔遂與公子俱〕　瀧九・九，慶五右三，殿四左七，凌四左一〇。〇【南化】【楓】【三】【高】【梅】遂與公子俱行。

〔朱亥袖四十斤鐵椎〕　瀧一〇・四，慶五右八，殿五右一，凌五右五。〇椎，【毛】錐。下同。

〔父子俱在軍中〕　瀧一〇・五，慶五右九，殿五右三，凌五右七。〇【南化】【楓】【棭】【三】【梅】父子俱在此軍中。

〔兄弟俱在軍中〕　瀧一〇・五，慶五右九，殿五右三，凌五右七。〇【南化】【楓】【棭】【三】【梅】兄弟俱在此軍中。

〔自迎公子於界〕　瀧一〇・七，慶五左二，殿五右五，凌五右九。〇【南化】【梅】——於界上。

〔平原君負韊五矢爲公子先引〕　瀧一〇・八，慶五左二，殿五右五，凌五右一〇。

索　如今之胡簏而短也　〇簏，【慶】【中統】【彭】【凌】【殿】簏。

索　言韊盛弩矢之器　〇【耿】【慶】【彭】【凌】【殿】無此七字。

*__正__　若胡鹿而短忱時林反字伯雍任城人呂姓晉弦令作字林七卷　【南化】【幻】【棭】【謙】【梅】【狩】【瀧】。

〔不敢自比於人公子與侯公生決至軍〕　瀧一一・一，慶五左五，殿五右八，凌五左三。〇【南化】【梅】無人字而子下有又字【楓】【三】無「人」字而重「公子」二字。

〔而公子獨與客留趙趙孝成王德公子之矯奪晉鄙兵而存趙〕　瀧一一・四，慶五左八，殿五右一〇，淩五左五。〇紹不重「趙」字。

〔公子乃自驕而功之〕　瀧一一・九，慶六右五，殿五左六，淩五左六。〇及，南化楓三梅反。

〔趙王除埽自迎〕　瀧一一・一〇，慶六右六，殿五左七，淩六右三。〇埽，毛掃，中統歸，札記中統、游本「埽」訛「歸」。

〔從東階上〕　瀧一二・一，慶六右七，殿五左八，淩六右四。

集　客就西階客若降等　〇若，井告。

〔自言辠過以負於魏〕　瀧一二・二，慶六右八，殿五左九，淩六右五。〇南化楓三「自」、「言」互倒。

〔趙王以鄗爲公子湯沐邑〕　瀧一二・四，慶六右一〇，殿六右一，淩六右七。

索　音臛　〇臛，耿慶中統彭淩殿霍。

*__正__　鄗今高邑鄗黑各反　南化幻瀧。

〔薛公藏於賣漿家〕　瀧一二・六，慶六左二，殿六右三，淩六右九。

集　漿一作醪　〇一，中統或。

索　按別録云漿或作醪字　〇耿慶中統彭淩殿此注九字作「徐按別録云也」六字。

*__正__　毛公九篇在名家者流見于藝文志（南化、幻本上十四字作「毛公藝文志云有毛公九篇在名家流」十五字。）南化幻野高瀧。

〔以稱平原君〕瀧一三・二，慶六左九，殿六右八，凌六左五。

＊**正**　稱尺證反　[南化][幻][瀧]。

〔不求士也〕瀧一三・二，慶六左一〇，殿六右九，凌六左六。

＊**正**　劉伯莊曰野、高本無上四字。豪者擧之不論德行　[南化][棭][謙][梅][狩][野][高][瀧]。

〔乃裝爲去〕瀧一三・六，慶七右三，殿六左一，凌六左九。○[楓][三]乃裝爲欲去。

〔平原君門下聞之〕瀧一三・七，慶七右四，殿六左三，凌六左一〇。○[楓][三]平原君門下之士聞之。

〔毛公薛公兩人〕瀧一四・一，慶七右九，殿六左七，凌七右五。

索　史不記其名　○[耿][慶][中統][彭][凌][殿]「不記」二字作「失」字。

〔魏王見公子相與泣〕瀧一四・五，慶七左三，殿七右一，凌七右九。○[楓][棭][三]無「與」字。

〔秦兵不敢出〕瀧一四・八，慶七左八，殿七右五，凌七左三。

索　抑音憶　○憶，[耿]億。

〔故世俗稱魏公子兵法〕瀧一四・一〇，慶七左一〇，殿七右六，凌七左五。

索　言公子所得進兵法　○[耿][慶][彭][中統][凌][殿]無「言」字。

〔諸侯將皆屬〕瀧一五・三，慶八右三，殿七右九，凌七左八。○[南化][楓][棭][三][梅]諸侯將皆屬焉。

〔諸侯徒聞魏公子〕　瀧一五・四，慶八右三，殿七右九，凌七左八。○南化　楓　三　梅　高

諸侯將徒聞魏公子。

〔不能不信〕　瀧一五・六，慶八右六，殿七左二，凌八右一。○南化　楓　棭無「不能」二字。

〔竟病酒而卒〕　瀧一五・九，慶八右九，殿七左四，凌八右四。

*正　四年信陵君死當上七字，瀧本削，依南化、幻本補。　秦始皇四年　南化　幻　瀧。

*正　魏安釐王母弟云云各本校記以下節略，蓋非全正義注文。　南化　楓　謙　梅　狩。

〔數聞公子賢〕　瀧一六・一，慶八左二，殿七左七，凌八右七。○聞，彭　間，楓　棭　三校記「聞」。

〔名冠諸侯〕　瀧一六・七，慶八左八，殿八右二，凌八左二。○冠，南化　楓　三館。

〔不虛耳〕　瀧一六・七，慶八左八，殿八右二，凌八左三。○耳，南化　楓　棭　三矣。

〔魏公子列傳第十七〕　瀧一六・一〇，慶九右九，○景　井　蜀　紹　慶　彭　中統「魏公子」三字作「信陵君」。按：景、井、蜀、紹、中統各本卷首小題作「魏公子」，於是作「信陵君」，太奇矣。

史記會注考證校補卷七十八

春申君列傳第十八

〔事楚頃襄王〕　瀧二・一，慶一右三，殿一右七，凌一右三。

索　考烈王完之父　○完，【彭】宗，【楓】【三】校記「完」。

〔恐壹擧兵而滅楚〕　瀧二・一〇，慶一左一，殿一左四，凌一左一。○【通志】恐秦壹擧兵——。

〔而駑犬受其弊〕　瀧三・二，慶一左三，殿一左六，凌一左三。○【紹】「受」、「其」互倒。【札記】舊刻作「敝」。

*__正__　兩虎鬭方困而駑犬亦承制其弊弱　【南化】【幻】【棭】【謙】【梅】【狩】【瀧】。

〔累棊是也〕　瀧三・四，慶一左六，殿一左九，凌一左六。

集　致或作安　○致，【景】【井】【紹】【衲】【慶】【中統】【彭】【毛】【凌】至。

*正　累碁高本「碁」作「棋」。其高則危也　南化 楩 三 謙 梅 狩 高。

〔盛橋以其地入秦〕　瀧四・三，慶一左一〇，殿二右三，凌二右一。〇地，南化 楓 楩 三 梅 北。

索　使召滑相越然也　〇越，慶 彭 凌 殿 趙 楓 三 梅 校記「越」。

*正　劉伯莊曰秦使盛橋守事於韓亦如楚使召滑於越也並內行章義之難按：各本校記不冠「正義曰」，蓋非正義注文乎？　南化 幻 瀧。

〔而得百里之地〕　瀧四・七，慶一左一〇，殿二右四，凌二右二。〇南化 楓 三 梅——百里之地也。

〔王又擧甲而攻魏〕　瀧四・七，慶二右二，殿二右四，凌二右二。〇甲，紹 慶 彭 申，楓 三 校記「甲」。按：景印慶元本「申」改「甲」。札記 王本訛「申」。

〔拔燕酸棗虛〕　瀧四・八，慶二右三，殿二右五，凌二右三。

集　決宿胥之口　〇蜀 無「口」字。

〔桃入邢〕　瀧四・九，慶二右四，殿二右六，凌二右四。〇札記 志疑云策作「桃人」，「入」字誤。

集　燕縣有桃城　〇蜀 無「燕」字。城，毛 縣。按：毛本誤。

集　平皋有邢丘　〇丘，毛 縣。按：毛本誤。

〔魏之兵雲翔而不敢捄〕　瀧四・一〇，慶二右四，殿二右七，凌二右五。〇捄，南化 楓三救。

〔三年而後復之〕　瀧五・一，慶二右六，殿二右八，凌二右六。〇三，紹慶中統彭凌二。

〔又并蒲衍首垣〕　瀧五・二，慶二右六，殿二右八，凌二右六。

索　與卷相近　〇慶彭凌殿無「相」字。

索　垣音圓　〇索無此注三字。

〔以臨仁平丘〕　瀧五・三，慶二右七，殿二右一〇，凌二右八。

索　仁及平丘　〇丘，彭斤，楓校記「丘」。

索　平丘　〇慶凌殿平丘縣。

索　今不知所在　〇慶中統彭凌殿無此五字，而有「仁闕」二字。

*正　仁一野、高本「一」作「或」。作任今野、高本無「今」字。任州南化、梅、狩、野、高本無「州」字。城南化、梅、狩本有「縣」字。屬濟州地志云任城屬東平國梅、狩、野、高本無上九字。　南化幻梜謙梅狩野高瀧。

〔而魏氏服〕　瀧五・五，慶二右一〇，殿二左二，凌二左一。

正　在曹州宛旬縣西南　〇旬，慶彭凌殿句。

〔王又割濮磿之北〕　瀧五・七，慶二右一〇，殿二左三，凌二左一。〇金陵同。各本「磿」字作「磨」。札記各本作「磨」，志疑云「磿」之誤。新序善謀篇作「濮歷」。今依改。

集　濮水　〇濮，中統毛僕。

索　蓋地近濮也　○慶中統彭凌殿「蓋」字、「地」字、「也」字中統本有「也」字。並無。

〔注齊秦之要〕　瀧五・七，慶二左一，殿二左三，凌二左二。

＊正　要音腰要得魏氏諸邑又割濮磨之北地而東西注齊秦之要也　南化楩謙梅狩。

〔王之威亦單矣〕　瀧五・一〇，慶二左三，殿二左五，凌二左四。

索　單者盡也　○慶彭凌殿無「者」字。

索　言王之威盡行矣　○矣。慶彭凌殿也。

〔詩曰〕　瀧六・四，慶二左七，殿二左九，凌二左八。○曰，毛云。

〔而不知榆次之禍〕　瀧六・七，慶二左一〇，殿三右一，凌三右一。

索　有梗陽鄉　○慶中統彭凌殿有梗陽鄉是也。

正　榆次縣南洞過水側　○慶彭凌「洞過」二字作「同遇」。按：景印慶元本「遇」改「過」。過，殿渦，札記官本「洞渦」，與水經注合。各本訛「同遇」。

＊正　智伯瑶割腹絶腸折頸摺頤處　南化楓棭三瀧。

〔還爲越王禽三渚之浦〕　瀧七・三，慶三右七，殿三右八，凌三右九。

正　越王即從三江北岸立壇　○江，慶彭公，南化梅校記「江」。按：景印慶元本「公」改「江」。札記官本「江」，與吴世家正義合。各本誤「公」。

正　乃開渠由示浦入　○由，慶彭凌曰。示，殿三。按：景印慶元本「曰示」二字改「由三」。

〔余忖度之〕　瀧七・一〇，慶三左六，殿三左七，凌三左八。○余，殿予。

索　趯作躍躍天歷反　○慶中統彭凌殿無「作躍躍」三字。

〔而有累世之怨焉〕　瀧八・五，慶三左一〇，殿三左一〇，凌四右一。

索　重世　○重，楓三累。

索　猶累世也　○累，慶中統彭凌殿再。

〔係脰束手爲羣虜者〕　瀧八・九，慶四右四，殿四右三，凌四右五。○脰，南化楓棭三連。

*正　係連脰伏縛手而去　南化棭謙梅狩野高。

〔族類離散流亡爲僕妾者〕　瀧九・一，慶四右六，殿四右四，凌四右七。○紹無「者」字。

〔必攻隨水右壤此皆廣川大水〕　瀧九・七，慶四右一〇，殿四右九，凌四左二。○蜀紹慶中統彭凌殿重「隨水右壤」四字。

〔不食之地也〕　瀧九・八，慶四左二，殿四右一〇，凌四左三。

索　楚都陳　○陳，中統休。

索　即今鄧州之西　○慶中統彭凌殿無「即」字。

索　其地多山林者矣　○矣，慶中統彭凌殿是。

〔秦楚之兵構而不離〕　瀧一〇・一，慶四左四，殿四左三，凌四左六。○構，蜀搆。

〔此皆平原四達膏腴之地〕　瀧一〇・四，慶四左七，殿四左五，凌四左八。○腴，彭膄。南化楓棭三梅——之地也。

〔而使獨攻〕 瀧一〇・五，慶四左八，殿四左五，凌四左九。

索 則魏盡故宋 ○宋，[索]家。

索 是使齊魏獨攻伐而得其利也 ○[中統]——其利者也。

〔足以校於秦〕 瀧一〇・六，慶四左一〇，殿四左七，凌五右一。○[索]足以校於秦矣。

[札記]索隱本下有「矣」字，與策合。

索 一云 ○一，[中統]又。

索 言力能報秦 ○能，[殿]爲。

*__正__ 校敵也 [南化][棭][謙][梅][狩][瀧]。

〔其於禁王之爲帝有餘矣〕 瀧一〇・一〇，慶五右三，殿四左一〇，凌五右四。○禁，[蜀][慶][中統][彭][毛][通志]楚，[南化][楓][棭][三]校記「禁」。[札記]宋、中統、游、王、毛本「禁」作「楚」。如索隱云，則「禁」字小司馬所改，與策合。

〔壹舉事而樹怨於楚〕 瀧一一・二，慶五右五，殿五右二，凌五右六。○壹，[毛]一，[札記]舊刻、毛本「壹」作「一」。舊刻無「事」字。

〔遲令韓魏歸帝重於齊〕 瀧一一・二，慶五右六，殿五右二，凌五右六。○[南化][幻]有「正義本令作今」六字注。

〔是王失計也〕 瀧一一・三，慶五右六，殿五右三，凌五右七。

集 一作還 ○[毛]無「一」。

索 謂韓魏重齊 ○[慶][中統][彭][凌][殿]無「謂」字。

***正** 遲猶當也今韓魏歸帝號尊齊秦失計 [南化][幻][野][瀧]。

〔臣爲王慮莫若善楚〕 瀧一一・五，慶五右七，殿五右四，凌五右八。○慮，[殿]計。

〔王施以東山之險〕 瀧一一・六，慶五右八，殿五右五，凌五右一〇。○王，[毛]左，[札記]毛本「王」誤「左」，「施」字疑誤。策作「襟」。

〔而上蔡召陵不往來也〕 瀧一一・一〇，慶五左一，殿五右七，凌五左二。○往，[中統]往。

按：中統本誤。

〔王壹善楚〕 瀧一二・二，慶五左二，殿五右八，凌五左二。○壹，[紹]一。

〔可拱手而取也〕 瀧一二・四，慶五左三，殿五右九，凌五左四。

正 謂濟州之南北也 ○濟，[慶][彭][凌][殿]渭，[札記]「濟」訛「渭」。考證據唐志改。

〔要約天下〕 瀧一二・五，慶五左四，殿五右一〇，凌五左五。

索 謂西海至東海 ○[慶][彭][凌][殿]無「謂」字。

正 廣言橫度中國東西也 ○[札記]正文無「廣」字。疑是釋集解，或「廣」上有文。今皆缺。

〔今楚王恐不起疾〕 瀧一三・三，慶六右一，殿五左六，凌六右二。○[楓][棭][三]今楚王病恐不起疾。

〔而得儲萬乘也〕 瀧一三・五，慶六右三，殿五左八，凌六右四。○得，[南化][楓][棭][三]

高德。

〔則咸陽一布衣耳〕　瀧一三・五，慶六右四，殿五左八，凌六右四。○耳，通志矣。

〔令楚太子之傅先往問楚王之疾〕　瀧一三・七，慶六右六，殿五左一〇，凌六右六。○傅，彭傳，楓棭三梅校記「傳」。

〔度太子已遠〕　瀧一四・三，慶六左三，殿六右六，凌六左三。○已，紹以。

〔楚頃襄王卒〕　瀧一四・七，慶六左七，殿六右一〇，凌六左七。○頃，紹項。

〔賜淮北地十二縣〕　瀧一四・八，慶六左一〇，殿六左二，凌六左一〇。

正　並蓋號謚而孟嘗是謚　○慶彭凌兩「謚」字並作「諡」。

〔并獻淮北十二縣〕　瀧一五・一，慶七右二，殿六左四，凌七右二。○通志并獻淮北地十二縣。

〔請封於江東〕　瀧一五・一，慶七右二，殿六左四，凌七右二。○通志請徙封於江東。

〔以自爲都邑〕　瀧一五・二，慶七右三，殿六左六，凌七右四。

正　墟音虛　○慶彭殿此注三字作「虛音墟」。

正　今蘇州也闔閭於城内小城西北　○慶彭凌殿「今蘇州也」四字、「闔閭」二字互易。

正　又改破楚門爲昌門　○改，慶彭凌殿攻，札記「改」訛「攻」，考證改。

〔輔國持權〕　瀧一五・五，慶七右六，殿六左八，凌七右六。○南化楓棭三梅無

「持」字。

〔秦兵亦去〕　瀧一五・八，慶七右九，殿六左一〇，凌七右九。〇亦，[通志]罷。

〔滅魯〕　瀧一五・九，慶七右一〇，殿七右一，凌七右一〇。

索　十四年而滅也　〇[慶][中統][彭][凌][殿]無「而」字。

〔刀劍室〕　瀧一六・一，慶七左三，殿七右四，凌七左二。〇[札記]御覽四百五引同。四百九十三引作「悉」，七百九十七又八百七引「室」、「悉」並有。疑今本脱「悉」字。

〔刀劍室以珠玉飾之〕　瀧一六・一，慶七左三，殿七右四，凌七左二。〇[南化][楓][棭][三][梅]無「玉」字。

〔請命春申君客〕　瀧一六・二，慶七左三，殿七右四，凌七左三。〇[南化][楓][棭][三][梅]無「命」字。

〔其上客皆躡珠履以見趙使〕　瀧一六・三，慶七左四，殿七右五，凌七左三。〇[蜀]重「以」字。按：蜀本衍。

〔春申君相二十二年〕　瀧一六・五，慶七左五，殿七右七，凌七左六。〇[通志]——相楚二十二年。

〔客有觀津人朱英〕　瀧一六・八，慶七左一〇，殿七右一〇，凌七左九。〇[南化][梅]無「客有」二字。[楓][棭][三]無「客」字。

〔而君用之弱〕 瀧一六・九，慶八右一，殿七左一，凌八右一。○弱，南化楓梅巧。

〔先君時善秦二十年而不攻楚〕 瀧一六・一〇，慶八右二，殿七左二，凌八右一。○南化楓棭三梅無「善」字。

〔其計魏割以與秦〕 瀧一七・二，慶八右五，殿七左四，凌八右四。○計，蜀紹慶彭凌殿許，梅高校記「計」。與，毛爲。

〔持其女弟欲進之楚王〕 瀧一七・一〇，慶八左一，殿七左九，凌八右九。○蜀「女弟」二字作「妹姜」。進，南化楓棭三梅奏。

〔故失期〕 瀧一八・三，慶八左二，殿八右二，凌八左一。○南化三梅無「故」字。

〔於是李園乃進其女弟〕 瀧一八・四，慶八左五，殿八右三，凌八左四。○南化楓三重「女弟」二字。

〔將更立兄弟〕 瀧一八・七，慶八左九，殿八右六，凌八左七。○中統「將」、「更」互倒。札記中統、游本倒。

〔何以保相印江東之封乎〕 瀧一八・九，慶九右二，殿八右九，凌八左七。○以，南化楓棭三梅乃。

〔今妾自知有身矣〕 瀧一八・一〇，慶九右二，殿八右九，凌九右一。○通志無「矣」字。

〔楚王貴李園園用事〕 瀧一九・四，慶九右八，殿八左四，凌九右六。○南化楓棭三梅不重「園」字。

〈世有毋望之福〉　瀧一九・八，慶九左二，殿八左七，凌九右一〇。〇毋，紹無。

正　毋望　〇毋，慶彭无，殿無。

正　謂不望而忽至也　〇謂，慶彭猶，札記王本「謂」作「猶」。

〈事毋望之主〉　瀧一九・九，慶九左四，殿八左九，凌九左二。〇主，殿通志王。

〈君相楚二十餘年矣〉　瀧二〇・二，慶九左五，殿九右一，凌九左三。〇相，楓棭三梅杜。

〈雖名相國〉　瀧二〇・二，慶九左六，殿九右一，凌九左四。〇南化楓棭三梅無「雖」字。

〈今楚王病旦暮且卒而君相少主〉　瀧二〇・三，慶九左六，殿九右一，凌九左四。〇且，慶彭日，南化楓棭三校記「旦」。按：景印慶元本「日」改「且」。南化梅蜀殿重「卒」字。札記舊刻「而」上有「卒」字。

〈李園不治國而君之仇〉　瀧二〇・五，慶九左九，殿九右四，凌九左七。〇索無「不治國而」四字。札記索隱本無「不治國而」四字，疑後人依楚策增。中統——而君之仇也。

索　謂爲王之舅意異也　〇慶彭無「異也」二字。凌殿「意異也」三字作「與此異」。中統謂爲王之舅意與此異也。

＊**正**　李園不得南化本有「搖」字。國政而怨春申君故云仇也　【南化】【幻】【瀧】。

〔此所謂毋望之人也〕　瀧二〇・一〇，慶一〇右四，殿九右八，凌一〇右二。○【蜀】【紹】【中統】【毛】無「所」字。【札記】宋、中統、游、毛本皆無「所」字。

〔朱英知言不用〕　瀧二一・二，慶一〇右六，殿九右一〇，凌一〇右三。○英，【索】亥。【札記】各本同，惟索隱本作「朱亥」，豈小司馬獨見誤本，抑後人改正也？

〔乃亡去〕　瀧二一・二，慶一〇右六，殿九右一〇，凌一〇右四。

索　朱亥即上之朱英也作亥者史因趙有朱亥誤也　○【慶】【彭】【凌】【殿】無此注十九字。

〔斬其頭投之棘門外〕　瀧二一・五，慶一〇右九，殿九左二，凌一〇右六。

＊**正**　俠刺上胡牒反下七亦南化本亦字作「脇」。反　【南化】【幻】【瀧】。

〔是爲楚幽王〕　瀧二一・七，慶一〇左二，殿九左五，凌一〇右九。

索　按楚捍有母弟猶　○捍。【中統】王。

〔及出身遺楚太子歸〕　瀧二二・四，慶一〇左六，殿九左九，凌一〇左三。○【慶】【彭】【凌】【殿】無「楚」字。【楓】【棭】校補「楚」。

〔旄矣〕　瀧二二・五，慶一〇左七，殿九左一〇，凌一〇左四。

＊**正**　莫報反　【南化】【幻】【瀧】。

〔當斷不斷〕　瀧二二・五，慶一〇左七，殿九左一〇，凌一〇左四。○【慶】【彭】無「當」字。

南化 楓 棭 三 校補「當」。按：景印慶元本補「當」字。

〔春申君失朱英之謂邪〕　瀧二三・五，慶一〇左八，殿九左一〇，凌一〇左五。

索　邑開吳土　〇土，慶 彭 士，南化 楓 棭 三 校記「土」。按：景印慶元本「士」改「土」。

史記會注考證校補卷七十九

范雎蔡澤列傳第十九

〔范雎蔡澤列傳第十九〕　瀧一・九，慶一右一，殿一右六，凌一右二。○雎，[毛]雎。按：各本「范雎」下雜出。[札記]宋本、毛本「雎」並作「睢」，下同。

〔乃先事魏中大夫須賈〕　瀧二・六，慶一右三，殿一右八，凌一右四。

索　須姓賈名也　○[耿][慶][彭][游][凌][殿]此注五字作「姓須名賈」四字。

索　須氏蓋密須之後　○[耿][慶][彭][游][凌][殿]各本無「循氏」二字。　蓋密須氏之後。

〔齊襄王聞雎辯口〕　瀧二・七，慶一右五，殿一右一〇，凌一右六。○[秘閣][南化][楓][梜][三][梅][高]齊襄王聞范雎有辯口。「雎」之上補「范」字者，下倣之。

〔故得此饋〕　瀧三・一，慶一右八，殿一左二，凌一右九。○饋，[秘閣]餽。按：饋、餽音通。

〔魏之諸公子曰魏齊〕　瀧三・二，慶一右九，殿一左三，凌一右一〇。○[秘閣]無「曰」字。

〔即卷以簀置廁中〕　瀧三・四，慶一左二，殿一左六，凌一左三。

索　用之以裹屍也　○慶彭游凌殿用之以其裹也。

〔令无妄言者〕　瀧三・六，慶一左三，殿一左七，凌一左四。○無，秘閣毋。按：古鈔本多「無」作「毋」者。

〔守者乃請棄簀中死人〕　瀧三・七，慶一左四，殿一左七，凌一左五。○景井蜀紹耿慶毛彭游凌殿守者乃紹本無「乃」字。請出棄簀中死人。南化楓三梅刪「出」字。按：秘閣本亦無「出」字。札記宋本無「乃」字。

〔范睢得出〕　瀧三・八，慶一左五，殿一左九，凌一左六。○秘閣無「得」字。

〔鄭安平詐爲卒侍王稽〕　瀧四・一，慶一左八，殿二右一，凌一左九。○秘閣「詐」字作「詳」，而「侍」字作「待」。

正　祖律反　○律，慶彭凌忽。

〔語未究〕　瀧四・四，慶二右二，殿二右四，凌二右二。○秘閣與語未究。

〔謂曰〕　瀧四・五，慶二右二，殿二右五，凌二右三。○謂，秘閣語。按：秘閣本有「語謂歟」三字傍注。

〔與私約而去〕　瀧四・五，慶二右五，殿二石七，凌二右六。○秘閣夜與私約無「而」字。去。

索　與期三亭之南　○耿慶彭游凌殿如今與期三亭之南。

索　蓋送餞已畢無人處　○耿慶彭游凌殿蓋送餞已畢無人之處所也。

正　蓋岡字誤爲南　○字，慶彭凌殿亭，棭三梅校記「字」。札記「字」訛「亭」，考證改。

〔過載范睢入秦〕　瀧四・七，慶二右五，殿二右八，凌二右六。○過，通志遂。

〔至湖〕　瀧四・八，慶二右六，殿二右八，凌二右七。○秘閣景井蜀紹耿慶彭毛游凌殿至湖關。

索　即今湖城縣也　○耿慶彭游凌殿無「縣」字。

〔望見車騎從西來〕　瀧四・九，慶二右七，殿二右九，凌二右八。○秘閣南化楓棭三梅望見車騎從西來東。

〔秦相穰侯東行縣邑〕　瀧四・一〇，慶二右八，殿二右一〇，凌二右九。○秘閣南化楓棭三梅無「邑」字。

〔惡内諸侯客〕　瀧五・一，慶二右九，殿二左一，凌二右一〇。

索　内者亦猶入也　○耿慶彭游凌殿無「者亦」二字。

〔我寧且匿車中〕　瀧五・二，慶二右九，殿二左一，凌二右一〇。○秘閣「寧且」二字作「後」字。

〔關東有何變〕　瀧五・三，慶二左一，殿二左二，凌二左二。○秘閣無「有」字。

〔又謂王稽曰〕　瀧五・三，慶二左一，殿二左三，凌二左二。○又秘閣人。

〔無益〕　瀧五・四，慶二左二，殿二左四，凌二左三。○秘閣無益於事。

〔忘索之〕　瀧五・六，慶二左四，殿二左五，凌二左五。

索　索猶捜也　○[耿][慶][彭][游][凌][殿]無「猶」字。

索　音柵又先格反　○[耿][慶][彭][游][凌][殿]無「音柵又」三字。

〔危於累卵〕　瀧五・九，慶二左八，殿二左八，凌二左八。

正　晉靈公造九層之臺　○[慶][彭][凌]無「之」字。[札記]官本有「之」字。

正　謂左右曰　○謂，[彭]諸，[楓][三][高]校記「謂」。

正　敢有諫者斬　○[彭]敢有諫者斬首。

正　荀息聞之　○[彭]無「荀」字。

正　臣能累十二博棊　○棊，[慶][彭]基，[殿]棊，[南化][高]校記「棊」。下同。

正　危哉危哉　○[慶][彭]危哉危哉危哉。[梅]削去二「危哉」。[札記]王、柯本此下更衍「危哉」二字。凌無。

正　荀息曰　○[札記]今説苑無此篇，類聚二十四又七十四、御覽七百五十八引並作「孫息」。

正　此殆不危也　○[慶][彭][殿]無「此殆」二字。[札記]凌本有「此殆」二字。王、柯無。類聚二十四引作「臣謂是不危也」，御覽同。

正　鄰國謀議將興　○[札記]類聚、御覽引下有「兵」字。

〔使舍食草具〕　瀧六・三，慶三右三，殿三右四，凌三右四。○[秘閣]無「使」字。[南化][楓][三]「食草具」三字作「爲陵舍」。

索 謂麄食草萊之饌具 ○麄，耿慶麄。萊，慶彭游凌殿菜。

〔當是時昭王已立三十六年〕 瀧六・四，慶三右三，殿三右五，凌三右六。○三，凌二。

〔南拔楚之鄢郢〕 瀧六・四，慶三右四，殿三右五，凌三右六。○秘閣無「鄢」字。按：秘閣本引一本「拔」作「取」。

〔楚懷王幽死於秦〕 瀧六・五，慶三右五，殿三右五，凌三右六。○秘閣無「幽」字。

〔湣王嘗稱帝〕 瀧六・五，慶三右六，殿三右六，凌三右七。○嘗，耿慶彭游凌殿常，南化楓三梅高校記「嘗」。按：秘閣本亦作「嘗」。札記柯、凌「嘗」訛「常」。

〔穰侯華陽君〕 瀧六・六，慶三右七，殿三右七，凌三右八。

索 謂魏冄 ○耿慶彭凌殿此三字作「謂冉」二字。游無「謂」字。

索 華陽君芊戎 ○殿無「君」字。

索 亦號爲新城君 ○城，游成。

〔而涇陽君高陵君〕 瀧六・七，慶三右八，殿三右九，凌三右一〇。○秘閣無「而」字。

〔皆昭王同母弟也〕 瀧六・八，慶三右九，殿三右九，凌三右一〇。○紹無「也」字。

〔且欲越韓魏而伐齊綱壽〕 瀧六・一〇，慶三左一，殿三左一，凌三左二。○綱，通志剛。下同。札記舊刻作「剛壽」，與穰侯傳合。

〔臣聞明主立政〕 瀧七・一，慶三左二，殿三左二，凌三左三。○札記舊刻「明」誤「名」。

索　立作莅也　○莅，耿慶彭游凌殿涖。

〔有能者亦不得蔽隱〕　瀧七・三，慶三左五，殿三左四，凌三左六。○秘閣有「一本能作功」五字注。

〔庸主賞所愛〕　瀧七・五，慶三左七，殿三左六，凌三左八。○庸，秘閣仁。

〔而要不足以待斧鉞〕　瀧七・六，慶三左九，殿三左九，凌四右一。○要，秘閣南化楓棭三梅高腰。

〔豈敢以疑事嘗試於王哉〕　瀧七・七，慶三左一〇，殿三左九，凌四右一。○秘閣無「豈」字。

索　質者莝刃也　○耿慶彭游凌殿無「者」字。莝，耿慶彭索凌游殿剉。

索　腰斬者當椹質也　○耿慶彭游凌殿謂腰斬者爲「當」字作「爲」。椹質也。

〔獨不重任臣者之無反復於王邪〕　瀧七・九，慶四右一，殿三左一〇，凌四右二。○慶彭獨不重任臣者者之無反復於王邪。按：慶印慶元本刪「者」字。

〔且臣聞周有砥砨〕　瀧七・一〇，慶四右二，殿三左一〇，凌四右三。○砨，秘閣厲，南化楓棭三梅高礪。

〔梁有縣藜〕　瀧八・一，慶四右二，殿四右一，凌四右三。

集　薛綜曰　○薛，紹辭。按：紹本誤。

〔楚有和朴〕 瀧八・一，慶四右三，殿四右一，凌四右四。○朴，殿璞。下注同。

〔土之所生〕 瀧八・二，慶四右四，殿四右二，凌四右四。○秘閣無此四字。

〔然則聖王之所棄者〕 瀧八・三，慶四右四，殿四右三，凌四右五。○王，南化楓梚三梅高主。

〔天下有明主〕 瀧八・五，慶四右六，殿四右四，凌四右七。○主，南化楓梚三梅高紹王。按：秘閣本引一本亦作「王」。

〔爲其割榮也〕 瀧八・六，慶四右七，殿四右五，凌四右八。

索 即上之擅厚 ○慶彭無「之」字。按：景印慶元本補「之」字。

〔良醫知病人之死生〕 瀧八・七，慶四右八，殿四右六，凌四右九。○病，秘閣南化楓梚三梅高疾。

〔其淺者又不足聽也〕 瀧八・一〇，慶四左一，殿四右八，凌四左二。

*__正__ 至猶深也極也 南化幻梅狩瀧。

〔意者臣愚而不概於王心邪〕 瀧八・一〇，慶四左一，殿四右九，凌四左二。

集 一作溉 ○溉，耿既，秘閣游概。

索 徐注音同 ○注，凌殿作。

*__正__ 概猶平也睢言秦政教不能例瀧本「例」空格。依南化、梅本補。合南化、梅本有「於」。王心邪 南化幻

梅 狩 瀧。

〔亡其言臣者賤而不可用乎〕　瀧九・二，慶四左二，殿四右一〇，凌四左三。○秘閣「臣」、「者」互倒。南化 棭 三 王亡其言臣者賤而不可用乎。亡，通志 將。

〔臣願得少賜游觀之閒望見顏色〕　瀧九・七，慶四左四，殿四左一，凌四左四。○秘閣 南化 楓 棭 三 梅 無「顏色」二字。

〔使以傳車召范雎〕　瀧九・九，慶四左五，殿四左二，凌四左六。

索　使持車戰國策之文也　○耿 慶 彭 游 凌 殿 此注九字作「徐按戰國策文也」七字。

〔於是范雎乃得見於離宮〕　瀧九・一〇，慶四左六，殿四左三，凌四左七。

正　在雍州長安北十三里也　○慶 彭 凌 殿 無「州」字。札記「州」字，考證增。

〔秦安得王〕　瀧一〇・三，慶四左九，殿四左五，凌四左九。○秘閣 南化 楓 三 梅 秦安得有王。

〔秦獨有太后穰侯耳〕　瀧一〇・三，慶四左九，殿四左六，凌四左一〇。○秘閣 無「耳」字。

〔敬執賓主之禮〕　瀧一〇・七，慶五右三，殿四左九，凌五右四。

索　鄒誕本作惽然　○慶 彭 凌 殿 鄒誕生本作惽然。

索　又云一作閔　○耿 慶 游 凌 無「云」字。彭 殿 此注五字作「或又作閔」。

〔羣臣莫不洒然變色易容者〕　瀧一〇・九，慶五右四，殿四右一〇，凌五右五。○洒，索 灑，

札記 索隱「洒」作「灑」。案：徐音先典反，則本「洒」字。段氏說文注云：「洒灑殊義而雙聲，故相假借。」

集 洒先典反 ○秘閣此注四字作「洒蘇典」三字。

索 灑然 ○灑，耿慶彭游凌殿洒。

索 肅敬之貌也 ○耿慶彭游凌殿「肅」、「敬」互倒而無「也」字。

〔宮中虛無人〕 瀧一一·一，慶五右六，殿五右一，凌五右六。○宮，慶彭游官，南化楓棭三梅校記「宮」。 案：景印慶元本「官」改「宮」。

〔先生何以幸教寡人〕 瀧一一·一，慶五右六，殿五右二，凌五右七。

索 跽音其紀反 ○慶彭凌殿無「音」字。

索 長跪兩膝枝地 ○慶彭游凌殿「跪」字作「跽」，而「枝」字作「被」。

〔而釣於渭濱耳〕 瀧一一·七，慶五左一，殿五右六，凌五左一。○秘閣楓三而釣於渭之濱耳。

*正 括地志曰茲南化、幻、梅、狩本無「茲」字。泉水源出岐州岐山縣西南凡谷南化、幻、謙、梅、狩本無「谷」字。北流十二里注于渭太公釣此所謂磻溪梅本「溪」作「磎」。南化謙梅狩瀧。

〔已說而立爲太師〕 瀧一一·九，慶五左一，殿五右六，凌五左二。○秘閣無「而」字。

〔而卒王天下〕 瀧一一·一〇，慶五左三，殿五右八，凌五左三。○秘閣無「而」字。

〔而文武無與成其王業也〕 瀧一二·一，慶五左四，殿五右九，凌五左四。○與，通志以。

王，[慶][彭]正，[南化][楓][三][梅]校記「王」。按：景印慶元本「正」改「王」。[札記]王本「王」訛「正」。

〔皆匡君之事〕　瀧一二・二，慶五左五，殿五右一〇，凌五左六。○[秘閣][南化][楓][棭][三][梅][高]皆匡君臣之事。匡，[紹]臣。按：紹本訛。

〔而明日伏誅於後〕　瀧一二・五，慶五左八，殿五左二，凌五左八。○[楓][三]無「於後」二字。

〔不足以爲臣恥〕　瀧一二・七，慶六右一，殿五左五，凌六右一。

*正　漆身豫讓也被髮箕子也　[南化][幻][梅][狩][野][高][瀧]。

〔五伯之賢焉而死〕　瀧一二・九，慶六右二，殿五左六，凌六右二。○伯，[毛]霸，[札記]宋本、毛本作「霸」。

〔成荆〕　瀧一二・九，慶六右三，殿五左七，凌六右三。

集　一作羌　○羌，[殿]羗。下同。

〔孟賁〕　瀧一二・一〇，慶六右三，殿五左七，凌六右三。

*正　賁音奔　[南化][幻][瀧]。

〔夏育之勇焉而死〕　瀧一三・一，慶六右四，殿五左八，凌六右四。

集　夏育衛人　○夏，[秘閣]憂。按：秘閣本誤。

〔死人之所必不免也〕　瀧一三・一，慶六右五，殿五左九，凌六右五。○[秘閣][景][井][耿]

慶彭毛凌殿金陵死者人之所必不免也。札記舊刻無「者」字。

〔可以少有補於秦〕 瀧一三・二，慶六右六，殿五左九，凌六右六。○彭殿無「有」字。楓棭三高補校「有」字。按：凌引一本無「有」字。

〔伍子胥橐載而出昭關〕 瀧一三・三，慶六右七，殿五左一〇，凌六右七。○秘閣昔五「五」字作「五」。子胥橐載——。

〔無以餬其口〕 瀧一三・三，慶六右八，殿六右一，凌六右八。

索 陵水即栗水也 ○栗，耿溧。

＊**正** 橐音託梅本無上三字。杜預云昭關在淮北陵水在臨淮南化、梅、狩本無上五字而有「云橐也」三字。 南化幻棭謙梅狩瀧。

〔卒興吳國〕 瀧一三・五，慶六右一〇，殿六右三，凌六右九。○秘閣有「諸本爲吳王異本」七字注。札記柯本「興」訛「與」。

〔闔閭爲伯〕 瀧一三・五，慶六右一〇，殿六右三，凌六右一〇。

＊**正** 蒲伏下白北反 南化幻瀧。

〔可以有補於所賢之主〕 瀧一三・九，慶六左三，殿六右六，凌六左三。○秘閣景井蜀紹耿慶彭毛游凌殿無「於」字。札記舊刻有「於」字，各本脫。

〔獨恐臣死之後〕 瀧一三・九，慶六左四，殿六右七，凌六左四。○秘閣無「之」字。

〔天下見臣之盡忠而身死〕　瀧一四・一，慶六左五，殿六右七，凌六左四。○秘閣楓三天下見臣之盡忠而身死也。札記舊刻無「身」字。

〔因以是杜口裹足〕　瀧一四・二，慶六左五，殿六右八，凌六左五。○裹，紹裏。按：紹興本誤。

〔莫肯鄉秦耳〕　瀧一四・二，慶六左六，殿六右八，凌六左五。○札記舊刻「鄉」作「向」。

〔下惑於姦臣之態〕　瀧一四・三，慶六左六，殿六右八，凌六左六。

索　姦臣諂詐之志也　○志，殿態。按：景印慶元本「志」改「態」。

〔此臣之所恐耳〕　瀧一四・七，慶六左九，殿六左一，凌六左八。○秘閣無「之」字。

〔秦王跽曰〕　瀧一四・九，慶七右一，殿六左二，凌六左一〇。○跽，秘閣跪。

〔是天以寡人慁先生〕　瀧一四・一〇，慶七右二，殿六左四，凌七右二。○秘閣有「或本無天字」五字注。

〔而存先王之宗廟也〕　瀧一四・一〇，慶七右三，殿六左五，凌七右三。

索　慁及注溷字　○耿慶彭游凌殿此注五字作「二字」二字。

索　慁猶汩亂之意　○汩，凌洎。

〔先生奈何而言若是〕　瀧一五・二，慶七右五，殿六左六，凌七右四。○而，蜀耿毛殿有，札記舊刻、毛本「而」作「有」，蓋讀爲又。

〔事無小大〕　瀧一五・二，慶七右五，殿六左六，凌七右五。○秘閣 紹「小」、「大」二字互倒。

〔范睢拜秦王亦拜范睢曰〕　瀧一五・四，慶七右七，殿六左八，凌七右七。○南化 楓 棭 三 梅 高范睢拜秦王秦王亦拜范睢范睢曰。

〔北有甘泉谷口〕　瀧一五・五，慶七右八，殿六左九，凌七右七。

正　年代永久　○年，凌季。按：景印慶元本「年」改「季」。

正　郊祀志　○慶 彭 凌郊祀志云。

正　公孫卿言黄帝得仙寒門　○公，慶 彭 云。門，慶 彭 凌仙。按：景印慶元本「仙」改「門」。札記 各本「公」訛「云」，又衍一「云」字。各本「門」誤「仙」。

正　寒門者谷口也　○慶 彭 凌無「門」字。札記 各本脱「門」字。

正　按九嵕山西謂之谷口　○慶 彭 凌按九嵕山中西謂之谷口。札記 各本下衍「中」字。以上官本皆不誤。

〔左闕阪〕　瀧一五・七，慶七左一，殿七右二，凌七左一。○阪，秘閣 險。

〔此王者之地也〕　瀧一五・九，慶七左二，殿七右三，凌七左二。○紹 無「也」字。

〔譬若馳韓盧而搏蹇兔也〕　瀧一六・一，慶七左五，殿七右五，凌七左六。○秘閣「馳」字作「施」而「兔」字作「菟」。馳，金陵 施。

索　是韓呼盧爲犬　○耿 慶 彭 游 凌 殿 無「呼」字。

索 以喻秦彊　○凌無「以」字。

〔霸王之業可致也〕　瀧一六・二，慶七左六，殿七右六，凌七左六。○秘閣無此七字。

〔而羣臣莫當其位〕　瀧一六・三，慶七左七，殿七右七，凌七左六。○秘閣無「而」字。

〔不敢窺兵於山東者〕　瀧一六・三，慶七左七，殿七右七，凌七左七。○窺，秘閣闚。

〔而大王之計有所失也〕　瀧一六・五，慶七左八，殿七右八，凌七左八。○秘閣 楓 而大王之計亦有所失也。

〔以觀秦王之俯仰〕　瀧一六・八，慶七左一〇，殿七右一〇，凌七左九。○秘閣「俯仰」二字作「苻」字。

〔且昔齊湣王南攻楚〕　瀧一七・二，慶八右五，殿七左四，凌八右四。○秘閣且昔者齊湣王南攻楚。

〔再辟地千里〕　瀧一七・三，慶八右六，殿七左四，凌八右四。○秘閣 南化 楓 棭 三 梅 高再辟地二千里。

〔豈不欲得地哉〕　瀧一七・四，慶八右六，殿七左五，凌八右五。○秘閣豈齊不欲得地哉。通志無「地」字。

〔形勢不能有也〕　瀧一七・四，慶八右七，殿七左五，凌八右六。○秘閣無「勢」字。

〔諸侯見齊之罷獘〕　瀧一七・四，慶八右七，殿七左六，凌八右六。○秘閣有「或本弊爲正」

五字注。札記舊刻「㡀」。
〈君臣之不和也〉　瀧一七・五，慶八右七，殿七左六，凌八右六。○秘閣無「之」字。
〈皆咎其王曰〉　瀧一七・六，慶八右八，殿七左七，凌八右七。○彭皆咎其王曰曰。札記王本重「曰」字，衍。
〈文子出走〉　瀧一七・七，慶八右一〇，殿七左八，凌八右九。○走，殿奔。
索　即孟嘗君也　○耿慶彭游凌殿無「即」字。
索　猶戰國策謂田盼田嬰爲盼子嬰子然也　○盼，索金陵肦，耿慶彭游凌殿無「然」字。
〈而齎盜糧者也〉　瀧一八・一，慶八左二，殿八左一〇，凌八右一〇。○慶彭凌殿無「而」字。札記宋本、舊刻、毛本有「而」字，與索隱本合。
索　音亦同　○慶彭游凌殿「音」、「亦」互倒。
〈得寸則王之寸也〉　瀧一八・三，慶八左三，殿八右一，凌八左二。○秘閣「王」字作「主」而無「也」字。
〈以威楚趙〉　瀧一八・八，慶八左八，殿八右五，凌八左六。○威，蜀紹慶彭游盛，南化楓棭詞，梅校記「威」。按：景印慶元本「盛」作「威」。
〈必卑辭重幣以事秦〉　瀧一八・一〇，慶八左九，殿八右六，凌八左七。○辭，楓三景井蜀紹詞。按：詞、辭古通。

〔齊附而韓魏因可虜也〕　瀧一八・一〇，慶八左九，殿八右六，凌八左八。○札記「也」，舊刻作「矣」。

〔王卑詞重幣以事之〕　瀧一九・二，慶九右一，殿八右八，凌八左一〇。○詞，秘閣辭。按：詞、辭古通。

〔不可則割地而賂之〕　瀧一九・二，慶九右二，殿八右九，凌八左一〇。○南化 楓 三 梅無「不」字。按：秘閣本引或本無「則」字。

〔後二歲〕　瀧一九・五，慶九右五，殿八左一，凌九右三。○二，秘閣三。

〔拔邢丘〕　瀧一九・五，慶九右五，殿八左一，凌九右三。○邢，秘閣刑。丘，殿邱。

〔秦韓之地形相錯如繡〕　瀧一九・六，慶九右六，殿八左二，凌九右四。○秘閣有「或本無形字」五字注。

〔譬如木之有蠹也〕　瀧一九・六，慶九右六，殿八左二，凌九右五。○秘閣無「也」字。

〔人之有心腹之病也〕　瀧一九・七，慶九右七，殿八左三，凌九右五。

正　蠹音妒石柱蟲　○彭無此注六字，梅校補此注六字。

〔孰大於韓乎〕　瀧一九・八，慶九右八，殿八左四，凌九右六。○秘閣無「於」字。

〔韓安得無聽乎〕　瀧一九・九，慶九右一〇，殿八左五，凌九右八。○秘閣 楓 棭 三 梅韓氏安得無聽乎。無，蜀不。

〔北斷太行之道〕　瀧二〇・一，慶九左一，殿八左七，凌九右九。〇斷，秘閣南化楓棭三梅高斬殿守。

〔則上黨之師不下〕　瀧二〇・一，慶九左二，殿八左七，凌九右一〇。

正　言澤潞之師　〇潞，慶彭凌路。按：景印慶元本「路」改「潞」。

〔其國斷而爲三〕　瀧二〇・三，慶九左三，殿八左八，凌九左一。

正　宜陽　〇慶彭凌殿宜陽令。札記下衍「令」字，考證刪。

〔聞齊之有田文〕　瀧二〇・六，慶九左七，殿九右一，凌九左四。〇文，秘閣南化楓棭三梅單。

〔華陽高陵涇陽〕　瀧二〇・八，慶九左八，殿九右二，凌九左五。〇秘閣無「涇陽」二字。

〔高陵進退不請〕　瀧二〇・一〇，慶一〇右一，殿九右五，凌九左八。〇秘閣無此六字。

索　無諱猶無畏也　〇耿慶彭游凌殿無此注六字。

〔乃所謂無王也〕　瀧二一・三，慶一〇右二，殿九順六，凌九左一〇。〇秘閣乃所謂無王已也。

〔莫敢不聽〕　瀧二一・六，慶一〇右五，殿九右九，凌一〇右三。

集　政適　〇政，紹正。下倣之。

〔獘御於諸侯〕　瀧二一・七，慶一〇右七，殿九右一〇，凌一〇右四。〇札記志疑云：依策鮑注，則「陶」字絶句。吴氏據別篇云「利盡歸于國，國之幣帛竭入太后之家」，疑此有缺誤。

索 御制也 ○耿慶彭游凌殿御者制也。

〔戰敗則結怨於百姓〕 瀧二二一・八，慶一〇右七，殿九右一〇，凌一〇右五。○秘閣「結」、「怨」互倒。

〔披其枝者傷其心〕 瀧二二一・九，慶一〇右九，慶九左二，凌一〇右六。○秘閣「披」字移在「枝」下。

〔崔杼淖齒管齊〕 瀧二二二・三，慶一〇右一〇，殿九左三，凌一〇右七。○秘閣楓三無「崔杼」二字。淖，南化悼。

索 音泥教反 ○泥，耿慶彭游凌殿尼。

〔射王股〕 瀧二二二・四，慶一〇左一，殿九左四，凌一〇右九。○秘閣射齊王股。

〔擢王筋〕 瀧二二二・四，慶一〇左一，殿九左四，凌一〇右九。○秘閣擢湣王筋。

〔縣之於廟梁〕 瀧二二二・四，慶一〇左二，殿九左五，凌一〇右一〇。○秘閣無「於」字。

〔宿昔而死〕 瀧二二二・四，慶一〇左二，殿九左五，凌一〇右一〇。

索 崔杼射莊公之股 ○索「莊公」二字作「齊王」。

索 淖齒擢湣王之筋 ○擢，耿慶彭游凌殿縮。湣，游婚。

〔高陵華陽涇陽佐之〕　瀧二三・八，慶一〇左四，殿九左七，凌一〇左二。〇秘閣高陵華陽君涇陽佐之。按：秘閣本引點本無「君涇陽」三字。

〔今自有秩以上至諸大吏〕　瀧二三・二，慶一〇左九，殿九左一〇，凌一〇左六。〇秘閣有「點本無諸大吏」六字注。吏，南化楓棭三梅史。

〔下及王左右〕　瀧二三・二，慶一〇左九，殿一〇右一，凌一〇左六。〇及，彭游至，楓棭三校記「及」。

〔見王獨立於朝〕　瀧二三・三，慶一〇左一〇，殿一〇右一，凌一〇左七。〇札記舊刻「見」作「是」。

〔臣竊爲王恐萬世之後〕　瀧二三・三，慶一〇左一〇，殿一〇右二，凌一〇左七。〇秘閣楓棭三梅重「恐」字。

〔有秦國者非王子孫也〕　瀧二三・四，慶一〇左一〇，殿一〇右二，凌一〇左八。

〇秘閣——非王之子孫也。

〔昭王聞之大懼曰〕　瀧二三・五，慶一一右一，殿一〇右三，凌一〇左八。〇秘閣無「聞之」二字。

〔逐穰侯高陵華陽涇陽君〕　瀧二三・五，慶一一右二，殿一〇右三，凌一〇左九。〇逐，紹遂。

〔因使縣官給車牛以從〕瀧二三・一〇，慶一一右四，殿一〇右五，凌一一右一。○徙，秘閣南化楓棭三梅高從。

〔千乘有餘到關關閲其寶器〕瀧二四・一，慶一一右四，殿一〇右五，凌一一右一。○秘閣下「關」字作「之」。按：秘閣本「關」訛「之」。

〔號爲應侯〕瀧二四・二，慶一一右五，殿一〇右五，凌一一右二。

索 封范雎於應 ○耿慶彭索游凌殿無此注五字。

索 河東臨晉縣有應亭 ○耿慶彭游凌殿無「縣」字。

索 則秦地有應也 ○則，索即。

索 解者云 ○云，慶彭公，南化楓棭梅校記「云」。凌解者公云。

索 在潁川之應鄉 ○凌無「在」字。

〔以爲范雎已死久矣〕瀧二四・四，慶一一右八，殿一〇右九，凌一一右六。○秘閣南化楓棭三梅高以爲范雎良已死久矣。

〔魏聞秦且東伐韓魏魏使須賈於秦〕瀧二四・五，慶一一右九，殿一〇右一〇，凌一一右六。○秘閣南化楓棭三梅高魏聞秦且東兵伐韓魏魏使須賈使於秦。

〔敝衣閒步之邸見須賈〕瀧二四・六，慶一一右一〇，殿一〇左一，凌一一右七。○步，秘閣出。

〔曰不也〕　瀧二四・八，慶一一左二，殿一〇左二，凌一一右九。〇秘閣睢曰不也。

〔安敢説乎〕　瀧二四・九，慶一一左三，殿一〇左三，凌一一右一〇。〇秘閣南化楓椷三梅高有安敢説乎。

〔公知之乎〕　瀧二五・二，慶一一左七，殿一〇左六，凌一一左四。〇公，秘閣翁。

〔今吾事之去留在張君〕　瀧二五・三，慶一一左八，殿一〇左七，凌一一左五。〇吾，殿者

〔孺子豈有客習於相君者哉〕　瀧二五・三，慶一一左八，殿一〇左八，凌一一左五。

索　蓋謂睢爲小子也　〇慶彭游凌殿孺子蓋謂睢爲小人。各本無「也」字。耿此注七字作「孺子睢小人」五字。

〔主人翁習知之〕　瀧二五・四，慶一一左九，殿一〇左九，凌一一左六。〇楓椷三梅無「翁」字。

〔睢請爲見君於張君〕　瀧二五・五，慶一一左一〇，殿一〇左九，凌一一左七。〇秘閣南化梅毛此八字作「睢請君見於張君」七字。井耿慶游凌殿「見」、「君」互倒。札記「見君」依舊刻，各本倒。

〔非大車駟馬〕　瀧二五・五，慶一二右一，殿一〇左一〇，凌一一左八。〇駟，秘閣四。

〔吾固不出〕　瀧二五・六，慶一二右一，殿一〇左一〇，凌一一左八。〇秘閣井紹耿慶彭毛游凌殿無「固」字。札記舊刻有「固」字。凌引一本同。

〔願爲君借大車駟馬於主人翁〕　瀧二五・六，慶一二右二，殿一一右一，凌一一左八。○秘閣楓三無「翁」字。

〔爲須賈御之〕　瀧二五・七，慶一二右三，殿一一右一，凌一一左九。○秘閣爲須賈得御之。

〔有識者皆避匿〕　瀧二五・八，慶一二右三，殿一一右二，凌一一左一〇。○避，秘閣辟。

〔須賈待門下〕　瀧二五・九，慶一二右五，殿一一右三，凌一二右二。○秘閣無「待門下」三字。

〔持車良久〕　瀧二五・九，慶一二右五，殿一一右四，凌一二右二。○車，通志重。

〔無范叔〕　瀧二五・一〇，慶一二右六，殿一一右五，凌一二右三。○叔，紹收。

〔鄉者與我載而入者〕　瀧二五・一〇，慶一二右七，殿一一右五，凌一二右三。○秘閣「鄉者」二字作「嚮」。南化楓棭梅高鄉者與我俱載而入者。

〔須賈大驚〕　瀧二六・一，慶一二右八，殿一一右六，凌一二右四。○秘閣南化楓棭三無「大驚」二字。

〔自知見賣〕　瀧二六・二，慶一二右八，殿一一右六，凌一二右四。○秘閣自曰知見賣。

〔因門下人謝罪〕　瀧二六・二，慶一二右八，殿一一右六，凌一二右五。○人，南化楓三梅入。按：秘閣本引一本「亦」作「入」。

〔賈不意君能自致於青雲之上〕　瀧二六・四，慶一二右一〇，殿一一右八，凌一二右六。○秘閣——青雲之上制海內至於此。

〔汝罪有三耳〕　瀧二六・一〇，慶一二左四，殿一一左一，凌一二右一〇。○秘閣「汝罪有三耳」五字作「汝三罪耳」四字。

〔而申包胥爲楚卻吳軍〕　瀧二七・一，慶一二左四，殿一一左一，凌一二右一〇。○秘閣「包」字作「苞」而「卻」字作「郄」。下同。

〔楚王封之以荊五千户〕　瀧二七・一，慶一二左五，殿一一左二，凌一二左一。○秘閣南化無「以荊」二字。楓棭三無「荊」字。

〔包胥辭不受〕　瀧二七・二，慶一二左五，殿一一左二，凌一二左一。○札記王本「包」上有「申」字。

〔公前以雎爲有外心於齊〕　瀧二七・三，慶一二左七，殿一一左三，凌一二左三。○秘閣無「有」字。

〔當魏齊辱我於廁中〕　瀧二七・五，慶一二左八，殿一一左四，凌一二左四。○秘閣當魏齊之辱我於廁中。

〔罪二也〕　瀧二七・五，慶一二左八，殿一一左五，凌一二左四。○也，秘閣矣。

〔食飲甚設〕　瀧二七・八，慶一三右二，殿一一左八，凌一二左八。○飲，秘閣飯。按：秘閣本引春秋後語亦作「飯」。

〔不然者〕　瀧二八・一，慶一三右四，殿一一左一〇，淩一二左一〇。○[秘閣][楓][三]無「然」字。

〔王稽謂范睢曰〕　瀧二八・四，慶一三右六，殿一二右一，淩一三右一。○[秘閣]而王稽——。

〔宮車一日晏駕〕　瀧二八・四，慶一三右七，殿一二右二，淩一三右二。

集　天子當晨起早作　○晨，[秘閣][景][井][衲][耿][慶][彭][毛][游][淩][殿]晏。

集　如方崩殞　○殞，[紹][毛]隕。

集　故稱晏駕　○稱，[秘閣]秤。按：稱、秤音通。

集　猶謂宮車當駕而晚出　○[秘閣]無「晚」字。

〔君卒然捐館舍〕　瀧二八・八，慶一三左一，殿一二右六，淩一三右四。○[札記]中統「卒然」下衍「有」字。

〔是事之不可知者二也〕　瀧二八・六，慶一三右九，殿一二右五，淩一三右五。○[秘閣]無「是」字。

〔亦無可奈何〕　瀧二八・九，慶一三左三，殿一二右七，淩一三右七。○[秘閣][楓][三]無「亦」字。

〔乃入言於王曰〕 瀧二八・一〇，慶一三左四，殿一二右八，凌一三右九。〇於，秘閣之。

〔昭王召王稽拜爲河東守〕 瀧二九・二，慶一三左七，殿一二左一，凌一三左二。〇秘閣昭王召王稽拜以爲——。

〔三歲不上計〕 瀧二九・三，慶一三左七，殿一二左一，凌一三左二。

集 凡郡掌治民進賢勸功決訟檢姦 〇秘閣凡郡守掌治民——。掌，慶彭游凌殿長，札記宋本、毛本與續漢百官志合。各本「掌」訛「長」。

集 所至縣 〇至，秘閣生。

集 案訊問諸囚 〇訊，秘閣信。

集 歲盡遣吏上計 〇吏，秘閣使。

〔盡以報所嘗困戹者〕 瀧二九・五，慶一三左一〇，殿一二左四，凌一三左五。〇秘閣盡以報所嘗與困戹者。南化楓棭三梅盡以報所嘗共困戹者。

〔睚眦之怨必報〕 瀧二九・六，慶一四右一，殿一二左五，凌一三左六。

索 音士賣反 〇賣，殿資。按：景印慶元本「賣」改「資」。

索 又音崖債二音 〇耿慶彭游凌殿無此六字。

索 謂相嗔而怒目切齒 〇耿慶彭游凌殿此注八字作「謂相嗔怒而見齒也」。

〔秦昭王之四十二年〕 瀧二九・八，慶一四右二，殿一二左六，凌一三左七。〇秘閣有「一本二作四」五字注。

〔東伐韓少曲高平拔之〕　瀧二九・八，慶一四右二，殿一二左六，凌一三左七。

集　蘇代曰　○代，秘閣氏。

索　按蘇云起少曲一日而斷太行　○耿慶彭游凌殿無此注十二字。

索　故劉氏以爲蓋在太行西南　○耿慶彭凌游殿無「故」字。

正　春秋時　○慶彭凌殿「春秋」二字作「秦」字。札記二字各本誤作「秦」，考證改。

〔欲爲范雎必報其仇〕　瀧三〇・三，慶一四右六，殿一二左九，凌一四右一。○仇，殿讐。

〔乃詳爲好書遺平原君曰〕　瀧三〇・三，慶一四右六，殿一二左一〇，凌一四右一。○秘閣乃詳爲好書遺趙平原君曰。

〔願與君爲布衣之友〕　瀧三〇・四，慶一四右七，殿一二左一〇，凌一四右二。○友，秘閣交。

〔昔周文王得呂尚以爲太公〕　瀧三〇・六，慶一四右一〇，殿一三右三，凌一四右五。○秘閣——得呂尚而以爲太公。

〔齊桓公得管夷吾以爲仲父〕　瀧三〇・六，慶一四右一〇，殿一三右三，凌一四右六。○秘閣齊桓公得管夷吾而以爲仲父。

〔今范君亦寡人之叔父也〕　瀧三〇・七，慶一四左一，殿一三右四，凌一四右六。○君，秘閣南化楓棭三梅高雎。

〔貴而爲交者爲賤也〕 瀧三〇・九，慶一四左三，殿一三右六，凌一四右八。○交，景井蜀紹耿慶彭毛游凌殿友，南化楓棭三梅高校記「交」。按：秘閣本亦作「交」。

索 音如字 ○耿慶彭游凌殿無「音」字。

*__正__ 下爲于僞反言富貴而結交者本爲貧賤之人也 南化幻瀧。

〔吾舉兵而伐趙〕 瀧三一・四，慶一四左八，殿一三右一〇，凌一四左三。○秘閣無「而」字。

〔與魏齊亡閒行〕 瀧三一・七，慶一五右一，殿一三左二，凌一四左六。○秘閣無「亡」字。

〔夫虞卿躡屩擔簦〕 瀧三一・一〇，慶一五右四，殿一三左五，凌一四左九。○秘閣此七字作「夫虞卿攝蹻擔笠」。屩，慶彭游履，南化楓棭梅高校記「屩」。按：景印慶元本「履」改「屩」。

〔解相印捐萬户侯而閒行〕 瀧三二・三，慶一五右八，殿一三左八，凌一五右二。○萬，秘閣蔓。

〔卒取其頭予秦〕 瀧三二・六，慶一五左一，殿一四右一，凌一五右六。○取，秘閣持。

〔昭王四十三年〕 瀧三二・七，慶一五左二，殿一四右二，凌一五右六。○秘閣「四十」作「卌」。

〔秦攻韓汾陘拔之〕　瀧三二・七，慶一五左二，殿一四右二，凌一五右七。

索　陘音刑　○刑，耿慶彭游凌殿邢。

〔因城河上廣武〕　瀧三二・九，慶一五左五，殿一四右五，凌一五右一○。

索　蓋近河之地　○耿慶彭游凌殿蓋近河北之地。

〔趙以其故令馬服子代廉頗將〕　瀧三二・一○，慶一五左五，殿一四右五，凌一五右一○。

索　故虞喜志林云　○耿慶彭游凌殿無「故」字。

索　兵之首也號曰馬服者　○殿「也」、「號」二字互倒。

索　頗匹波反　○匹，慶彭索游凌殿疋。

〔已而與武安君白起有隙〕　瀧三三・三，慶一五左七，殿一四右七，凌一五左二。○秘閣已而應侯與武安君——。

〔言而殺之〕　瀧三三・三，慶一五左八，殿一四右八，凌一五左三。

集　在五十年　○秘閣無「在」字。

索　徐云五十年　○耿慶彭游凌殿無此注五字。

索　據秦本紀及年表而知之也　○耿慶彭凌游殿此注十一字作「徐據秦本及表而知也」九字。索據秦本紀年號表而知之。

〔任鄭安平使擊趙〕　瀧三三・四，慶一五左九，殿一四右八，凌一五左三。○秘閣景井耿慶彭毛游凌殿任鄭安平使將擊趙。

〈鄭安平爲趙所圍〉　瀧三三・四，慶一五左九，殿一四右九，凌一五左四。○圍，井紹耿慶彭毛游凌殿困。按：秘閣本有「諸本多作困」五字注。

〈秦之法任人而所任不善者〉　瀧三三・五，慶一五左一〇，殿一四右一〇，凌一五左五。○秘閣無「者」字。

〈而應侯曰益以不懌〉　瀧三三・九，慶一六右五，殿一四左四，凌一五左一〇。○秘閣南化楓棭三梅無「益」字。

〈臣聞主憂臣辱主辱臣死〉　瀧三三・一〇，慶一六右六，殿一四左五，凌一六右一。○秘閣「臣」下之「辱」字作「憂」。

〈吾聞楚之鐵劍利〉　瀧三四・二，慶一六右八，殿一四左六，凌一六右二。○鐵，秘閣鐡。下同。

〈則思慮遠〉　瀧三四・三，慶一六右九，殿一四左七，凌一六右三。○此下瀧川考證云：「秘閣本、藝文類聚『遠』下有『矣』字。」今按：秘閣本無「矣」字。瀧川考證誤。

〈吾恐楚之圖秦也不素具〉　瀧三四・四，慶一六右一〇，殿一四左八，凌一六右四。○秘閣無「吾」字。

〈蔡澤聞之往入秦也〉　瀧三四・七，慶一六左三，殿一五右一，凌一六右七。○秘閣請蔡澤聞之而往入秦。無「也」字。楓三脱此八字。按：秘閣本引點本有此八字。

〔游學干諸侯〕　瀧三四・八，慶一六左四，殿一五右二，凌一六右八。

正　不待禮曰干　○殿無此注五字。

〔百日之内持國秉〕　瀧三四・一〇，慶一六左六，殿一五右二，凌一六右一〇。○秘閣百日之内持國康「秉」作「康」。權，景井蜀紹耿慶彭游凌殿百日之内持國秉紹本作「乘」。政南化、楓、三、梅本「政」改「權」。按：紹本「秉」誤「乘」。

〔有之乎〕　瀧三四・一〇，慶一六左六，殿一五右四，凌一六右一〇。○耿慶彭凌游殿政有之乎。

索　按左傳國子實執齊秉　○耿慶彭游凌殿按左傳云國子實執齊秉。

〔曰若臣者何如〕　瀧三五・二，慶一六左七，殿一五右五，凌一六左一。○曰，秘閣今。

〔先生曷鼻巨肩〕　瀧三五・二，慶一六左八，殿一五右五，凌一六左二。

集　曷一作偈偈一作仰　○秘閣「偈一」二字作「又」字。耿殿無「偈偈一作」四字。

索　謂肩巨於項也　○耿慶彭游凌殿無「謂」字。

索　音其例反　○慶彭游凌殿無「音」字。

*正　曷鼻南化、梅、狩本有「言」字。有横文若蝎蟲南化、梅、狩本有「之形」二字。也胷或作肩言肩高南化、梅本無上七字。　南化幻梅狩瀧。

〔魋顔蹙齃厀攣〕　瀧三五・四，慶一六左九，殿一五右七，凌一六左三。○秘閣魋顔蹙齃歛灝權准折頞膝「厀」字作「膝」。攣。厀，景井蜀紹耿慶彭毛游凌殿膝。下同。

集　攣兩厀曲也　○秘閣無此注五字。

索　魁顔　○耿慶彭游凌殿無此注二字。

索　上魋音徒回反　○殿無「上」字，札記「上」字當衍。

索　謂兩膝又攣曲也　○耿慶彭游凌殿無「兩」字。

索　膝攣　○札記王本「膝」訛「脨」。

＊正　厀一本作膝攣卷緣反膝攣曲也　南化幻瀧。

〈殆先生乎〉　瀧三五・六，慶一七右一，殿一五右八，凌一六左五。

＊正　蔡澤實不醜而唐舉戲之揚雄解嘲言蔡澤噤吟而笑梅、狩本「笑」作「咲」。唐舉南化本有「唐奉」二字。誤甚也　南化幻梅狩瀧。

〈從今以往者四十三歲〉　瀧三五・八，慶一七右三，殿一五右一〇，凌一六左七。

○秘閣——四十三歲矣。

〈蔡澤笑謝而去〉　瀧三五・九，慶一七右三，殿一五左一，凌一六左八。○秘閣蔡澤曰吾受先生之賜及笑謝無「而」字。去。按：秘閣本有「一本此八字傍書不讀」九字注。

〈吾持粱刺齒肥〉　瀧三五・九，慶一七右四，殿一五左一，凌一六左八。○秘閣「刺齒」二字作「齧」字。梁，井紹慶彭游凌殿梁，高校記「梁」。下雜出。

集　刺齒二字當作齧又作齕也　○秘閣無此注十一字。按：疑據秘閣本，則此注十一字後人傍注溷入，於此秘閣本正文可證。

索　謂作粱米飯而持其器以食也　○作，[索]飯。

索　按剌齒二字字誤當爲齧字也齧肥　○[耿][慶][彭][游][凌][殿]此注十四字作「剌齒肥當爲齧肥」七字。

〔足矣〕　瀧三六・二，慶一七右七，殿一五左四，凌一七右一。○矣，[紹]以。按：紹本「矣」、「以」音近而誤。

〔之韓魏〕　瀧三六・三，慶一七右七，殿一五左七，凌一七右二。○之，[秘閣][景][井][蜀][紹][耿][慶][彭][游][凌][殿]入。

〔遇奪釜鬲於塗〕　瀧三六・三，慶一七右八，殿一五左八，凌一七右二。

集　之一作入　○[秘閣][景][井][蜀][紹][耿][慶][彭][游][凌][殿]無此注四字。

集　款足者謂之鬲　○款，[慶][彭][毛][游][凌][殿]疑。下同。[彭]無「者」字。

集　鼎曲腳　○[秘閣]鼎曲腳者。

索　父歷二音　○[耿][慶][彭][游][凌][殿]此注四字作「釜音父鬲音歷」六字。

索　空足是曲足云　○[耿][慶][彭][索][游][凌][殿]此注六字作「言其足中空也」。

索　見爾雅　○[耿][慶][彭][游][凌][殿]無此注三字。

索　郭氏云　○[慶][彭][游][凌][殿]而郭氏云。

索　鼎曲腳也　○也，[耿][凌][殿]者。按：景印慶元本「也」改「者」。

〔天下雄俊弘辯智士也〕　瀧三六・六，慶一七左一，殿一五左八，凌一七右六。○[秘閣]「雄俊」二字作「駿雄」。

〔應侯聞曰〕 瀧三六・八，慶一七左三，殿一五左九，凌一七右七。○秘閣無「聞」字。

〔吾既知之〕 瀧三六・八，慶一七左四，殿一五左一〇，凌一七右八。○秘閣無「之」字。

〔衆口之辯吾皆摧之〕 瀧三六・八，慶一七左四，殿一五左一〇，凌一七右八。○辯，紹通志辭。皆，通志能。

〔及見之又倨〕 瀧三六・一〇，慶一七左六，殿一六右二，凌一七右一〇。○倨，秘閣据。

〔吁君何見之晚也〕 瀧三七・二，慶一七左八，殿一六右三，凌一七左二。○秘閣「君」、「何」互倒。

〔成功者去〕 瀧三七・三，慶一七左八，殿一六右四，凌一七左二。○札記御覽引下有「未成者來」四字。

〔夫人生百體堅彊〕 瀧三七・三，慶一七左九，殿一六右四，凌一七左三。○百，南化楓棭三梅高四。按：秘閣本引一本亦「百」作「四」。

〔豈不辯智之期與〕 瀧三七・六，慶一八右一，殿一六右七，凌一七左六。○秘閣無「不」字。

〔富貴顯榮〕 瀧三七・七，慶一八右三，殿一六右八，凌一七左七。○秘閣「富」、「貴」互倒。

〔成理萬物〕 瀧三七・七，慶一八右三，殿一六右八，凌一七左七。○秘閣得志天下成理萬物。

〔終其天年而不夭傷〕　瀧三七・七，慶一八右四，殿一六右九，凌一七左七。○傷，[秘閣]殤。

〔澤流千里〕　瀧三七・九，慶一八右五，殿一六右一〇，凌一七左九。

*正　王逸云至美曰純齊同曰粹　[南化][梅][高]。

〔與天地終始〕　瀧三七・九，慶一八右六，殿一六右一〇，凌一七左一〇。○[秘閣]無「始」字。

〔豈道德之符〕　瀧三七・一〇，慶一八右六，殿一六左一，凌一七左一〇。○[秘閣][南化][楓][棭][三][梅][高]豈非道德之符。

〔應侯知蔡澤之欲困己以説〕　瀧三八・三，慶一八右九，殿一六左三，凌一八右二。

集　式絀反　○[秘閣]無此注三字。絀，[景][井][紹][蜀][殿]拙。式，[毛]或。

〔設刀鋸以禁姦邪〕　瀧三八・五，慶一八左一，殿一六左五，凌一八右四。○[秘閣]故設刀鋸——。

〔蒙怨咎欺舊友〕　瀧三八・六，慶一八左二，殿一六左六，凌一八右五。○[耿][毛]「怨」、「咎」互倒。按：秘閣本「友」傍有「交」字。[札記]宋本、毛本倒。

〔奪魏公子卬安秦社稷利百姓〕　瀧三八・六，慶一八左二，殿一六左六，凌一八右六。○[秘閣]此十二字作「安秦社稷利百姓是以奪魏公子卬」十四字。

〔卒爲秦禽將破敵〕　瀧三八・六，慶一八左三，殿一六左七，凌一八右六。○破，秘閣攻。

〔行義不辟難〕　瀧三八・八，慶一八左六，殿一六左九，凌一八右九。

集　一云不困毀訾　○秘閣此注六字作「不因人毀訾」五字。毛「訾」字作「此言」二字。札記｜毛本誤分作「此言」二字。

〔然爲霸主强國〕　瀧三八・九，慶一八左六，殿一六左九，凌一八右九。○主，通志王。｜秘閣本「主」傍有「王」字。

〔不辭禍凶〕　瀧三八・九，慶一八左六，殿一六左九，凌一八右九。○辭，秘閣南化楓棭三梅離。

〔主雖困辱〕　瀧三八・一〇，慶一八左七，殿一六左一〇，凌一八右一〇。○秘閣主雖有困辱。主，通志王。下同。

〔悉忠而不解〕　瀧三八・一〇，慶一八左七，殿一六左一〇，凌一八右一〇。○解，秘閣懈。

〔成功而弗矜〕　瀧三九・一，慶一八左八，殿一七右一，凌一八左一。

*__正__　離力智反　南化幻。

〔是故君子以義死難〕　瀧三九・二，慶一八左一〇，殿一七右二，凌一八左二。○秘閣楓三無「死難」二字。

〔而憐其臣子〕　瀧三九・九，慶一九右七，殿一七右八，凌一八左九。○秘閣無「而」字。

索　言比干子胥申生　○耿慶彭索游凌殿金陵言以比干子胥申生。按：瀧本誤脫。

索　皆以至忠孝而見誅放　○耿慶彭游凌殿無「以」字。

索　故天下言爲其君父之所僇　○耿慶彭游凌殿故今天下言爲其君父之所僇。

〔夫待死而後可以立忠成名〕　瀧四〇・二，慶一九右一〇，殿一七左一，凌一九右二。○秘閣有「一本忠作功」五字注。

〔豈不期於成全邪〕　瀧四〇・三，慶一九左二，殿一七左三，凌一九右四。○紹無「成」字。

〔豈不亦忠聖乎〕　瀧四〇・七，慶一九左六，殿一七左七，凌一九右八。○慶彭凌無「忠」字。按：景印慶元本補「忠」字。

〔以君臣論之〕　瀧四〇・八，慶一九左六，殿一七左七，凌一九右九。○秘閣南化楓棭三梅高無「臣」字。

〔孰與秦孝公楚悼王越王乎〕　瀧四一・一，慶一九左一〇，殿一七左一〇，凌一九左二。○秘閣「悼」下之「王」字、「乎」字並無。

〔今主親忠臣〕　瀧四一・二，慶二〇右一，殿一八右一，凌一九左三。○主，殿王。

〔不過秦孝公楚悼王越王〕　瀧四一・二，慶二〇右二，殿一八右一，凌一九左四。○秘閣「公」字、「悼」下之「王」字並無。

〔批患折難〕　瀧四一・三，慶二〇右三，殿一八右三，凌一九左五。

索　批白結反　○耿慶彭游凌殿批音白結反。

〔主之威蓋震海内〕　瀧四一・五，慶二〇右五，殿一八右四，凌一九左七。○南化楓棭三梅高其主之威蓋震海内。

〔功彰萬里之外〕　瀧四一・五，慶二〇右六，殿一八右五，凌一九左七。○彰，秘閣章。

按：「章」、「彰」古通。下同。

〔今主之親忠不忘舊故〕　瀧四一・七，慶二〇右七，殿一八右六，凌一九左九。○主，詳節王。

〔進退盈縮〕　瀧四二・三，慶二〇左二，殿一八左一，凌二〇右四。○盈，秘閣羸，楓三羸。

〔飛龍在天〕　瀧四二・五，慶二〇左四，殿一八左二，凌二〇右五。○天，紹大。

〔是以聖人制禮節欲〕　瀧四二・九，慶二〇左九，殿一八左六，凌二〇右一〇。○人，秘閣南化楓棭三梅王。

〔用之有止〕　瀧四二・一〇，慶二〇左一〇，殿一八左七，凌二〇左一。○止，通志度。

〔故志不溢〕　瀧四二・一〇，慶二〇左一〇，殿一八左七，凌二〇左一。○故，通志則。

〔夏育太史噭〕　瀧四三・四，慶二一右四，殿一九右一，凌二〇左五。○噭，秘閣敫。

〔然而身死於庸夫〕　瀧四三・五，慶二一右六，殿一九右二，凌二〇左七。

集 呼一作暗 ○暗，[秘閣]音。

索 夏育太史噉 ○[耿][慶][彭][游][凌][殿]無此注五字。

索 賁育也 ○[楓][三]「賁育」二字作「孟賁」。

索 未知爲誰所殺 ○[慶][彭][游][凌][殿]此注六字作「未知誰之所殺」。

正 火故反 ○火，[慶][彭][凌][殿]大。

〔此皆乘至盛而不返道理〕 瀧四三・七，慶二一右七，殿一九右三，凌二〇左八。○返，[秘閣]反。按：返、反古通，下同。

〔不居卑退處儉約之患也〕 瀧四三・七，慶二一右七，殿一九右四，凌二〇左八。○[秘閣]無「處」字。

〔尊爵必賞有罪必罰〕 瀧四三・九，慶二一右九，殿一九右五，凌二〇左一〇。○[秘閣]無「必賞有罪」四字。[楓][三]無「有罪必罰」四字。

〔以静生民之業〕 瀧四三・一〇，慶二一右一〇，殿一九右六，凌二一右一。○[秘閣]無「生」字，而「業」字作「生」。

〔一室無二事〕 瀧四四・一，慶二一左一，殿一九右七，凌二一右一。○一，[蜀]二。按：蜀本誤。

〔故秦無敵於天下〕 瀧四四・三，慶二一左二，殿一九右八，凌二一右三。○[秘閣]故有秦無敵於天下。

〔立威諸侯〕　瀧四四・三，慶二一左三，殿一九右八，凌二一右三。○秘閣立威於諸侯。

〔以與楚戰〕　瀧四四・五，慶二一左五，殿一九右一〇，凌二一右五。○秘閣無「戰」字。

〔北阮馬服〕　瀧四四・七，慶二一左六，殿一九左一，凌二一右六。○阬，秘閣景井蜀紹耿慶彭凌殿坑。

〔盡之于長平之下〕　瀧四四・八，慶二一左七，殿一九左二，凌二一右七。○秘閣無「于」字。

〔沸聲若靁〕　瀧四四・八，慶二一左七，殿一九左二，凌二一右八。○靁，秘閣毛雷。

〔楚趙天下之彊國〕　瀧四四・九，慶二一左八，殿一九左三，凌二一右八。○秘閣「楚」、「趙」互倒。

〔楚趙皆懾伏〕　瀧四四・一〇，慶二一左九，殿一九左四，凌二一右九。○懾，秘閣攝。

〔白起之勢也〕　瀧四四・一〇，慶二一左一〇，殿一九左四，凌二一右一〇。○秘閣無「之」字。

〔而遂賜劒死於杜郵〕　瀧四五・一，慶二二右一，殿一九左五，凌二一左一。○秘閣楓三梅無「劒」字。

〔損不急之官〕　瀧四五・三，慶二二右二，殿一九左六，凌二一左二。○損，秘閣捐。

〔禁游客之民〕　瀧四五・三，慶二二右三，殿一九左七，凌二一左三。○客，南化楓棭三梅高宕，毛說。

〔南收楊越〕 瀧四五・四，慶二三右三，殿一九左七，凌二一左四。○楊，殿通志揚。

〔禁朋黨以勵百姓〕 瀧四五・六，慶二三右五，殿一九左九，凌二一左五。○勵，秘閣景井紹耿慶毛彭游凌殿厲。

〔大夫種爲越王深謀遠計〕 瀧四五・八，慶二三右七，殿一九左一〇，凌二一左六。○遠，秘閣楓三建。

〔免會稽之危〕 瀧四五・八，慶二三右七，殿一九左一〇，凌二一左七。○危，秘閣厄。

〔卒擒勁吳〕 瀧四六・一，慶二三右一〇，殿二〇右三，凌二一左九。○擒，秘閣禽。

〔功成不去〕 瀧四六・三，慶二三左一，殿二〇右四，凌二三右一。○秘閣無「功」字。楓三功成去不去。

〔禍至於身〕 瀧四六・三，慶二三左一，殿二〇右四，凌二三右一。○身，秘閣景井紹耿慶彭凌此。

〔往而不能返者也〕 瀧四六・三，慶二三左二，殿二〇右四，凌二三右二。

索 謂志已展而不退 ○殿「志」、「已」互倒。

〔長爲陶朱公〕 瀧四六・五，慶二三左三，殿二〇右六，凌二三右三。○秘閣無「公」字。

〔此皆君之所明知也〕 瀧四六・六，慶二三左六，殿二〇右九，凌二三右六。

集　班固弈指曰　○指，殿旨。
集　博縣於投　○秘閣此注四字作「博懸於枰」。按：懸、縣古通。
集　不必在行　○必，秘閣多。
索　或欲分功者　○耿慶彭游凌殿無「欲分功者」四字。
索　則投地而分功以遠救也　○耿慶彭游凌殿此注十字作「則大投地分而分功以遠救」十一字。
索　音平　○耿慶彭游凌殿「音平」二字作「枰」字。
〔利施三川〕　瀧四六・一〇，慶二二左七，殿二〇右一〇，凌二二右七。○秘閣南化楓三梅無「利」字。
〔吾聞之鑒於水者〕　瀧四七・六，慶二三右二，殿二〇左四，凌二二左二。○秘閣以吾聞之鑒於水者。
〔四子之禍〕　瀧四七・八，慶二三右四，殿二〇左六，凌二二左四。○禍，秘閣福。
〔讓賢者而授之〕　瀧四七・九，慶二三右五，殿二〇左七，凌二二左五。○秘閣無「而」字。
〔退而巖居川觀〕　瀧四七・九，慶二三左五，殿二〇左七，凌二二左五。○巖，秘閣嚴。
〔孰與以禍終哉〕　瀧四八・一，慶二三右七，殿二〇左八，凌二二左七。
＊正　王喬周靈王梅、狩本無「王」字。太子晉也赤松子神農時雨師也　南化幻梅狩瀧。
〔即君何居焉〕　瀧四八・二，慶二三右七，殿二〇左九，凌二二左七。○秘閣「即」字、「何居

焉」三字並無。

〔忍不能自離〕　瀧四八·二，慶二三右八，殿二〇左九，淩二二左八。○秘閣無「自」字。

〔信而不能詘〕　瀧四八·三，慶二三右九，殿二〇左一〇，淩二二左九。○信，秘閣伸。

〔吾聞欲而不知止〕　瀧四八·四，慶二三左一，殿二一右一，淩二二左一〇。○止，秘閣上。

〔失其所以欲有而不知足〕　瀧四八·五，慶二三左一，殿二一右二，淩二二左一〇。○秘閣無「以」字而「欲」、「有」互倒。

〔失其所以有〕　瀧四八·五，慶二三左一，殿二一右二，淩二三右一。○秘閣無「以」字而「有」字作「欲」。

〔敬受命〕　瀧四八·六，慶二三左二，殿二一右三，淩二三右一。○命，秘閣楓三令。

按：秘閣本引一本無「敬」字。

〔於是乃延入坐爲上客〕　瀧四八·六，慶二三左二，殿二一右三，淩二三右二。○秘閣無「爲」字。

〔臣之見人甚衆〕　瀧四八·九，慶二三左二，殿二一右六，淩二三右五。○甚，秘閣其。

〔號爲綱成君〕　瀧四九·三，慶二三左一〇，殿二一右一〇，淩二三右九。○札記舊刻「綱」作「剛」。

〔長袖善舞〕　瀧四九·七，慶二四右四，殿二一左三，淩二三左二。○舞，秘閣儛。

〔一切辯士〕　瀧四九・八，慶二四右五，殿二一左四，凌二三左三。〇切，毛世。

〔非計策之拙〕　瀧四九・九，慶二四右六，殿二一左五，凌二三左四。〇秘閣無「之」字。

〔所爲說力少也〕　瀧四九・九，慶二四右六，殿二一左五，凌二三左四。〇秘閣所爲說者力少也。

〔繼踵取卿相〕　瀧四九・九，慶二四右七，殿二一左五，凌二三左五。〇秘閣無「卿」字。

〔然二子不困戹惡能激乎〕　瀧五〇・三，慶二四右九，殿二一左七，凌二三左七。〇秘閣然二子不戹困「困」、「戹」互倒。惡能感激乎。按：秘閣本有「貞不取感字」五字注。

索　范雎蔡澤也　〇彭此五字作「范蔡也」三字。

索　睢厄於魏齊　〇耿慶彭游凌殿無「魏」字。

索　是也　〇彭無「是也」二字。

索　託載而西　〇託，殿槖。

史記會注考證校補卷八十

樂毅列傳第二十

〔魏文侯封樂羊以靈壽〕　瀧二·二，慶一右三，殿一右八，凌一右四。

索　桓公所都也　○【耿】【慶】【彭】【游】【凌】【殿】桓公所都之地。各本「也」作「地」。

〔復滅中山〕　瀧二·四，慶一右五，殿一右一〇，凌一右六。

索　中山魏雖滅之至又滅之也二十四字　○【殿】無此注二十四字。

*正　鮮虞子重更幻本無「更」字。得封中山復符富反　【南化】【梅】【狩】【瀧】。

〔燕國小辟遠〕　瀧二·八，慶一右一〇，殿一左三，凌一左一。○辟，【南化】【楓】【棭】【三】【梅】僻。

〔於是屈身下士〕　瀧二·八，慶一右一〇，殿一左四，凌一左一。○屈，【南化】【楓】【棭】【三】【梅】詘。

〈先禮郭隗以招賢者〉　瀧二・九，慶一左一，殿一左四，凌一左二。

正　燕昭王問於隗曰　○慶彭凌無「王」字。

正　匈奴驅馳樓煩之下　○殿「驅」、「馳」互倒。

正　今王將自東面　○面，慶彭西，南化梅高校記「面」。按：景印慶元本「西」改「面」。

正　則厮役之才至矣　○厮，殿厠。才，梅材。按：才、材古通。

正　北面等禮　○北，梅西。

正　西面逡巡以求臣　○西，梅北。

正　誠欲與王霸同道　○殿「王」、「霸」互倒。

〈燕王以客禮待之〉　瀧三・三，慶一左六，殿一左九，凌一左八。○南化楓棭三梅燕昭王以客禮待之。

〈南敗楚相唐眛於重丘〉　瀧三・六，慶一左八，殿二右一，凌一左九。○眛，景井蜀耿慶彭毛游凌殿昧。下同。

索　屬平原　○札記叢説云：「平原在齊西北，不得云『南』。左氏襄十七年傳『飲馬於重丘』，杜注：『重丘，曹邑，此時當屬楚。』」

〈西摧三晉於觀津〉　瀧三・七，慶一左九，殿二右二，凌一左一〇。札記志疑云：「『津』當作『澤』。」

〈於是使樂毅約趙惠文王〉　瀧四・三，慶二右五，殿二右七，凌二右七。○耿無「使」字。

〔令趙嚪説秦以伐齊之利〕　瀧四・三，慶二右六，殿二右八，凌二右七。○景井蜀紹耿慶彭毛游凌殿無「説」字。札記索隱本有「説」字。

〔燕昭王悉起兵〕　瀧四・五，慶二右八，殿二右一○，凌二右一○。○紹「悉」字作「燕趙」二字。

〔而燕軍樂毅獨追至于臨菑〕　瀧四・九，慶二左一，殿二左三，凌二左三。○紹無「至」字。

〔樂毅攻入臨菑〕　瀧五・一，慶二左三，殿二左三，凌二左四。○攻，詳節遂。

〔輸之燕〕　瀧五・一，慶二左四，殿二左五，凌二左五。

*正　鹵掠齊寶器也　南化幻梅狩瀧。

〔號爲昌國君〕　瀧五・三，慶二左五，殿二左六，凌二左七。

正　在淄州淄川縣東北四十里也　○川，凌州。按：凌本「州」、「川」訛。

〔於是燕昭王收齊鹵獲以歸〕　瀧五・四，慶二左六，殿二左七，凌二左八。

*正　鹵掠所獲之寶器也　南化幻梅狩瀧。

〔而使樂毅復以兵平齊城之不下者〕　瀧五・四，慶二左七，殿二左八，凌二左八。○平，楓三圍，梅——平齊藏城之——。

〔惠王自爲太子時〕　瀧五・七，慶二左一○，殿二左一○，凌三右一。○自，凌目。

〔南面而王齊〕　瀧五・九，慶三右三，殿三右三，凌三右四。○殿無「齊」字。

〔以警動於燕齊〕　瀧六・三，慶三右八，殿三右六，淩三右九。

＊正　諸之也言王起望君之日久矣故號望諸君也太公世家吾望子久矣故號曰太公望上十五字非正義注文。南化 幻 梅 狩 瀧。

〔以故破軍亡將失齊〕　瀧六・八，慶三左一，殿三右一〇，淩三左二。〇紹「亡」字空格。

〔且休計事〕　瀧七・三，慶三左八，殿三左六，淩三左八。〇蜀 紹 殿「且」、「休」互倒。

〔樂毅報遺燕惠王書曰〕　瀧七・五，慶三左一〇，殿三左八，淩四右一。〇詳節無「報」字。

〔臣竊觀先王之舉也〕　瀧八・二，慶四右七，殿四右四，淩四右七。〇南化 楓 棭 三 梅 高臣竊觀先王之舉錯也。

〔見有高世主之心〕　瀧八・三，慶四右八，殿四右五，淩四右八。

正　樂毅見燕昭王　〇彭無「王」字。按：彭本誤脱。

〔而舉之濟上〕　瀧九・五，慶四左九，殿四左五，淩四左九。

正　濟上在濟水之上　〇慶 彭 淩 此注七字作「濟水之上在齊上」。札記官本如此，各本錯作「濟水之上在齊上」。

〔長驅至國〕　瀧九・七，慶五右一，殿四左六，淩四左一〇。〇國，楓 棭 三 梅 齊。

〔齊王遁而走莒〕　瀧九・七，慶五右一，殿四左六，淩五右一。〇南化 楓 棭 三 梅 齊王遁逃而走莒。

〔齊器設於寧臺〕瀧九・九，慶五右二，殿四左七，凌五右二。

正 燕元英　○燕，殿按。

〔故鼎反乎磿室〕瀧九・一〇，慶五右四，殿四左九，凌五右四。○磿，景井蜀紹慶彭毛游凌殿磨。下同。札記舊刻「磿」，各本訛「磨」。

正 燕宮名也　○彭無「燕」字。

〔植於汶篁〕瀧一〇・一，慶五右六，殿五右一，凌五右六。

索 皆植齊王汶上之竹也　○耿慶彭游凌殿無「皆」字。耿無「王」字。

〔自五伯已來〕瀧一〇・三，慶五右八，殿五右三，凌五右八。○已，游以。

〔先王以爲慊於志〕瀧一〇・四，慶五右九，殿五右四，凌五右九。○札記此慊當訓愜。訓足，注非。

〔使得比小國諸侯〕瀧一〇・四，慶五右一〇，殿五右五，凌五右一〇。

索 按慊音苦簟反　○耿「慊」字作「兼」而「苦」字作「若」。

索 作嗛　○耿慶彭游凌殿亦作嗛。

〔施及乎萌隸〕瀧一〇・九，慶五左六，殿五右一〇，凌五左六。

***正** 施及上式鼓反　南化。

〔昔伍子胥説聽於闔閭〕瀧一一・一，慶五左七，殿五左一，凌五左七。○闔，凌門。按：凌本訛。

〔賜之鴟夷而浮之江〕　瀧一一・二，慶五左八，殿五左二，凌五左八。○紹「賜」字作「陽」而「鴟」字作「鳲」。

〔故沈子胥而不悔〕　瀧一一・三，慶五左九，殿五左三，凌五左九。○沈，游波。按：游本誤。

*正　吴王不悟合先論子胥功績可以封爵之卒不改故沈子胥而不悔責也　南化 梅。

〔子胥不蚤見主之不同量〕　瀧一一・三，慶五左一〇，殿五左三，凌五左一〇。○南化 楓 棭 三 梅 高 子胥不蚤見二主之不同量。

〔是以至於入江而不化〕　瀧一一・四，慶五左一〇，殿五左四，凌五左一〇。

索　言子胥懷恨　○懷，耿 慶 彭 游 凌 殿 怨。

索　猶爲波濤之神也　○神，索 臣。

*正　化變改也言子胥不早見吴王不同度量則遠近千里會至身至入江而不變故責於胥也樂毅早初投於趙得燕王陷於不義身不免於僇辱也　南化 梅。

〔夫免身立功〕　瀧一一・五，慶六右一，殿五左五，凌六右一。○免，南化 楓 棭 三 高 勉。

〔以明先王之迹〕　瀧一一・六，慶六右二，殿五左五，凌六右二。○迹，蜀 名。按：蜀本涉下而訛。

〔離毀辱之誹謗〕　瀧一一・六，慶六右二，殿五左五，凌六右二。

*正　離音曆誹謗來也　南化。

〔墮先王之名〕瀧一一・六，慶六右三，殿五左六，凌六右三。○名。游明。按：游本因名、明音相近而訛。

〔臨不測之罪〕瀧一一・七，慶六右四，殿五左七，凌六右四。

***正** 即臨不測之罪以幸免爲利今我仍義先王之恩身得免於刑戮所以不敢出相見 贊異。

〔義之所不敢出也〕瀧一一・七，慶六右四，殿五左七，凌六右四。

索 今我仍義先王之恩 ○王，索生。

〔交絶不出惡聲〕瀧一一・九，慶六右六，殿五左八，凌六右六。

正 言君子之人 ○慶彭凌無「言」字。札記官本有「言」字。

〔不絜其名〕瀧一一・一〇，慶六右七，殿五左九，凌六右七。○絜，凌潔。

索 不自絜其名云己無罪 ○絜，慶彭凌殿潔。

〔數奉教於君子矣〕瀧一二・一，慶六右九，殿六右一，凌六右九。

索 言我己數經奉教令於君子 ○己，耿慶彭游凌殿以。按：瀧「己」，「已」之訛。

索 不說王之有非 ○非，彭罪，楓三校記「非」。

〔唯君王之留意焉〕瀧一二・三，慶六左一，殿六右四，凌六左二。

集 夏侯玄曰觀樂生遺燕惠王書 ○玄，耿立。

集 又其喻昭王曰 ○又，耿人。

集 務以天下爲心者 ○彭無「者」字。楓三校記「者」。

集 圍城而害不加於百姓　○城，耿戎。

集 則幾於湯武之事矣

*正 幾音幾謂庶幾　南化。

集 樂生方恢大綱以縱二城　○綱，景井耿慶彭毛凌殿綱。

集 顧仇其上　○顧，毛頋。按：毛本誤。

集 願釋干弋賴我　○釋，游擇。願，毛儀。按：游、毛本誤。

集 智無所施之　○無，耿謀。

集 賢智託心　○託，紹記。

集 若乃逼之以威　○逼，耿遇。威，紹滅。按：「逼」，耿本形近訛爲「遇」。紹本「滅」，「威」之訛。

集 奓殺傷之殘　○奓，彭凌受，楓三校記「奓」。奓，紹多。

集 既大墮稱兵之義

*正 墮許規反　南化。

集 而喪濟溺之仁　○溺，耿弱。

集 雖二城幾於可拔

*正 幾音忻　南化。

集 其與鄰國何以相傾　○其，慶彭甚，南化梅校記「其」。按：景印慶元本「甚」改「其」。

集 未可量也　○殿未可量者也。

〔於是燕王復以樂毅子樂閒爲昌國君〕　瀧一三・七，慶七右六，殿六左九，凌七右九。

索　閒音紀閑反　○閑，索間。

索　樂毅之子也　○耿慶彭游凌殿無此注五字。

〔復通燕燕趙以爲客卿〕　瀧一三・八，慶七右七，殿六左一○，凌七右一○。○紹毛詳節不重「燕」字。

〔然後二子退隱〕　瀧一五・一，慶七左八，殿七左一，凌八右二。

索　民志不入　○民，耿人。

索　又獄囚自出　○囚，耿曰。按：耿本誤。

索　而士師不爲守法也　○耿慶彭游凌殿而士師不爲之守法也。

*正　言民志不爲罪咎而南化、幻、梅本有「不」字。入獄是囚「囚」字梅本作「内」字，狩本作「門」字。自出若箕子商容是也　南化幻梅狩瀧。

〔不相盡以告鄰里〕　瀧一五・五，慶八右一，殿七左三，凌八右四。○告，耿牛。按：耿本誤。

〔二者寡人不爲君取也〕　瀧一五・六，慶八右二，殿七左四，凌八右五。

正　是寡人不爲君取之　○爲，慶彭凌謂。

〔襄王使樂乘代廉頗〕　瀧一六・五，慶八右七，殿七左八，凌八右一○。○代，毛伐。按：毛本誤。

〔號曰華成君〕　瀧一六・八，慶八右一○，殿八右一，凌八左三。○成，毛城。下同。

集　在北新城　○北，慶彭凌此，楓三校記「北」。按：景印慶元本「此」改「北」。

〔而樂氏之族有樂瑕公樂臣〕　瀧一六・九，慶八左一，殿八右二，凌八左四。

＊**正**　巨音詎本作臣者誤　南化幻梅狩瀧。

〔安期生教毛翕公〕　瀧一七・五，慶八左七，殿八右七，凌八左一〇。○生，耿安。按：耿本涉上而訛。

〔樂瑕公教樂臣公〕　瀧一七・六，慶八左八，殿八右八，凌八右一〇。

＊**正**　蓋姓也史記不名樂閒樂乘南化、梅本「樂間」、「樂乘」互易。墓並在邯鄲縣南八里蓋音古盍反　南化幻梅狩瀧。

〔樂臣公教蓋公〕　瀧一七・六，慶八左八，殿八右九，凌九右一。

索　蓋公史不記名　○耿無「公」字。

〔爲曹相國師〕　瀧一七・八，慶八左九，殿八右一〇，凌九右二。

索　昌國忠讜　○昌，詳節報。

索　燕王受閒　○慶彭游凌殿「受閒」二字作「將受」。

史記會注考證校補卷八十一

廉頗藺相如列傳第二十一

〔取陽晉〕 瀧二・六，慶一右三，殿一右八，凌一右四。○景衲耿慶彭毛游凌殿「陽」、「晉」互倒。札記索隱本作「陽晉」，各本誤倒。説見六國表。

〔以勇氣聞於諸侯〕 瀧二・六，慶一右五，殿一右一〇，凌一右六。

正 故城 ○凌按晉陽故城。

正 在今曹州乘氏縣西北四十七里也 ○慶彭殿無「今」字。

〔得楚和氏璧〕 瀧二・九，慶一右六，殿一左一，凌一右八。

＊**正** 繆亡又反姓也 南化幻謙梅狩瀧。

〔使人遺趙王書〕 瀧三・一，慶一右七，殿一左二，凌一右八。○楓三使人遺趙王書曰。

〔願結友〕 瀧三・七，慶一左四，殿一左七，凌一左五。○札記褋志云「『友』，『交』之誤。」

文選恨賦注、御覽治道部引並作『交』。」

〈怒髮上衝冠〉 瀧五·一，慶二右一〇，殿二左二，淩二右一〇。〇衝，[南化][楓][棭][三][梅]穿。

〈使人發書至趙王〉 瀧五·二，慶二左一，殿二左六，淩二左一。〇[南化][楓][棭][三][梅]無「至」字。[詳節]無「王」字。

〈臣乃敢上璧〉 瀧六·三，慶三右七，殿三右六，淩三右六。

集 則周禮九儀

***正** 周禮九儀謂公卿幻雲云「『卿』者『侯』之訛」。伯子男公卿大夫士 [南化][棭][謙][梅][狩]。

索 列士傳云設九牢也 〇[索]無「士」字。

正 九賓者周王之備禮 〇[慶][彭][淩][殿]「之」、「備」互倒。

正 秦趙何得九服 〇服，[慶][彭][淩][殿]賓，[楓]校記「服」。

〈舍相如廣成傳〉 瀧六·六，慶三右八，殿三右七，淩三右七。〇[景][井][蜀][耿][衲][慶][彭][毛][游][淩][殿]舍相如廣成傳舍。[札記]各本下衍「舍」字，索隱本無。襍志云「魏都賦『廣成之傳無以疇』，張載注引無」。

〈乃使其從者衣褐懷其璧〉 瀧七·二，慶三右九，殿三右八，淩三右九。〇[彭]「從」下有「去聲」二字注。[札記]王本下有「去聲」二字，各本集解無，蓋後人所增。

〈秦王與羣臣相視而嘻〉 瀧七·五，慶三左八，殿三左五，淩三左七。

索　乃驚而怒之辭也　○衲耿慶彭游凌嘻乃驚而怒之辭也。

***正**　嘻音希恨怒之聲　南化幻瀧。

〔會於西河外澠池〕　瀧八·三，慶四右六，殿四右三，凌四右三。

索　案表在趙惠文王二十年也　○年，凌里。

〔趙王畏秦欲毋行〕　瀧八·四，慶四右七，殿四右四，凌四右六。○札記舊刻「毋」作「不」。

〔請奏瑟趙王鼓瑟〕　瀧八·八，慶四左四，殿四右九，凌四左一。○楓棭三梅重「趙王」二字。

〔請奉盆缻秦王〕　瀧九·二，慶四左五，殿四右一〇，凌四左四。○奉，金陵奏，札記舊刻「奏」。御覽四百三十三，又七百五十八，元龜八百四十七，寰宇記五引並同。各本作「奉」，訛。襍志云：「奏，進也。上文曰『請奏瑟』，正相對。文選西征賦注引作『奏』。」

〔以相娛樂〕　瀧九·二，慶四左六，殿四左一，凌四左四。

索　缻音缶　○索此注三字作「盆缶二音」四字。

〔爲一擊缻〕　瀧九·六，慶四左一〇，殿四左五，凌四左九。○札記治要引「一」作「壹」。

〔某年月日〕　瀧九·六，慶五右一，殿四左六，凌四左九。○南化楓棭三梅野某年某月某日。

〔有攻城野戰之大功〕　瀧一〇·三，慶五右七，殿五右一，凌五右五。○札記襍志云：「文選西征賦注，後漢書寇恂傳注，御覽兵部、人事部、疾病部引並無『大』字。治要、通鑑同。」

〔我見相如〕 瀧一〇・五，慶五右九，殿五右三，凌五右七。○楓 棭 三 我一見相如。

〔於是舍人相與諫曰〕 瀧一〇・七，慶五右一〇，殿五右五，凌五右一〇。○楓 棭 三 梅 於是相如舍人相與諫曰。

〔今君與廉頗同列〕 瀧一〇・八，慶五左三，殿五右六，凌五左一。○札記 褋志云：「『頗』當爲『君』。文選盧諶覽古詩注、曹攄感舊詩注並引作『君』。治要同。」

〔廉君宣惡言〕 瀧一〇・九，慶五左三，殿五右七，凌五左一。○南化 楓 棭 三 梅 而廉君宣惡言。

〔藺相如固止之曰〕 瀧一〇・一〇，慶五左五，殿五右八，凌五左三。札記 治要云：「『固』，舊作『故』。」案：二字古通。

〔肉袒負荆〕 瀧一一・五，慶六右一，殿五左三，凌五左九。

索 負荆者荆楚也 ○耿「者」、「荆」互倒。按：耿本誤。

正 肉袒露膊 南化 幻 謙 梅 狩 野 瀧。

〔廉頗復伐齊幾拔之〕 瀧一一・八，慶六右五，殿五左六，凌六右二。

索 世家云惠文王二十三年頗將攻魏之幾邑取之 ○衲 慶 彭 游 凌 殿 無此注十九字。蓋合刻者所削。

索　戰國策云　○[衲][耿][慶][游][凌][殿]而戰國策云。

索　秦敗閼與及攻魏幾　○及，[衲][耿][慶][彭][游][凌][殿]反。

索　幾亦屬魏　○[衲][耿][慶][彭][游][凌][殿]是幾亦屬魏。

索　而裴駰引齊世家及年表無伐齊拔幾之事疑其幾是故邑　○[衲][耿][慶][彭][游][凌][殿]無此注二十三字，而有「故裴駰云」四字。

索　或屬齊魏故耳　○[衲][耿][慶][彭][游][凌][殿]或屬齊屬也。「故耳」二字作「也」字。

〔而平原君家不肯出租〕　瀧一二・七，慶六左二，殿六右四，凌六左一。○租，[蜀][紹][耿][慶][彭][游][凌][殿]趙，[札記]舊刻「租」，各本誤作「趙」。

〔國賦太平〕　瀧一三・二，慶六左九，殿六右一○，凌六左八。○太，[景][井][紹][衲][毛][殿]大，[札記]「平」，治要作「治」。

〔軍於閼與〕　瀧一三・三，慶六左一○，殿六左一，凌六左九。○[詳節]此四字作「圍閼與」三字。

〔王乃令趙奢將救之〕　瀧一三・七，慶七右四，殿六左四，凌七右二。○[札記]御覽二百八十二引「令」作「命」。

〔秦軍軍武安西〕　瀧一三・八，慶七右五，殿六左五，凌七右三。○[紹]不重「軍」字。按：御覽引史亦不重「軍字。」

〔閼與非趙地也〕　瀧一四・二，慶七右九，殿六左九，凌七右八。

正　趙之都也　○慶彭凌無「之」字。

〔乃卷甲而趨之〕　瀧一四・三，慶七左一，殿六左一〇，凌七右八。○南化楓棭三梅乃卷甲而行趨之。

〔胥後令〕　瀧一四・八，慶七左六，殿七右五，凌七左四。

索　須者待也　○彭殿無「者」字。

索　故更待後令也　○索無「令」字。

正　故云須後令也　○殿「也」字作「云耳」二字。

〔許歷復請諫〕　瀧一四・一〇，慶七左五，殿七右七，凌七左七。○索「復」、「請」互倒。

〔後至者敗〕　瀧一五・三，慶八右三，殿七左二，凌八右二。

正　趨之二日一夜　○趨，慶彭移。按：景印慶元本「移」改「趍」。札記官本「趨」，各本作「移」，蓋「趍」之訛。

〔時趙奢已死〕　瀧一五・一〇，慶八右八，殿七左六，凌八右七。

集　張華曰　○華，紹晏。

〔趙王信秦之閒秦之閒言曰〕　瀧一六・二，慶八左一，殿七左九，凌八右九。○紹毛不重「秦之閒」三字。札記「秦之閒」三字，王本不重。

〔然不謂善〕　瀧一六・八，慶八左七，殿八右三，凌八左五。○南化楓棭三梅然不謂之善。

〔使趙不將括即已〕　瀧一六・九，慶八左八，殿八右四，凌八左六。○札記 治要「即」作「則」。

〔身所奉飯飲而進食者以十數〕　瀧一七・二，慶八左一〇，殿八右七，凌八左八。○井 無「飲」字。札記 治要無「飲」字，疑衍。按：井本與札記引治要合。又按：一九五五年北京文學古籍刊行社景印井本洋裝本補「飲」字。

〔盡以予軍吏士大夫〕　瀧一七・四，慶九右二，殿八右八，凌八左一〇。○札記「士大夫」三字疑衍。

〔而日視便利田宅買者買之〕　瀧一七・九，慶九右五，殿八右一〇，凌九右二。○南化 楓 棭 三 無「買之」二字。

〔王以爲何如其父〕　瀧一七・一〇，慶九右五，殿八左一，凌九右三。○南化 楓 棭 三 梅 井 無「何」字。

〔縱奇兵詳敗走〕　瀧一八・四，慶九右九，殿八左四，凌九右六。○詳，紹 衲 慶 彭 凌 殿 佯，札記 毛本「詳」，各本作「佯」。

〔爲假相國〕　瀧一九・二，慶九左一〇，殿九右四，凌九左七。

索　信平號也徐廣云尉文邑名按漢書表有尉文節侯云在南郡蓋尉官也文名也謂取尉文所食之邑復以封頗而後號爲信平君　○凌 殿 此注五十字題「集解」。衲 慶 彭 游 凌 殿 無「後」字。

〔客曰吁君何見之晚〕　瀧一九・五，慶一〇右二，殿九右五，凌九左九。○吁，詳節 唯。

〔而攻燕拔武遂方城〕　瀧二〇・一，慶一〇右七，殿九右一〇，凌一〇右四。

索　方城屬廣陽也　○凌無「屬」字。

正　易州遂城也　○城，殿地。

〔趙以數困於秦兵〕　瀧二〇・二，慶一〇右九，殿九左三，凌一〇右五。○以，南化楓棭三梅趙。

〔趙王使使者視廉頗尚可用否〕　瀧二〇・四，慶一〇左一，殿九左三，凌一〇右八。○南化楓棭三梅趙王使使者視廉頗尚可得用否。

〔廉頗卒死于壽春〕　瀧二〇・一〇，慶一〇左七，殿九左九，凌一〇左四。○春，毛陽。

按：毛本誤。

正　在壽春縣北四里　○慶彭殿在壽州壽春縣北四里。

〔常居代鴈門備匈奴〕　瀧二一・一，慶一〇左九，殿九左一〇，凌一〇左六。

正　故云代鴈門也　○慶彭凌無「代」字。札記官本有「代」字，各本脱。

〔爲士卒費〕　瀧二一・二，慶一一右二，殿一〇右三，凌一〇左九。

索　按注如淳解莫大也云云　○衲耿慶彭游凌殿此注十字作「如淳解莫爲大非」七字。

索　又崔浩云　○衲耿慶彭游凌殿無「又」字。

索　古者出征爲將帥　○索無「將」字。「九」字作「帥」。

索　軍還則罷理無常處　○無，索「理」字而「常」字作「事」。

索 以幕帟爲府署 ○帟，游栾。

索 故曰莫府 ○莫，殿幕。

索 則莫當作幕字之訛耳 ○衲耿慶彭游凌殿「訛耳」二字作「誤也」。

〔厚遇戰士〕 瀧二一·四，慶一一右三，殿一〇右四，凌一一右一。○南化楓三梅「戰士」二字作「單于」。

索 閒諜上紀莧反下音牒 ○紀，耿約。莧，殿見。

***正** 戰士或本作單于者非也 南化棭謙梅狩野。

〔有敢捕虜者斬〕 瀧二一·五，慶一一右四，殿一〇右五，凌一一右一。

***正** 急入壘收斂而保護 南化幻狩野瀧。

〔邊不得田畜〕 瀧二一·九，慶一一右九，殿一〇右八，凌一一右六。

正 許六反 ○六，慶彭又。

〔牧曰〕 瀧二一·一〇，慶一一右一〇，殿一〇右一〇，凌一一右七。○楓三李牧曰。

〔選騎得萬三千匹〕 瀧二二·三，慶一一左四，殿一〇左三，凌一一右一〇。○南化楓三梅無「匹」字。

〔彀者十萬人〕 瀧二二·四，慶一一左五，殿一〇左四，凌一一左一。

***正** 彀滿弓張也言能滿弦張南化、幻、梅、狩本「弦張」二字作「張弓」。 射 南化幻棭謙梅狩瀧。

〔以千人數〕 瀧二二·六，慶一一左七，殿一〇左五，凌一一左三。

＊**正**　委之反以少年先常以委　南化棭謙梅狩。

〔滅襜委僞〕　瀧二二・九，慶一一左九，殿一〇左七，凌一一左五。〇襜，景井蜀紹耿慶彭游凌殿襜，毛檐。下注同。札記各本並从示，與集韵、類篇合。索隱本从衣，則後人以不習見而改，不知「襜」無都甘反。「襜」字、「襤」字，亦無合釋爲胡名者。然説文、玉篇、廣韵皆無「襜」、「襤」二字。馮唐傳「澹林」，集解徐廣曰：「『澹』一作『襜』。」單本索隱「澹，丁甘反。一本作『檐』。」「檻」字从木，今它本亦並改从衣。案：匈奴傳林胡，索隱、正義並引如淳云「林胡即儋林，爲李牧所滅」。然則「襜襤」即「儋林」也。此傳「襤」字，徐廣曰：一作「臨」，疑史文本作「儋臨」。「儋」，古「擔」字。亦或作「檐」。「臨」、「林」同音，「臨」與「監」形近義同，因以致誤。又涉「檐」字而增木旁，其从示、从衣，則皆因木旁形似而訛也。毛本此文作「檐襤」，「檐」字與馮唐傳、索隱單本合。

〔單于奔走〕　瀧二二・九，慶一一左一〇，殿一〇左九，凌一一左六。

集　在代北　〇北，景井衲耿慶彭毛游凌地。

索　上音都甘反下音路郯反如淳云胡名也　〇耿慶彭游凌殿無此注十六字。蓋合刻者所削。

＊**正**　襜襤胡南化、幻、梅、狩本「胡」作「故」。國名在代北　南化幻棭謙梅狩瀧。

〔龐煖破燕軍殺劇辛〕　瀧二三・二，慶一一右二，殿一一右一，凌一一左九。

索　亦音暄　〇亦，衲耿游又。暄，衲耿慶彭游凌殿暄。

索 仕燕者 ○[彭][殿]無「者」字。

〔秦破殺趙將扈輒於武遂〕 瀧二三・四，慶一一右三，殿一一右二，凌一一左一〇。○[景][井][蜀][紹][耿][慶][彭][游][凌]秦破趙殺各本「殺」、「趙」互倒。將扈輒於武遂城蜀、紹本無「城」字。[南化]「趙殺」改「殺趙」。[南化][楓][三][梅]——於武遂方城。[札記]各本「殺」、「趙」二字倒，索隱本不誤。又各本下衍「城」字，索隱本無。攷異云：「世家作『武城』。」

〔秦攻番吾〕 瀧二三・八，慶一一右七，殿一一右五，凌一一右四。

正 在相州房山縣東二十里也 ○相，[慶][彭][凌]桓。

〔趙使人微捕得李牧〕 瀧二四・六，慶一一左二，殿一一右一〇，凌一一右九。○微，[楓][棭][梅]徵。

〔然士或怯懦而不敢發〕 瀧二五・三，慶一一左七，殿一一左三，凌一一左三。

集 徐廣曰一作愜懦 ○[凌]「徐廣」二字作「索隱」。愜，[井][紹][衲][慶][彭][毛][游][凌]掘，[札記]「掘懦」二字，疑「㹤愞」之訛。舊刻作「愜懦」。

〔威信敵國〕 瀧二五・四，慶一一左七，殿一一左四，凌一一左四。

索 信音伸 ○伸，[衲][耿][慶][彭][游][凌][殿]申。

〔可謂兼之矣〕 瀧二五・五，慶一一左九，殿一一左五，凌一一左五。

索 壯氣熊熊 ○壯，[游]性。

史記會注考證校補卷八十二

田單列傳第二十二

〔不見知〕 瀧二・二，慶一右三，殿一右七，淩一右四。○知，南化、楓、棭、三、梅譔。

〔而田單走安平〕 瀧二・三，慶一右四，殿一右九，淩一右五。

集 在青州臨菑縣東十九里 ○菑，井淄。

〔而傅鐵籠〕 瀧二・五，慶一右七，殿一左一，淩一右八。

索 傅音附按截其軸與轂齊 ○衲、耿、慶、彭、游、淩、殿無「音附按」三字而有「者」字。

〔敗死〕 瀧三・一，慶一左四，殿一左八，淩一左五。○死，蜀卒，札記舊刻作「卒」，疑誤。

按：蜀本與札記引舊刻間合。

〔燕人士卒忿〕 瀧三・七，慶二右二，殿二右五，淩二右二。○南化、楓、棭、三、梅「忿」字作「分心」二字。

〔乃令城中人曰〕　瀧三・一〇，慶二右四，殿二右七，凌二右三。○楓三無「人」字。

〔東鄉坐師事之〕　瀧四・二，慶二右六，殿二右八，凌二右七。○南化楓棭三梅無「坐」字。

〔即墨敗矣〕　瀧四・五，慶二右九，殿二左一，凌二右一〇。

正　胡郎反　○胡，慶彭凌殿故，札記「胡」訛「故」，今正。

〔俱欲出戰〕　瀧四・八，慶二左三，殿二左五，凌二左三。○俱，景井蜀紹耿慶彭毛游凌其，殿共，札記舊刻「俱」，各本訛「其」。

〔妻妾編於行伍之閒〕　瀧五・一，慶二左五，殿二左六，凌二左五。

正　常負版插也　○版，耿慶彭游凌板。

〔令甲卒皆伏〕　瀧五・二，慶二左六，殿二左七，凌二左六。○甲，紹申。按：字形相似而訛。

〔遣使約降於燕〕　瀧五・二，慶二左七，殿二左八，凌二左七。○降，紹彭路，通志路。

〔令即墨富豪遺燕將曰〕　瀧五・三，慶二左八，殿二左九，凌二左八。○南化楓棭三梅令即墨富豪遺人南化、梅本「人」作「使」。遺燕將曰。

〔晝以五彩龍文〕　瀧五・六，慶三右一，殿三右一，凌三右一。○彩，殿綵。

〔五千人因銜枚擊之〕　瀧五・九，慶三右五，殿三右五，凌三右四。○銜，慶凌游衘，紹御。按：紹本誤。

〔皆畔燕而歸田單兵日益多乘勝〕　瀧六・二，慶三右八，殿三右七，凌三右八。○楓三重「田單」二字。

〔卒至河上〕　瀧六・三，慶三右九，殿三右八，凌三右八。

索　即齊之北界　○衲耿慶彭游凌殿無「即」字。

索　齊之舊地　○衲耿慶彭游凌殿此注四字作「蓋齊舊地也」五字。

〔號曰安平君〕　瀧六・五，慶三左一，殿三右一〇，凌三右一〇。

索　以單初起安平　○慶彭凌無「以」字。

〔以奇勝〕　瀧六・七，慶三左二，殿三左一，凌三左八。

索　注引魏武　○殿無「注」字。

〔奇正還相生〕　瀧六・九，慶三左二，殿三左三，凌三左四。○南化幻楓棭三梅狩有「正義本生字作當」七字注。

正　當猶合也　○慶彭凌殿「猶」、「當」二字互倒。

〔如環之無端〕　瀧六・一〇，慶三左五，殿三左四，凌三左五。

索　或用正法　○慶彭凌殿無此注四字。楓三校補此四字。

＊**正**　言奇與正相濟如環之無端緒　南化。

〔夫始如處女〕　瀧七・一，慶三左六，殿三左五，凌三左六。

索　言兵之始　○耿慶彭游凌殿無「之」字。

＊正　處女未嫁處在室也言田單初守城內如處女之示弱也　南化。

〔適人開户〕　瀧七・一，慶三左六，殿三左五，凌三左六。

索　適音敵若我如處女之弱　○耿慶彭游凌殿無「適音敵若我」五字而有「言兵始」三字。

正　易將及劓卒　○劓，慶彭凌殿被，札記「劓」誤「被」，考證改。

＊正　適音敵下同敵人謂燕軍也　南化。

〔後如脱兔適不及距〕　瀧七・三，慶三左八，殿三左七，凌三左八。

集　如女示弱　○示，游柔。

索　言克敵之後　○敵，慶凌捷，彭徒，梅校記「捷」。

索　如兔之得脱而疾走也　○耿慶彭游凌殿此九字作「有如兔之得脱而疾走也」十字。

索　若脱兔忽過而敵忘其所距也　○忽，彭怨。

＊正　言田單出城之後攻擊進疾如脱走之兔收齊七十餘城敵人不及距格也　南化。

〔初淖齒之殺湣王也〕　瀧七・五，慶三左一〇，殿三左九，凌四右一。○淖，耿慶彭凌悼　游此以下移在索隱述贊之後。札記王、柯、凌本「淖」作「悼」。蔡本、中統、游本此段在索隱述贊之後，疑後人所增。毛本連上空一格，恐非。今依舊刻，王、柯、凌本。

〔得之太史嬓之家〕　瀧七・五，慶四右一，殿三左九，凌四右一。○慶彭凌殿金陵此下有「正義曰音皎」六字注。按：瀧本誤脱。

〔環畫邑三十里無入〕　瀧七・九，慶四右七，殿四右五，凌四右七。

索 畫一音獲 ○衲耿慶彭游凌殿無此四字。

索 又音胡卦反 ○衲耿慶彭游無「又」字。又，殿畫。卦，凌封。

索 劉熙云齊西南近邑 ○衲耿慶彭凌游殿無此八字。

索 又音歡 ○又，耿慶彭游凌殿亦。

〔齊王不聽吾諫〕瀧八・四，慶四右一〇，殿四右八，凌四左一。○吾，紹五，通志臣。

〔是助桀爲暴也〕瀧八・五，慶四左二，殿四右九，凌四左二。○南化楓三是助桀紂爲暴也。

〔自奮絶脰而死〕瀧八・六，慶四左三，殿四右一〇，凌四左三。○脰，紹服。

索 猶繫也 ○繫，慶彭凌擊。按：景印慶元本「擊」改「繫」。

史記會注考證校補卷八十三

魚仲連鄒陽列傳第二十三

〔魯仲連鄒陽列傳第二十三〕 瀧一右七，慶一右一，殿一右六，凌一右二。○南化楓三有「正義本鄒字作騶」七字注。下同。

索 屈平亦不可下同賈生。○衲慶彭游凌殿「屈平」二字、「賈生」二字互易。耿注此九字作「賈生亦不可上於屈平」。

〔好奇偉俶儻之畫策〕 瀧二·四，慶一右五，殿一右一〇，凌一右六。○偉，紹通志律。

〔而不肯仕宦任職〕 瀧二·四，慶一右九，殿一左四，凌一左一。○宦，彭凌殿官。札記蔡本、中統、舊刻、游本作「宦」，它本並訛「官」。

〔好持高節〕 瀧二·四，慶一右一〇，殿一左五，凌一左一。

正 齊辯士田巴服服狙丘。○丘，殿邱。

〔諸侯之救兵〕瀧三・一，慶一左一，殿一左七，凌一左四。○兵，【楓】【三】軍。

〔莫敢擊秦軍〕瀧三・一，慶一左二，殿一左七，凌一左四。○軍，【彭】【游】兵，【楓】【三】【梅】校記「軍」。

〔閒入邯鄲〕瀧三・三，慶一左五，殿一左九，凌一左六。

*正　新垣姓衍名漢有新垣平　【南化】【幻】【瀧】。按：南化、幻本有「此注見索隱可削」七字注。

〔已而復歸帝〕瀧三・五，慶一左六，殿二右一，凌一左八。○【南化】【楓】【三】【梅】已而復歸帝以齊彊。

〔今齊湣王已益弱〕瀧三・五，慶一左七，殿二右一，凌一左八。○【札記】鮑注國策云「衍湣王字」。

〔而不能去〕瀧四・一，慶二右三，殿二右六，凌二右四。○【札記】舊刻「不」作「未」。

〔令趙帝秦〕瀧四・二，慶二右三，殿二右七，凌二右五。

索　欲令趙尊秦爲帝也　○【彭】意欲令趙。

〔吾請爲君責而歸之〕瀧四・五，慶二右七，殿二右一〇，凌二右八。○請，【毛】且。

〔而見之於先生〕瀧四・六，慶二右九，殿二左二，凌二右九。

索　猶媒介也　○【彭】無「介」字。【三】校補「介」。

索　且禮賓至　○且，【殿】凡。

索　是也　○耿慶彭游凌殿無此注二字。

〔東國有魯仲連先生者〕　瀧四・七，慶二右一○，殿二左二，凌二左一。○楓三無「仲」字。下同。

〔魯仲連見新垣衍而無言〕　瀧四・一○，慶二左四，殿二左六，凌二左五。○景井蜀耿慶彭毛凌金陵無「仲」字。札記游本「魯」下有「仲」字。按：殿本、通志亦有「仲」字。通志下倣之。

〔皆有求於平原君者也〕　瀧五・一，慶二左五，殿二左七，凌二左六。○皆，紹非。

〔今吾觀先生之玉貌〕　瀧五・二，慶二左五，殿二左七，凌二左六。○生，耿先。按：耿秉本涉上而訛。

〔皆非也〕　瀧五・四，慶二左八，殿二左九，凌二左九。

索　從頌者　○者，衲耿慶彭凌殿音。

索　從容也　○衲耿慶彭游凌殿無「也」字。

索　世人見鮑焦之死　○耿慶彭游凌殿言世人見鮑焦之死。

索　皆以爲不能自寬容而取死　○皆，耿者。按：「者」字，依耿本則當屬上句。

正　不履其地　○地，慶彭土。

正　其可乎　○殿無「其」字。

〔則爲一身〕　瀧五・七，慶三右二，殿三右三，凌三右三。

索 事見莊子也 ○[衲][耿][慶][彭][游][凌][殿]無此注五字。

〔虜使其民〕 瀧五・一〇，慶三右五，殿三右七，凌三右七。

索 以奴虜使其人 ○[衲][耿][慶][彭][游][凌][殿]——其人民。

〔過而爲政於天下〕 瀧六・一，慶三右七，殿三右八，凌三右九。○[札記]襍志云：「高誘注呂氏春秋知士篇曰『過猶甚也。』」

〔則連有蹈東海而死耳〕 瀧六・一，慶三右九，殿三右一〇，凌三左一。

索 肆然猶肆志也過而爲政 ○[耿][索][游]無「過而爲政」四字。[慶][彭][凌][殿]無此注十字。

〔昔者齊威王嘗爲仁義矣〕 瀧六・一〇，慶三左六，殿三左六，凌三左八。○矣，[毛]也。

〔周烈王崩〕 瀧七・一，慶三左七，殿三左八，凌三左九。

集 烈王十年 ○十，[井][蜀][紹][衲][慶][彭][游][凌][殿]七，[梅]校記「十」。

集 威王之七年 ○七，[景][井][蜀][紹][衲][慶][彭][游][凌][殿]十，[南化][楓][棭][三][梅]校記「七」。[札記]此「十」與「七」互誤，故正義引紀、表以糾之。各本依紀、表改，則正義贅矣。今依舊刻、毛本。

〔天子下席〕 瀧七・三，慶三左一〇，殿三左一〇，凌四右二。

***正** 天子烈（南化、幻、梅、狩本「烈」字作「顯」。）王嗣也下席謂居廬寢苦也又云下席言崩歿（南化、幻、梅、狩本「歿」字作「殞」。）也 [南化][幻][棭][梅][狩][野][瀧]。

〔東藩之臣因齊後至〕 瀧七・四，慶四右一，殿四右一，凌四右二。○因，[紹][詳節]田，[札記]

王本「因」訛「同」。志疑云：「『齊』字衍，説見六國表。」

〔卒爲天下笑〕瀧七・六，慶四右二，殿四右三，凌四右四。○笑，凌莫。按：凌本誤。

〔新垣衍怏然不悦曰〕瀧八・一，慶四右八，殿四右八，凌四右一〇。○悦，楓三説。

〔先生之言也〕瀧八・二，慶四右一〇，殿四右九，凌四左二。

索　下音僖　○僖，衲耿慶彭游凌殿希。

索　嘻者驚恨之聲　○聲，衲耿慶彭游凌殿歎。

〔先生又惡能使秦王烹醢梁王〕瀧八・二，慶四右一〇，殿四右九，凌四左二。○通志無「先生」二字。

〔紂之三公也〕瀧八・四，慶四左二，殿四左二，凌四左四。

集　一作邢　○邢，慶彭凌邪，殿邗。

正　在相州滏陽縣西南五十里。○滏，慶彭凌溢，札記官本「滏」，各本訛「溢」。

〔九侯有子而好〕瀧八・五，慶四左三，殿四左二，凌四左五。○南化楓棭三梅九侯有女子而好。

〔故拘之羑里之庫百日〕瀧八・六，慶四左五，殿四左四，凌四左六。○羑，景井蜀紹耿慶彭毛通志金陵牖，札記蔡本、舊刻、毛本「牖」，它本作「羑」。

〔曷爲與人俱稱王〕瀧八・七，慶四左六，殿四左四，凌四左八。○俱，彭具，楓棭三校記「俱」。

〔夷維子爲執策而從〕 瀧八・九，慶四左七，殿四左五，凌四左九。

索 故晏子爲萊之夷維人 ○萊，衲萊。索無「夷」字。

〔子安取禮而來吾君〕 瀧九・一，慶四左一〇，殿四左九，凌五右二。○紹通志無「子」字。

〔諸侯辟舍〕 瀧九・二，慶五右一，殿四左一〇，凌五右三。

索 辟音避 ○衲耿慶彭游凌殿無此注三字。

〔攝衽抱机〕 瀧九・四，慶五右二，殿四左一〇，凌五右四。○抱，慶楓凌枹。按：景印慶元本「枹」改「抱」。札記官本、舊刻、毛本、凌引一本作「抱」，它本並訛「枹」。舊刻「机」訛「杌」。

*正 衽臥席也枹抱也 南化幻椷謙梅狩野瀧。按：正義所見正文「抱」作「枹」。

〔不果納〕 瀧九・六，慶五右四，殿五右二，凌五右六。

索 謂闔內門不入齊君 ○衲耿慶彭游凌殿「闔內」二字作「閉外」。

〔然后天子南面弔也〕 瀧九・八，慶五右八，殿五右五，凌五右一〇。

索 將背其殯棺 ○背，衲耿慶彭殿偝，凌偕。

索 是背也 ○背，衲爲慶彭游凌殿倍。

索 天子乃於阼階上 ○索無「阼」字。

索 南面而弔之也 ○耿南面而弔之者也。

＊**正** 殯棺南化、幻、梅、狩本「棺」字作「宮」。在西階南化、幻本「階」字作「堦」，下同。也天子弔主人背殯棺於西階南立北面而南化、幻、梅、狩本無「而」字。哭天子於阼階北立南面弔也　[南化][幻][棭][謙][梅][狩][瀧]。

〔魯鄒之臣不果納〕　瀧九・一〇，慶五左二，殿五右九，凌五左五。

索 鄒魯之臣　○[索]無「鄒魯」二字。

〔彼將奪其所不肖〕　瀧一〇・七，慶五左八，殿五左四，凌五左一〇。○[南化][楓][棭][三][梅]彼將奪其所謂不肖。

〔於是平原君欲封魯連〕　瀧一一・四，慶六右五，殿五左一〇，凌六右七。○[楓][棭][三][梅]於是平原君乃欲封魯連。

〔所貴於天下之士者〕　瀧一一・七，慶六右七，殿六右二，凌六右九。○[景][紹][耿][慶][彭][游][凌][殿]所謂貴於——。[札記]各本「所」下衍「謂」字，舊刻無。

〔爲人排患釋難解紛亂而無取也〕　瀧一一・七，慶六右八，殿六右三，凌六右九。○[南化][楓][三]無「亂」字。

〔其後二十餘年〕　瀧一二・三，慶六右一〇，殿六右五，凌六左一。○二，[索]三。

〔齊田單攻聊城〕　瀧一二・四，慶六左二，殿六右七，凌六左四。

索 按徐廣據年表以爲田單攻聊城　○[衲][耿][慶][彭][游][凌][殿]「據」字作「云」而無「爲」字。

索 言二十餘年誤也　○[衲][耿][慶][彭][凌][殿]無「言」字。二，[索]三。

〔勇士不怯死而滅名〕　瀧一二・一〇，慶六左五，殿六右一〇，凌六左七。○怯，索金陵却，札記索隱本「却」，故注云「避死」。各本誤「怯」。按：札記引正文作「却」。

〔忠臣不先身而後君〕　瀧一二・一〇，慶六左六，殿六右一〇，凌六左七。

索　却死猶避死也　○却，衲耿慶彭凌殿怯。

〔功敗名滅〕　瀧一三・二，慶六左八，殿六左二，凌六左九。○功，游攻。

〔後世無稱焉〕　瀧一三・三，慶六左八，殿六左二，凌六左一〇。○南化楓棭三梅後世無所稱。札記舊刻「無稱焉」三字作「無所稱」。

〔此時不再來〕　瀧一三・五，慶六左一〇，殿六左四，凌七右二。○來，景井蜀紹耿慶彭游凌殿至。

〔且楚攻齊之南陽〕　瀧一三・六，慶七右一，殿六左五，凌七右二。

索　即齊之淮北　○齊，衲耿慶彭游凌殿濟，索楚。札記各本「齊」訛「濟」，今改。單本作「楚」，亦誤。

〔不如得濟北之利大〕　瀧一三・七，慶七右三，殿六左七，凌七右五。

正　言齊國無南面攻楚魏之心　○慶彭凌殿無「國」字。

〔定濟北〕　瀧一四・一，慶七右七，殿六左一〇，凌七右八。

索　言右壤斷棄而不救也　○衲耿慶彭游凌殿——而不能救。無「也」字。

〔公勿再計〕　瀧一四・三，慶七右九，殿七右二，凌七左一。○計，紹拜。

〔而燕救不至〕　瀧一四・四，慶七右一〇，殿七右二，凌七左一。

索　而魏攻平陸　○衲耿慶彭索游凌殿金陵無「而」字。按：瀧本誤脱。

索　二國之兵俱退　○耿慶彭游凌殿今二國之兵俱退。

〔無天下之規〕　瀧一四・五，慶七左一，殿七右四，凌七左三。

*正　交退於齊瀧本削上四字，依南化、幻本補。　交俱也南化、幻本有「南陽平陸」四字。　楚魏俱退不攻燕救又不至以全齊之兵別無規求於南化、幻本無「於」字。　天下言聊城必舉　南化幻瀧。

〔則臣見公之不能得也〕　瀧一四・六，慶七左二，殿七右四，凌七左三。○紹無「不」字。

〔今公又以敝聊之民〕　瀧一四・九，慶七左五，殿七右七，凌七左七。○南化楓梅今公又以敝聊城之民。

〔士無反外之心〕　瀧一五・一，慶七左七，殿七右九，凌七左八。○札記禚志云：「『外』當爲『北』。『北』，古『背』字。齊策作『北』。」

〔下養百姓以資説士〕　瀧一五・四，慶八右二，殿七左三，凌八右三。

索　意雖亦便不如依字　○耿慶彭游殿無「亦」字。

〔矯國更俗〕　瀧一五・六，慶八右三，殿七左四，凌八右四。

*正　以資説士瀧本削上四字，依南化本補。　資給説士以招賢良用彊國也矯國幻本無「國」字。　更俗矯正詐僞與之更弊俗　南化幻瀧。

〔東游於齊乎〕瀧一五・八，慶八右四，殿七左五，凌八右五。

＊正　亡罔良反意捐燕棄世（瀧本無上五字，依南化、幻本補。）亡失也若不歸燕失意棄其忠良之名東遊齊國也　南化　幻　瀧。

〔與齊久存〕瀧一五・九，慶八右六，殿七左七，凌八右六。

索　富比陶衛謂此也　○衲　耿　慶　彭　游　凌　殿「也」字作「云爾」二字。

〔願公詳計〕瀧一六・一，慶八右七，殿七左八，凌八右九。○公，通志君。

〔辱也〕瀧一六・四，慶八左一，殿八右二，凌八左三。

索　謂棄子糾而事小曰也　○彭——而事公子小白。「曰」字作「白」。也。

〔況世俗乎〕瀧一六・六，慶八左五，殿八右五，凌八左六。

索　罵婢曰獲　○婢，衲媟。

〔而光燭鄰國〕瀧一六・九，慶八左八，殿八右八，凌八左一〇。

＊正　趙岐注孟子（南化本有「云」字。）齊桓晉文秦穆宋襄楚莊是也蒼頡篇云燭照也　南化　幻　瀧。

〔而亡地五百里〕瀧一七・一，慶八左九，殿八右九，凌九右一。

索　曹昧是也　○衲　耿　慶　彭　游　凌　殿無「是也」二字。

〔鄉使曹子計不反顧〕瀧一七・二，慶八左一〇，殿八右九，凌九右一。○鄉，通志即。

〔刎頸而死〕瀧一七・二，慶八左一〇，殿八右一〇，凌九右一。○紹無「頸」字。

〔枝桓公之心於壇坫之上〕瀧一七・四，慶九右三，殿八左二，凌九右四。○枝，游　毛技。

按：下「技猶擬也」注同。

*正　坫都念切　[南化][幻][瀧]。

〔三戰之所亡〕　瀧一七・六，慶九右四，殿八左三，凌九右五。○[札記]舊刻「所」下衍「以」。

〔定累世之功〕　瀧一七・九，慶九右七，殿八左六，凌九右九。

*正　忿悁悒憂貌　[南化][幻][梜][謙][梅][狩][野][瀧]。

〔願公擇一而行之〕　瀧一八・一，慶九右九，殿八左七，凌九右一〇。

*正　天壤天（南化、幻本「天」字作「壤」。）地也齊策名與天壤相敝也言天壤敝此名乃敝（齊策以下十七字，非正義注文。）[南化][幻][野][瀧]。

〔燕將見魯連書〕　瀧一八・三，慶九右一〇，殿八左八，凌九左一。○見，[詳節]得。

〔猶豫不能自決〕　瀧一八・三，慶九右一〇，殿八左八，凌九左一。○豫，[蜀]頂，[景][井][慶][彭][游][凌]預，[札記]蔡本、舊刻、毛本「豫」，它本作「預」，非。[南化][楓][梜][三][梅]猶豫不能自爲決。

〔寧貧賤而輕世肆志焉〕　瀧一八・九，慶九左五，殿九右二，凌九左五。

索　肆猶放也　○[衲][耿][慶][彭][游][殿]此注四字作「肆放縱也」。[凌]無此注四字。

〔與故吳人莊忌夫子淮陰枚生之徒交〕　瀧一八・一〇，慶九左六，殿九右三，凌九左六。

索　改姓曰嚴枚生名乘　○[索]「姓」字、「枚生」二字並無。

〔上書而介於羊勝公孫詭之閒〕　瀧一九・二，慶九左七，殿九右五，凌九左七。

索　介者言有隔於其閒　○耿介者言有介隔於其間。

＊**正**　介猶紹（南化、梅、狩本有「介」字。）繼也言與羊勝公孫詭紹繼相接廁其間　南化椨謙梅狩野瀧。

〔惡梁孝王〕　瀧一九・五，慶九左一〇，殿九右六，凌九左一〇。○景井蜀耿慶彭毛游凌殿惡之梁孝王。

＊**正**　顏師古曰惡謂讒毀也　南化椨謙梅狩野瀧。按：疑非正義注文。

〔恐死而負累〕　瀧一九・六，慶一〇右一，殿九右八，凌一〇右一。

正　諸不以罪死爲累　○諸，南化楓椨三梅凌請。按：南化本引「大」，正義本作「諸」。

〔太子畏之〕　瀧一九・九，慶一〇右四，殿九右一〇，凌一〇右四。

索　又王劭云　○耿慶彭游凌殿此注四字作「王劭又云」。索作「王劭已云」。

索　太子丹疑其畏懼　○索無「懼」字。

索　戰國策又云　○衲耿慶彭游凌殿無「又」字。

索　鄒政刺韓傀　○政，游攻，凌故。傀，衲慶彭凌殿傫。

索　白虹貫日也　○衲耿慶彭游凌殿白虹貫日是也。

〔太白蝕昴〕　瀧二〇・三，慶一〇右八，殿九左四，凌一〇右八。○蝕，索食。

〔而昭王疑之〕　瀧二〇・三，慶一〇右八，殿九左四，凌一〇右八。

集　故太白爲之蝕昴　○彭無「之」字。蝕，毛食。

集　趙地分野　○景井蜀紹耿慶彭毛凌殿此注四字作「趙分也」三字。

索　言荊軻之謀　○索夫言荊軻之謀。

索　是虛也　○衲耿慶彭游凌殿無「是」字。

〔豈不哀哉〕　瀧二〇・七，慶一〇左二，殿九左八，凌一〇左三。

〔畢議願知〕　瀧二〇・七，慶一〇左二，殿九在九，凌一〇左三。○衲彭無「畢」字。

＊正　喻曉也　南化椷謙梅狩野瀧。

〔爲世所疑〕　瀧二〇・八，慶一〇左四，殿九左一〇，凌一〇左五。

索　不欲斥王　○王，衲慶彭凌游主。

〔昔卞和獻寶〕　瀧二〇・一〇，慶一〇左五，殿一〇右一，凌一〇左六。○卞，凌下，索「卞和」二字作「玉人」。

〔楚王刖之〕　瀧二〇・一〇，慶一〇左五，殿一〇右一，凌一〇左六。○刖，索誅。

索　文王名賢　○賢，衲耿慶彭游凌殿貲。

索　武王子也成王文王子也名惲　○耿慶彭游凌殿無此注十二字而有「成王名惲」四字。

〔是以箕子詳狂〕　瀧二一・二，慶一〇左八，殿一〇右四，凌一〇左一〇。

索　箕子名胥餘　○衲耿慶彭游凌殿箕子名曰胥餘。

索　是也　○耿慶彭游凌殿無此注二字。

〔願大王孰察卞和李斯之意〕　瀧二一・四，慶一〇左一〇，殿一〇右六，凌一一右二。

○孰，南化楓椷三景蜀熟。

〔臣聞比干剖心〕　瀧二二・六，慶一一右二，殿一〇右八，凌一一右四。

*正　剖音普歐反　南化。

〔子胥鴟夷〕　瀧二二・六，慶一一右三，殿一〇右八，凌一一右四。

索　以皮作鴟鳥形　○鳥，慶彭烏。

〔有白頭如新〕　瀧二二・八，慶一一右五，殿一〇右一〇，凌一一右六。

*索　自初交至白頭　○衲耿慶彭游凌殿「自初」二字作「才能」。

正　人以才德相慕至老白頭君新相識　南化椷謙梅狩。

〔傾蓋如故〕　瀧二二・八，慶一一右五，殿一一左一，凌一一右七。

索　服虔云　○衲耿慶彭游凌殿無此注三字。

索　小欵之　○衲耿慶彭游凌殿小欵之義。

索　故曰傾也　○衲耿慶彭游凌殿故云「曰」字作「云」。傾盖也。

*正　人以才德遥相慕此及下車傾蓋如相識　南化椷謙梅狩。

〔何則知與不知也〕　瀧二二・九，慶一一右七，殿一〇左三，凌一一右九。

集　桓譚新論曰　○譚，衲慶潭。按：景印慶元本「潭」改「譚」。

〔藉荊軻首以奉丹之事〕　瀧二二・一，慶一一右八，殿一〇左四，凌一一右一〇。○南化楓三梅——以奉燕丹之事。

索 使入秦以示信也　○衲耿慶彭凌殿使持入秦——。

〔而爲燕尾生〕　瀧二二・五，慶一一左四，殿一〇左九，凌一一左六。

索 蘇秦於齊不出其信　○齊，衲耿慶彭游凌殿秦，索燕，札記「齊」誤「秦」，今改。

索 故云爲燕之尾生也　○索無「爲」字。

*__正__ 尾生守信死言蘇秦合從諸侯南化本無上四字而有「俱」字。不信唯燕信之若尾生　南化幻狩瀧。

〔食以駃騠〕　瀧二二・九，慶一一左八，殿一一右三，凌一一左一〇。

索 決啼二音　○衲耿慶彭游凌殿無此注四字。

索 馬父驘母　○衲耿慶彭游凌殿「母」字作「子」，而此注四字移在「北狄之良馬也」句上。

〔剖心坼肝相信〕　瀧二三・三，慶一一右一，殿一一右六，凌一一右四。○坼，景井蜀耿慶彭毛凌拆，殿折，札記中統、游本「坼」作「折」，舊刻作「析」。

〔入宮見妒〕　瀧二三・四，慶一一右二，殿一一右七，凌一一右五。○妒，景井耿慶彭毛游凌妬。下同。

〔范雎摺脅折齒於魏卒爲應侯〕　瀧二三・六，慶一一右四，殿一一右九，凌一一右七。

索 音力荅反　○荅，索合。

○折，蜀所。

〔拹孤獨之位〕　瀧二三・八，慶一一右七，殿一一左一，凌一一右九。○位，楓三交。

〔是以申徒狄自沈於河〕瀧二三・九，慶一二右七，殿一一左二，凌一二右一〇。

索 申屠狄 〇耿慶彭索游凌殿無此注三字。

索 按莊子申屠狄 〇屠，衲耿慶彭游凌殿徒。

索 負石自投河 〇衲耿慶彭游凌殿負石自投於河。

〔徐衍負石入海〕瀧二三・一〇，慶一一右九，殿一一左四，凌一二左二。

索 亦見莊子張晏曰負石欲沈 〇凌無此注十一字。

〔故百里奚乞食於路〕瀧二四・三，慶一一左一，殿一一左五，凌一二左四。〇南化楓三梅狩故百里奚乞食於道路。

〔而桓公任之以國〕瀧二四・四，慶一一左二，殿一一左六，凌一二左四。

集 從昏飯牛薄夜半 〇夜，彭衣，梅校記「夜」。

索 二說並通 〇說，索音。按：索隱本誤。

索 浄白貌也 〇衲耿慶彭游凌殿此注四字作「自浄貌也」。南化楓三校記「浄白貌也」。索「浄」、「白」互倒。

索 又作岸音也 〇衲耿慶彭游凌殿此注五字作「音岸」二字。

索 禪音膳 〇膳，衲耿慶彭游凌殿善。

索 協韻失之故也 〇衲耿慶彭游凌殿無「故」字。

〔豈借宦於朝〕瀧二四・六，慶一一左六，殿一一左一〇，凌一二左九。〇宦，游官，札記中統、游本訛「官」。

〔昔者魯聽季孫之説而逐孔子〕　瀧二四・一〇，慶一二左八，殿一二右三，凌一三右一。

索　季桓子受之　○桓，凌布。

〔宋信子罕之計而囚墨翟〕　瀧二四・一〇，慶一二左九，殿一二右三，凌一三右三。

索　或以子冉爲是也　○衲耿慶彭游凌殿——是不知何如也。

〔何則衆口鑠金〕　瀧二五・八，慶一三右三，殿一二右七，凌一三右七。

索　衆人或共詆訛　○訛，耿説。

索　因取鍛燒以見其真　○因，耿慶彭游凌殿同。

索　是爲衆口鑠金也　耿——金也此説是。

〔積毀銷骨也〕　瀧二五・九，慶一三右五，殿一二右八，凌一三右九。

索　則父兄伯叔自相誅戮。○衲耿慶彭游凌殿無「伯叔」二字。

索　骨肉爲之消滅也　○消，索相。

〔齊用越人蒙而彊威宣〕　瀧二六・二，慶一三右七，殿一二右一〇，凌一三左一。

索　子臧越人或蒙之字也　○耿慶彭游凌殿此注九字作「子臧或是越人蒙字也」。

〔繫阿偏之辭哉〕　瀧二六・三，慶一三右八，殿一二左二，凌一三左二。

＊**正**　阿偏謂阿黨之言及偏辭　南化幻棭謙梅狩野瀧。

〔公聽並觀〕　瀧二六・四，慶一三右九，殿一二左三，凌一三左三。○井「公聽」二字作「功德」。

〔垂名當世〕　瀧二六・四，慶一二左三，殿一二左三，凌一三左三。

索　所見齊同也　○衲耿慶彭游凌殿此注五字作「謂所見同也」。

〔則骨肉出逐不收〕　瀧二六・六，慶一三左一，殿一二左四，凌一三左五。○不，慶彭之，南化楓三校記「不」。按：景印慶元本「之」改「不」。札記蔡本、王本不誤「之」。

〔則五伯不足稱〕　瀧二六・七，慶一三左二，殿一二左五，凌一三左六。○札記舊刻「伯」作「霸」。

〔是以聖王覺悟〕　瀧二六・八，慶一三左三，殿一二左六，凌一三左七。○悟，景井蜀耿慶彭毛凌殿金陵寤，札記舊刻「悟」。按：札記引正文作「寤」。

〔封比干之後修孕婦之墓〕　瀧二六・一〇，慶一三左五，殿一二左八，凌一三左九。

集　紂刳姙者觀其胎產也　○姙，景慶彭毛游凌妊，井蜀任。

索　案比干之後　○衲耿慶彭游凌殿案封比干之後。

索　尚書封比干之墓　○耿慶彭游凌殿尚書作封比干之墓。

索　則武王雖反商政　○商，衲簡。

索　又惟云刳剔孕婦則武王雖反商政亦未必修孕婦之墓也　○耿此注二十三字作「紂刳剔孕婦武王反商之政故修其墓也書亦無其文」二十一字。

*正　諸書傳皆無封比干及修孕婦之墓蓋陽在獄權下此語引欲善無猒欲自殺　南化梜謙梅狩野。

〔而一匡天下〕　瀧二七・三，慶一三左九，殿一三右一，凌一四右三。

集 謂晉寺人勃鞮齊管仲也　○鞮，[蜀]提。

〔兵彊天下〕　瀧二七・四，慶一四右一，殿一三右三，凌一四右六。○兵，[南化][楓][三][梅]立。

〔爲人灌園〕　瀧二八・三，慶一四右四，殿一三右六，凌一四右八。

索 字子終　○[衲]字子終者是也。

〔今人主誠能去驕慠之心〕　瀧二八・六，慶一四右六，殿一三右八，凌一四右一〇。○慠，[毛]傲，[札記]舊刻毛本「傲」。

〔無愛於士〕　瀧二八・八，慶一四右八，殿一三右一〇，凌一四左二。

正 顔曰無愛南化、梅、狩本「愛」字作「所」。　無南化、梅本無「無」字。　恪南化、梅本「恪」字作「愘」。　惜也　[南化][棭][謙][梅][狩][野][瀧]。

〔可使吠堯〕　瀧二八・九，慶一四右八，殿一三右一〇，凌一四左二。

集 言恩厚無不使也　○厚，[毛]享。

〔何使刺由〕　瀧二八・一〇，慶一四右九，殿一三左一，凌一四左三。○何，[南化][楓][梅][凌]可。

〔豈足道哉〕　瀧二九・二，慶一四左四，殿一三左六，凌一四左九。

索 父之族一也　○族，[慶][彭][游][凌][殿]姓。

索 姑之子二也　○[彭]無此注五字。

索 姊妹之子三也　○姊，[索]如。

索　女子之子四也　○衲耿慶彭游凌殿無上「子」字。

索　母之族五也　○族，衲耿慶游凌殿姓。

索　凡七　○耿慶彭凌殿凡七族也。

〔何則無因而至前也〕　瀧二九・八，慶一四左五，殿一三左七，凌一四左一〇。○無，殿燕。

〔輪囷離詭〕　瀧二九・八，慶一四左六，殿一三左八，凌一五右一。○南化楓三「離詭」二字作「摞倚」。

〔而爲萬乘器者〕　瀧二九・九，慶一四左七，殿一三左九，凌一五右二。

索　蟠結之木也　○蟠，衲耿慶彭凌殿蟠，索盤。

索　槃柢　○柢，殿檀。

索　木根也　○彭木之根也。

〔何則以左右先爲之容也〕　瀧二九・一〇，慶一四左七，殿一三左九，凌一五右二。

＊正　言先爲雕刻裝飾故得爲南化本無「爲」字。萬乘之器也　南化幻椷謙梅狩野瀧。

〔雖蒙堯舜之術〕　瀧三〇・四，慶一五右一，殿一三右三，凌一五右六。○蒙，景井蜀耿慶彭毛游凌殿包，紹抱，札記索隱本，各本作「包」。襍志云：「新序、漢書、文選並作『蒙』」。按：札記「索隱本」之下誤脱「蒙」字。

索　案言雖蒙被堯舜之道　○衲耿慶彭游凌殿無「雖」字。

〔是使布衣不得爲枯木朽株之資也〕　瀧三〇・七，慶一五右五，殿一四右六，凌一五右九。

○使，紹故。

〔獨化於陶鈞之上〕　瀧三〇・八，慶一五右六，殿一四右七，凌一五右一〇。

集　陶家名模下圓轉者爲鈞　○圓，凌員。

索　故如造化也　○如，索知。耿慶彭凌殿故如造化之運轉裁成也。

〔而七首竊發〕　瀧三一・二，慶一五右一〇，殿一四左一，凌一五左五。

索　案風俗通云　○耿慶彭游凌殿金陵此注五字作「通俗文云」四字。札記類聚六十引「通俗文」，與此注正合。單本作「風俗通」，誤。按：札記引注作「通俗文」。

〔周用烏集而王〕　瀧三一・三，慶一五左二，殿一四左二，凌一五左七。

正　顏云文王之得太公非因舊故若烏鳥暴集也　南化幻棭謙梅狩野瀧。

〔與牛驥同皂〕　瀧三一・八，慶一五左六，殿一四左六，凌一六右一。

索　以比逸才之人　○耿慶彭游凌殿以比喻逸才之人。

索　卓櫪也　○櫪，衲慶彭游凌殿歷。

索　養馬器也　○衲耿慶彭游凌殿養馬之器也。

正　言才識高遠　○才，凌木。按：凌本誤。

〔而不留富貴之樂也〕　瀧三一・一〇，慶一五左九，殿一四左九，凌一六右四。

索　烈士傳　○烈，衲慶彭游殿列。

索　小有不同耳　○耳，衲耿慶彭凌也，殿無「耳」字。

〔砥厲名號者〕瀧三二・二，慶一六右二，殿一五右二，淩一六右八。○厲，游殿礪。

〔而曾子不入〕瀧三二・三，慶一六右三，殿一五右四，淩一六右九。

索 按淮南子及鹽鐵論並云　○衲耿慶彭游淩殿無「並」字。

索 蓋以名不順故也　○衲耿慶彭游淩殿無「故」字。

索 則不同也　○耿慶彭游淩殿此注四字作「其説不同」。

正 淮南子鹽鐵論皆云　○慶彭淩殿無「淮南子」三字。南化校補此三字。

〔而墨子回車〕瀧三二・七，慶一六右五，殿一五右五，淩一六左一。○回，景井蜀耿慶彭淩殿迴。

〔主於位勢之貴〕瀧三二・八，慶一六右六，殿一五右七，淩一六左二。○主，南化楓三梅匡。

〔則士伏死堀穴巖巖之中〕瀧三三・一，慶一六右八，殿一五右八，淩一六左四。○游「巖巖」二字作「岩岩」。札記下「巖」字誤也。漢書、文選並作「藪」。集解據誤本强爲之説。

〔蕩然肆志〕瀧三三・六，慶一六左二，殿一五左二，淩一六左八。○志，游意。

〔吾是以附之列傳焉〕瀧三三・八，慶一六左四，殿一五左四，淩一六左一〇。○詳節無「焉」字。

索 時王所器　○所，詳節聽。

史記會注考證校補卷八十四

屈原賈生列傳第二十四

〔嫺於辭令〕 瀧二・五，慶一右四，殿一右九，凌一右五。

集 史記音隱曰嫺音閑 ○耿 游 此注八字作「駰案（游本無上二字。）史記索隱曰音閑」。凌作「史記嫺音隱又音閑」。殿作「駰案嫺音閑」五字。

*正 閑雅也 南化 幻 棭 梅 狩 瀧。

〔屈平屬草稾〕 瀧二・八，慶一右七，殿一左二，凌一右八。○稾，景 井 蜀 耿 慶 彭 藳，索 槀。注同。札記 索隱本作「槀」，誤从「木」。它本或作「藁」，或作「藳」，皆訛俗。慶 彭 ——屬草藳二，楓 三 删去「二」。

〔未定〕 瀧二・八，慶一右八，殿一左二，凌一右八。

索 屬音燭 ○慶 此句上脱「索隱」二字。

索　發始造端也　○始，索地。

〔故憂愁幽思而作離騷〕　瀧三・六，慶一左三，殿一左七，凌一左四。○騷，楓三慅，索慅，札記索隱本作「慅」，疑今本史文皆後人所改。

索　慅亦作騷按楚詞慅作騷　○耿慶彭游凌殿無此注十字。

索　應劭云　○應，慶忍，南化校記「應」。

索　音素刀反　○衲耿慶彭游凌殿詳節音素游、凌本「素」作「索」。刀衲、慶、彭、詳節本「刀」作「忍」，凌本作「力」。反殿本有「又」字。一音肅。按：此注各本移在下注「騷愁也」之下。

〔小雅怨誹而不亂〕　瀧四・三，慶一左一○，殿二右三，凌二右一。○札記王本「誹」作「非」，注同。

〔其志絜〕　瀧四・七，慶二右三，殿二右五，凌二右四。○絜，慶彭凌殿潔。

〔自疏濯淖汙泥之中〕　瀧四・九，慶二右六，殿二右八，凌二右六。

*正　濯淖上音濁下音女教反汙泥上音烏故反下音年計反　南化幻瀧。

〔蟬蛻於濁穢〕　瀧四・一○，慶二右六，殿二右八，凌二右七。○札記「蛻」，舊刻作「脱」。

〔皭然泥而不滓者也〕　瀧五・二，慶二右七，殿二右八，凌二右八。

集　疏静之貌　○静，景井蜀紹毛金陵浄，札記蔡本「静」。

*正　皭然上白若反又子笑反南化本有「踈静之貌」四字。　南化幻瀧。

〔乃令張儀詳去秦〕　瀧五・六，慶二左一，殿二左三，凌二左二。○詳，蜀佯，紹毛詐。

〔秦甚憎齊齊與楚從親〕　瀧五・六，慶二左二，殿二左三，凌二左三。○紹不重「齊」字。

〔大破楚師於丹淅〕　瀧五・九，慶二左七，殿二左七，凌二左七。○淅，井慶彭游詳節陽，毛索凌殿淅。陽，南化楓棭三楊，札記索隱本，凌、毛本並訛「淅」，注同。依攷異改。蔡本，中統、游、王、柯本並作「丹陽」，楚世家同。

索　丹水淅水　○衲耿慶彭游凌殿無此注四字。

索　皆縣名在弘農所謂丹陽淅　○衲耿慶彭游凌殿皆爲縣名——丹陽淅是也。

正　今枝江故城　○枝，慶彭歧，凌殿岐。

〔虜楚將屈匄〕　瀧六・五，慶二左八，殿二左九，凌二左八。○匄，索丐。下注同。

〔遂取楚之漢中地〕　瀧六・六，慶二左九，殿二左九，凌二左九。

索　徐廣曰楚懷王十六年張儀來相十七年秦敗屈匄　○各本此注二十字爲集解。按：瀧本誤。

〔魏聞之襲楚至鄧〕　瀧六・七，慶二左一〇，殿三右一，凌三右一。

索　按此鄧在漢水之北　○耿慶彭游殿此八字作「鄧在漢水北」五字。

索　故鄧侯城也　○彭無「也」字。三校補「也」。

*__正__　至鄀鄧一本無鄀字故鄀城在荊州陵口縣東北六里故鄧城在城南化本「城」字作「襄」。州安養縣東北二十二里按二城相近也　南化幻瀧。

〔臣請往如楚〕　瀧七・二，慶三右四，殿三右四，凌三右五。○通志無「往」字。

〔如楚又因厚幣用事者臣靳尚〕　瀧七・二，慶三右四，殿三右四，凌三右五。○又，南化楓有。

〔何不殺張儀〕　瀧七・四，慶三右七，殿三右七，淩三右八。○楓三王何不殺張儀。

〔懷王悔追張儀〕　瀧七・五，慶三右八，殿三右七，淩三右八。○殿「悔」、「追」互倒。索無「張」字。

〔殺其將唐眛〕　瀧七・六，慶三右九，殿三右八，淩三右九。

正　眛莫葛反　○葛，慶彭淩殿暮，南化楓校記「曷」。按：景印慶元本「暮」改「葛」。

〔不如毋行〕　瀧七・八，慶三左一，殿三右一○，淩三左一。○毋，景井蜀耿慶彭毛游淩殿無，札記索隱本「毋」，各本作「無」。

索　昭睢有此言　○睢，索顧。

〔復之秦〕　瀧八・一，慶三左五，殿三左三，淩三左五。○之，楓三入。

〔三致志焉〕　瀧八・五，慶三左一○，殿三左八，淩三左一○。

***正**　覆敷福反每一篇之中反覆致志冀君之一悟也上十五字，瀧本無，依南化、幻本補。南化幻瀧。

〔不可以反〕　瀧八・六，慶三左一○，殿三左八，淩三左一○。○南化楓三無「可」字。

〔人君無愚智賢不肖〕　瀧八・七，慶四右一，殿三左九，淩四右一。○智，索知。

〔舉賢以自佐〕　瀧八・八，慶四右三，殿三左一○，淩四右二。

索　太史公傷懷王之不任賢　○耿慶彭索游淩殿金陵太史公傷楚懷王——。按：瀧本誤脱。

〔懷王以不知忠臣之分〕　瀧八・一〇，慶四右五，殿四右二，凌四右五。

*正　分符問南化、幻本「問」字作「門」。反　[南化][幻][瀧]。

〔兵挫地削〕　瀧九・二，慶四右七，殿四右四，凌四右六。〇挫，[楓][三]銼。

〔井渫不食〕　瀧九・三，慶四右八，殿四右五，凌四右八。〇渫，[景][井][紹][衲][耿][慶][彭][毛][游][凌]泄。下注同。

索　晉人注易也　〇[耿][衲][慶][彭][游][凌][殿]晉人注周易。各本無「也」字。

〔爲我心惻〕　瀧九・四，慶四右九，殿四右六，凌四右八。〇惻，[索]測。按：索隱本誤。

〔可以汲〕　瀧九・四，慶四右一〇，殿四右六，凌四右九。〇以，[通志]用。

索　言我道可汲而用也　〇[衲][耿][慶][彭][游][凌][殿]言我之道——。

〔王明並受其福〕　瀧九・五，慶四右一〇，殿四右七，凌四右一〇。

索　按京房章句曰　〇[衲][耿][慶][彭][游][凌][殿]無此注七字。

索　上有明王　〇王，[衲]主。

〔豈足福哉〕　瀧九・六，慶四左二，殿四右七，凌四左一。〇[札記]舊刻脱「哉」。

正　豈足受福　〇足，[慶][彭][凌][殿]是。

〔頃襄王怒而遷之〕　瀧九・九，慶四左四，殿四右一〇，凌四左四。

集　離騷序曰遷於江南　〇[殿]無此注八字。

〔何故而至此〕 瀧一二・三，慶四左七，殿四左三，凌四左七。

索 父音甫 ○索此注三字作「魚甫二音」四字。

〔何不隨其流而揚其波〕 瀧一二・八，慶四左一○，殿四左六，凌四左一○。

索 作搰其泥 ○納耿慶彭游凌殿隨其流作搰納，耿本作「滑」。其泥也。

〔何不餔其糟而啜其釃〕 瀧一二・八，慶五右一，殿四左七，凌五右一。

*正 釃力知反 南化幻瀧。

〔而自令見放爲〕 瀧一二・九，慶五右二，殿四左七，凌五右二。

索 此懷瑾握瑜 ○納耿慶彭游凌殿無「此」字。

〔受物之汶汶者乎〕 瀧一三・一，慶五右四，殿四左九，凌五右四。

集 蒙垢污 ○污，景井納耿慶彭毛凌殿潎，蜀維，游瑕，札記舊刻「污」，各本作「潎」。游本作「瑕」。

索 音閔閔 ○納耿慶彭游凌殿「閔閔」二字作「門門」。

索 猶昏暗也 ○納耿慶彭游凌殿猶昏暗不明也。

〔寧赴常流〕 瀧一三・三，慶五右五，殿四左一○，凌五右五。○常，通志湘。

〔而蒙世俗之温蠖乎〕 瀧一三・四，慶五右七，殿五右一，凌五右六。○索「世」字作「代」字。「温」、「蠖」互倒。凌無「俗」字。

索 猶惛憒 ○憒，耿憒，慶慣。

＊正　温蠖猶惛憒也　[南化][幻][瀧]。

〔乃作懷沙之賦〕　瀧一三・六，慶五右七，殿五右二，凌五右七。○[索]無「之」字。[札記]〈索隱本無「之」字。

索　按楚詞九懷曰　○懷，[耿]章。

索　以自沈　○[衲][耿][慶][彭][游][凌][殿]無「自」字。

〔汨徂南土〕　瀧一三・八，慶五右一〇，殿五右四，凌五右九。

索　王師叔曰汨行貌也　○[衲][耿][慶][彭][游][凌][殿]無此注八字。

〔眴兮窈窈〕　瀧一三・八，慶五右一〇，殿五右五，凌五右一〇。○[慶][彭][凌][殿]下「窈」字作「窕」字。[楓][三]校記「窈」。

索　眴音舜　○舜，[衲][耿][慶][彭][游][凌][殿]瞬。

〔離慜之長鞠〕　瀧一四・一，慶五左三，殿五右七，凌五左二。

索　離湣湣病鞠窮　○[慶][彭][凌][殿]無此注六字。

＊正　惛病也按昏黯也歷惛奮怒不自全也上十二字，瀧本無。依南化、幻本補。　[南化][幻][瀧]。

〔撫情効志兮〕　瀧一四・二，慶五左三，殿五右七，凌五左三。○効，[南化][三]殁，[楓]没。

〔俛詘以自抑〕　瀧一四・二，慶五左三，殿五右七，凌五左三。○詘，[游]㑁，[札記]中統、游本作「絀」。按：今所見游本「詘」作「㑁」。

〔刓方以爲圜兮〕　瀧一四・三，慶五左三，殿五右八，凌五左三。○刓，[蜀]刑。

〔常度未替〕　瀧一四・三，慶五左四，殿五右九，凌五左四。

集　言人刓削方木　○言，慶彭信，楓三校記「言」。

索　言人刓削方木欲以爲圓其常法度尚未廢也　○衲耿慶彭游凌殿無此注十五字。蓋合刻者嫌與集解複而删之。

*正　被讒譖逐南化本有「放也」二字。欲使改行終守而不易　南化幻瀧。

〔易初本由兮〕　瀧一四・五，慶五左五，殿五右九，凌五左五。○由，楓三廸。

〔前度未改〕　瀧一四・七，慶五左六，殿五左一，凌五左六。

集　言工明於所畫　○工，景紹慶彭游殿上。

索　志念也　○念，慶彭索游余，楓棭三校記「念」。下同。

索　餘如注所解　○索無「所」字。

〔耳謂之不章〕　瀧一四・九，慶五左一○，殿五左四，凌五左一○。

集　玄黑也　○黑，蜀器。

集　盲者也　○蜀「盲」、「者」互倒。

集　矇瞍奏公　○公，毛功。按：毛本訛。

*正　撥正賢能玄黑色南化、幻本無「色」字。也言待賢能南化本「能」字作「智」。之士居於山谷則衆愚以爲不賢也　南化幻狩瀧。

〔瞽以爲無明〕　瀧一五・一，慶六右一，殿五左五，凌六右一。○蜀瞽以不爲無明。按：蜀本衍入。

集　古明視者也　〇視。[索]見。

*正　離婁古明視者也言賢者遭時困戹俗人侮之以爲癡狂也　[南化][幻][瀧]。

〔鳳皇在笯兮〕　瀧一五・三，慶六右二，殿五左七，凌六右三　〇皇，[蜀][游][殿]凰。

正　鴻前而麟後　〇[慶][彭]無「前」字。[南化][棭][三]校補「前」。按：景印慶元本補「前」。又按：南化本引大正義本無「前」。[札記]「鴻前」，王本誤作「烏鴻」。

正　燕頷而鷄喙　〇喙，[慶][彭]啄，[札記]王、柯作「啄」。

正　翼俟順　〇俟，[慶][彭]侯。按：南化、三條本引正義本「侯」作「候」。

正　足履正　〇[慶][彭][凌]無「足」字。按：景印慶元本補「足」字。[札記]官本有「足」字，與類聚合。

正　五色備舉　〇[慶][彭][凌]無「色」字。按：景印慶元本補「光」字。[札記]官本有「色」字，與類聚合。今本外傳作「彩」。

〔一槩而相量〕　瀧一五・六，慶六右五，殿五左一〇，凌六右七。

*正　糅女由反　[南化][幻][瀧]。

〔羌不知吾所臧〕　瀧一五・七，慶六右七，殿六右一，凌六右八。

*正　羌音彊發語端也　[南化][幻][瀧]。

〔陷滯而不濟〕　瀧一五・八，慶六右八，殿六右二，凌六右八。

*正　言以才德盛大可任用重載無賢明主以用之故使陷入而未南化、幻本「未」字作「不」。濟　[南化]

幻瀧。

〔誹俊疑桀兮〕　瀧一六・一，慶六右一〇，殿六右四，凌六左一。〇索「誹俊」二字作「非駿」。俊，景井蜀耿慶彭毛凌駿，札記索隱本作「非駿」。「駿」字，各本皆同，姑仍之。

〔固庸態也〕　瀧一六・一，慶六右一〇，殿六右四，凌六左一。

索　千人曰俊　〇耿慶彭游凌殿千人才曰俊。

索　今乃誹俊疑傑　〇俊，耿慶彭游凌殿駿。

索　固是庸人之態也　〇彭「也」字作「者耳」二字。楓三校記「也」。

〔謹厚以爲豐〕　瀧一六・五，慶六左四，殿六右七，凌六左五。

*正　重直龍反梅狩本無上三字襲亦重也　南化幻梅狩瀧。

〔孰知余之從容〕　瀧一六・六，慶六左五，殿六右八，凌六左六。

索　並吴故反　〇吴，衲耿慶彭游凌吾。

索　王師叔云悟逢也　〇衲耿慶彭游凌殿無此注七字。

〔豈知其故也〕　瀧一六・七，慶六左六，殿六右九，凌六左七。

*正　豈有此死事故也言人固有不南化、幻本有「可」字。比並湯禹久遠不可慕也乃怨憂不改其志故進路北次自投汨羅而死也　南化幻瀧。

〔抑心而自彊〕　瀧一六・九，慶六左八，殿六左一，凌六左八。

＊**正**　懲止也忿恨也　[南化][幻][瀧]。

〔限之以大故〕　瀧一七・三，慶六左九，殿六左二，凌六左一〇。

索　含憂娛哀　○[索]無此注四字。

〔亂曰〕　瀧一七・五，慶六左一〇，殿六左三，凌七右一。

索　而重理前意也　○[耿]而重理前意者也。

〔分流汨兮〕　瀧一七・六，慶七右三，殿六左六，凌七右四。

集　王逸曰汨流也　○[游]無此注六字。[凌]此注六字作「正義曰汨流也」。

正　湘水出零陵縣海陽山　○[慶][彭][凌][殿]無「陽」字。[札記]各本「陽」、「海」二字誤倒，依漢志乙正。按：札記誤。

正　北入江　○[慶][彭][凌][殿]北至入江。

〔道遠忽兮〕　瀧一七・七，慶七右四，殿六左七，凌七右五。

＊**正**　拂風（南化、幻本「風」字作「凡」）。弗反言拂鬱幽蔽也楚辭作幽蔽也　[南化][幻][瀧]。

〔曾唫恒悲兮〕　瀧一七・八，慶七右四，殿六左七，凌七右五。○[札記]「唫」，舊刻作「吟」。

〔人心不可謂兮〕　瀧一七・九，慶七右五，殿六左八，凌七右六。○兮，[耿]也。

＊**正**　自曾唫已下二十一字楚辭本或有無者未詳　[南化][幻][瀧]。

〔獨無匹兮〕　瀧一七・一〇，慶七右六，殿六左九，凌七右七。○匹，[彭]正，[楓][三]校記「匹」。

〔人生稟命兮〕 瀧一八・二，慶七右六，殿六左一〇，凌七右八。〇稟，景 井 蜀 紹 衲 耿 慶 彭 毛 游 凌 殿 有。札記「稟命」，各本作「有命」。

〔曾傷爰哀〕 瀧一八・三，慶七右八，殿七右一，凌七右一〇。〇爰，紹 通志 愛。

〔世溷不吾知〕 瀧一八・四，慶七右八，殿七右一，凌七右一〇。〇南化 楓 三 世溷濁不吾知。

〔心不可謂兮〕 瀧一八・四，慶七右九，殿七右二，凌七左一。〇南化 楓 三 人心不可謂兮。

*正 溷胡困反亂也 南化 幻 瀧。

〔明以告君子兮〕 瀧一八・八，慶七右一〇，殿七右二，凌七左一。〇南化 楓 三 無「子」字。

〔遂自投汨羅以死〕 瀧一八・九，慶七左一，殿七右四，凌七左三。

正 每於此日以竹筒貯米 〇慶 彭 凌 無「竹」字。札記 官本有「竹」字，與類聚四引續齊諧記合。

正 並爲蛟龍所竊 〇慶 彭 凌 無「爲」字。札記 官本有「爲」字，各本無。類聚作「苦蛟龍所竊」。

正 可以楝楡葉塞上 〇慶 彭 凌「楝楡」二字作「練樹」。楝，殿 練，南化 楓 楝。

〔楚有宋玉唐勒景差久徒者〕 瀧一九・八，慶七左七，殿七右九，凌七左九。〇差，南化楓椵三瑳。

〔皆好辭而以賦見稱〕　瀧一九・八，慶七左七，殿七左一，凌八右一。

索　又按徐裴鄒三家　○慶彭凌殿「又按」二字作「以」字。

〔莫敢直諫〕　瀧二〇・二，慶七左九，殿七左二，凌八右二。○通志「莫敢直諫焉」。

〔投書以弔屈原〕　瀧二〇・五，慶八右一，殿七左四，凌八右四。○游無「屈」字。

〔賈生名誼雒陽人也〕　瀧二〇・六，慶八右二，殿七左五，凌八右五。○誼，索義。

索　名義漢書並作誼也　○衲耿慶彭游凌殿無此注八字。

〔而常學事焉〕　瀧二一・三，慶八右六，殿七左八，凌八右九。○常，南化楓椵三嘗。

事，游士，札記中統、游本作「士」。

*正　李斯上蔡人　南化幻瀧。

〔乃徵爲廷尉〕　瀧二一・三，慶八右六，殿七左八，凌八右九。○楓三乃徵以爲廷尉。

〔法制度〕　瀧二一・九，慶八左三，殿八右四，凌八左五。○楓椵三「制」、「度」互倒。

法，游改，札記中統、游本「法」作「改」。

〔悉更秦之法〕　瀧二一・一〇，慶八左四，殿八右六，凌八左七。

正　故改爲土地　○南化楓三有「大正義土作上」六字注。

〔其説皆自賈生發之〕　瀧二二・四，慶八左六，殿八右七，凌八左九。○發，游廢。

〔盡害之〕　瀧二二・六，慶八左八，殿八右九，凌八左一〇。

正　馮敬　○馮，凌馬。按：凌本爛。

〔乃以賈生爲長沙王太傅〕　瀧二二・一〇，慶九右一，殿八左一，凌九右三。○耿慶彭游凌殿此句下有「索隱曰誼爲傳是吴芮之玄孫差襄長沙王之時也非景帝之子長沙王發也荆州記長沙城西北隅有費誼祠及誼坐石牀在也」殿本無「也」字。五十字注。

〔又以適去〕　瀧二三・二，慶九右三，殿八左三，凌九右五。○札記「去」，舊刻「至」。

〔意不自得〕　瀧二三・二，慶九右四，殿八左四，凌九右六。

集　竹革反　○竹，慶彭作，南化楓棭校記「竹」。按：景印慶元本「作」改「竹」。

索　大㡯反　○大，耿慶彭凌文，衲索殿丈，南化楓棭校記「大」。

*正　適張革反讁也　南化幻瀧。

〔俟罪長沙〕　瀧二三・六，慶九右五，殿八左六，凌九右八。

集　恭敬也　○恭，殿共。

*正　顔云恭敬嘉惠詔命俟作竢同南化、幻本無「同」而有「曰竢古候字」五字。待也梅、狩本無上六字。　南化幻梅狩瀧。

〔嗚呼哀哉〕　瀧二三・八，慶九右七，殿八左七，凌九右九。○游嗚呼哀哉兮。

〔鴟梟翱翔〕　瀧二三・九，慶九右八，殿八左八，凌九右一〇。

索　竄音如字又七外反　○衲耿慶彭游凌殿無「如字又」三字。

〔讒諛得志〕　瀧二三・一〇，慶九右八，殿八左八，凌九左一。

索　音天臘反　〇天，慶彭天，南化楓棭校記「天」。

〔方正倒植〕　瀧二四・一，慶九右一〇，殿八左一〇，凌九左三。

索　不得順隨道而行也　〇衲耿慶彭游凌殿無「隨道」二字。

索　賢不肖顛倒易位也　〇衲耿慶彭游凌殿賢不肖顛倒而易位也。

〔謂盜跖廉〕　瀧二四・二，慶九左一，殿九右一，凌九左四。〇跖，索蹠。下注同。

〔莫邪爲頓兮〕　瀧二四・三，慶九左二，殿九右二，凌九左五。

集　應劭曰　〇殿此注三字作「駰案」二字。游無此注三字。

索　頓鈍也　〇衲耿慶彭游凌殿頓讀爲彭本「爲」字作「字」。鈍也。

〔鉛刀爲銛〕　瀧二四・四，慶九左四，殿九右三，凌九左七。

索　言其暗惑也　〇惑，耿感。

〔寶康瓠〕　瀧二四・六，慶九左五，殿九右五，凌九左九。

集　音筦　〇筦，景浣。下同。

集　一曰康空也　〇景井耿慶彭游凌殿無「一曰」二字。

索　音丘列反　〇丘，慶彭游凌殿五。衲，無「丘」字。

索　大瓠也　〇耿慶彭游凌大瓠瓢也。

索　康空也晉灼云斡古管字也　〇衲耿慶彭游凌殿無此注十一字。

＊正　李巡曰康謂大瓠也（南化、幻本無上五字。）康空也鄭玄曰康瓠瓦盆底也顧野王曰甈（南化、幻本有「瓠」字。）

壺破罌也　南化幻瀧。

〔騰駕罷牛兮〕　瀧二四・九，慶九左七，殿九右七，凌一〇右一。〇牛，蜀紹仲。

〔服鹽車〕　瀧二四・九，慶九左八，殿九右八，凌一〇右一。

索　中阪遷延　〇阪，衲耿慶彭游凌殿坂。

索　伯樂下車哭之也　〇衲耿慶彭游凌——哭之者也。

＊正　服猶駕也　南化幻瀧。

〔訊曰〕　瀧二五・二，慶一〇右一，殿九左一，凌一〇右一。〇訊，索誶。

集　李奇曰　〇奇，衲音。

集　離騷下章亂辭也　〇章，景井蜀紹衲耿慶彭毛游凌竟，南化楓三校記「章」。

索　張晏曰訊離騷下章辞亂也　〇衲耿慶彭游凌殿無此注十一字。

索　師古音碎也　〇衲耿慶彭游凌殿「師古」二字作「解詁」。耿本作「古」字。

〔獨堙鬱兮其誰語〕　瀧二五・四，慶一〇右二，殿九左二，凌一〇右六。〇堙，楓三索煙。

索　意亦通　〇耿慶彭游凌殿無「意」字。

〔鳳漂漂其高遰兮〕　瀧二五・四，慶一〇右三，殿九左三，凌一〇右七。〇南化楓三鳳皇漂漂其高逝「遰」作「逝」。兮。

〔夫固自縮而遠去〕　瀧二五・五，慶一〇右三，殿九左三，凌一〇右七。

索　縮漢書作引也　〇[衲][耿][慶][彭][游][凌][殿]無此注六字。

*正　漂漂輕舉貌　[南化][幻][瀧]。

〔襲九淵之神龍兮〕　瀧二五・六，慶一〇右四，殿九左四，凌一〇右八。

集　鄧展曰　〇展，[毛]辰。

索　千金珠　〇千，[殿]于。

*正　顧野王曰襲合也師古曰九淵九旋之淵言至深也呂向曰襲猶察也言察於神龍則知藏於深淵之處可以自珍重也言君子在亂世可以隱也上文自「師古曰」至「可以隱也」四十九字非正義注文。　[南化][幻][瀧]。

〔沕深潛以自珍〕　瀧二五・八，慶一〇右五，殿九左五，凌一〇右九。

集　沕亡筆反　〇[耿][彭]無「亡」字。[衲]無「亡筆反」三字。

索　張晏曰沕潛藏也音密又音勿也　〇[慶][彭][游][凌][殿]無此注十三字。

〔彌融爚以隱處兮〕　瀧二五・八，慶一〇右六，殿九左七，凌一〇右一〇。〇爚，[蜀][紹][毛]蜦。下同。

索　漢書作面蟂獺徐廣又一本作彌蝎蜦以隱處蓋總三本不同也　〇[衲][耿][慶][彭][游][凌][殿]此注二十五字作「案徐所注蓋三本總不同也」十一字。

正　没深藏以自珍　〇[慶][彭][凌]無「珍」字。按：景印慶元本補「珍」字。[札記]官本有「珍」字，各本脱。

〔夫豈從螘與蛭螾〕瀧二六・一，慶一〇右九，殿九左九，凌一〇左三。〇螘，南化蝦。

集　蝦蟇也　〇蝦，衲慶彭殺。

集　丘螾也　〇丘，殿邱。

正　豈陸葬從蟻與蛭蚓　〇蚓，殿螾。

〔使騏驥可得係羈兮〕瀧二六・三，慶一〇左一，殿一〇右一，凌一〇左六。〇札記舊刻「驥」作「驎」。

〔豈云異夫犬羊〕瀧二六・四，慶一〇左二，殿一〇右二，凌一〇左六。

正　騏文如綦也　〇騏，慶彭凌其。綦，慶彭纂。殿此五字作「其文也」三字。

〔瞝九州而相君兮〕瀧二六・九，慶一〇左五，殿一〇右五，凌一〇左一〇　楓棭三瞝九州而其相君兮。

〔何必懷此都也〕瀧二六・九，慶一〇左六，殿一〇右五，凌一一右一。

索　丑知反　〇丑，慶彭游凌且。按：景印慶元本「且」改「丑」。知，衲示。

〔鳳皇翔于千仞之上兮〕瀧二六・一〇，慶一〇左六，殿一〇右六，凌一一右一。〇皇，游凰。

〔覽悳煇焉下之〕瀧二六・一〇，慶一〇左七，殿一〇右六，凌一一右二。〇悳，耿慶彭索凌殿德，游得。煇，景井蜀紹慶彭毛凌殿輝。焉，蜀紹索殿而。

札記 蔡本、毛本「悳」，各本作「德」，游作「得」。索隱本「煇」而各本作「輝」焉。

〔見細德之險微兮〕 瀧二七・一，慶一〇左八，殿一〇右七，凌一一右三。○見，彭游曰，楓棭三校記「見」。

〔摇增翮逝而去之〕 瀧二七・二，慶一〇左八，殿一〇右七，凌一一右三。

集 摇增翮 ○景井衲耿慶彭毛游凌殿無此注三字。

〔横江湖之鱣鱏兮〕 瀧二七・五，慶一一右一，殿一〇右一〇，凌一一右六。○横，索撗，

札記 索隱本「横」作「撗」。

〔固將制於螻蟻〕 瀧二七・五，慶一一右二，殿一〇左一，凌一一右七。○索「螻」、「蟻」互倒。

集 大魚也 ○南化楓三鯨皆大魚也。

集 鱏魚無鱗口近腹下 ○游「鱏」字作「鱣」而無「下」字。

索 則螻蟻能制之 ○制，衲耿慶彭凌殿苦，南化三游若。

索 齊人説靖郭君亦同 ○靖，索靜。

索 案以此喻小國暗主 ○衲耿慶彭索游凌殿金陵無「此」字。按：瀧川本誤脱。

索 而爲讒賊小臣之所 ○彭無「所」字。

*正 鱣鱏上哲連反下音尋 ○南化幻瀧。

〔賈生爲長沙王太傅三年〕 瀧二七・九，慶一一右三，殿一一左三，凌一一右九。

索　爲長沙傅案誼爲傅是吳芮之玄孫產至有賈誼宅及誼石牀在矣五十一字　○衲耿慶彭游凌殿無此注五十一字。索「爲長沙傅」四字、「產」字並無。

〔楚人命鴞曰服〕　瀧二八・二，慶一一右七，殿一〇左六，凌一一左三。

集　有山鴞　○鴞，毛鳥。按：毛本訛。

集　土俗因形名之曰服　○俗，毛浴。按：毛本訛。

索　晉灼云至行不出域三十三字　○衲耿慶彭游凌殿無此注三十三字。蓋合刻者所削乎？

索　其名爲鴞　○名，衲耿慶彭游凌殿雄。

索　鳴自呼　○衲耿慶彭游凌殿鳴自呼其名。

*正　毛詩云上三字，瀧本無，依南化本補。鴞大如班鳩緑色惡鳥也入人家凶晉灼云巴蜀異物云有山鴞水幻雲云：「水」，「有」之誤。於鵩體有文色云云上二十字瀧本無，依南化、幻本可見正義節略之皃。　南化幻瀧。

〔四月孟夏〕　瀧二八・八，慶一一左一，殿一一右一，凌一一左八。

集　徐廣曰歲在卯曰單閼文帝六年歲在丁卯　○衲無此注十七字。

索　爾雅云歲在卯曰單閼李巡云單閼起也陽氣推萬物而起故曰單閼孫炎本作蟬焉蟬猶伸也　○衲無此注三十七字。耿慶彭游凌無「爾雅云」至「單閼」九字。殿無「爾雅云」至「李巡云」十二字。

〔服集予舍〕　瀧二八・一〇，慶一一左三，殿一一右二，凌一一左九。

索　施音移　○衲耿慶彭游凌殿施音矢移反。

〔策言其度〕　瀧二九·二，慶一一左五，殿一一右三，凌一二右一。○策，索筴。

索　今此筴蓋雜筴辭云然　○衲耿慶彭游凌殿此注九字作「此作策蓋讖策之辭」八字。

〔曰野鳥入處兮主人將去〕　瀧二九·三，慶一一左六，殿一一右四，凌一二右二。○處，南化楓棭三室。

〔予去何之〕　瀧二九·四，慶一一左六，殿一一右五，凌一二右三。

索　漢書本有作子服　○衲耿慶彭游凌殿此注七字作「漢書游本無「書」字。作予凌本作「子」。服」。

索　子加美辭也　○耿慶彭游凌殿子慶、彭、殿本「子」字作「予」。加美之辭也。

〔語予其期〕　瀧二九·五，慶一一左八，殿一一右六，凌一二右四。

集　數音朔　○游其數音朔。

*正　數音朔速南化、幻本「速」字作「數」。也淹留遲也狩本無上六字。漢書作淹速上五字非正義注文。南化幻狩瀧。

〔請對以意〕　瀧二九·六，慶一一左九，殿一一右七，凌一二右五。○意，景井蜀紹衲耿慶彭毛游凌殿臆，札記索隱本「意」，各本作「臆」。

索　協音憶也　○衲耿慶彭游凌殿無此注四字。

〔斡流而遷兮〕　瀧二九·八，慶一一左一○，殿一一右八，凌一二右六。○斡，景井幹，札記舊刻「斡」作「幹」。

〔或推而還〕瀧二九・八，慶一一左一〇，殿一一右八，凌一二右六。

索 音烏活反 〇索「烏活反」三字作「管」字。

〔化變而嬗〕瀧二九・九，慶一二右一，殿一一右九，凌一二右七。〇毛索「化」、「變」互倒。札記毛本與索隱本及漢書、文選合，各本倒。按：札記引正文作「變化」。

集 音如蟬 〇蜀慶殿音如蟬慶本作「嬋」。反。蟬，衲慶彭嬋。

集 謂變蛻也 〇景井游毛無「謂」字。札記中統、游、毛本無「謂」字。

集 蟬蔓相連也 〇也，慶彭反。

索 謂其相傳與也 〇與，耿慶彭游凌殿之。

〔胡可勝言〕瀧三〇・二，慶一二右二，殿一一右一〇，凌一二右九。

索 深微之貌 〇耿「深」字、「之」字並無。衲慶彭凌殿無「之」字。

索 以言其理深微 〇索以言其理昧深微。

〔福兮禍所伏〕瀧三〇・二，慶一二右四，殿一一左二，凌一二左一。

索 立身也 〇衲耿慶彭游凌殿無「身」字。

索 猶如倚伏也 〇衲耿慶彭游凌殿「倚伏」二字作「伏立」。

〔夫差㠯敗〕瀧三〇・四，慶一二右六，殿一一左四，凌一二左三。札記「㠯」字，蔡本、中統、舊刻、游、王、柯、毛並同。

〔乃相武丁〕　瀧三〇・六，慶一二右七，殿一一左七，凌一二左四。

索　傳説衣褐帶索　〇索，【慶】【彭】【殿】素。

索　傭築於傅巖傅巖在河東太陽縣　〇【慶】【彭】【凌】【殿】不重「傅巖」二字。【楓】【三】重「傅巖」。

索　猗氏六十里黄河西岸　〇【衲】【耿】【慶】【彭】【凌】【殿】【游】【凌】【殿】此九字作「猗氏十里河西岸」七字。

〔何異糾纆〕　瀧三〇・八，慶一二右一〇，殿一一左八，凌一二左七。〇糾，【索】糺。按：索隱本誤。

集　福禍相爲表裏　〇【景】【井】【蜀】【紹】【衲】【耿】【游】【毛】【殿】「福」、「禍」互倒。

索　又通俗文云　〇【索】此注五字作「又風俗通文云」六字。

索　字林云　〇【彭】又字林云。

〔矢激則遠〕　瀧三〇・一〇，慶一二左二，殿一一左一〇，凌一二左九。

索　此乃淮南子及鶡冠子文也　〇【衲】【耿】【慶】【彭】【游】【凌】【殿】無「乃」字。

索　彼作水激則悍　〇作，【索】則。悍，【衲】旱。

索　而呂氏春秋作疾　〇【索】無「而」字。「疾」字作「悍」字。

索　以言水激疾則去疾　〇【耿】【慶】【彭】【索】【游】【凌】【殿】無上「疾」字。

索　以言水矢流飛　〇【殿】無「以」字。

索　今遇物觸之　〇【耿】【慶】【彭】【凌】【游】【殿】今遇有物觸之。

索　倚伏無常也　〇【殿】倚伏而無常也。

〔大專槃物兮〕　瀧三二一・三，慶一二左六，殿一二右三，凌一三右三。

索　以比之於天　○殿此注五字作「以之比天」四字。

*正　專音均　南化幻瀧。

〔坱軋無垠〕　瀧三二一・六，慶一二左八，殿一二右六，凌一三右六。○軋，索圠。下注同。

集　其氣坱軋　○坱，紹央。

索　謂無有際畔也　○際，衲耿慶彭游凌殿齊。

索　不測也　○測，衲耿慶彭游凌殿利。

索　雲霧氣昧也　○衲耿慶彭游凌殿無「雲」字。

*正　垠音銀　南化幻瀧。

〔且夫天地爲鑪兮〕　瀧三二一・九，慶一三右一，殿一二右九，凌一三右九。○鑪，景井蜀紹耿慶彭毛游凌殿爐，札記索隱本「鑪」，各本作「爐」。

〔未始有極〕　瀧三二一・一二，慶一三右四，殿一二左二，凌一三左二。

索　人之形　○衲耿慶彭游凌殿此注三字作「人者」二字。

索　千變萬化未始有極　○衲耿慶彭游凌殿千變（衲、耿、彭、游、殿本無此二字。）萬化而未始有極。

〔何足控摶〕　瀧三二一・一二，慶一三右五，殿一二左二，凌一三左三。○摶，慶彭凌搏。

按：景印慶元本改「摶」。札記蔡、王、柯、凌本並訛「搏」。

索　控摶謂引持而自玩弄貴生之意也　○衲耿慶彭游凌殿無此注十四字。

索　忽然爲人　○忽，衲耿慶彭索游凌殿或。

索　何足引物量度己年命之長短而愛惜乎　○衲耿慶彭游凌殿——而愛惜之乎。

〔又何足患〕　瀧三二・四，慶一三右七，殿一二左五，凌一三左六。

索　患協音環　○耿慶彭毛索凌殿患協韻音環。

〔賤彼貴我〕　瀧三二・五，慶一三右七，殿一二左五，凌一三左七。

索　自貴而相賤是也　○衲耿慶彭游凌殿無「是」字。

〔通人大觀兮〕　瀧三二・六，慶一三右八，殿一二左六，凌一三左七。○通，蜀達。

〔物無不可〕　瀧三二・六，慶一三右九，殿一二左六，凌一三左八。

索　物固有所然　○固，衲慶彭凌故。

〔烈士徇名〕　瀧三二・七，慶一三右一〇，殿一二左七，凌一三左九。○烈，景井蜀紹毛列。徇，蜀耿慶彭游凌殿殉。札記舊刻與索隱本同，各本「烈」作「列」。

索　臣瓚云亡身從物謂之殉也　○衲耿慶彭游凌殿無此注十一字。

〔夸者死權兮〕　瀧三二・九，慶一三左一，殿一二左八，凌一三左一〇。

集　權勢不尤　○尤，毛死。按：毛本訛。

集　則夸者不悲也　○悲，蜀死。

索　是言貪權勢以自矜夸者　○衲耿慶彭游凌殿無「權」字。

索 按揵爲舍人注爾雅云夸毗卑身屈己也曹大家云體柔人之夸毗也 ○衲耿慶彭游凌殿無此注二十七字。蓋合刻者所削。

索 言勢不甚用則夸毗者可悲也 ○言，索告。

〔品庶馮生〕 瀧三三・一，慶一三左二，殿一二左一〇，凌一四右二。

索 孟康云每者貪也 ○衲耿慶彭游凌殿無此七字。

索 每字合從手旁 ○從，游炎。

索 每音莫改反也 ○莫，衲耿慶彭游凌殿謀。

〔或趨西東〕 瀧三三・三，慶一三左五，殿一三右二，凌一四右四。

索 羣小怵然 ○衲耿慶彭游凌殿「羣小」二字作「小人」。

索 怵迫私東也 ○怵，游休。

〔億變齊同〕 瀧三三・五，慶一三左七，殿一三右五，凌一四右七。○億，南化楓棭三意。

*正 大人聖人也德無不包體達性命故不曲憂生死 南化幻瀧。

〔拘士繫俗兮〕 瀧三三・六，慶一三左八，殿一三右五，凌一四右八。○拘，楓棭三愚。

〔至人遺物兮〕 瀧三三・七，慶一三左九，殿一三右六，凌一四右九。○遺，索遺，札記索隱本疑訛。

〔獨與道俱〕 瀧三三・八，慶一三左九，殿一三右六，凌一四右九。

索 體盡於聖 ○盡，耿畫。按：耿秉本誤。

索 謂之至人 ○彭無「之」字。

〔真人澹漠兮〕 瀧三三・一○，慶一四右一，殿一三右九，凌一四左二。○澹，蜀紹殿恬，景井耿慶彭毛游凌金陵淡，札記舊刻「淡」作「儋」，蓋「澹」之訛。

〔獨與道息〕 瀧三四・一，慶一四右二，殿一三右九，凌一四左二。

索 不以心損道 ○道，耿衲慶彭游凌殿死。損，凌捐。

索 邪氣盡去 ○邪，耿慶彭毛游凌殿斜。

＊**正** 澹南化、幻本「澹」字作「淡」，下同。漠上徒濫反下音莫澹薄也漠靜也 南化幻瀧。

〔超然自喪〕 瀧三四・三，慶一四右三，殿一三左一，凌一四左四。

集 而志其身也 ○志，毛亡。

索 形故可使如槁木是也 ○衲耿慶彭游凌殿無「是」字。

索 謂心若死灰也 ○若，游如。

〔得坻則止〕 瀧三四・四，慶一四右五，殿一三左三，凌一四左六。

集 一作坎 ○一，游亦。

索 言君子見險則止 ○險，游嶮。

＊**正** 坻音持張晏夷易則仕險難則隱也上十三字非正義注文乎？ 南化幻瀧。

〔其死若休〕 瀧三四・七，慶一四右七，殿一三左五，凌一四左八。○索其死今若休。

〔澹兮若深淵之静〕　瀧三四・八，慶一四右八，殿一三左五，凌一四左九。○兮，景井蜀紹耿慶彭毛凌游殿乎，札記「乎」，舊刻作「兮」，下句同。

〔氾乎若不繫之舟〕　瀧三四・八，慶一四右八，殿一三左五，凌一四左九。

＊**正**　氾敷劒反　南化。

〔不以生故自寶兮〕　瀧三四・九，慶一四右九，殿一三左六，凌一四左九。○南化幻本引正義本「寶」字作「實」。

〔養空而游〕　瀧三四・九，慶一四右九，殿一三左六，凌一四左一〇。○游，索金陵浮。札記索隱本與漢書、文選合。各本「浮」作「游」。襍志云「游」字誤。

索　言體道之人　○耿慶彭游凌殿養空而游言體道之人。

＊**正**　鄧南化、幻本「鄧」字作「鄭」。氏云道家養空虛若浮舟也　南化幻瀧。

〔何足以疑〕　瀧三五・一，慶一四左二，殿一三左九，凌一五右三。

索　漢書作介　○介，殿芥。

索　蔕介鯁刺也　○蔕，索遰，游大遰介——。

索　以言細微事故　○衲耿慶彭游凌殿無「故」字。

索　故云何足以疑也　○衲耿慶彭游凌殿故於此云何足以疑之者也。

正　忍邁反　○忍，慶彭凌刃。

〔孝文帝方受釐〕　瀧三五・三，慶一四左四，殿一四右一，凌一五右五。

索　五時　○時，【游】時。按：游本訛。

*正　鼇音希禧福也借鼇字爲之耳言受神之福也南化、幻本無上六字。　【南化】【幻】【瀧】。

〔坐宣室〕　瀧三五・四，慶一四左五，殿一四右二，凌一五右六。

索　音信　○【衲】【耿】【慶】【彭】【游】【凌】【殿】無此注二字。

*正　淮南子云武王殺殷紂於宣室漢蓋取舊名以名殿也　【南化】【幻】【梅】【狩】【瀧】。

〔既罷〕　瀧三五・七，慶一四左七，殿一四右四，凌一五右八。○【紹】無「既」字。

〔拜賈生爲梁懷王太傅〕　瀧三五・八，慶一四左八，殿一四右五，凌一五右一〇。

索　名楫　○楫，【慶】【彭】【凌】【殿】揖。

〔無後〕　瀧三六・三，慶一五右三，殿一四右一〇，凌一五左五。

索　文帝十一年　○【游】「十」、「一」互倒。

〔而賈嘉最好學世其家〕　瀧三六・六，慶一五右六，殿一四左二，凌一五左七。○【景】【井】【蜀】【紹】【衲】【耿】【慶】【彭】【毛】【游】【凌】重「世」字。【札記】官本與漢書合，各本重「世」字。

〔列爲九卿〕　瀧三六・六，慶一五右七，殿一四左三，凌一五左八。○【南化】【楓】【三】嘉列爲九卿。

〔未嘗不垂涕想見其爲人〕　瀧三六・一〇，慶一五右一〇，殿一四左六，凌一六右一。

索　長沙羅縣北帶汨水　○【游】——北帶汨二水。

〔又怪屈原以彼其材游諸侯〕　瀧三七・一，慶一五左一，殿一四左六，凌一六右二。○【毛】

游「材游」二字作「君敓」。按：游、毛本誤。

〈何國不容〉　瀧三七・一，慶一五左一，殿一四左七，凌一六右二。○何，毛使。按：毛本誤。

〈同死生〉　瀧三七・二，慶一五左二，殿一四左七，凌一六右三。○殿「死」、「生」互倒。

史記會注考證校補卷八十五

呂不韋列傳第二十五

〔陽翟大賈人也〕瀧二・一，慶一右二，殿一右七，凌一右三。

索 俗又音宅　○俗，耿谷。按：耿本訛。

索 以不韋爲濮陽人　○濮，游僕。

索 班固雖云太史公採戰國策　○採，殿據。

索 以己異聞改彼書　○耿慶彭游凌殿以己異聞改游、明本作「故」。易彼書。

索 遂令不與史記合也　○慶彭凌——史記合之也，殿——史遷記合也。

正 今河南府縣　○慶彭凌殿無「縣」字。

〔往來販賤賣貴〕瀧二・三，慶一右五，殿一右一〇，凌一右六。○貴，慶彭游買，南化楓校記「貴」。札記賣，各本訛「賣」注同。今正。按：札記「訛賣」，當謂「訛買」。

集 陽翟大賈也　○彭無「陽」字。楓三校補「陽」。

*正　買貴上音賣　南化。按：依此正義，張守節所見史記正文「賣」字作「買」。

〔家累千金〕　瀧二・三，慶一右六，殿一左一，凌一右六。

索　王劭賣音作育　○衲慶彭游凌殿此注六字作「王劭賣作鬻音育」七字。

索　案育賣義同　○育，殿鬻。

索　今依義　○衲慶彭游凌殿此注三字作「今如字讀」四字。

〔以其次子安國君爲太子〕　瀧二・五，慶一右七，殿一左二，凌一右九。

*正　名柱又名戍　南化幻瀧。

〔安國君中男名子楚〕　瀧二・一〇，慶一右一〇，殿一左四，凌一左一。

索　後從趙還　○索無「從」字。

〔毋愛〕　瀧三・二，慶一左一，殿一左六，凌一左三。○毋，南化楓棭不。通志此二字作「無寵」。

〔子楚爲秦質於趙〕　瀧三・二，慶一左二，殿一左六，凌一左三。○通志故子楚——。

〔秦諸庶孽孫〕　瀧三・三，慶一左四，殿一左八，凌一左五。○孽，索孼。下注同。南化無「諸庶」二字。楓三無「庶」字。

〔質於諸侯〕　瀧三・三，慶一左五，殿一左九，凌一左五。

索　韓王信傳亦曰　○耿慶彭索游凌殿金陵無「王」字。按：瀧本誤。

索　襄王孽孫　○慶彭游凌殿襄王之孽孫。

索　張晏曰孺子曰孼子　○索無下「子」字。

索　孼賤子也　○慶彭游凌殿孼子賤子也。

索　以非嫡正故曰孼　○耿慶彭游凌殿此注七字作「非嫡正之子曰孼」。

〔車乘進用不饒〕　瀧三・四，慶一左五，殿一左九，凌一左七。○乘，通志騎。

〔不得意〕　瀧三・五，慶一左六，殿一左一〇，凌一左八。

索　按下文云　○耿慶彭游凌殿按下文又云。

索　以五百金爲進用　○索無「以」字。

〔見而憐之曰〕　瀧三・六，慶一左七，殿二右一，凌一左九。○憐，毛鄰。

〔此奇貨可居〕　瀧三・六，慶一左七，殿二右一，凌一左九。

正　立定國之主贏幾倍　○殿金陵「主」字移在「定」字上。慶彭凌「主」字移在「立」字上。按：景印慶元本移正「定」字上。札記官本「立主」，各本皆倒。按：瀧本誤。

正　處於郈城　○郈，慶彭殿聊，凌金陵郈。札記王、柯「郈」作「聊」。按：瀧本誤。

正　乃說秦王后弟陽泉君曰　○陽，慶彭凌楊，札記官本「陽」，與秦策合。各本訛「楊」，下同。

正　一日山陵崩　○慶彭殿無「崩」字。南化楓校補「崩」字。札記王、柯脫「崩」字。下「山陵」句同。

正　王一日山陵崩　○慶彭殿無「崩」字。

〔乃引與坐深語〕　瀧四・四，慶二右七，殿二左一，凌二右一〇。

索　遂與密謀深語也　○索——深語之也。

〔竊聞安國君愛幸華陽夫人〕　瀧四・五，慶二右八，殿二左二，凌二左一。○楓三無「幸」字。

〔則子毋幾得與長子及諸子旦暮在前者〕　瀧四・八，慶二左二，殿二左五，凌二左五。○毋。景井蜀紹耿慶彭毛游凌殿無。

〔爭爲太子矣〕　瀧四・九，慶二左三，殿二左六，凌二左六。

索　毋音無　○衲耿慶彭游凌殿無此注三字。

索　左傳曰日月以幾　○殿無此注七字。

索　子傒承國之業　○衲耿慶彭游凌殿——國之業殿本作「葉」。又有母在中

正　言子楚無望得爲太子　○慶彭凌——得預長爲太子。

〔客於此〕　瀧五・一，慶二左五，殿二左八，凌二左八。○楓三客在於此。楓、三本又有「一本於作妊」五字注。

〔非有以奉獻於親〕　瀧五・一，慶二左五，殿二左八，凌二左八。

*__正__　親謂安國君及南化本有「本作皮皮恐及乎」七字注，梅本無「及」字。　華陽夫人　南化幻梅。

〔不韋因使其姊說夫人〕　瀧五・七，慶三右三，殿三右五，凌三右六。

索　作說秦王后弟陽泉君也　○作，彭游在，楓三校記「作」。

〔色衰而愛弛〕　瀧五・八，慶三右五，殿三右七，凌三右七。

＊**正**　弛尸氏反　[南化][幻][瀧]。

〔不以此時蚤自結於諸子中賢孝者〕　瀧五・九，慶三右五，殿三右七，凌三右七。○[楓]

[三]——自結言於諸——[通志]——賢而孝者。

〔舉立以爲適而子之〕　瀧五・一〇，慶三右七，殿三右八，凌三右九。

索　子謂養之爲子也　○[彭]子爲謂養之爲子也。

索　意亦通　○[索]「意亦」二字作「並」字。

＊**正**　言華陽夫人擧才達（南化、幻、梅本「才達」二字作「才建」。）子而爲安國君嫡嗣而（南化、幻、梅本無「而」字。）又養之爲（梅本爲「爲」。）嗣也　[南化][幻][梅][狩][瀧]。

〔夫在則重尊〕　瀧六・一，慶三右八，殿三右九，凌三右一〇。○[殿]「重」、「尊」互倒。

〔今子楚賢而自知中男也〕　瀧六・四，慶三右一〇，殿三左二，凌三左三。○子，[蜀][紹]予。

〔夫人則竟世有寵於秦矣〕　瀧六・六，慶三左二，殿三左三，凌三左五。○[通志]此十字作「則夫人竟世而有寵於秦矣」十一字。

〔呂不韋取邯鄲諸姬絕好善舞者與居〕　瀧七・一，慶三左九，殿三左八，凌四右一。

索　而又善舞也　○舞，[耿]無。按：（耿本誤。）

〔子楚遂立姬爲夫人〕　瀧七・六，慶四右四，殿四右四，凌四右七。

索　徐廣云十二月也　○[耿]無此六字。

索　人十月生　○[索]無「人」字。

＊正　子政者始皇帝也　南化　幻　梅　狩　瀧。

〔使王齮圍邯鄲急趙欲殺子楚〕　瀧八・一，慶四右五，殿四右五，凌四右八。○南化　楓　棭　三重「邯鄲」二字。

〔莊襄王所母華陽后爲華陽太后〕　瀧八・九，慶四左二，殿四左一，凌四左四。○景　井　蜀　紹　耿　慶　彭　毛　游　凌　殿　莊襄王所養母——。札記　各本「所」下有「養」字。索隱本無。襍志云「後人妄加」。

索　劉氏本所母作所生母生衍字也今檢諸本並無生字　○殿　無此注二十一字。

〔以呂不韋爲丞相〕　瀧九・一，慶四左五，殿四左二，凌四左七。

索　秦置左右　○置，衲　慶　彭　游　凌　殿　署。

索　高帝置一　○置，衲　慶　彭　游　凌　殿　署。

索　後又更名相國　○索　無「又」字。

索　哀帝時　○索　無「時」字。

＊正　莊襄立丞相至始皇又改爲相國秦有左右丞相高帝置一丞相後南化、幻、梅本有「十月」二字。更名相國孝南化、幻、梅本「孝」作「考」。惠高后置左右丞相文帝置一丞相有兩長梅本無「長」字。史南化、幻、梅本「史」作「父」。哀帝更名大司徒也　南化　幻　梅　狩　瀧。

〔食河南雒陽十萬户〕　瀧九・三，慶四左六，殿四左四，凌四左八。○雒，慶　彭　凌　殿　洛，札記　舊刻、毛本「雒」，與索隱本合。各本作「洛」。

索 初置三川郡 ○索無「初」字。

索 食藍田十二縣 ○二，游三。

索 據漢郡而言之耳 ○彭無「耳」字。

〔號稱仲父〕 瀧九・七，慶四左九，殿四左七，凌五右一。

正 蓋效齊桓公以管仲爲仲父 ○桓，慶彭相。按：景印慶元本改「桓」。

〔太后時時竊私通呂不韋〕 瀧九・八，慶四左一〇，殿四左八，凌五右二。○楓三無「通」字。

〔以相傾〕 瀧一〇・一，慶五右三，殿五右三，凌五右八。

索 孟嘗春申死已久據表及傳 ○索無此注十一字。

索 孟嘗平原 ○衲耿慶彭游凌殿「平原」二字作「春申」。

索 正當在莊襄王時 ○索無「時」字。

〔二十餘萬言〕 瀧一〇・六，慶五右九，殿五右六，凌五左二。

索 恃君也 ○恃，衲慶彭索游凌殿時。

索 以順 ○以，索似。

索 其書有孟春等紀二十餘萬言二十六卷也 ○衲耿慶彭凌游殿「二十六」作「三十餘」。

*****正** 十二紀紀南化本有「記」字。十月令禮記月令是而言語少耳凡二十六卷二十餘萬言名曰呂氏春秋南化幻。

〔有能增損一字者予千金〕　瀧一〇・九，慶五左四，殿五左一，凌五左七。

索　景帝更名渭城　○景，衲耿慶彭游凌殿武。

索　其地在渭水之北北阪之南　○阪，索陂。

〔乃私求大陰人嫪毐以爲舍人〕　瀧一一・七，慶五左五，殿五左二，凌五左八。○嫪，南化楓棭三樛。下同。

〔以啗太后〕　瀧一一・九，慶五左七，殿五左四，凌五左一〇。

正　以桐木爲小車輪　○桐，慶彭相，南化校記「桐」。

〔不韋又陰謂太后曰〕　瀧一二・一，慶五左九，殿五左五，凌六右二。○札記舊刻「不韋」上有「吕」字。

〔絶愛之有身〕　瀧一二・三，慶六右二，殿五左七，凌六右四。○通志絶愛之己而有身。

〔諸客求宦〕　瀧一二・六，慶六右四，殿五左一〇，凌六右七。○宦，蜀紹官。

〔與孝文王會葬壽陵〕　瀧一二・八，慶六右六，殿六右一，凌六右九。

正　秦孝文王陵在雍州萬年縣東北二十五里　○年，慶彭平。按：景印慶元本「平」改「年」。

〔夏太后子莊襄王葬芷陽〕　瀧一二・八，慶六右七，殿六右二，凌六右一〇。

正　秦莊襄陵　○慶彭「莊」、「襄」互倒。

〔故夏太后獨别葬杜東〕　瀧一二・九，慶六右九，殿六右四，凌六左二。

正 夏太后陵在萬年縣東南二十五里。○二，彭殿三。

〔旁當有萬家邑〕 瀧一三・一，慶六左一，殿六右六，凌六左四。

索 武昭宣三陵 ○索武昭宣三邑陵。

＊**正** 漢宣帝元康元年以杜東原上爲初陵更改（南化、幻、梅本「改」作「名」。）韓爲杜陵（南化、梅本有「在」字，幻本有「東」字。）萬年縣東南二十五（南化、幻、梅本「二十五」三字作「十九」二字。）里從始皇七年葬（南化、幻、梅本「葬」作「更」。）太后至宣帝（南化、幻、梅本有「元康」二字。）元年一百七十四年 南化幻梅狩瀧。

〔王即薨〕 瀧一三・五，慶六左三，殿六右八，凌六左六。○王，凌五。即，游耶。

〔以子爲後〕 瀧一三・六，慶六左四，殿六右八，凌六左七。

集 毐與侍中左右貴臣博奕飲酒 ○侍，景蜀紹待。博，紹傳。耿慶彭游凌殿無「奕」字。

索 今按説苑作寠子 ○耿慶彭游凌殿無「今按」二字。

＊**正** 寠人貧人（南化、幻本「人」作「子」。）也 南化幻狩瀧。

〔而遂遷太后於雍〕 瀧一三・九，慶六左八，殿六左二，凌七右一。

索 遷太后棫陽宮 ○棫，衲耿慶彭游凌殿咸。下同。

〔而還之蜀〕 瀧一三・一〇，慶六左九，殿六左四，凌七右二。

索 謂家産資物 ○産，衲耿慶彭游凌殿生。

索 並没入官 ○入，衲耿慶彭游凌殿於。

〔歸復咸陽〕 瀧一四・三，慶七右三，殿六左七，凌七右六。○咸，游成。通志「歸」、「復」互倒。

〔號稱仲父〕　瀧一四・六，慶七右六，殿六左一〇，凌七右九。○[楓][三]而號稱仲父。

〔其與家屬徙處蜀〕　瀧一四・七，慶七右七，殿六左一〇，凌七右一〇。○處，[游]居。[札記]中統本、吴校金板「處」作「居」。

〔乃飲酖而死〕　瀧一四・七，慶七右八，殿七右一，凌七左一。

集　呂不韋家在河南　○[景][井][蜀][紹][衲][耿][慶][彭][毛][游][凌][殿]無「呂」字。

集　故其家名呂母也　○故，[游]致。

〔謚爲帝太后〕　瀧一四・九，慶七右一〇，殿七右四，凌七左四。

索　豈謂誄列生時之行乎　○誄，[楓][三]誅，[索]累。生，[彭]主，[楓][三]校記「生」。

〔會葬茝陽〕　瀧一五・一，慶七左二，殿七右五，凌七左五。

集　一作芷陽　○芷，[彭]正，[楓]校記「芷」。[游]無「一」字。

〔貴封號文信侯〕　瀧一五・二，慶七左三，殿七右六，凌七左七。

索　按文信侯　○[彭]按文信侯者乃即是呂。

索　上文已言不韋封　○[耿]重「不韋」二字。[索]訖上文——。

索　今此合作長信侯也　○[耿][慶][彭][索][凌][游][殿]無「今此」二字。

〔毐聞之〕　瀧一五・四，慶七左五，殿七左八，凌七左八。○[耿]無「毐」字。

〔遂滅其宗〕　瀧一五・六，慶七左八，殿七左一，凌八右二。

*正　時音止故好時也　[南化][幻][狩][瀧]。

史記會注考證校補卷八十六

刺客列傳第二十六

〔魯人也〕 瀧二・二，慶一右二，殿一右七，凌一右三。

索 然則沫宜音劌 ○[索]「沫」字作「昧」而無「劌」字。

索 此作曹沫 ○[衲][耿][慶][彭][游][凌][殿]無此注四字。

索 事約公羊爲説 ○[耿][慶][彭][游][凌][殿]此事約公羊爲説。

索 戰于長勺 ○[耿][慶][游][凌][殿]無「于」字。

索 盟于柯 ○[索]要盟于柯。

索 又記不具行事之時 ○[耿][慶][凌][殿]此注八字作「又不記其行事之時也」九字。[彭][游]作「又不記其行事之時日也」十字。

〔乃獻遂邑之地以和〕 瀧二・八，慶一右四，殿一右九，凌一右五。

正 在兗州龔丘縣西北七十六里也 ○龔，[慶][彭][凌]龍，[札記]官本「龔」，各本訛「龍」。

〔曹沫執七首劫齊桓公〕　瀧三・二，慶一右七，殿一左二，凌一右九。

索　劉氏云　○氏，【索】向。

〔子將何欲〕　瀧三・七，慶一左一，殿一左五，凌一左二。

索　何休注云　○【索】無「注」字。

索　桓公卒不能應　○【索】無「能」字。

〔亦以甚矣〕　瀧三・八，慶一左二，殿一左七，凌一左四。○以，【南化】【楓】【棭】【三】已。

〔君其圖之〕　瀧三・八，慶一左四，殿一左八，凌一左五。

索　今齊數侵魯　○今，【游】本。

〔桓公乃許盡歸魯之侵地〕　瀧三・一〇，慶一左四，殿一左八，凌一左五。○歸，【南化】【楓】【棭】【三】還。

〔不如與之〕　瀧四・三，慶一左八，殿二右一，凌一左九。○【楓】【三】無此四字。

〔吴堂邑人也〕　瀧四・五，慶二右一，殿二右四，凌二右二。○堂，【索】常，【札記】索隱本「堂」訛「常」，注同。

〔伍子胥之亡楚而如吴也〕　瀧四・六，慶二右二，殿二右五，凌二右三。○伍，【金陵】五。【札記】舊刻「五」，各本作「伍」，下同。

索　臨淮有常邑縣　○常，【慶】【彭】【游】【凌】【殿】堂。

〔吴王乃止〕　瀧四・八，慶二右五，殿二右七，凌二右六。

＊**正**　公子光諸樊之子也　南化 幻 梅 狩 瀧。

〔伍子胥知公子光之欲殺吴王僚〕　瀧四・九，慶二右五，殿二右八，凌二右六。○紹無「吴」字。

〔未可説以外事〕　瀧四・一〇，慶二右六，殿二右九，凌二右七。○以，蜀 紹之。

索　言其將有内難弑君之志　○將，彭 游止。

索　且對外專生文　○專，衲 耿 慶 彭 游 凌 殿事。

索　吴世家曰　○曰，耿 慶 彭 游 凌 殿作。

〔次曰餘祭〕　瀧五・二，慶二右八，殿二右一〇，凌二右九。

索　音則界反　○則，衲 慶 彭 凌 殿側。

〔次曰夷眛〕　瀧五・二，慶二右九，殿二左一，凌二右一〇。

索　公羊作餘未　○未，衲 殿末。按：景印慶元本「未」改「末」。

〔故嘗陰養諜臣以求立〕　瀧五・七，慶二左五，殿二左六，凌二左五。○嘗，南化 楓 棭 三常。

〔九年而楚平王死〕　瀧五・八，慶二左六，殿二左七，凌二左六。

索　春秋昭二十六年　○索無「昭」字。

索　據表及左傳　○索無「表及」二字。

〔使其二弟公子蓋餘屬庸〕　瀧五・一〇，慶二左八，殿二左九，凌二左九。〇楓三無「二」。

蓋，紹善。按：紹興本訛。

索　二子僚之弟也　〇二，耿一。按：耿本訛。

索　左傳作掩餘屬庸　〇屬，南化楓三殿燭。

〔將兵圍楚之灊〕　瀧六・一，慶二左八，殿二左九，凌二左九。〇灊，景井蜀紹慶彭游凌殿潛。下注同。

索　音潛　〇衲耿慶彭游凌殿無此注二字。

〔是無如我何〕　瀧六・六，慶三右六，殿三右六，凌三右七。

索　左傳直云　〇索左傳直注云。札記單本「直」下衍「注」字。

索　言其少援救　〇救，衲耿慶彭游凌殿助。

索　故云我無奈我何　〇衲慶彭游凌殿無上「我」字。

索　因復加以兩弟將兵外困之辭　〇以，索與。耿無「加」字。

索　我爾身也　〇也，索死。按：索隱本誤。

索　如我何至史記也三十一字　〇索無此注三十一字。札記此三十一字單本脱。

索　猶言我無若是何　〇衲慶彭游凌殿無「何」字。

〔四月丙子〕　瀧六・一〇，慶三右九，殿三右一〇，凌三右一〇。

索　注僚之十二年夏也　〇耿慶彭凌殿無「注」字。

索　唯言夏四月　○唯，衲雄，殿雖。

索　無傳經更與左氏吴系家同此傳稱丙子　○衲耿慶彭凌殿此注十六字作「無其文此與吴系家皆稱丙子」十二字。

〔光伏甲士於窟室中〕　瀧七・一，慶三右一〇，殿三右一〇，凌三左一。

索　伏甲謂甲士也　○衲耿慶彭游凌殿此注六字作「伏甲士於窟室杜預謂掘地爲室也」十四字。

索　下文云　○衲耿慶彭游凌殿所以下文云。

〔門户階陛左右〕　瀧七・二，慶三左三，殿三左三，凌三左四。○楓三無「户」字。

〔皆持長鈹〕　瀧七・三，慶三左四，殿三左四，凌三左五。

索　音披　○耿無「音披」二字。

〔公子光詳爲足疾〕　瀧七・五，慶三左五，殿三左五，凌三左六。○詳，紹詐。

〔入窟室中〕　瀧七・五，慶三左五，殿三左五，凌三左七。○楓三無「中」字。

索　此云詳　○衲耿慶彭游凌殿「云詳」二字作「之」字。

索　或讀此爲字音僞　○衲耿慶彭游凌殿此七字作「或讀爲音僞」五字。

索　豈詳僞重言耶　○耶，游也。

〔既至王前〕　瀧七・七，慶三左七，殿三左七，凌三左九。○紹無「王」字。

〔故嘗事范氏及中行氏〕　瀧八・二，慶四右三，殿四左二，凌四右五。○景井蜀紹耿慶彭毛游淩殿無「氏及」二字。南化楓棭三校補「氏及」二字。札記索隱本與治要引合。襍志云：「今本無『氏及』二字，蓋依趙策删。」

〔而無所知名〕 瀧八・三，慶四右四，殿四右三，淩四右六。

索 後因以邑爲氏 ○衲耿慶彭游淩殿此注六字作「因爲范氏」四字。

〔去而事智伯〕 瀧八・四，慶四右五，殿四右四，淩四右七。

索 襄子林父弟 ○索無「弟」字。

〔趙襄子最怨智伯〕 瀧八・六，慶四右八，殿四右七，淩四右一〇。

索 謂初則醉以酒 ○衲耿慶彭游淩殿無「則醉」二字。

索 後又率韓魏水灌晉陽 ○衲耿慶彭游淩殿灌後又——。

索 故怨深也 ○深，索之。

〔漆其頭以爲飲器〕 瀧八・七，慶四右九，殿四右八，淩四左一。

索 匈奴破月氏王 ○氏，衲耿慶彭淩游殿支。

索 椑榼所以盛酒耳 ○索無「榼」字。

索 襄子漆智伯頭爲溲杅 ○索無「伯」字。杅，衲耿慶彭游淩殿杯。

索 故云 ○云，衲慶彭淩游殿也。

正 劉云 ○淩無此注二字。

〔入宮塗廁中挾七首〕 瀧九・二，慶四左四，殿四左三，淩四左七。○楓三無「中挾七首」

四字。

〔襄子曰〕 瀧九・五，慶四左七，殿四左五，凌四左九。○[南化][楓][棭][三]趙襄子曰。

〔卒醳去之〕 瀧九・六，慶四左九，殿四左六，凌五右一。○醳，[景][井][蜀][紹][慶][彭][毛][游][凌][殿]釋，[南化][楓][三]校記「醳」。[札記]索隱本「醳」，各本作「釋」。

索 醳音釋字亦作釋 ○[耿][慶][彭][游][凌][殿]無此注七字。

〔豫讓又漆身爲厲〕 瀧九・七，慶四左一〇，殿四左七，凌五右二。

索 音賴賴 ○[耿]無此注三字。

索 然厲賴聲相近 ○賴，[耿]癘。

索 戰國策説此 ○[衲][耿][慶][彭][游][凌][殿]無「説此」二字。

〔使形狀不可知〕 瀧九・九，慶五右五，殿五右一，凌五右四。

索 啞音烏雅反 ○雅，[索]啞。

索 滅鬚去眉 ○鬚，[索]髮。

索 其妻曰 ○其，[耿]共。

索 讓遂吞炭以變其音也 ○讓，[慶][彭][凌]豫。

*__正__ 吕氏春秋云豫讓欲報趙襄子滅鬚去眉云云 [南化][幻][棭][謙][梅][狩][瀧]。

〔乃爲所欲〕 瀧一〇・三，慶五右七，殿五右三，凌五右八。

索 謂因得殺襄子 ○[耿]欲謂因得殺襄子。

〔何乃殘身苦形〕 瀧一〇・四，慶五右七，殿五右四，凌五右一〇。○乃，殿必。

〔且吾所爲者極難耳〕 瀧一〇・六，慶五右九，殿五右六，凌五左二。

索 謂今爲癘啞也 ○謂，慶彭游請。按：景印慶元本「請」改「謂」。今，慶游令。癘，慶凌殿厲。

〔以事其君者也〕 瀧一〇・八，慶五右九，殿五右六，凌五左三。○慶彭殿無「者」字。楓棭三校補「者」。

索 而近賊 ○賊，楓棭三賤。

*__正__ 吾爲極難者令天下後代爲人臣懷梅本重「懷」字。二心者愧之故幻、棭、謙、狩本「故」字作「胡」。漆身吞炭所以不事襄子也 南化幻棭謙梅狩瀧。

〔頃之〕 瀧一〇・九，慶五左二，殿五右九，凌五左五。○頃，楓三頓。

〔豫讓伏於所當過之橋下〕 瀧一〇・一〇，慶五左三，殿五右九，凌五左五。

正 在并州晉陽縣東一里 ○彭在于并州——。

〔巨事范中行氏范中行氏〕 瀧一一・四，慶五左八，殿五左四，凌五左一〇。○三不重「范中行氏」四字。

〔襄子喟然歎息而泣曰〕 瀧一一・八，慶五左一〇，殿五左五，凌六右二。○南化楓三無「息」字。

〔非所敢望也〕　瀧一二・三，慶六右六，殿六右一，凌六右八。○敢，耿最。

〔豫讓拔劍三躍而擊之〕　瀧一二・四，慶六右七，殿六右二，凌六右九。

索　衣盡出血　○索無「出」字。

索　車輪未周而亡　○車，索之。

〔其後四十餘年〕　瀧一二・六，慶六右一〇，殿六右四，凌六左二。○後，蜀紹餘。按：涉下而訛。

〔與母姊如齊〕　瀧一二・九，慶六左三，殿六右七，凌六左五。○姊，游妹。

〔濮陽嚴仲子事韓哀侯〕　瀧一二・九，慶六左四，殿六右八，凌六左六。

索　案表聶政殺俠累　○索無「表」字。

索　列侯生文侯文侯生哀侯　○索此十字作「後次文侯後次哀」七字。耿列侯生文侯文侯生聞信傳信哀侯。

索　凡更三代　○索無「更」字。

索　且太史公聞疑傳疑　○衲慶彭游凌殿——傳疑聞信傳信。

***正**　年表云韓列侯三年盜殺韓俠（梅本「俠」作「傺」）。累又云哀侯六年韓嚴殺其君韓世家並同戰國策云傫走而抱哀侯聶政刺之兼中哀侯按世家及年表列侯後次文侯文侯後次哀侯凡三世也列侯三年至哀侯六年三十年（南化、幻本「三十」年作「二十」。「七年」，梅本作「二十年」）。其縣隔未詳孰（幻本「孰」作「熟」）。是蓋太史公（南化、幻、梅本無「公」字）。信傳信疑傳疑兩存之　南化幻椷謙梅狩瀧。

〔與韓相俠累有郤〕　瀧一三・五，慶六左六，殿六右一〇，凌六左九。〇郤，索郄。下注同。

索　上古夾反　〇夾，耿挾。按：耿秉本訛。

索　戰國策云韓傀相韓　〇衲耿慶彭凌游殿無「戰國策云韓」五字。

索　嚴遂擧韓傀之過韓傀叱之於朝　〇索無此注十三字。札記各本與韓策合，單本脱。

索　嚴遂拔劍趨之　〇索「拔劍趨之」四字作「拔趙」二字。按：索隱本誤。

〔然後具酒自暢聶政母前〕　瀧一三・八，慶六左一〇，殿六左四，凌七右三。

索　徐氏云一作賜　〇耿無此注六字。

正　數色吏反　〇南化有「大正義本吏作庾」七字注。札記案：「數」字無此音。疑「吏」乃「庾」字之訛。

〔客游以爲狗屠〕　瀧一四・一，慶七右四，殿六左七，凌七右六。〇狗，南化楓棭獨。

〔將用爲大人麤糲之費〕　瀧一四・四，慶七右八，殿六左一〇，凌七右一〇。〇大，景井紹耿慶彭毛游凌夫，札記官本「大」，各本作「夫」。

〔豈敢以有求望邪〕　瀧一四・五，慶七右一〇，殿七右一，凌七左三。

正　尊婦嫗爲大人　〇婦，慶彭凌大，殿父。大，慶彭凌夫。下「王遇大臣」、「爲大人」、「按大人」、「大人故言遲」，四「大」字同例。札記各本「婦」作「大」，吴校改，與下荆軻傳索隱合。官本「大人」，與今本漢書合。各本作「夫人」。下同。

正　漢書宣元王傳　〇殿漢書宣元六王傳。按：景印慶元本補「六」。札記官本有「六」字，各本脱。

正 王遇大人益解 ○遇，慶彭過。解，慶彭凌誦。

〔徒幸以養老母〕 瀧一四・八，慶七左二，殿七右四，凌七左五。

索 言其心志與身至是也三十四字 ○殿無此注三十四字。

〔政身未敢以許人也〕 瀧一四・九，慶七左三，殿七右四，凌七左五。○札記舊刻「敢」作「可」。

〔既已葬〕 瀧一六・一，慶七左五，殿七右六，凌七左八。○已，蜀紹以。

〔我雖不受然是者從深知政也〕 瀧一五・五，慶七左九，殿七右一〇，凌八右二。○南化楓棭三我雖不敢受——。

〔今不幸而母以天年終〕 瀧一五・九，慶八右四，殿七左四，凌八右六。○楓三無「母以天年」四字。終，南化楓三死。

〔仲子所欲報仇者爲誰〕 瀧一五・一〇，慶八右五，殿七左五，凌八右八。○仇，毛讎。下同。

〔俠累又韓君之季父也〕 瀧一六・一，慶八右六，殿七左六，凌八右八。○紹無「俠累」二字。

〔今足下幸而不棄〕 瀧一六・三，慶八右八，殿七左七，凌八右一〇。○棄，慶彭益，南化校記「棄」。按：景印慶元本「益」改「棄」。札記王本誤「益」。

〔請益其車騎壯士〕　瀧一六・三，慶八右八，殿七左八，凌八右一〇。〇益，慶彭登，南化楓三校記「益」。按：景印慶元本「登」改「益」。其，南化楓三具，札記蔡本、王本「益」誤「登」。襍志云「韓策『益』其作『益文』」。

〔而爲足下輔翼者〕　瀧一六・四，慶八右八，殿七左八，凌八左一。〇而，景井蜀紹耿慶彭毛游凌殿可。

〔韓之與衛相去中閒不甚遠〕　瀧一六・四，慶八右九，殿七左八，凌八左一。〇索此十一字作「韓衛閒不甚遠」六字。札記索隱本出「韓衛閒不甚遠」六字，疑此有衍之耳。韓策作「終莫能就」。按：札記引正文「遠」上有「相」字，疑涉上衍乎。

〔中閒不甚遠〕　瀧一六・五，慶八右一〇，殿七左九，凌八左一。

索　故曰閒不遠也　〇衲慶彭游凌殿此注六字作「故曰相去不甚遠也」八字。

〔不能無生得失〕　瀧一六・六，慶八左一，殿八右一，凌八左四。〇南化楓棭三索無「失」字。札記索隱本出「無生得」三字。考證云「唐本無『失』字。後人誤增」。襍志説同。

〔生得失則語泄〕　瀧一六・六，慶八左一，殿八右二，凌八左五。

索　無生得　〇衲慶彭索游凌殿無此注三字。

索　此云生得　〇衲彭無「此」字。此，慶也。按：景印慶元本「也」改「此」。

索　言將多人往殺俠累　〇衲耿慶彭游凌殿「多」、「人」互倒。

索 後又被生擒而事泄　○又，衲耿慶彭游凌殿有。

索 亦兩俱通也　○凌無「兩」字。

＊**正** 言多人不生擒韓相其言即漏泄也又一曰野本無上十七字。多人殺韓相不能無被生擒得之者其語必泄野本「泄」字下有「之」字。　南化幻桜謙梅狩野瀧。

〔豈不殆哉〕　瀧一六・九，慶八左四，殿八右三，凌八左六。

索 徐注云一作難　○耿無此注六字。

〔刺殺俠累〕　瀧一七・二，慶八左七，殿八右五，凌八左九。

集 韓烈侯三年三月　○烈，景井蜀紹慶凌殿列。

〔因自皮面決眼〕　瀧一七・五，慶八左九，殿八右八，凌九右二。○決，南化楓桜詳節抉。

〔遂以死〕　瀧一七・五，慶八左一〇，殿八右八，凌九右三。

索 謂以刀割其面皮　○索無「以」字。割，衲耿慶彭游凌殿刺。

索 謂出其眼睛　○睛，彭精。

＊**正** 謂自剥其面皮決狩本有「決一作抉」四字注。其眼睛　南化幻桜謙梅狩野瀧。

〔購縣之〕　瀧一七・八，慶九右二，殿八左一，凌九右五。○縣，南化楓三懸。札記襍志云：「當爲『縣購之』。下文曰『王縣購其名姓千金』。」

〔有能言殺相俠累者予千金〕　瀧一七・九，慶九右二，殿八左一，凌九右五。○彭無「者」

字，而「予」作「子」。楓三補「者」字而「子」改「予」。

〔嚴仲子知吾弟〕　瀧一八・二，慶九右六，殿八左四，凌九右八。

*正　乃於本邑中而言也　南化幻梅野瀧。

〔立起如韓之市〕　瀧一八・三，慶九右六，殿八左四，凌九右九。○起，南化赴。

〔王縣購其名姓千金〕　瀧一八・五，慶九右九，殿八左六，凌九左一。○紹無「縣」字。南化楓棭三無「購」字。

〔妾未嫁也〕　瀧一八・七，慶九左一，殿八左九，凌九左五。

索　還及君之無恙　○衲慶彭凌殿還及吾君之無恙。游還及者君之無恙。

索　俗悉患之故相勞云無恙　○索無「俗悉患之」四字，而「故」下有「俗」字。

〔士固爲知己者死〕　瀧一八・一〇，慶九左五，殿九右二，凌九左八。

索　案察謂觀察有志行乃舉之劉氏云察猶選也　○索——猶選之也。殿無此注十八字。

〔重自刑以絶從〕　瀧一九・一，慶九左六，殿九右三，凌九左九。

索　乃以妾故復自刑其身　○衲耿慶彭游凌殿乃自以妾——。

索　無旁足　○衲慶彭游凌殿此三字作「故無足旁」四字。耿「旁」、「足」二字互倒。

索　而徐氏以爲從坐　○索無「以」字。

正　自刑作刊　○札記此蓋正義本作「自刊」而合刻者爲之詞。

正　猶愛惜也　○愛，慶彭凌殿憂。

正　其姊妄云　○[慶][彭][凌][殿]重「云」字。[札記]下復衍一「云」字，考證刪。

〔卒於邑悲哀而死政之旁〕　瀧一九・五，慶一〇右二，殿九右七，凌一〇右四。○[南化][楓][棭][三]無「悲」字。

〔乃其姊亦烈女也〕　瀧一九・七，慶一〇右二，殿九右八，凌一〇右五。○乃，[慶][彭][凌]及[南化][楓][棭][三]校記「乃」。[札記]游、王、柯、凌本「乃」訛「及」，蔡本「烈」作「列」。

〔必絕險千里以列其名〕　瀧一九・九，慶一〇右五，殿九左一，凌一〇右八。○列，[毛]烈，[札記]毛本「列」訛「烈」。

〔姊弟俱僇於韓市者〕　瀧一九・九，慶一〇右五，殿九左一，凌一〇右八。○姊，[南化][楓][棭][三]昆。

〔嚴仲子亦可謂知人能得士矣〕　瀧二〇・一，慶一〇右六，殿九左二，凌一〇右九。○[南化][楓][棭][三]嚴仲子亦可謂知人也能得士矣。

〔秦有荊軻之事〕　瀧二〇・二，慶一〇右七，殿九左三，凌一〇右一〇。

索　則謂此傳率略　○[耿]而云則謂此傳率略。

索　聶政去荊軻一百七十年爾　○爾，[彭]耳。[耿]無「聶政去荊軻一百七十年」十字。

〔衛人也〕　瀧二〇・五，慶一〇右一〇，殿九左六，凌一〇左三。

索　則此傳雖約戰國策　○[殿]無「則」字。

〔其先乃齊人也〕　瀧二〇·五，慶一〇左一，殿九左七，凌一〇左四。○先，紹爲。

〔衛人謂之慶卿〕　瀧二〇·六，慶一〇左一，殿九左七，凌一〇左四。

索　此下亦至衛而改姓荆　○衲耿慶彭游凌殿無「下」字而「荆」字作「慶爾」二字。

索　荆慶聲相近　○聲，耿卿。按：耿秉本訛。索無「相」字。

索　故隨在國而異其號耳　○索無「故」字。耳，衲耿慶彭游凌殿也。

索　猶如相尊美亦稱子然也　○亦，游而。

索　卿者時人尊重之號　○凌卿者未時人——。

〔吾曩者目攝之〕　瀧二一·四，慶一一右一，殿一〇右六，凌一一右四。○札記襍志云：「攝，慴也。襄十一年左傳『武震以攝威之』，釋文『攝，又之涉反』，是攝與慴同。」

索　因怒視以攝整之也　○索「因怒」二字作「用怒因」三字。

〔荆軻嘿而逃去〕　瀧二一·六，慶一一右三，殿一〇右八，凌一一右七。○而，紹之。

〔愛燕之狗屠及善擊筑者高漸離〕　瀧二一·八，慶一一右五，殿一〇右九，凌一一右八。

索　王義之音哉廉反　○衲耿慶彭游無「之」字而「哉」作「子」。凌殿無此注七字。札記案：隋志有小學篇一卷，晉下邳内史王義撰。此「之」字疑衍。蔡本、王本並無「之」字。作子廉反，與此音同。柯本改「王」爲「正」，割入正義，斯爲謬矣。

〔日與狗屠及高漸離飲於燕市〕　瀧二一·九，慶一一右六，殿一〇右一〇，凌一一右九。○狗，蜀猪。

〔荆軻和而歌於市中相樂也〕　瀧二二・一，慶一一右七，殿一〇左一，凌一一左一。

○蜀——市中以相樂也。

*正　歌衆人之中　南化 幻 棭 梅 狩 瀧。

〔荆軻雖游於酒人乎〕　瀧二二・一，慶一一右八，殿一〇左二，凌一一左一。○蜀無「酒」字。

〔燕之處士田光先生亦善待之〕　瀧二二・五，慶一一右一〇，殿一〇左四，凌一一左三。

○先，彭光。按：彭本涉上而訛。

〔亡歸燕〕　瀧二二・六，慶一一左二，殿一〇左五，凌一一左五。

*正　燕丹子云太子丹質於秦秦幻本不重「秦」字。王遇之無禮不得意欲歸秦王不聽謬言幻本無「言」字。曰令烏頭白南化本「頭」、「白」互倒。馬生角乃可丹仰天歎焉即爲之烏頭白馬生角王不得已遣之爲機發橋欲陷丹過之南化本「爲」上有「橋」字。爲不發風俗通云燕太子丹天爲雨粟烏頭白南化本「頭」、「白」互倒。馬生角也　南化 幻 野 瀧。

〔燕君臣皆恐禍之至〕　瀧二三・一，慶一一左六，殿一〇左一〇，凌一一左九。○三重「恐」字。

〔擅巴漢之饒〕　瀧二三・三，慶一一左九，殿一一右二，凌一二右二。○楓 三無「擅」字。漢，南化 楓 三蜀。

〔右隴蜀之山〕　瀧二三・三，慶一一左一〇，殿一一右二，淩一二右二。〇南化楓三無「之山」三字。

〔左關殺之險〕　瀧二三・四，慶一一左一〇，殿一一右三，淩一二右三。〇南化楓三無「之險」三字。

〔則長城之南〕　瀧二三・五，慶一二右一，殿一一右三，淩一二右四。〇之，楓棭三以。

〔欲批其逆鱗哉〕　瀧二三・六，慶一二右二，殿一一右五，淩一二右五。

集　音白結反　〇白，耿自。按：耿本訛。

〔是謂委肉當餓虎之蹊也〕　瀧二四・一，慶一二右七，殿一一右九，淩一二右一〇。〇謂，南化楓三爲。

〔禍必不振矣〕　瀧二四・一，慶一二右八，殿一一右一〇，淩一二右一〇。

索　言禍及天下　〇衲耿慶彭游淩殿「及天下」三字作「大而」二字。

索　不可救之　〇之，衲慶彭游淩殿也。

*__正__　振動也言舍南化、梅本「舍」字作「遺」，幻本作「遺」。　樊將軍禍必不動矣　南化幻棭梅狩瀧。

〔不能爲之謀也〕　瀧二四・二，慶一二右八，殿一一右一〇，淩一二左一。〇爲，慶彭游謂，南化楓棭三校記「爲」。札記王本「爲」誤「謂」。

〔購於單于其後迺可圖也〕　瀧二四・四，慶一二右一〇，殿一一左三，淩一二左三。

索　媾亦合也　○衲慶彭凌殿無「亦」字。

索　漢史　○史，凌殿文。

索　媾講兩字常襍　○講，凌諸。按：凌本訛。

索　今欲北與連和　○衲耿慶彭游凌殿今言欲北與匈奴連和。

*正　購與財物求和於匈奴　南化。

〔恐不能須臾〕　瀧二四・六，慶一二左三，殿一一左四，凌一二左五。○南化楓三無「臾」字。

〔置之匈奴〕　瀧二四・八，慶一二左五，殿一一左六，凌一二左七。

*正　謂不須更言　南化幻棭謙梅狩。

〔夫行危欲求安至豈足道哉六十七字〕　瀧二四・九，慶一二左六，殿一二左六，凌一二左九。○南化楓三無此六十七字。

〔此所謂資怨而助禍矣〕　瀧二五・一，慶一二左八，殿一一左八，凌一二左一〇。○景井蜀紹耿慶彭毛游凌殿無「所」字。札記舊刻有「所」字。

〔且以雕鷙之秦〕　瀧二五・三，慶一二左九，殿一一左九，凌一三右一。○雕，蜀雕。

〔行怨暴之怒〕　瀧二五・三，慶一二左九，殿一一左一〇，凌一三右二。○暴，游慕。

〔智深而勇沈〕　瀧二五・四，慶一二左一〇，殿一二右一，凌一三右三。○智，毛知。

*正　言沈審也　南化梅。

〔太子逢迎〕　瀧二五・六，慶一三右三，殿一二右三，凌一三右五。○逢，景蜀紹毛進

札記舊刻、毛本「逢」作「進」。按：北京文學古籍刊行社景印井本「進」改「逢」。

〔田光曰〕　瀧二五・六，慶一三右三，殿一二右三，凌一三右五。○三「光」字作「先生」二字。

〔卻行爲導〕　瀧二五・七，慶一三右四，殿一二右三，凌一三右六。○導，紹耿道。

〔跪而蔽席〕　瀧二五・七，慶一三右四，殿一二右四，凌一三右六。

集　一作拔　○拔，紹慶彭游殿抜。

※正　爲導南化本無「爲導」二字。謂引導田光　南化幻棭謙梅狩瀧。

〔至其衰老〕　瀧二五・一〇，慶一三右七，殿一二右六，凌一三右九。○南化「衰」、「老」二字互倒。

〔雖然光不敢以圖國事〕　瀧二六・一，慶一三右八，殿一二右七，凌一三右一〇。○圖，南化楓三乏。

〔所善荊卿可使也〕　瀧二六・二，慶一三右九，殿一二右八，凌一三左一。

正　燕丹子云　○殿此注四字作「燕太子篇云」五字。下同。

正　武陽骨勇之人　○札記疑即下秦舞陽。志疑云秦舞陽，國策、燕丹子、隸續、武梁畫並作「武陽」。

〔今太子聞光壯盛之時〕　瀧二六・七，慶一三左五，殿一二左三，凌一三左七。○楓三「壯」、「盛」二字互倒。

〔不知吾形已不逮也〕　瀧二六・七，慶一三左五，殿一二左四，凌一三左七。○南化楓三不知吾形已衰不逮也。

〔不使人疑之〕　瀧二六・一〇，慶一三左九，殿一二左七，凌一三左一〇。○之，楓已。

〔夫爲行而使人疑之〕　瀧二七・二，慶一三左一〇，殿一二左八，凌一四右二。○楓三無「夫」字。

〔因遂自刎而死〕　瀧二七・四，慶一四右二，殿一二左一〇，凌一四右二。○刎，楓三剄。

〔太子再拜而跪〕　瀧二七・五，慶一四右三，殿一三右一，凌一四右五。○紹太子再拜而跪席。

索　燕王喜之太子　○喜，游憙。

〔燕小弱〕　瀧二八・四，慶一四左四，殿一三右一〇，凌一四左五。○紹無「燕」字。

〔今計擧國不足以當秦〕　瀧二八・四，慶一四左四，殿一三右一〇，凌一四左五。○南化楓三無「計」字。國，南化楓三邦。

〔闚以重利〕　瀧二八・六，慶一四左六，殿一三左二，凌一四左七。

索　闚示也　○示，衲耿慶彭凌游殿視。

〔以其間〕　瀧二八・九，慶一四左一〇，殿一三左五，凌一五右一。〇間，耿問。
〔太子日造門下〕　瀧二九・二，慶一五右四，殿一三左九，凌一五右五。〇楓三無「日」字。
〔以順適其意〕　瀧二九・四，慶一五右五，殿一三左一〇，凌一五右六。

索　燕丹子曰　〇丹，彭游凌太。下同。

索　軻拾瓦投黿　〇黿，耿慶彭游凌殿龜。

索　軻曰　〇耿無此注二字。

索　千里馬肝美　〇衲耿慶彭游凌殿無「千里」二字。

＊**正**　所字下有欲字者非也　南化幻棭謙梅狩野瀧。

〔太子丹恐懼〕　瀧二九・七，慶一五右九，殿一四右三，凌一五右一〇。〇毛無「丹」字。札記蔡本、毛本無「丹」字。

〔則雖欲長侍足下〕　瀧二九・八，慶一五右一〇，殿一四右四，凌一五左一。〇侍，慶彭游待。按：景印慶元本「待」改「侍」。札記游、王本訛「待」。

〔奉獻秦王〕　瀧三〇・一，慶一五左三，殿一四右七，凌一五左六。

集　膏腴之地　〇膏，紹亭。

索　方城有督亢亭　〇衲耿慶彭游凌殿薊縣方城有督亢亭徐説是也。

〔可謂深矣〕　瀧三〇・四，慶一五左九，殿一四左二，凌一五左一〇。

＊**正**　戮南化、幻、梅本「戮」字作「言」。家室及購千金是遇深也梅本「也」字作「矣」。南化幻棭謙梅

狩　瀧。

〔於期仰天太息流涕〕　瀧三〇・六，慶一六右一，殿一四左四，凌一六右一。〇南化　楓　棭　三　樊於期仰天太息流涕。

〔右手揕其匈〕　瀧三〇・一〇，慶一六右五，殿一四左七，凌一六右六。〇揕，慶　彭　游　椹。下注同。匈，殿　胷。札記　蔡本、中統、舊刻、游、柯、毛本「揕」作「椹」，下同。

集　音張鴆切　〇鴆，游　鳩。下同。

索　徐氏音丁鴆反　〇耿　無此注六字。

索　又云一作抗　〇耿　無此注五字。

〔燕見陵之愧除矣〕　瀧三一・二，慶一六右七，殿一四左九，凌一六右七。〇南化　楓　棭　三　燕國見陵之愧除矣。

〔樊於期偏袒搤捥而進曰〕　瀧三一・三，慶一六右七，殿一四左九，凌一六右八。

索　音烏亂反　〇衲　耿　慶　彭　游　凌　殿　音烏亂反字書作掔掌後曰腕。

索　捥古腕字　〇衲　耿　慶　彭　游　凌　殿　無此注四字。

〔乃今得聞教〕　瀧三一・四，慶一六右一〇，殿一五右二，凌一六左一。

索　然皆奮怒之意也　〇意，索　音。按：索隱本誤。

〔於是太子豫求天下之利匕首〕　瀧三一・七，慶一六左二，殿一五右四，凌一六左三。〇南化　楓　棭　三　於是太子豫求天下之名利匕首。

〔年十三殺人〕 瀧三二・一，慶一六左七，殿一五右八，凌一六左八。○楓三無「年」字。

〔荆卿豈有意〕 瀧三二・六，慶一六左一〇，殿一五左一，凌一七右一。○卿，游軻，札記中統、游本、吴校金板「卿」作「軻」，非。

〔又前而爲至不復還二十字〕 瀧三三・五，慶一七右七，殿一五左七，凌一七右七。○南化楓棭三無此二十字。

〔而爲歌曰〕 瀧三三・五，慶一七右七，殿一五左七，凌一七右八。○慶彭凌殿無「爲」字。札記中統、舊刻、游、毛本有「爲」字。

〔復爲羽聲忼慨〕 瀧三三・六，慶一七右八，殿一五左八，凌一七右八。○復，南化楓三後。

〔見燕使者咸陽宮〕 瀧三四・五，慶一七左七，殿一六右六，凌一七左七。

正 三輔黄圖云 ○黄，慶彭皇。按：景印慶元本「皇」改「黄」。

正 因北陵營宮殿 ○北，慶彭此。按：景印慶元本「此」改「北」。營，彭雲。

正 則紫宮象帝宮 ○殿「則」字作「制」而下「宮」字作「居」。按：景印慶元本下「宮」字改「居」。

〔而秦舞陽奉地圖匣〕 瀧三四・六，慶一七左九，殿一六右八，凌一七左九。○匣，耿索柙。

索 柙亦函也 ○柙，游匣。

〔以次進至陛〕　瀧三四・七，慶一七左九，殿一六右八，凌一七左九。○陛，南化楓棭三階。

〔前謝曰〕　瀧三四・八，慶一八右一，殿一六右九，凌一八右二。○前，南化楓棭三爲。

〔使得畢使於前〕　瀧三四・九，慶一八右二，殿一六左一，凌一八右二。○南化楓三詳節下「使」字作「事」。

〔軻既取圖奏之〕　瀧三四・一〇，慶一八右三，殿一六左一，凌一八右三。○彭軻既取圖而奏之。奏，南化楓三奉。

〔奉王發圖〕　瀧三四・一〇，慶一八右四，殿一六左二，凌一八右三。○南化楓三無「王」字。

〔荊軻逐秦王秦王環柱而走〕　瀧三五・五，慶一八右八，殿一六左六，凌一八右八。○札記舊刻「秦王」字不重，疑是。蓋此時軻與秦王皆環柱而走也。

〔不得持尺寸之兵〕　瀧三五・六，慶一八右一〇，殿一六左八，凌一八右一〇。○楓三無「寸之」二字。

〔非有詔召不得上〕　瀧三五・七，慶一八左一，殿一六左八，凌一八左一。

索　郎中　○衲耿慶彭游凌殿諸郎中。

〔以其所奉藥囊提荊軻也〕　瀧三五・九，慶一八左四，殿一七右一，凌一八左四。○囊，南化楓三橐。

〔王負劒負劒〕 瀧三六・一，慶一八左五，殿一七右二，淩一八左五。○紹不重「負劒」二字。

索 又燕丹子稱琴聲曰鹿盧之劒可負而拔是也 ○慶彭淩殿無此注十八字，楓三校補此注十八字。

〔中桐柱〕 瀧三六・四，慶一八左八，殿一七右五，淩一八左八。○桐，南化楓三景井蜀紹毛殿銅。按：景印慶元本「桐」改「銅」。札記策無「桐」字，疑衍。毛本作「銅」。

〔軻被八創〕 瀧三六・四，慶一八左九，殿一七右六，淩一八左九。○札記毛無「軻」字。

按：今所見毛本有「軻」字。

〔箕踞以罵曰〕 瀧三六・五，慶一八左一〇，殿一七右六，淩一八左一〇。○踞，景井蜀紹慶彭游淩殿倨，札記蔡本、毛本「踞」，它本作「倨」。

〔丹匿衍水中〕 瀧三七・五，慶一九左一，殿一七左六，淩一九右一〇。

索 水名 ○耿無「名」字。

〔欲獻之秦〕 瀧三七・六，慶一九左二，殿一七左七，淩一九左一。○札記「欲」字疑衍。

〔爲人庸保〕 瀧三七・八，慶一九左五，殿一七左九，淩一九左四。

索 伊尹酒保 ○慶彭淩殿「酒」、「保」互倒。

〔匿作於宋子〕　瀧三七・九，慶一九左五，殿一七左一〇，凌一九左五。

索　據地理志而知也　○也，游之。

正　在邢州平鄉縣北三十里　○邢，慶彭凌提，金陵趙。鄉，慶彭凌賴，金陵棘。按：景印慶元本「提」改「邢」，「賴」改「鄉」。札記各本「趙」訛「提」，「棘」訛「賴」。案：隋志趙郡平棘，大業初廢宋子縣入焉。郡縣志武德元年改趙郡爲趙州，平棘仍舊屬。今據改。

〔彼有善〕　瀧三八・一，慶一九左八，殿十八右三，凌一九左八。○彼，毛被，札記毛本「彼」訛「被」。

〔家丈人召使前擊筑〕　瀧三八・三，慶一九左一〇，殿一八右四，凌一九左一〇。○丈，殿大。

〔一坐稱善賜酒〕　瀧三八・三，慶一九左一〇，殿一八右六，凌一九左一〇。

索　古者名男子爲丈夫。○慶彭無「名」字。

索　尊婦嫗爲丈人　○婦，衲慶彭游凌殿父，札記案：此與聶政傳正義所引不同。蓋小司馬所見漢書別一本也。

索　故漢書宣元六王傳所云一丈人　○衲耿慶彭索游凌殿金陵無「一」。按：瀧本衍入。

〔而高漸離念久隱〕　瀧三八・六，慶二〇右二，殿一八右六，凌二〇右二。○南化楓三無「隱」字。

〔畏約無窮時〕　瀧三八・六，慶二〇右二，殿一八右七，凌二〇右三。

索　不可以久處約　○以，衲慶彭游凌殿與。

*正　言久結其約契逃避不敢出有何窮極時　南化幻棭謙梅狩野瀧。

〔秦皇帝惜其善擊筑〕　瀧三八・一〇，慶二〇右七，殿一八左一，凌二〇右七。○蜀游詳節「皇帝」二字作「始皇」。

〔重赦之〕　瀧三八・一〇，慶二〇右八，殿一八左二，凌二〇右八。○赦，南化楓棭三殺。

〔乃矐其目〕　瀧三九・一，慶二〇右八，殿一八左二，凌二〇右八。○矐，凌臛，札記柯、凌訛「臛」。

〔稍益近之〕　瀧三九・一，慶二〇右八，殿一八左二，凌二〇右八。

索　海各反　○耿無此注三字。

索　鉛爲挺著筑中　○衲慶彭凌殿以鉛——。

〔天雨粟〕　瀧三九・一〇，慶二〇左六，殿一八左九，凌二〇左六。○紹無「天」字。

〔其稱太子丹之命〕　瀧三九・一〇，慶二〇左六，殿一八左九，凌二〇左六。○詳節無「丹」字。

〔太過〕　瀧四〇・一，慶二〇左八，殿一九右一，凌二〇左八。

索　燕丹子曰丹求歸　○衲慶彭凌殿無「子曰丹」三字。耿——曰燕丹求歸。

*正　太子丹質於秦秦南化本不重「秦」字。王遇之無禮不得意欲歸秦王不聽謬曰烏頭白馬生角乃可丹仰天嘆焉乃南化、梅本「乃」字作「即」。爲之烏頭白馬生角王不得已遺之爲機發橋欲陷丹過之橋爲不南化本無「不」字。發　南化　幻　柀　謙　梅　狩　瀧。

〔皆非也〕　瀧四〇・三，慶二〇左八，殿一九右一，凌二〇左九。〇蜀重「皆」字。

〔公孫季功董生〕　瀧四〇・三，慶二〇左九，殿一九右一，凌二〇左九。〇季，彭　游李。

史記會注考證校補卷八十七

李斯列傳第二十七

〔禁上蔡人也〕　瀧二・四，慶一右二，殿一右七，凌一右三。

索　汝南上蔡縣　○蔡耿慶彭凌殿汝南有上蔡縣。

索　周武王弟叔度所封　○索無「周」字。

索　至十八代平侯　○索至十八代至平侯。

索　二蔡皆屬汝南　○索彭凌無「二蔡」二字。

索　後二代至昭侯徙下蔡　○下，蔡耿慶彭凌殿上。

索　故曰楚上蔡　○彭無「故」字。

〔年少時爲郡小史〕　瀧二・五，慶一右三，殿一右九，凌一右五。

索　鄉小史劉氏云　○蔡耿慶彭凌殿「鄉小史」三字作「郡一作鄉」四字。索無「鄉小史」三字。凌無「小史」二字。

索 掌鄉文書　○蔡耿慶彭凌殿掌鄉內文書。

〔游者主事〕　瀧三·二，慶一右一〇，殿一左四，凌一左一。

索 游歷諸侯　○游，慶彭存。

〔而游説者之秋也〕　瀧三·四，慶一左二，殿一左六，凌一左三。○南化楓三無「説」字。

正 亦説士成熟時　○士，彭事。

〔處卑賤之位〕　瀧三·五，慶一左三，殿一左七，凌一左四。○札記舊刻「賤」作「微」。

〔此禽鹿視肉〕　瀧三·六，慶一左四，殿一左八，凌一左五。○肉，紹因。按：紹本誤。

〔人面而能彊行者耳〕　瀧三·七，慶一左六，殿一左八，凌一左五。

索 譬之視肉而食　○索——而食此。

索 如禽何異　○蔡耿慶彭凌殿無「異」字。

索 言不能游説取榮貴　○能，蔡慶彭暇，凌殿假。

索 即如禽獸　○即，索既。

索 徒有人面而能彊行耳　○耳，蔡耿慶彭凌殿也。索「能」、「彊」互倒。

*****正** 言處卑賤之人如禽獸終日食之覬（南化、梅本作「覩」。）視其肉徒有人面强行於地　南化幻狩瀧。

〔故詬莫大於卑賤〕　瀧三·九，慶一左六，殿一左一〇，凌一左七。○故，毛而。按：毛本涉下訛。

〔而悲莫甚於窮困〕　瀧三・九，慶一左七，殿一左一〇，凌一左八。○通志「窮」、「困」互倒。

〔此非士之情也〕　瀧四・一，慶一左九，殿二右二，凌一左九。

索　所謂處士横議也　○耿慶彭凌殿所謂處士横議之時也。

〔李斯因以得説説秦王曰〕　瀧四・三，慶二右二，殿二右五，凌二右三。○通志不重「説」字。

〔在因瑕釁而遂忍之〕　瀧四・六，慶二右五，殿二右八，凌二右七。

索　言因諸侯有瑕釁　○因，紹困。

正　胥相也　○胥，慶彭骨，南化校記「胥」。

〔昔者秦穆公之霸〕　瀧四・八，慶二右六，殿二右九，凌二右八。○通志無「秦」字。

〔故五伯迭興〕　瀧四・九，慶二右七，殿二右一〇，凌二右九。○札記舊刻「伯」作「霸」。

〔自秦孝公以來〕　瀧四・一〇，慶二右八，殿二左一，凌二右九。○通志無「秦」字。

〔蓋六世矣〕　瀧五・一，慶二右九，殿二左二，凌二左一。○蜀無「六」字。

正　惠文王　○慶彭凌「文」、「王」互倒。

〔爲天下一統〕　瀧五・三，慶二左二，殿二左五，凌二左四。

集　騷音埽　○埽，蜀紹蔡慶凌毛掃。耿彭無「騷音」二字。

*__正__　言秦國欲南化、幻本「欲」作「實」。東并六國若炊婦南化、幻本無「婦」。除竈上塵垢言其易幻本「易」作「言」。也　南化幻野瀧。

〔聽其計陰遺謀士〕　瀧五・六，慶二左五，殿二左七，凌二左六。○陰，[紹]法。[通志]聽其計法陰遺謀士。

〔已而覺〕　瀧五・九，慶二左九，殿三右二，凌三右二。

正　自中山西邸瓠口爲渠　○[慶][彭][凌][殿]「中」字、「西」字並無。[札記]「中」字、「西」字，考證據河渠書、溝洫志增。

〔皆言秦王曰〕　瀧六・二，慶二左一〇，殿三右二，凌三右二。○[詳節]皆言於秦王曰。

〔昔繆公求士〕　瀧六・五，慶三右四，殿三右六，凌三右六。○[南化][楓][三]昔者繆公求士。

〔來丕豹公孫支於晉〕　瀧六・八，慶三右九，殿三右一〇，凌三左一。○來，[蜀][紹][慶][凌][殿]求。按：索隱本、通志「求」作「來」。

索　而云自晉來　○[蔡][耿][慶][彭][凌][殿]而云自晉以來

索　亦未見所出　○[耿][慶][彭]亦未見其所出。

〔此五子者〕　瀧六・一〇，慶三右一〇，殿三左一，凌三左三。○[慶][彭][毛][凌]無「子」字，[南化]校補「子」。[札記]王、柯、凌、毛本脱「子」字。

〔而繆公用之〕　瀧六・一〇，慶三左一，殿三左二，凌三左三。○繆，[蜀]穆。

〔孝公用商鞅之法〕　瀧七・二，慶三左二，殿三左四，凌三左五。○公，[殿]文。

〔西并巴蜀〕　瀧七・四，慶三左五，殿三左六，凌三左八。

索　今並云張儀者以儀爲秦相　○[索]「張儀者」三字、「秦」字並無。

索　茂通三川　○[耿][慶][彭][凌][殿]甘茂通三川。

索　是儀先請伐故也　○[索]無「請」字。

〔北收上郡〕　瀧七・七，慶三左七，殿三左八，凌三左一○。

正　惠王十年　○王，[殿]五。按：殿本誤。

〔制鄢郢〕　瀧七・八，慶三左九，殿三左九，凌四右二。

正　收上郡　○郡，[慶][彭]都。[札記]訛「都」，汪校改。

〔逐華陽〕　瀧八・一，慶四右三，殿四右三，凌四右六。

*正　葉車涉反南化、幻本「反」作「切」。　[南化][幻][野][瀧]。

〔使秦成帝業〕　瀧八・二，慶四右四，殿四右四，凌四右七。

索　高誘注淮南子云蠶食盡無餘也　○[蔡][耿][慶][彭][凌]無「子」字。[殿]無此注十三字。

〔皆以客之功〕　瀧八・三，慶四右四，殿四右四，凌四右八。○[札記]舊刻「以」下衍「爲」。

〔疏士而不用〕　瀧八・四，慶四右六，殿四右六，凌四右九。○用，[南化][楓][棭][三]興。

〔服太阿之劍〕　瀧八・八，慶四左一，殿四右一○，凌四左四。

集　見蘇秦傳　○[紹][耿][游]無此注四字。[札記]蔡本脫。

索　越絕書曰楚王召歐冶子干將作鐵劍三一曰干將二曰莫邪三曰太阿也　○[慶][彭][凌][殿]無此注二十九字。

〔乘織離之馬〕瀧八・九，慶四左一，殿四右一〇，凌四左四。

集 蒲梢　〇梢，景蜀凌稍。

〔何也〕瀧九・一，慶四左三，殿四左三，凌四左七。〇南化楓棭三無「何也」二字。

〔而駿良駃騠〕瀧九・二，慶四左五，殿四左四，凌四左九。〇良，楓馬。

〔不實外厩〕瀧九・二，慶四左五，殿四左五，凌四左九。

索 生三日而超其母也　〇三，耿七

〔娛心意説耳目者〕瀧九・四，慶四左八，殿四左七，凌五右二。〇娛，南化楓棭三虞。說，耿悦。

〔必出於秦然後可〕瀧九・四，慶四左九，殿四左八，凌五右二。〇必，慶心，南化校記「必」。按：景印慶元本改「必」。

索 願得入身於下陳是也　〇索無「是也」二字。

*__正__ 下陳謂下等陳列　南化幻梅瀧。

〔傅璣之珥〕瀧九・六，慶四左一〇，殿四左八，凌五右三。

索 傅音附　〇蔡耿慶彭殿傅音附即隨珠也。

索 傅璣者以璣傅著於珥　〇慶彭凌此九字作「傅者以璣附着於珥」八字。〇耿殿此九字作「傅者謂以璣附著於珥」九字。

〔而隨俗雅化〕瀧九・八，慶五右三，殿五右二，凌五右七。〇化，索好。

〔不立於側也〕　瀧九・九，慶五右四，殿五右三，凌五右八。

索　而能通俗也　○通，蔡慶彭凌隨。

＊**正**　佳冶佳麗姚冶佳南化、幻本無「佳」字。音居膎反野本上五字無。　南化幻野瀧。

〔夫擊甕叩缶〕　瀧九・九，慶五右四，殿五右三，凌五右八。○缶，紹耿慶彭缻，毛凌缻。下同。札記索隱本「缶」，各本作「缻」。

〔彈箏搏髀〕　瀧九・一〇，慶五右四，殿五右三，凌五右八。○箏，南化楓棭三錚。

〔而歌呼嗚嗚快耳目者真秦之聲也〕　瀧九・一〇，慶五右五，殿五右三，凌五右八。○南化楓三無「目」字。

〔昭虞武象者〕　瀧一〇・二，慶五右六，殿五右五，凌五右一〇。○虞，南化楓棭三護。

〔異國之樂也〕　瀧一〇・二，慶五右六，殿五右五，凌五左一。

集　徐廣曰昭一作韶　○慶彭凌殿無此注七字而有「昭作韶」三字索隱注。毛無此注七字。札記毛本脱此條。王、柯、凌本誤作「索隱曰」。

〔今棄擊甕叩缶而就鄭衛〕　瀧一〇・三，慶五右七，殿五右六，凌五左一。○南化楓棭三無「叩缶」二字。

〔不問可否〕　瀧一〇・四，慶五右九，殿五右七，凌五左三。○問，毛論。札記毛本「問」作「論」，涉下句而誤。

〔然則是所重者在乎色樂珠玉〕　瀧一〇・五，慶五右一〇，殿五右八，凌五左四。〇南化楓三無「珠玉」二字。

〔國大者人衆〕　瀧一〇・七，慶五左二，殿五右一〇，凌五左六。〇人，楓三民。

〔故能明其德〕　瀧一〇・九，慶五左四，殿五左二，凌五左八。

索　海不辭水　〇索無此注四字。

索　故能成其大　〇索無此注五字。

索　泰山不辭土石　〇索無「泰」字。札記「泰」字誤衍，管子無。

索　以廣其名　〇耿以廣其名是也。

〔今乃棄黔首以資敵國〕　瀧一一・二，慶五左七，殿五左五，凌六右一。〇耿重「以」字。

〔可寶者多〕　瀧一一・六，慶六右一，殿五左八，凌六右四　紹而可寶者多。

〔損民以益讎〕　瀧一一・七，慶六右二，殿五左九，凌六右六。〇楓三無此五字。

〔尊主爲皇帝〕　瀧一一・一〇，慶六右五，殿六右二，凌六右九。〇主，楓三蜀紹王。札記舊刻作「王」。

〔使秦無尺土之封〕　瀧一二・一，慶六右七，殿六右三，凌六右一〇。〇土，游寸。

〔卒有田常六卿之患臣〕　瀧一二・五，慶六左二，殿六右七，凌六左五。〇南化楓三無「患」字。

〔今青臣等又面諛以重陛下過〕　瀧一二・八，慶六左三，殿六右九，凌六左六。〇蜀毛「青」、「臣」互倒。札記各本倒，考證改。

〔莫能相一〕　瀧一二・一〇，慶六左六，殿六左一，凌六左九。〇南化楓棭三莫能相一定。

〔辨白黑〕　瀧一三・二，慶六左八，殿六左三，凌七右一。〇辨，索金陵別。札記索隱本「別」，各本作「辨」。

〔而定一尊〕　瀧一三・二，慶六左八，殿六左三，凌七右一。

索　人造私語　〇索無「私」字。

索　謂始皇并六國定天下　〇蔡耿慶彭凌殿各本無「謂」字。秦始皇——。

索　故云　〇蔡耿慶彭凌故云定一尊。

〔異趣以爲高〕　瀧一三・四，慶七右二，殿六左六，凌七右五。〇趣，南化楓棭三取。

〔蠲除去之〕　瀧一三・六，慶七右四，殿六左八，凌七右七。〇楓三無「除」字。

〔周偏天下〕　瀧一四・一，慶七右九，殿七右二，凌七左一。〇南化楓棭周道偏天下。

〔明年又巡狩〕　瀧一四・一，慶七右九，殿七右二，凌七左二。〇南化楓棭無「年又」二字而有「帝者有道」四字。

〔百官長皆前爲壽〕　瀧一四・四，慶七左二，殿七右五，凌七左四。〇南化楓棭三百官長皆前爲斯壽。

〔李斯喟然而歎曰〕　瀧一四・五，慶七左三，殿七右五，凌七左五。○通志無「而」字。

〔吾未知所稅駕也〕　瀧一四・八，慶七左六，殿七右八，凌七左八。

*正　南化、幻、棭本「稅」上有「顧野王曰」四字。　稅舍車也止也　南化幻棭瀧。

〔並海上〕　瀧一四・一〇，慶七左八，殿七右一〇，凌七左一〇。○並，南化楓棭三傍。

南化楓棭三無「上」字。

〔餘子莫從〕　瀧一五・三，慶八右二，殿七左四，凌八右四。

集　是秦始皇第十八子　○第，井蜀弟。

〔病甚〕　瀧一五・四，慶八右四，殿七左六，凌八右六。○病，南化楓三疾。

〔及幸宦者五六人〕　瀧一五・七，慶八右七，殿七左八，凌八右九。○宦，慶官。札記王、柯本「宦」訛「官」。按：景印慶元本「官」改「宦」。

〔置始皇居轀輬車中〕　瀧一五・八，慶八右九，殿七左一〇，凌八左一。○楓三無「置」字。

〔宦者輒從轀輬車中可諸奏事〕　瀧一五・一〇，慶八右一〇，殿八右一，凌八左二。

集　如衣車有窗牖　○衣，南化喪。

集　開之則涼　○涼，紹輬。

〔即立爲皇帝〕　瀧一六・二，慶八左三，殿八右四，凌八左六。○立，楓三位。

〔而子無尺寸之地〕　瀧一六・三，慶八左四，殿八右四，凌八左六。○南化楓三而諸子無尺寸之地。

〔是不能也〕　瀧一六・八，慶八左一〇，殿八右一〇，凌九右三。

集　史記音隱　○音，景井索。

索　音義云宰殄反　○蔡慶彭殿無此注六字。

索　所以文字有異　○文，慶乂，南化彭義。按：景印慶元本「乂」改「文」。

〔故顧小而忘大〕　瀧一七・四，慶九右五，殿八左五，凌九右七。○故，紹慶彭毛胡，南化楓三校記「故」。札記舊刻「故」，各本訛「胡」。

〔閒不及謀〕　瀧一七・七，慶九右九，殿八左八，凌九左一。○閒，紹聞。

〔唯恐後時〕　瀧一七・八，慶九右九，殿八左八，凌九左一。

*正　贏裹南化本「裹」作「裹」，幻本作「裡」。　糧也　南化幻瀧。

〔胡亥既然高之言〕　瀧一七・八，慶九右一〇，殿八左八，凌九左一。○紹無「高之言」三字。

〔功高孰與蒙恬〕　瀧一八・四，慶九左六，殿九右四，凌九左七。○南化楓三無「高」字。

〔高固内官之廝役也〕　瀧一八・六，慶九左九，殿九右六，凌九左一〇。○固，南化楓棭三井紹耿故。官，井紹游宦。札記中統、游本訛「宦」。

〔進入秦宮〕　瀧一八・七，慶九左一〇，殿九右七，凌一〇右一。〇南化楓棭三「秦宮」二字作「奏官」。

〔高受詔教習胡亥〕　瀧一九・一，慶一〇右四，殿九左一，凌一〇右五。〇受，南化楓棭三有。南化楓棭三無「教」字。

〔盡禮敬士〕　瀧一九・三，慶一〇右六，殿九左三，凌一〇右七。

*正　詘猶訥也　南化幻瀧。

〔故將以存亡安危屬臣也〕　瀧一九・七，慶一〇左一，殿九左七，凌一〇左二。〇故，楓三固。

〔孝子不勤勞而見危〕　瀧一九・九，慶一〇左三，殿九左九，凌一〇左四。

*正　言哀南化有「哉」字。痛甚則危其身也　南化幻瀧。

〔就變而從時〕　瀧二〇・一，慶一〇左五，殿九左一〇，凌一〇左六。〇就，南化井耿彭毛龍，三校記「就」。札記毛本「就」作「龍」。志疑云：「文選東方朔畫贊引作「龍變而從之」。

〔水搖動者萬物作〕　瀧二〇・五，慶一〇左九，殿一〇右三，凌一〇左九。〇索無「動」字。

索　謂冰泮而水動也　〇衲耿慶彭凌殿此注七字作「謂水泮而搖動也」。

〔君何見之晚〕　瀧二〇・六，慶一〇左一〇，殿一〇右四，凌一〇左一〇。〇楓三君何見之晚也。

〔紂殺親戚〕 瀧二〇・九，慶一一右二，殿一〇右六，凌一一右二。○南化 楓 棭 三紂殘殺親戚。

〔宗廟不血食〕 瀧二〇・一〇，慶一一右三，殿一〇右七，凌一一右三。○詳節而宗廟不血食。

〔安足爲謀〕 瀧二〇・一〇，慶一一右四，殿一〇右八，凌一一右四。

索 故下云安足與謀 ○蔡 慶 彭「下云」二字作「文」字。耿 凌 殿無「下」字。與，耿爲。

*__正__ 猶人猶是人也秉幻本「秉」作「康」。 道守順豈有叛逆南化本有「若爲叛逆」四字。 安足與謀也 南化 幻 野 瀧。

〔即長有封侯〕 瀧二一・二，慶一一右六，殿一〇右一〇，凌一一右六。○即，詳節則。

〔孔墨之智〕 瀧二一・三，慶一一右七，殿一〇右一〇，凌一一右七。○札記 舊刻「智」作「知」。

〔既以不能死〕 瀧二一・六，慶一一右九，殿一〇左三，凌一一右九。○以，南化 楓 三已。

〔臣請奉太子之明命〕 瀧二一・七，慶一一右一〇，殿一〇左四，凌一一右一〇。○南化 楓 三「請」字作「謹」，而「命」字作「令」。

〔丞相斯敢不奉令〕　瀧二二・八，慶一一左一，殿一〇左四，凌一一左一。〇[南化][楓][三]丞相斯不敢不奉令。

〔將師數十萬〕　瀧二二・一，慶一一左四，殿一〇左七，凌一一左四。〇師，[南化][楓][棭][三]帥。

〔以不得罷歸爲太子〕　瀧二二・三，慶一一左七，殿一〇左九，凌一一左六。〇[札記]舊刻「得」誤「能」。

〔其賜劒以自裁〕　瀧二二・四，慶一一左八，殿一〇左一〇，凌一一左七。〇[紹]無「自」字。

〔不匡正〕　瀧二二・五，慶一一左八，殿一〇左一〇，凌一一左八。〇[南化][楓][棭][三]不能匡正。

〔以兵屬裨將王離〕　瀧二二・五，慶一一左九，殿一一右一，凌一一左九。〇[南化][楓][棭][三]以兵屬裨將軍王離。

〔遣胡亥客奉書賜扶蘇於上郡〕　瀧二二・六，慶一一左一〇，殿一一右二，凌一一左九。〇[南化][楓][棭][三]——扶蘇在於上郡。於，[毛]與。

〔請復請復請而後死未暮也〕　瀧二二・一〇，慶一二右四，殿一一右五，凌一二右三。〇[紹]不重「復請」二字。

*正　復扶富反復重也言再三重請必然而未晚（幻本「晚」誤「曉」，南化本有「至此爲絶句也」六字。）[南化][幻][瀧]。

〔乃召高與謀事〕　瀧二三・四，慶一二右九，殿一一右一〇，淩一二右九。〇事，楓三專。

〔謂曰〕　瀧二三・五，慶一二右一〇，殿一一右一〇，淩一二右九。〇南化楓三謂高曰。

〔吾既已臨天下矣〕　瀧二三・六，慶一二左一，殿一一左一，淩一二右一〇。〇紹脱「吾」字。

〔此賢主之所能行也〕　瀧二三・八，慶一二左三，殿一一左三，淩一二左二。〇行，詳節爲。

〔且陛下安得爲此樂乎〕　瀧二四・三，慶一二左九，殿一一左八，淩一二左七。〇且，南化旦。

〔嚴法而刻刑〕　瀧二四・四，慶一二左一〇，殿一一左九，淩一二左八。〇刻，詳節峻。

〔殺大臣蒙毅等〕　瀧二四・一〇，慶一三右六，殿一二右四，淩一三右四。〇南化楓棭三誅殺大臣蒙毅等。

〔十公主矺死於杜〕　瀧二五・一，慶一三右七，殿一二右六，淩一三右五。〇南化楓棭三十公主矺死於杜縣。

集　史記音隱曰　〇蜀中統毛無此注五字。慶彭淩「音隱」二字作「正義」。殿作「音義」。按：景印慶元本改「音義」。札記宋本、中統本同。毛本脱此條。游、王、柯、淩本「音隱」二字誤作「正義」。

集　矺音貯格反　〇毛無此注五字。

*****正**　矺磔南化本「磔」作「磓」字。也音宅南化本無「音宅」二字。南化幻瀧。

〔中廄之寶馬〕　瀧二五·五，慶一三左一，殿一二右九，凌一三右九。○南化楓棭三無「寶」字。

〔爲人臣不忠〕　瀧二五·六，慶一三左二，殿一二右一〇，凌一三右一〇。○南化楓棭三無「不忠」二字。

〔此可謂急乎〕　瀧二五·八，慶一三左四，殿一二左二，凌一三左二。○謂，彭爲。

〔欲畔者衆〕　瀧二六·一，慶一三左七，殿一二左四，凌一三左五。○畔，詳節叛。

〔治直馳道〕　瀧二六·一，慶一三左七，殿一二左四，凌一三左五。○馳，耿池。按：耿本訛。

〔戌傜無已〕　瀧二六·一，慶一三左八，殿一二左五，凌一三左六。○傜，毛凌徭。

〔乃作亂〕　瀧二六·三，慶一三左九，殿一二左五，凌一三左六。○通志無「乃」字。

〔起於山東〕　瀧二六·四，慶一三左九，殿一二左五，凌一三左七。○東，耿更。按：耿秉本訛。

〔傑俊相立〕　瀧二六·四，慶一三左九，殿一二左六，凌一三左七。○詳節通志互倒「傑」、「俊」二字。

〔不勤於此矣〕　瀧二六·七，慶一四右三，殿一二左九，凌一四右一。

*正　言采取木作也南化本「也」作「之」。不斲削　南化幻瀧。

〔藜藿之羹〕　瀧二六·九，慶一四右五，殿一二左一〇，凌一四右三。

索　糲者麄粟飯也　○麄，殿麤。

〔飯土匭〕　瀧二六・九，慶一四右五，殿一三右一，凌一四右三。○飯，紹飲。

集　一作溜　○溜，凌榴。

〔不觳於此矣〕　瀧二六・一〇，慶一四右六，殿一三右二，凌一四右四。○此，索是。

集　觳音學　○學，耿斈，南化彭殿嚳。

〔而股無胈〕　瀧二七・三，慶一四右九，殿一三右五，凌一四右七。

集　胈膚毳皮　○毛無此注四字。

〔手足胼胝〕　瀧二七・四，慶一四右九，殿一三右五，凌一四右七。

＊**正**　骿連也言多胝　南化。

〔不烈於此矣〕　瀧二七・四，慶一四左一，殿一三右六，凌一四右八。

＊**正**　烈酷也不酷烈於此也　南化幻瀧。

〔必能安天下而治萬民〕　瀧二七・九，慶一四左五，殿一三右一〇，凌一四左三。○南化楓棭三必將三本「將」作「擇」。能安天下而治萬民。

〔故吾願肆志廣欲〕　瀧二七・一〇，慶一四左七，殿一三左二，凌一四左四。○肆，蔡慶中統彭毛金陵賜，南化校記「肆」。札記「賜」字蔡本、中統、游、王、毛本並同。字類補遺引此文亦作「賜」。方言「賜，盡也」，義自可通。今本作「肆」者，疑後人以「賜志不經見」而改。

〔章邯以破逐廣等兵〕　瀧二八・三，慶一四左九，殿一三左三，凌一四左六。○以，南化 楓 棭 三 殿 詳節 已。

〔使者覆案三川〕　瀧二八・三，慶一四左九，殿一三左四，凌一四左七。○覆，通志 復。

〔必且能全道〕　瀧二八・五，慶一五右二，殿一三左六，凌一四左九。○詳節 無「且」字。

〔而行督責之術者也〕　瀧二八・五，慶一五右二，殿一三左六，凌一四左九。○詳節 無「者」字。

〔則臣不敢不竭能以徇其主矣〕　瀧二八・六，慶一五右三，殿一三左七，凌一四左一〇。○詳節 則臣下不敢——。

〔是故王獨制於天下〕　瀧二八・八，慶一五右四，殿一三左九，凌一五右三。○各本「王」字作「主」字，瀧川本訛。

〔可不察焉〕　瀧二八・九，慶一五右七，殿一三左一〇，凌一五右四。○焉，南化 楓 棭 三 耶。

〔命之曰以天下爲桎梏者〕　瀧二八・一〇，慶一五右九，殿一四右二，凌一五右五。○南化 楓 三 無「梏」字。者，慶 彭 告，南化 楓 三 校記「者」。按：景印慶元本改「者」。

索　謂肆情縱恣也　○索「縱」、「恣」互倒。

***正**　恣睢仰白目也 南化、幻本上六字作「睢仰目皃也」。　恣縱 南化、幻本「恣」、「縱」互倒。　也　南化 幻 瀧。

〔而堯禹以身徇天下者也〕　瀧二九・八，慶一五左七，殿一四右一〇，凌一五左四。〇而，南化 楓 三 夫。

〔謂之爲桎梏〕　瀧二九・一〇，慶一五左九，殿一四左一，凌一五左六。〇蜀 蔡 耿 慶 中統 彭 毛 無「梏」字。札記 蔡本，中統、游、王、柯、毛並脱「梏」字。

〔不能督責之過也〕　瀧二九・一〇，慶一五左一〇，殿一四左一，凌一五左六。〇南化 楓 三 不能知督責之過也。

〔而嚴家無格虜者何也〕　瀧三〇・一，慶一六右一，殿一四左三，凌一五左七。

索　格彊扞也　〇扞，蔡 慶 凌 殿 悍。下同。

*** 正**　劉曰格彊悍南化、幻本「悍」作「扞」。也虜奴隸南化本「隸」作「僕」。也按嚴整之家無彊悍南化、幻本「悍」作「扞」字。似奴虜子弟皆勤也　南化 幻 瀧。

〔刑棄灰於道者〕　瀧三〇・三，慶一六右二，殿一四左四，凌一五左九。〇毛 脱「者」字。

〔庸人不釋〕　瀧三〇・七，慶一六右七，殿一四左九，凌一六右三。〇不，索 弗。

索　八尺曰尋倍尋曰常　〇慶 彭 凌 殿 此注八字作「尋常」二字。按：凌本標記有此八字。三 校記「八尺曰尋倍尋曰常」八字。

索　庸人弗釋者　〇索 庸人弗釋尋常者。

索　謂庸人見則取之而不釋　〇蔡 耿 慶 凌 殿 無「而」字。

索　罰不必行則庸人弗釋尋常　〇行，索 加。

*正　八尺曰尋倍尋曰常言其少也　南化幻瀧。
〔鑠金百溢〕　瀧三〇・八，慶一六右八，殿一四左九，凌一六右五。○溢，耿慶彭毛凌殿鎰。下同。
〔盜跖不搏者〕　瀧三〇・八，慶一六右八，殿一四左一〇，凌一六右九。○札記舊刻「跖」作「蹠」。
索　故下云　○下，慶上，南化校記「下」。按：景印慶元本改。
索　凡鳥翼擊物曰搏　○蔡耿慶彭凌殿「曰搏」二字作「必轉」。
索　足取曰攫　○蔡慶凌殿無「曰」字。
索　故人取物亦謂之搏　○蔡耿慶彭凌殿「謂之」二字作「曰」字。
*正　鑠金南化本無「鑠金」二字。銷鑠之野本無「鑠之」二字。金也熱不可取也　南化幻野瀧。
〔而樓季不輕犯也〕　瀧三一・五，慶一六左四，殿一五右四，凌一六右一〇。
集　樓季魏文侯之兄也　○各本無「魏文侯」三字。按：瀧川氏以意增。札記句有誤。
〔而跛牂牧其上〕　瀧三一・六，慶一六左五，殿一五右五，凌一六左二。○札記「牂」當作「羘」，今本皆從俗。志疑云：「說文繫傳『麦』字注引史曰『泰山之高，跛牂牧其上，麦[亻屖]故也』，與今本殊。」
集　牂羊墳首　○墳，殿羵。
集　牝曰牂　○牂，蔡佯。札記舊刻「牝」作「牡」。

〔峭塹之勢異也明主聖王之所以能久處尊位〕　瀧三一・八，慶一六左六，殿一五右七，凌一六左三。○峭，景蜀耿慶彭毛凌陗。塹，景蜀紹慶毛凌殿壍，南化楓三狩——勢異也故明主聖王——。

索　故跛牂牧於泰山也　○索無「於」字。

索　故樓季難五丈之限　○丈，索尺。

〔可不哀邪〕　瀧三二・三，慶一七右三，殿一五左二，凌一六左一〇。

索　是何哉　○索無「是」字。

索　言其非也　○索無「其」字。

〔諫説論理之臣閒於側〕　瀧三二・五，慶一七右五，殿一五左五，凌一七右二。○閒，景蔡耿慶彭毛凌殿開，南化楓棭三校記「闕」。

〔烈士死節之行顯於世〕　瀧三二・六，慶一七右六，殿一五左五，凌一七右三。○烈，蔡列。

〔必將能拂世摩俗〕　瀧三二・八，慶一七右九，殿一五左八，凌一七右六。○摩，索金陵磨。

〔立其所欲〕　瀧三二・九，慶一七右九，殿一五左九，凌一七右六。

索　磨音莫何反　○磨，南化摩。

索　蓋言與世情乖戾　○蔡耿慶彭凌殿無「蓋」字。世，金陵代。

〔故能犖然獨行恣睢之心〕　瀧三三・四，慶一七左五，殿一六右三，凌一七左一。○犖，紹犖。

〔則謂督責之誠督責之誠〕　瀧三三・七，慶一七左八，殿一六右六，凌一七左五。○各本不重「督責之誠」四字。楓、三本重此四字。按：瀧川本依楓、三本增。

〔二世悦〕　瀧三四・二，慶一八右四，殿一六左一，凌一七左一〇。○悦，楓三說。

〔若此〕　瀧三四・五，慶一八右五，殿一六左二，凌一八右一。○楓三無「若此」二字。

〔則可謂能督責矣〕　瀧三四・五，慶一八右五，殿一六左二，凌一八右一。○蜀紹耿游通志無「則」字。紹無「督」字。井蜀耿慶彭毛通志無「責」字。楓三校補「責」。

〔初趙高爲郎中令〕　瀧三四・六，慶一八右七，殿一六左四，凌一八右三。○初，通志時。

〔與臣及侍中習法者待事〕　瀧三五・一，慶一八左三，殿一六左九，凌一八右九。○待，南化楓棭三侍。

〔有以揆之〕　瀧三五・一，慶一八左四，殿一六左九，凌一八右九。

集　一作撥也　○撥，南化楓擢。

〔事皆決於趙高〕　瀧三五・三，慶一八左六，殿一七右二，凌一八左二。○南化楓棭三無「事皆決於趙高」六字。

〔高聞李斯以爲言〕　瀧三五・四，慶一八左六，殿一七右二，凌一八左二。○南化楓棭三高側耳南化本無「耳」字。聞李斯以爲言。聞，詳節恐。

〔今上急益發繇治阿房宮〕　瀧三五・五，慶一八左八，殿一七右三，凌一八左三。○慶彭凌殿無「益」字。南化楓三校補「益」。

〔聚狗馬無用之物〕　瀧三五・五，慶一八左八，殿一七右三，凌一八左四。

索　房音旁一如字　○索無「旁一」二字。

〔上居深宮〕　瀧三五・七，慶一八左一○，殿一七右五，凌一八左六。○上，詳節常。

〔請爲君候上閒語君〕　瀧三五・八，慶一九右二，殿一七右七，凌一八左七。○候，慶彭侯，南化楓棭三校記「候」。

〔於是趙高待二世方燕樂〕　瀧三五・九，慶一九右二，殿一七右七，凌一八左八。○詳節於是趙高方侍「待」字作「侍」。二世方燕樂。札記舊刻「待」作「侍」。

〔吾常多閒日〕　瀧三五・一○，慶一九右四，殿一七右九，凌一八左一○。○常，殿嘗。

〔且固我哉〕　瀧三六・一，慶一九右六，殿一七右一○，凌一九右一。

索　以我爲短少　○少，蔡慶凌殿小。

索　且固陋於我也　○蔡耿慶彭凌殿無「於我」二字。

索　於義爲疏　○索無此注四字。

*正　言丞相幼少且以我爲故舊哉　南化。

〔以故楚盜公行〕　瀧三六・六，慶一九左一，殿一七左四，淩一九右六。

集　音松　○松，景井紹蔡慶彭毛淩殿私楓校記「松」。蜀無「音松」二字。札記各本訛「私」，依吴王濞傳集解改。

〔方作觳抵優俳之觀〕　瀧三六・九，慶一九左五，殿一七左八，淩一九右一〇。○觳，楓三角。

〔今有大臣於陛下〕　瀧三七・三，慶一九左九，殿一八右二，淩一九左四。○南化楓三今有大臣相楓、三本「相」作「側」。於陛下。

〔田常爲簡公臣〕　瀧三七・六，慶二〇右一，殿一八右四，淩一九左七。○田，慶由，南化校記「田」。按：景印慶元本改「田」。

〔私家之富與公家均〕　瀧三七・七，慶二〇右二，殿一八右五，淩一九左七。○均，楓三鈞。

〔布惠施德〕　瀧三七・七，慶二〇右三，殿一八右五，淩一九左八。○札記舊刻「布」作「市」。

〔即弒簡公於朝〕　瀧三七・八，慶二〇右四，殿一八右六，淩一九左九。○弒，南化楓棭三執。

〔若田氏之於齊也〕　瀧三八・一，慶二〇右六，殿一八右八，淩二〇右一。○若，楓如。

〔夫高故宦人也〕　瀧三八・五，慶二〇右一〇，殿一八左一，淩二〇右五。○宦，南化　楓　三宮。

〔然不爲安肆志〕　瀧三八・六，慶二〇右一〇，殿一八左二，淩二〇右五。○肆，南化　楓　三疑。

〔不以危易心〕　瀧三八・六，慶二〇右一〇，殿一八左二，淩二〇右五。○以，南化　楓　三爲。

〔朕實賢之〕　瀧三八・七，慶二〇左一，殿一八左三，淩二〇右六。○實，南化　楓　棭　三甚。

〔無所識知〕　瀧三八・八，慶二〇左二，殿一八左四，淩二〇右七。○南化　楓　三「所」字、「知」字並無。

〔下知人情〕　瀧三八・一〇，慶二〇左四，殿一八左五，淩二〇右九。○人，南化　楓　棭　三民。

〔列勢次主〕　瀧三九・一，慶二〇左六，殿一八左七，淩二〇左一。○勢，南化　楓　棭　三世。

〔乃私告趙高〕　瀧三九・三，慶二〇左八，殿一八左八，淩二〇左二。○南化　楓　棭　三「乃私」二字作「以告」。

〔丞相即欲爲田常所爲〕　瀧三九・四，慶二〇左九，殿一八左九，凌二〇左三。○詳節無「欲」字。

〔不道之君〕　瀧三九・六，慶二一右一，殿一九右一，凌二〇左六。○道，南化楓三通。

〔然而不免於死〕　瀧三九・七，慶二一右三，殿一九右三，凌二〇左八。○南化楓棭三然而身不免於死。

〔身死而所忠者非也〕　瀧三九・八，慶二一右四，殿一九右四，凌二〇左八。

＊正　所忠謂吴太宰嚭之類　南化幻瀧。

〔加費而無益於民利者禁〕　瀧四〇・三，慶二一右九，殿一九右八，凌二一右三。○加，中統如。札記中統、舊刻、吴校金板「加」作「如」。

〔麋鹿游於朝也〕　瀧四〇・六，慶二一左四，殿一九左二，凌二一右七。

＊正　麋鹿上音眉亦作麋　南化幻瀧。

〔於是二世乃使高案丞相獄治罪〕　瀧四〇・七，慶二一左四，殿一九左二，凌二一右八。○南化楓棭三——相下獄治罪。

〔責斯與子由謀反狀〕　瀧四〇・七，慶二一左五，殿一九左三，凌二一右八。○責，蜀貴。

〔先王之時〕　瀧四一・二，慶二一左一〇，殿一九左七，凌二一左三。○王，毛生。札記王、毛本「王」訛「生」。

〔飾政教〕　瀧四一·四，慶二三右二，殿一九左九，凌二二左五。○飾，【景】【蜀】飭。按：飾、飭通。

〔南定百越〕　瀧四一·六，慶二三右四，殿二〇右一，凌二二左八。○【札記】越，舊刻「粤」。

〔以見主之得意〕　瀧四一·一〇，慶二三右八，殿二〇右四，凌二三右一。○主，【楓】【三】王。

〔萬民戴主〕　瀧四二·一，慶二三右九，殿二〇右五，凌二三右二。○【札記】蔡本、舊刻、毛本「主」訛「王」。

〔死而不忘〕　瀧四二·一，慶二三右一〇，殿二〇右六，凌二三右三。○忘，【蜀】志。按：蜀本訛。

〔乃得至今〕　瀧四二·三，慶二三左一，殿二〇右七，凌二三右四。○【南化】【楓】【三】無「乃得」二字。

〔因安得上書〕　瀧四二·四，慶二三左二，殿二〇右八，凌二三右五。○【札記】王本「囚」訛「因」。

〔及二世所使案三川之守〕　瀧四二·八，慶二三左六，殿二〇左一，凌二三右九。○及，【南化】反，【楓】【三】無「及」字。

〔趙高皆妄爲反辭〕　瀧四二·一〇，慶二三左八，殿二〇左三，凌二三右一〇。○【南化】【楓】【棭】【三】趙高因皆妄爲反辭。

〔二世驚自以爲惑〕　瀧四三·六，慶二三右四，殿二〇左八，凌二三左六。○爲，【毛】謂。

〔乃召太卜令卦之〕　瀧四三・七，慶二二三右五，殿二〇左八，凌二二二左七。〇札記王本「卦」訛「封」。

〔故至于此〕　瀧四三・八，慶二二三右六，殿二〇左一〇，凌二二二左八。〇于，凌於。

〔有行人入上林中〕　瀧四三・九，慶二二三右七，殿二一右一，凌二二二左九。〇楓三無「行」字。

〔移上林〕　瀧四三・一〇，慶二二三右九，殿二一右二，凌二二三右一。

*正　移牒勘問　南化幻瀧。

〔當遠避宮以禳之〕　瀧四四・二，慶二二三左一，殿二一右四，凌二二三右三。〇宮，中統害。

按：訛。

〔令士皆素服〕　瀧四四・三，慶二二三左二，殿二一右五，凌二二三右四。〇南化楓棭三重「令」字。

〔殿欲壞者三〕　瀧四四・六，慶二二三左五，殿二一右七，凌二二三右六。〇壞，中統環。

按：訛。

〔高自知天弗與〕　瀧四四・七，慶二二三左五，殿二一右八，凌二二三右七。〇詳節高自知天意弗與。

〔乃召始皇弟授之璽〕　瀧四四・八，慶二二三左六，殿二一右八，凌二二三右七。〇札記璽，舊刻作「詔」。
索　二世兄子　○凌無此四字。
*正　弟音孫　南化、幻、瀧。

〈與宦者韓談及其子謀殺高〉　瀧四四・一〇，慶二三左八，殿二一右一〇，凌二三右九。○宦，慶官，南化校記「宦」。按：景印慶元本改「宦」。札記史諱「談」作「同」，此後人改。

〈項王至而斬之〉　瀧四五・四，慶二四右三，殿二一左四，凌二三左四。○斬，詳節殺。

〈因以瑕釁以輔始皇〉　瀧四五・六，慶二四右四，殿二一左五，凌二三左五。○南化、楓、三無「以」字。

〈不務明政以補主上之缺〉　瀧四五・八，慶二四右六，殿二一左七，凌二三左七。○南化、楓、三不知務明政楓、三本無「政」字。以補主上之缺。務，毛輔。

〈持爵禄之重〉　瀧四五・九，慶二四右六，殿二一左七，凌二三左七。○井、蔡、中統無「之」字。

〈乃與俗議之異〉　瀧四六・一，慶二四右九，殿二一左一〇，凌二三左一〇。○議，井、蜀、紹、蔡、中統、毛、詳節譏。札記蔡本、中統、柯、毛本作「譏」。

〈且與周召列矣〉　瀧四六・二，慶二四右一〇，殿二一左一〇，凌二三左一〇。○召，蜀、慶、彭劭，南化、楓、井、紹、毛、蔡、中統邵。札記蔡本、中統、王、柯、毛本作「邵」。

史記會注考證校補卷八十八

蒙恬列傳第二十八

〔官至上卿〕　瀧二・一，慶一右三，殿一右七，凌一右四。

索　音敖　○敖，[蔡][耿][慶][中統][彭][凌][殿]遨。

*****正**　鷔五高反　[南化][幻][野][瀧]。

〔伐韓取成皋滎陽〕　瀧二・二，慶一右四，殿一右八，凌一右五。○成，[耿][慶][中統][彭][凌]城。皋，[毛]皇。按：毛本「皋」訛「皇」。滎，[景][井]熒。

〔恬嘗書獄典文學〕　瀧二・六，慶一右七，殿一左一，凌一右八。○[南化][楓][三][梅][耿][中統][索]無「典」字。典，[凌]官。按：索隱本此七字出上文「蒙驁」之上。

索　典文學　○[蔡]無「典」字。按：誤脫。

〔蒙恬因家世得爲秦將〕　瀧二・九，慶一左一，殿一左四，凌一左一。○[毛]無「得」字。

〔收河南〕 瀧三・一，慶一左三，殿一左六，凌一左三。

正 謂靈勝等州 ○慶彭凌謂靈及勝等州。札記各本「靈」下衍「及」字，官本無。

〔因地形用制險塞〕 瀧三・一，慶一左三，殿一左六，凌一左四。○凌殿「制」、「險」互倒。

〔至遼東〕 瀧三・二，慶一左四，殿一左七，凌一左四。

正 西南至海之上 ○札記「之上」二字疑衍。

〔委蛇而北〕 瀧三・七，慶一左七，殿一左一〇，凌一左七。○蛇，井蜀紹蚍，詳節迤。札記舊刻「蚍」。

〔是時蒙恬威振匈奴〕 瀧三・七，慶一左七，殿一左一〇，凌一左七。○南化楓三當是時蒙恬威振匈奴。

〔位至上卿〕 瀧三・八，慶一左八，殿二右一，凌一左九。○位，楓三任。

〔皆生隱宮〕 瀧四・一，慶二右一，殿二右三，凌二右一。

集 爲宦者 ○宦，毛官。

索 妻子没爲官奴婢 ○蔡耿慶中統彭凌殿無「官」字。

索 兄弟生隱宮 ○蔡慶中統彭凌殿兄弟生於隱宮。

索 謂隱宮者宦之謂也 ○蔡耿慶中統彭凌殿無此注八字。

〔當高死罪〕 瀧四・五，慶二右五，殿二右七，凌二右六。○景井蜀紹耿慶彭凌殿「死」、「罪」互倒。札記「罪」、「死」，中統、吴校金板倒。

〔除其官籍〕　瀧四・五，慶二右五，殿二右七，凌二右六。○官，景 井 蜀 蔡 慶 中統 彭 毛 凌 金陵 宦，南化 楓 三 梅 除其宦名籍。

〔迺使蒙恬通道〕　瀧四・八，慶二右八，殿二右一〇，凌二右八。○迺，景 井 蜀 耿 慶 中統 彭 毛 凌 殿 乃。按：迺、乃，異體之字耳，下不悉載。札記 舊刻「迺」，各本作「乃」，下同。

〔並海上〕　瀧四・九，慶二右一〇，殿二左一，凌二右一〇。○並，南化 楓 三 傍。

〔北走琅邪〕　瀧四・一〇，慶二右一〇，殿二左二，凌二右一〇。

索　並音白浪反　○索 無此注五字。

索　音奏走　○索 音奏然走。

索　鄒氏音趨趨亦向義　○索 兩「趨」字作「趣」。

〔是時丞相李斯少子胡亥中車府令趙高常從〕　瀧五・一，慶二左三，殿二左三，凌二左二。○車，毛 軍。按：毛本誤。

考　張文虎曰蔡中統王柯毛本少子作公子　○按：札記此文在下文「迺興丞相李斯少子胡亥」之下。瀧川氏因「少子胡亥」之重出而誤置於此耳。再版瀧川本「張文虎」誤「張立虎」。

〔迺興丞相李斯少子胡亥陰謀〕　瀧五・四，慶二左五，殿二左六，凌二左五。○景 井 蔡 慶 彭 中統 毛 金陵「興」字作「與」，而「少」字作「公」。興，紹 耿 凌 殿 與。

少，蜀公。

〈趙高恐蒙氏復貴而用事〉　瀧五・八，慶二左九，殿二左九，凌二左九。○蔡 慶 彭 無「用」字。南化 梅校補「用」。按：景印慶元本補「用」字。札記 蔡、王、柯本脱「用」字。

〈若知賢而俞不立〉　瀧五・一〇，慶三右二，殿三右二，凌三右二。○俞，景 井 蜀 紹 蔡 耿 慶 中統 彭 毛 凌 殿 愈。不，索 金陵 弗。札記 索隱本「俞弗」，各本作「愈不」。

索 俞即踰也　○蔡 耿 慶 中統 彭 凌 殿「愈」一作「俞」，俞即踰也。按：合刻者所見索隱本亦「愈」作「俞」，故加此一句於索隱注耳。

〈不若誅之〉　瀧六・二，慶三右三，殿三右三，凌三右三。○若，南化 楓 如，三 知。按：三條本「如」、「知」字形相似，而校者誤耳。

〈胡亥聽而繫蒙毅於代〉　瀧六・二，慶三右四，殿三右三，凌三右四。○毅，詳節 氏。

正 至代而繫之　○繫，慶 擊，南化 校記「繫」。按：景印慶元本改「繫」。

〈陰用荆軻之謀〉　瀧六・六，慶三右八，殿三右七，凌三右八。○軻，毛 朝。按：毛本誤。

〈而倍秦之約〉　瀧六・六，慶三右八，殿三右八，凌三右八。○之，蔡 士 毛 無「之」字。札記 毛無「之」字，蔡作「士」，蓋「㞢」之訛。

〈而主欲一旦棄去之〉　瀧六・八，慶三左一，殿三右一〇，凌三左一。○主，紹 毛 王。

〈先主欲立太子〉　瀧七・三，慶三左六，殿三左四，凌三左六。○主，紹 王。

〔以臣不能得先主之意〕　瀧七・四，慶三左八，殿三左六，凌三左八。○主，紹中統王。

〔可謂知意矣〕　瀧七・五，慶三左九，殿三左六，凌三左八。

索　順旨蒙恩　○索金陵此注四字作「順意因蒙」。

〔則太子獨從〕　瀧七・六，慶四右一，殿三左八，凌三左一〇。○南化楓三梅則太子獨少從。

〔周旋天下〕　瀧七・六，慶四右一，殿三左八，凌三左一〇。○旋，南化楓三遊。

〔夫先王之舉用太子〕　瀧七・七，慶四右二，殿三左九，凌四右一。○各本「王」字作「主」字，瀧川本誤。

〔臣乃何言之敢諫何慮之敢謀非敢飾辭以避死也〕　瀧七・八，慶四右三，殿三左一〇，凌四右二。○楓三無「諫何慮之敢」五字。紹無「敢謀非」三字。

〔爲羞累先主之名〕　瀧七・九，慶四右四，殿四右一，凌四右三。○主，紹王。

〔使臣得死情實〕　瀧七・一〇，慶四右四，殿四右一，凌四右三。○實，毛寔。

〔刑殺者道之所卒也〕　瀧七・一〇，慶四右五，殿四右二，凌四右四。○南化梅無「所卒」二字而有「末」字。卒，楓三末。

*　**正**　卒足律反　南化。

〔昔者秦穆公殺三良而死罪百里奚〕　瀧八・一，慶四右五，殿四右二，凌四右五。○楓三無「三良而死罪」五字。

〔以是籍於諸侯〕　瀧八・四，慶四右九，殿四右六，凌四右八。○索「以」、「是」互倒。

索　言其惡聲狼籍　○凌無「其」字。

索　諸侯皆記其惡於史籍　○史，索吏。

＊**正**　言諸侯皆書籍其事　南化幻瀧。

〔遂殺之〕　瀧八・七，慶四左二，殿四右八，凌四左一。○慶彭無「遂」字。南化梅校補「遂」。札記王、柯本無「遂」字。

〔然自知必死而守義者〕　瀧八・一〇，慶四左六，殿四左二，凌四左五。○慶彭凌無「然」字。南化楓三校補「然」。札記舊刻、毛本有「然」字。

〔以不忘先主也〕　瀧九・一，慶四左七，殿四左二，凌四左五。○主，紹詳節王。

〔未離襁緥〕　瀧九・一，慶四左八，殿四左三，凌四左六。○緥，中統褓。

〔卒定天下〕　瀧九・二，慶四左八，殿四左三，凌四左七。○卒，楓平，三早。毛卒平定天下。

〔公旦自揃其爪〕　瀧九・三，慶四左九，殿四左四，凌四左七。○南化楓三周公旦自揃其爪。

〔孰謂周公旦欲爲亂乎〕　瀧九・七，慶五右四，殿四左八，凌五右二。○謂，毛爲。

〔是必孽臣逆亂内陵之道也〕　瀧九・一〇，慶五右六，殿四左一〇，凌五右五。○南化楓三梅是必有孽臣逆亂内陵之道也。

〔夫成王失而復振〕　瀧一〇・一，慶五右七，殿五右一，凌五右五。○南化楓三「成王」二字作「周」。

〔身死則國亡〕　瀧一〇・二，慶五右八，殿五右二，凌五右七。○景蜀殿此五字作「則身死國亡」。按：凌本引一本亦作「則身死國亡」。

〔臣故曰〕　瀧一〇・三，慶五右九，殿五右二，凌五右七。○南化楓三無「臣」字。

〔察於參伍〕　瀧一〇・五，慶五右一〇，殿五右四，凌五右九。○伍，慶彭位，南化校記「伍」。按：景印慶元本「位」改「伍」。

〔良久徐曰〕　瀧一〇・八，慶五左五，殿五右八，凌五左三。○久，慶彭人，南化校記「久」。按：景印慶元本「人」改「久」。

〔乃吞藥自殺〕　瀧一一・一，慶五左七，殿五右一〇，凌五左五。○乃，南化楓三遂。

〔行觀蒙恬所爲秦築長城亭障〕　瀧一一・二，慶五左八，殿五左一，凌五左六。○障，景蜀毛鄣，紹井彰。札記障，舊刻、毛本作「鄣」。

〔塹山堙谷〕　瀧一一・三，慶五左九，殿五左二，凌五左七。○塹，景井蜀紹慶毛凌殿壍。

〔痍傷者未瘳〕　瀧一一·四，慶五左一〇，殿五左三，淩五左八。○痍，楓三夷。

〔何乃罪地脈哉〕　瀧一一·七，慶六右三，殿五左五，淩六右一。

索　勞人是愁　○各本「愁」字作「慦」。

史記會注考證校補卷八十九

張耳陳餘列傳第二十九

〔張耳陳餘列傳第二十九〕　瀧一・七，慶一右一，殿一右六，凌一右二。○南化楓三梅索無「陳餘」二字。

索　張耳吳芮至並可列同世家焉五十六字　○索金陵無此注五十六字。

〔其少時及魏公子毋忌爲客〕　瀧二・二，慶一右四，殿一右九，凌一右六。

*正　顏云毋忌六國信陵君也言其尚及見毋忌爲之南化本無「之」字。賓客也　南化幻瀧。

〔張耳嘗亡命游外黄〕　瀧二・三，慶一右五，殿一右一〇，凌一右六。

索　謂脱名籍而逃崔浩曰亡無也命名也逃匿則削除名籍　○索無「逃崔浩曰亡無也命名也」十字。

按：索隱本因「逃」字誤脱。

索　故以逃爲亡命　○中統無「爲」字。

〔去柢父客〕　瀧二・五，慶一右七，殿一左二，凌一右八。柢，金陵抵。

索　如淳曰抵歸也音丁禮反　○禮，索米。殿此索隱注十字混入集解。

〔嫁之張耳〕　瀧二・七，慶一右九，殿一左四，凌一左一。

索　謂女請父客爲決絶其夫　○索「絶」字爲正文，而接下文「苦陘」之上。

索　而嫁之張耳　○殿此注五字作「而改嫁張耳」。

＊正　顔云請決絶南化、幻本有「於」字。前夫而南化本無「而」字。嫁於耳　南化幻椷瀧。

〔數游趙苦陘〕　瀧二・一〇，慶一左二，殿一左七，凌一左四。

索　張晏曰章帝醜其名改曰漢昌　○蔡耿慶中統彭凌殿無此注十二字。

〔兩人相與爲刎頸交〕　瀧三・三，慶一左六，殿一左九，凌二右一。

＊正　刎音武粉反顔云刎斷也刎頸交者言託契深重雖斷頸絶頭無所顧也　南化。

〔張耳躡之使受笞〕　瀧三・八，慶二右一，殿二右二，凌二右二。

＊正　躡女涉反南化、幻本有「謂」字。以南化、幻本「以」字作「手」。足躡令受笞漢書作攝師古曰謂引持南化、幻本有「之」字。也。按：漢書作「攝」，以下疑非正義注文。　南化幻瀧。

〔陳涉起蘄〕　瀧四・三，慶二右六，殿二右八，凌二右九。○彭無「陳」字。楓校補「陳」。

〔將軍身被堅執鋭〕　瀧四・五，慶二右八，殿二右一〇，凌二右九。○被，凌披。札記柯、凌本「被」作「披」。

〔將軍瞋目張膽〕　瀧四・九，慶二左三，殿二左五，凌二左三　○按：南化本標記引正義本「張」作「大」。

〔如此野無交兵縣無守城〕　瀧五·三，慶二左七，殿二左八，凌二左七。○交，南化楓三校。

*正　校報也　南化幻瀧。

〔以德服之〕　瀧五·五，慶二左八，殿二左九，凌二左八。○服，中統報。

〔恐天下解也〕　瀧五·五，慶二左九，殿二左一〇，凌二左九。

索　皆解墮不相從也　○解，慶彭懈。

〔於是陳王以故所善陳人武臣爲將軍〕　瀧五·一〇，慶三右三，殿三右三，凌三右三。○楓三於是陳王許之以故所善陳人武臣爲將軍。

〔武臣等從白馬渡河〕　瀧六·二，慶三右五，殿三右五，凌三右五。○南化楓——從白馬津渡河。

索　白馬　○蔡耿慶中統彭凌殿則白馬。

索　是津渡　○蔡耿慶中統彭凌殿津是各本「是」、「津」互倒。渡處。

〔北有長城之役南有五嶺之戍〕　瀧六·四，慶三右八，殿三右七，凌三右七。○役，慶中統彭凌域，南化校記「役」。按：南化本校記引正義本亦作「役」。札記毛本「役」，與漢書合。各本誤「域」。

*正　蒙恬將二十萬人築城長城之役五嶺之戍並在始皇三十三年南化本無「長城」以下十六字。南化

幻瀧。
〔西擊秦〕　瀧七・三，慶三左五，殿三左四，凌三左五。○札記舊刻「擊」下衍「於」字。
〔賀公得通而生〕　瀧七・八，慶四右二，殿三左一〇，凌四右二。○通，楓三臣。
〔不可勝數〕　瀧八・四，慶四右五，殿四右三，凌四右四。○可，耿足。
〔畏秦法耳〕　瀧八・五，慶四右六，殿四右四，凌四右六。

集　傳音截　○彭傳音截相連。

集　李奇曰　○奇，中統晉。

集　東方人以物插地中皆爲傳　○景井蜀蔡耿慶中統彭毛凌殿金陵無「中」字。楓三校補「中」。

〔君急遣臣見武信君〕　瀧八・八，慶四右一〇，殿四右七，凌四右九。○中統上「君」字作「若」。
〔使驅馳燕趙郊〕　瀧九・六，慶四左一〇，殿四左六，凌四左九。○毛「驅」、「馳」互倒。
〔怨陳王不用其筴〕　瀧一〇・二，慶五右六，殿五右一，凌五右五。○南化楓三餘怨陳王——。
〔將軍今以三千人下趙數十城〕　瀧一〇・四，慶五右八，殿五右三，凌五右七。○三，蜀二。
〔不王無以填之〕　瀧一〇・四，慶五右一〇，殿五右四，凌五右八。○填，南化楓三鎮。

〔時間不容息〕　瀧一〇・七，慶五左二，殿五右六，淩五右一〇。

索　時幾之迅速　○幾，[蔡][慶][彭][淩][殿]機。

索　其間不容一喘息頃也　○[索]重「息」字。

〔令趣發兵西入關〕　瀧一一・三，慶五左九，殿五左二，淩五左七。○[南化][楓][棭][三]令趙趣發兵西入關。

〔而使韓廣略燕〕　瀧一一・七，慶六右三，殿五左六，淩六右一。○廣，[紹]質。

〔張黶略上黨〕　瀧一一・七，慶六右四，殿五左六，淩六右二。

〔爲燕軍所得〕　瀧一一・九，慶六右六，殿五左八，淩六右三。○軍，[紹]將。

＊正　黶乙斬反　[南化][幻][瀧]。

〔未敢參分而王〕　瀧一二・九，慶六左八，殿六右九，淩六左五。○未，[中統]永。

〔此兩人名爲求趙王〕　瀧一三・一，慶七右一，殿六左一，淩六左八。○[耿]無此八字。

〔況以兩賢王左提右挈〕　瀧一三・三，慶七右二，殿六左三，淩六左九。○[蔡][毛]「左」、「右」互易。

〔至石邑〕　瀧一三・六，慶七右五，殿六左五，淩七右二。○石，[淩]后。按：淩本誤。

〔貴良〕　瀧一三・八，慶七右八，殿六左八，淩七右五。○[南化][梅]然貴良。

〔良得書〕　瀧一三・八，慶七右八，殿六左八，淩七右五。○得，[井]待，[紹]持。

〔獨立趙後〕　瀧一四・六，慶七左八，殿七右六，凌七左五。○景井蜀耿慶中統彭毛凌殿重「立」字。南化不重「立」字。

〔可就功〕　瀧一四・六，慶七左九，殿七左七，凌七左五。

索　謂獨有立六國趙王之後　○蔡耿慶中統彭凌殿獨各本「獨」上無「謂」字。有立六國趙王之後可以成功。

〔乃求得趙歇〕　瀧一四・七，慶七左九，殿七右八，凌七左六。

集　音烏轄反　○轄，景井蜀蔡耿慶彭毛凌鎋。

〔王離圍之〕　瀧一四・一〇，慶八右三，殿七左一，凌七左一〇。○南化楓三秦將王離圍之。

〔食盡兵少〕　瀧一五・三，慶八右六，殿七左三，凌八右二。○兵，楓三人。

〔張耳數使人召前陳餘陳餘自度兵少〕　瀧一五・四，慶八右六，殿七左四，凌八右二。○紹不重「陳餘」二字。

〔胡不赴秦軍俱死〕　瀧一五・七，慶八右一〇，殿七左七，凌八右六。○楓棭三梅無「軍」字。

〔如以肉委餓虎何益〕　瀧一五・九，慶八左三，殿七左一〇，凌八右九。○餓，楓三飢。

〔當是時燕齊楚聞趙急〕　瀧一六・二，慶八左七，殿八右三，凌八左三。○慶彭無「時」字。

南化校補「時」。札記王本脱「時」字。

〔來皆壁餘旁〕 瀧一六・三，慶八左八，殿八右四，凌八左四。○南化楓棭三來皆壁陳餘旁。

〔卒存鉅鹿者〕 瀧一六・六，慶九右一，殿八右七，凌八左七。○存，中統亡。

〔楚力也〕 瀧一六・六，慶九右二，殿八右七，凌八左七。○毛無「也」字。

〔張耳與陳餘相見〕 瀧一六・七，慶九右三，殿八右八，凌八左八。○餘，毛與。

〔臣聞天與不取反受其咎〕 瀧一七・三，慶九右九，殿八左四，凌九右五。○與，楓三予。

索 此辭出國語 ○此慶彭比南化校記「此」。

〔今陳將軍與君印〕 瀧一七・四，慶九右一〇，殿八左四，凌九右五。○與，景井蜀耿毛予。

〔陳餘獨與麾下所善數百人〕 瀧一七・六，慶九左三，殿八左七，凌九右八。○南化楓三梅陳餘獨與其麾下所善數百人。

〔之河上澤中漁獵〕 瀧一七・七，慶九左四，殿八左七，凌九右九。○漁，蜀魚。

〔漢元年二月〕 瀧一七・八，慶九左五，殿八左九，凌九右一〇。○井紹耿毛漢元年十二月。

〔人多爲之言〕 瀧一七・九，慶九左七，殿九右一，凌九左二。

索 故游 ○故，蔡耿慶中統彭凌殿雅。

索 言慣游從 ○慣，中統貫。

索 故多爲人所稱譽 ○索無「爲」字。

〔項羽亦素數聞張耳賢〕 瀧一七・一〇，慶九左七，殿九右一，凌九左三。○聞，毛問。

〔乃分趙〕 瀧一七・一〇，慶九左八，殿九右一，凌九左三。○乃，紹之。

〔陳餘客多説項羽曰〕 瀧一八・一，慶九左九，殿九右二，凌九左四。○毛無「客」字。

〔即以南皮旁三縣以封之〕 瀧一八・二，慶一〇右一，殿九右四，凌九左六。○封，耿制。

〔陳餘乃使夏説説田榮曰〕 瀧一八・六，慶一〇右四，殿九右七，凌九左九。

正 下式鋭反 ○慶彭凌下音慶、凌本無「音」字。武各本「式」字作「武」。鋭反。

〔徙故王王惡地〕 瀧一八・七，慶一〇右六，殿九右八，凌一〇右一。○徙，蜀徒。

〔願王假臣兵〕 瀧一八・八，慶一〇右七，殿九右九，凌一〇右二。○王，紹三。

〔請以南皮爲扞蔽〕 瀧一八・八，慶一〇右七，殿九右九，凌一〇右二。

*__正__ 扞蔽猶言藩屏也 南化幻瀧。

〔曰漢王與我有舊故〕 瀧一八・一〇，慶一〇右一〇，殿九左一，凌一〇右四。○毛無「曰」字。

〔我欲之楚〕 瀧一九・一，慶一〇左一，殿九左二，凌一〇右五。

集　漢王爲布衣時　○布耿希。按：耿本訛。

〔秦分也〕　瀧一九·三，慶一〇左三，殿九左五，淩一〇右八。○南化楓棭三梅秦分野也。

〔後必屬漢〕　瀧一九·三，慶一〇左四，殿九左六，淩一〇右九。

索　齊楚不同　○蔡耿慶中統彭淩殿齊楚不同未知孰是。

索　字逢甘德志林云甘公一名德　○蔡耿慶中統彭淩殿無「字逢甘德志林云甘」八字。札記「字逢」二字疑當在「甘德」下。

***正**　甘氏七録云甘德楚人戰國時作天文八卷南化本有「矣」字。天文志云五星聚於東井㠯歷推之從歲星也　南化幻野瀧。

〔故耳走漢〕　瀧一九·五，慶一〇左四，殿九左六，淩一〇右九。○故，南化棭三張。

〔方圍章邯廢丘〕　瀧一九·六，慶一〇左五，殿九左六，淩一〇右一〇。○丘，紹兵。

〔陳餘亦復覺張耳不死〕　瀧二〇·二，慶一一右二，殿一〇右二，淩一〇左六。○南化楓棭三梅陳餘亦復聞覺張耳不死。札記「復」疑「後」。

〔斬陳餘泜水上〕　瀧二〇·三，慶一一右四，殿一〇右四，淩一〇左八。

索　徐廣音遲　○蔡耿慶中統彭淩殿無此注四字。按：合刻者削去。

索　晉灼音丁禮反　○蔡耿慶中統彭淩殿「丁禮反」三字作「邸」字。

〔高祖從平城過趙趙王朝夕袒韝蔽〕　瀧二〇·八，慶一一右九，殿一〇右九，淩一一右三。

○紹不重「趙」字。南化 楓 棭 三無「朝夕」二字。

〔有子壻禮〕　瀧二〇・九，慶一一右一〇，殿一〇右一〇，淩一一右五。

＊正　謂臂捍膝也言自祇承上食也　南化 幻 瀧。

〔高祖箕踞詈甚慢易之〕　瀧二〇・九，慶一一右一〇，殿一〇右一〇，淩一一右五。○踞，景 井 蜀 耿 慶 中統 彭 毛 淩 殿倨，南化 楓 棭 三「詈」字上有「罵」字。

＊正　申南化本「申」上有「謂」字。兩脚而倨其膝若箕之形倨傲也　南化 幻 野 瀧。

〔趙相貫高趙午等年六十餘故張耳客也〕　瀧二一・一，慶一一左一，殿一〇左一，淩一一右六。○楓 三無「等」字。

＊正　貫高等南化本無「等」字。趙午六十餘故張耳賓客瀧本無「趙午」以下十字，據南化本補。以其老乃有不平之氣也　南化 瀧。

〔吾王孱王也〕　瀧二一・三，慶一一左三，殿一〇左三，淩一一右八。

集　仁謹貌　○謹，毛敬。

索　案服虔音鉏閑反　○索「鉏閑」二字作「昨軒」。

索　小顏音仕連反　○索「小顏」二字作「孟康」。札記與漢書注合。單本作「孟康」。

〔張敖齧其指出血曰〕　瀧二一・七，慶一一左六，殿一〇左五，淩一一右一〇。○索無「其」字。

〔願君無復出口〕　瀧二一・九，慶一一左八，殿一〇左七，淩一一左三。

索　案小顏曰齧指以表至誠爲其約。○蔡耿慶中統彭索凌殿金陵——爲其約誓。楓三——爲其約誓不背漢也。

〔吾王長者不倍德〕瀧二一·一〇，慶一一左一〇，殿一〇左九，凌一一左四。○南化楓棭三吾王長者義不倍德。

〔今怨高祖辱我王〕瀧二二·一，慶一一左一〇，殿一〇左九，凌一一左五。○我，毛吾。

〔故欲殺之〕瀧二二·一，慶一二右一，殿一〇左九，凌一一左五。○欲，中統爲。

〔何乃汙王爲乎〕瀧二二·一，慶一二右一，殿一〇左九，凌一一左五。○汙，景井蜀紹耿慶中統彭毛凌殿洿。

索　蕭該音一故反　○蔡耿慶中統彭凌殿漢書作汙蕭該音一故反。

〔令事成〕瀧二二·二，慶一二右一，殿一〇左九，凌一一左六。○令，南化楓棭三梅今。

〔要之置廁〕瀧二二·四，慶一二右四，殿一一右三，凌一一左九。○景井蜀紹慶中統彭凌殿無「廁」字。南化楓棭三梅校補「廁」。

索　置人於廁壁中以伺高祖也　○耿慶中統索彭凌無「於」字。

索　鑿壁空之　○之，耿凌中。

索　廁者隱側之處　○隱，慶彭之，南化校記「隱」。按：景印慶元本改「隱」。側，中統凌廁。

索　亦音側　○側，耿慶彭凌殿惻。

〔於是上皆并逮捕趙王貫高等〕　瀧二二・八，慶一一右六，殿一一右六，凌一二右三。○蜀「并」、「逮」互倒。札記舊刻「并」作「並」，下「并捕」同。

〔十餘人皆爭自剄〕　瀧二二・九，慶一二右九，殿一一右七，凌一二右四。○剄，紹到。札記舊刻「刎」。

〔治張敖之罪上乃詔〕　瀧二三・二，慶一二左三，殿一一右一○，凌一二右七。○罪，南化梅西。

〔王實不知〕　瀧二三・五，慶一二左五，殿一一左三，凌一二右九。○楓無「實」字。

〔吏治榜笞數千刺剟〕　瀧二三・五，慶一二左五，殿一一左三，凌一二右一○。

索　徐廣音丁劣反　○蔡耿慶中統彭凌殿無此注六字。

索　應劭云以鐵刺之　○索無此注七字。

〔泄公邪〕　瀧二四・二，慶一三右四，殿一二右一，凌一二左九。

集　輿如今輿牀　○紹上「輿」字作「與」。

索　何休注公羊　○注，索著。

索　郭璞三倉注云　○倉，慶中統彭凌殿蒼。

索　箯輿土器　○輿，耿慶中統彭凌殿轝。

〔皆以論死〕　瀧二四・六，慶一三右六，殿一二右三，凌一三右一。○以，南化楓棭三已。

〔於是泄公入具以報上乃赦趙王〕　瀧二四・七，慶一三右八，殿一二右四，凌一三右二。○南化楓棭三重「上」字。

〔一身無餘者白張王不反也〕　瀧二五・一，慶一三左二，殿一二右七，凌一三右六。○南化楓棭三梅一身無餘者何白張王不反也。

〔遂死〕　瀧二五・五，慶一三左五，殿一二右一〇，凌一三右九。○遂，索而。

索　肮頸大脈也　○肮，索亢。

索　俗所謂胡脈下郎反　○下，慶彭卜，中統胡，凌十，殿户。按：景印慶元本改「下」。

〔以尚魯元公主故〕　瀧二五・六，慶一三左六，殿一二左一，凌一三左一。○景井蜀紹耿慶中統彭毛凌殿無「公主」二字。

〔封爲宣平侯〕　瀧二五・七，慶一三左七，殿一二左一，凌一三左一。

索　易曰得尚于中行　○蔡耿慶彭凌殿無「曰」字。得，索德。

〔於是上賢張王諸客以鉗奴從張王入關〕　瀧二五・八，慶一三左八，殿一二左三，凌一三左二。○毛重「客」字。

〔及孝惠高后〕　瀧二五・九，慶一三左九，殿一二左四，凌一三左四。○札記王本「高」誤「魯」。

〔張敖高后六年薨〕 瀧二五・一〇，慶一三左五，殿一二左五，凌一三左五。

集 張敖冢在安陵東 ○冢，毛家。按：毛本誤。

〔呂后封爲魯元王〕 瀧二六・三，慶一四右三，殿一二左七，凌一三左七。○南化楓棭三梅「封」字、「元王」二字並無。 索——魯元王偃。

索 案謂偃以其母號而封也 ○案，索魯。按：索隱本涉正文訛。

〔乃封張敖他姬子二人〕 瀧二六・四，慶一四右四，殿一二左八，凌一三左八。○乃，井紹耿慶彭凌及，南化楓三棭校記「乃」。札記王、柯、凌本「乃」訛「及」，舊刻「他」作「它」。

〔壽爲樂昌侯〕 瀧二六・四，慶一四右四，殿一二左九，凌一三左九。○景井蜀紹蔡耿中統毛無「壽」字。

〔侈爲信都侯〕 瀧二六・四，慶一四右五，殿一二左一〇，凌一三左一〇。

集 食細陽之池陽鄉也 ○池，慶彭凌也，南化校記「地」。按：景印慶元本「也」改「池」。

〔續張氏〕 瀧二六・八，慶一四右八，殿一三右二，凌一四右二。

*正 南宮冀州縣 南化幻瀧。

〔豈顧問哉〕 瀧二七・二，慶一四左一，殿一三右五，凌一四左六。

索 按葛洪要用字苑云 ○苑，慶中統彭凌宛，南化楓棭三校記「苑」。

索　謂相和同諸者信也　○信，蔡耿慶中統彭索凌金陵何。

〔豈非以利哉〕　瀧二七·四，慶一四左四，殿一三右七，凌一四右九。○南化楓棭三豈非以私利哉。索金陵「利」字作「勢利交」三字。

索　漢書作勢利　○蔡耿慶中統彭凌殿漢書作勢利交。

索　故廉頗傳云　○索無「傳」字。

索　君有勢則從　○則，索利。

索　此固其理是也　○蔡耿慶中統彭凌殿無「是」字。

史記會注考證校補卷九十

魏豹彭越列傳第三十

〔遷咎爲家人〕　瀧二・三，慶一右四，殿一右八，凌一右五。

索　案晉灼云至即今寧陵是十五字　○[索]標出「魏咎故甯陵君」六字於索隱注「案彭越傳云」之上，而有此注十五字。

索　梁國縣也　○[索]今梁國縣也。

〔乃進兵擊魏王於臨濟〕　瀧二・一〇，慶一右一〇，殿一左四，凌一左一。

正　故城　○城[慶][彭][凌]越。按：景印慶元本「越」改「城」。　[札記]官本「城」，各本誤「越」。

〔齊楚遺項它田巴將兵隨市救魏〕　瀧三・一，慶一左二，殿一左六，凌一左三。

*****正**　它本尼字一作巴吴楚將　[南化][幻]。

〔立豹爲魏王〕　瀧三・五，慶一左六，殿一左一〇，凌一左七。

*正　魏豹自立爲魏王或云項羽立之　南化幻瀧。

〔方東憂楚〕　瀧三・一〇，慶二右二，殿二右四，凌二右二。○耿無「方」字。

〔吾以萬户封若〕　瀧四・一，慶二右三，殿二右五，凌二右四。

*正　緩緩頰舌說不限急期也　南化幻野瀧。

〔傳詣滎陽〕　瀧四・七，慶二右八，殿二右一〇，凌二右八。○楓三傳豹詣滎陽。

〔以豹國爲郡〕　瀧四・七，慶二右八，殿二右一〇，凌二右九。

集　河東太原上黨　○毛無「東」字而重「原」字。按：毛本誤。

〔周苛遂殺魏豹〕　瀧四・八，慶二右九，殿二左一，凌二右一〇。○苛，紹昔。按：訛。

〔彭越者昌邑人也字仲〕　瀧四・九，慶二左一，殿二左二，凌二左二。

正　漢武更山陽爲昌邑國　○慶彭凌殿無「邑」字。札記「邑」字，考證據漢志補。

〔彭越助之〕　瀧五・一〇，慶三右三，殿三右二，凌三右三。

正　碭音徒郎反　○慶彭「徒郎」二字作「唐朗」。徒，凌唐。

〔漢乃使人賜彭越將軍印〕　瀧六・三，慶三右六，殿三右五，凌三右六。○札記「漢」字衍。

〔楚命蕭公角將兵擊越〕　瀧六・四，慶三右七，殿三右六，凌三右七。○命，南化楓棭三梅令。

〔歸漢於外黃〕　瀧六・七，慶三右一〇，殿三右八，凌三右九。

＊**正**　於外黃歸降漢也　南化 幻。

〔漢王三年〕　瀧七・二，慶三左五，殿三左二，凌三左四。○三，紹二。

〔乃使曹咎守成皋〕　瀧七・四，慶三左八，殿三左五，凌三左七。○成，景 蜀 慶 彭 毛 凌城。札記官本「成」，各本作「城」。

〔北走穀城〕　瀧七・五，慶三左一〇，殿三左七，凌三左九。

正　在齊州東阿縣東二十六里　○二，凌三。

〔漢五年秋〕　瀧七・六，慶三左一〇，殿三左七，凌三左九。○五，南化 楓 棭 三 梅 四。

〔使使召彭越〕　瀧七・八，慶四右三，殿三左九，凌四右二。○紹不重「使」字。

〔爲項籍所敗固陵〕　瀧七・一〇，慶四右四，殿三左一〇，凌四右三。

正　固陵地名　○慶 彭 凌無「地」字。札記各本脱「地」字，官本有。

正　在陳州宛丘縣　○宛，慶 彭 凌苑。按：景印慶元本「苑」改「宛」。札記官本「宛」，各本作「苑」。

〔從陳以東傅海與齊王信〕　瀧八・四，慶四右一〇，殿四右六，凌四右九。

集　傅音附　○景「音」、「附」互倒。中統無此注三字。

〔君王能出捐此地許二人〕　瀧八・七，慶四左三，殿四右八，凌四左二。○南化 楓 三 無「地」字。

〔二人今可致〕　瀧八・七，慶四左三，殿四右九，凌四左二。○紹無「致」字。

〔彭越乃悉引兵會垓下〕　瀧八・九，慶四左五，殿四右一〇，凌四左四。〇會，[毛]致。

〔五年項籍已死〕　瀧八・九，慶四左六，殿四左一，凌四左五。〇[札記]志疑云：「『五年』衍，上已書。」

〔九年十年皆來朝長安〕　瀧八・一〇，慶四左七，殿四左二，凌四左六。〇[南化][梅]下「年」字作「月」。

〔徵兵梁王〕　瀧九・一，慶四左八，殿四左三，凌四左七。〇[南化][楓][三][梅]無「王」字。

〔反形已具請論如法〕　瀧九・六，慶五右四，殿四左八，凌五右四。

集　而云反形已見　〇各本「見」字作「具」字，瀧川本誤。

〔上赦以爲庶人〕　瀧九・八，慶五右五，殿四左九，凌五右四。〇庶，[耿]守。

〔傳處蜀青衣〕　瀧九・八，慶五右六，殿四左一〇，凌五右四。

索　瓚曰今漢嘉是也　〇[耿][慶][中統][彭][凌][殿]此注七字作「瓚説爲是」四字。按：合刻者所改。

〔逢吕后從長安來〕　瀧九・一〇，慶五右七，殿五右一，凌五右六。〇來，[南化][楓][棭][三][梅]東。

〔此自遺患〕　瀧一〇・二，慶五右一〇，殿五右四，凌五右九。

正　上唯季反　〇[彭]「反」字爲正文，接下文「不如遂誅之」之上。

〔廷尉王恬開奏請族之〕　瀧一〇・四，慶五左二，殿五右五，凌五左一。〇開，[紹][慶][中統]

彭 毛 殿 闞 南化 楓 棭 三 梅 校記「開」。

〔上乃可遂夷越宗族〕 瀧一〇・五，慶五左二，殿五右六，淩五左一。〇南化 楓 棭 三 梅 上乃可之遂夷彭越宗族。

〔不死而虜囚〕 瀧一〇・九，慶五左七，殿五右九，淩五左六。〇札記 宋本「囚」訛「因」。

〔身被刑戮〕 瀧一〇・一〇，慶五左七，殿五右一〇，淩五左六。〇札記「戮」，舊刻「僇」。

〔欲有所會其度〕 瀧一一・二，慶五左九，殿五左二，淩五左九。

*正 言二人得綰幻、梅本無「綰」字。攝一尺之權幻本「權」字作「棺」。柄即生變動欲有南化、幻、梅、狩本有「會」字。其度數南化、幻、梅本「數」字作「類」。 度徒故反 南化 幻 梅 狩 瀧。按：依南化本校記，「度徒故反」四字疑非正義注文。

〔以故幽囚而不辭云〕 瀧一一・四，慶五左一〇，殿五左二，淩五左九。

索 葅醢何傷 〇何，中統 堪。

史記會注考證校補卷九十一

黥布列傳第三十一

〔姓英氏〕 瀧二・一，慶一右二，殿一右七，凌一右三。

索 故漢雜事云 ○[索]「雜事」二字作「書」字。

正 六與蓼 ○六[慶][彭][凌]云。按：景印[慶]元本「云」改「六」。

＊**正** 孔文祥云爲封皐陶後於英布其苗裔也漢故事云布姓黥欲以厭當之也 [南化][幻][狩][梅][瀧]。

〔幾是乎〕 瀧二・五，慶一右六，殿一左一，凌一右八。

索 幾近也 ○[耿][慶][中統][彭][凌][殿]無此注三字。

索 劉氏作祈 ○作，[耿][慶][中統][彭][凌][殿]音。

索 亦通 ○[耿][慶][中統][彭][凌][殿]義亦通。

〔布已論輸麗山〕 瀧二・八，慶一右八，殿一左三，凌一右一〇。 ○麗，[南化][楓][棭][三]驪。下同。

〔亡之江中爲羣盜〕 瀧二・一〇，慶一右一〇，殿一左五，凌一左二。

索 謂徒輩之類 ○耿慶中統彭凌殿「輩」、「之」互倒。

〔番君以其女妻之〕 瀧三・一，慶一左三，殿一左七，凌一左四。

**正* 番君吳芮也 南化幻瀧。

〔破之清波引兵而東〕 瀧三・三，慶一左四，殿一左八，凌一左五。○清，南化楓棭三青。按：陳涉世家亦作「青」。

**正* 清作青地名 南化幻梅瀧。按：「清作青」三字是正義本「清作青」之意而非正義注。

〔渡淮南〕 瀧三・五，慶一左六，殿一左一〇，凌一左七。○南化楓棭三無「南」字。

〔亦皆保聚彭城〕 瀧三・九，慶二右一，殿二右四，凌二右二。○南化楓棭三亦皆保聚一彭城。

〔范增爲末將〕 瀧三・一〇，慶二右二，殿二右五，凌二右三。○增，景井蜀紹耿慶中統彭毛凌金陵曾，楓三校記「增」。札記「曾」，宋本、中統、舊刻、游、王、柯、毛本並同。

〔項籍使布先渡河擊秦〕 瀧四・三，慶二右五，殿二右八，凌二右六。○慶中統彭凌殿——先涉渡河擊秦，南化楓三刪去「涉」。

〔阬章邯秦卒二十餘萬人〕 瀧四・六，慶二右九，殿二左一，凌二右一〇。○阬景井蜀慶彭毛凌殿坑。下或同。

〔又使布等先從閒道破關下軍〕　瀧四・七，慶二右一〇，殿二左二，凌二左一。

索　閒猶閑也謂私也　〇耿慶中統彭凌殿此注七字作「閒」，音閑。閑，謂私也。

索　今以閒音紀莧反　〇殿無「以」字。紀，索統。按：索隱本訛。

＊**正**　閒隙之道　南化幻楩謙梅狩瀧。

〔布常爲軍鋒〕　瀧四・九，慶二左二，殿二左四，凌二左三。〇常，索嘗。

索　案漢書作楚軍前簿簿者鹵簿　〇索上「簿」字大書。按：索本誤。

〔遣將將數千人行〕　瀧五・六，慶二左八，殿二左九，凌二左九。〇景井下「將」字作「軍」。

札記宋本下「將」字誤「軍」。

〔欲親用之〕　瀧五・九，慶三右一，殿三右二，凌三右二。〇札記舊刻無「親」字。

〔可以百全〕　瀧六・四，慶三右六，殿三右六，凌三右七。〇百，耿毛萬。耿此下有「駰案一本作百全」七字注。

〔因太宰主之〕　瀧六・六，慶三右八，殿三右七，凌三右八。

索　韋昭曰主舍也　〇耿慶中統彭凌殿無此注五字。按：合刻者削去。

〔此臣之所以爲使〕　瀧六・八，慶三右一〇，殿三右九，凌三右一〇。

＊**正**　以楚强漢弱爲此事臣之所以使九江也　南化幻梅瀧。

〔以明王倍漢而與楚也〕　瀧六・一〇，慶三左二，殿三左一，凌三左二。〇[楓][三]無「王」字。

〔漢王使臣敬進書大王御者〕　瀧七・一，慶三左三，殿三左二，凌三左四。〇[南化][楓][棭][三]重「使」字。

〔可以託國也項王伐齊〕　瀧七・四，慶三左六，殿三左五，凌三左七。〇[毛]重「項」字。按：毛本誤。

〔以爲士卒先〕　瀧七・五，慶三左七，殿三左六，凌三左七。

集　李奇曰　〇奇，[毛]卒。按：毛本誤。

〔大王宜騷淮南之兵〕　瀧七・七，慶三左一〇，殿三左六，凌三左一〇。〇騷，[南化][楓][三]騒，[南化][三]掃。

〔日夜會戰彭城下〕　瀧七・八，慶四右一，殿三左九，凌四右一。

＊**正**　騷音掃言南化本有「盡」字。舉之如掃地之爲　[南化][幻][瀧]。

〔大王撫萬人之衆〕　瀧七・八，慶四右一，殿三左一〇，凌四右一。〇[南化][楓][棭][三]大王今撫萬人之衆。

〔無一人渡淮者〕　瀧七・九，慶四右二，殿三左一〇，凌四右二。〇人，[楓]民。

〔而欲厚自託〕　瀧七・一〇，慶四右四，殿四右一，凌四右三。

＊**正**　提擧也　[南化][幻][瀧]　按：南化本校記「提」字上有「師古曰」三字而不冠「正義曰」三字，疑非正義注文。

〔然而楚王恃戰勝自彊〕　瀧八・三，慶四右七，殿四右四，凌四右六。○[南化][楓][棭][三]「恃」字作「特以」二字。

〔深溝壁壘〕　瀧八・四，慶四右八，殿四右五，凌四右八。○溝，[毛]漢。按：毛本誤。

〔深入敵國八九百里〕　瀧八・五，慶四右一〇，殿四右七，凌四右九。

〔進則不得攻〕　瀧八・八，慶四左三，殿四右九，凌四左二。○得，[中統]能。

索　梁在楚漢之中間　○[耿]無「漢」字。間，[耿][慶][彭][凌][殿]央。

〔退則不得解〕　瀧八・九，慶四左三，殿四右一〇，凌四左三。○得，[景][井][蜀][耿][慶][中統][毛]能。

〔夫大王發兵而倍楚〕　瀧九・三，慶四左八，殿四左四，凌四左八。○倍，[蜀]位，[中統]背。

〔漢王必裂地而封大王〕　瀧九・五，慶四左一〇，殿四左六，凌四左一〇。○地，[楓][三]土。封，[井][蜀]分。

〔陰許畔楚與漢〕　瀧九・七，慶五右三，殿四左八，凌五右二。○許，[楓][三]計。畔，[耿]伴。

〔方急責英布發兵〕　瀧九・八，慶五右四，殿四左九，凌五右三。○方，[楓][三]旁。

〔事已構〕　瀧一〇・一，慶五右六，殿五右一，凌五右五。○[景][井][蜀][耿][慶][中統][彭][毛][凌][殿]「已構」二字作「以搆」。[金陵]作「已搆」。按：「搆」，合刻本下注同。

〔而疾走漢并力〕　瀧一〇・一，慶五右七，殿五右二，凌五右六。○[札記]舊刻「并」作「並」。

索　訓成也　○耿慶中統彭凌殿無「訓」字。

*正　構結也言背楚之事已結成　南化幻野瀧。

〔布又大喜過望〕　瀧一○・八，慶五左三，殿五右八，凌五左二。

正　高祖以布先分爲王　○分，楓三久。

〔四年七月〕　瀧一一・一，慶五左八，殿五左二，凌五左七。○四，南化楓三景紹三。

〔漢五年〕　瀧一一・二，慶五左八，殿五左二，凌五左七。○五，南化楓三景蜀紹四

按：高祖本紀亦在四年。

〔六年〕　瀧一一・三，慶五左九，殿五左三，凌五左八。○六，南化楓三蜀五。按：項籍之死實五年也，南化、楓、三本爲是。

〔上置酒〕　瀧一一・五，慶六右一，殿五左五，凌五左一○。○楓三無「上」字。

〔爲天下安用腐儒〕　瀧一一・六，慶六右二，殿五左五，凌六右一。

索　謂之腐儒者　○殿無「者」字。

*正　腐南化本有「者」字。爛敗之物言不南化、幻本「不」字作「無」而有「所」字。堪用　南化幻瀧。

〔布遂剖符爲淮南王〕　瀧一二・二，慶六右九，殿六右一，凌六右七。○南化楓梜三英布遂剖符爲淮南王。

〔七年朝陳〕　瀧一二・三，慶六右一○，殿六右二，凌六右九。○七，南化楓梜三六。

按：與漢書合。

〔八年朝雒陽〕　瀧一二・三，慶六右一〇，殿六右二，凌六右九。○八，南化 楓 三 七。
按：與漢書合。
〔布因心恐〕　瀧一二・五，慶六左一，殿六右三，凌六右一〇。○楓 三 布因心恐憂。
〔至淮南〕　瀧一二・六，慶六左三，殿六右四，凌六左一。
*正　反者被誅皆以爲南化、幻本無「爲」字。　醢即刑法志所云南化、幻本無上六字。　葅其骨肉者南化本無「者」字。
南化 幻 謙 瀧。
〔候伺旁郡警急〕　瀧一二・八，慶六左四，殿六右五，凌六左二。○南化本校記引正義本「警急」二字作「備急」。
*正　備急上如字或作警南化、幻、謙本「警」字作「驚」。　恐收捕聚兵備其急南化、幻、謙本有「則反」二字。　南化 幻 謙 瀧。
〔布所幸姬疾〕　瀧一二・八，慶六左四，殿六右六，凌六左二。○南化 楓 棭 三 布有所幸姬姬病。各本校記「疾」字作「病」。
〔醫家與中大夫賁赫對門〕　瀧一二・九，慶六左五，殿六右六，凌六左三。
索　賁音肥　○耿 慶 中統 彭 凌 殿 無此注三字。按：合刻者削去。
索　人姓也赫音虛格反　○耿 慶 中統 彭 凌 殿 人姓名也。各本無「赫音虛格反」五字。
〔迺厚餽遺〕　瀧一二・九，慶六左六，殿六右八，凌六左四。○遺，紹 遺。
〔王怒曰〕　瀧一三・一，慶六左七，殿六右九，凌六左五。○南化 楓 棭 三 王大怒曰。

〔上迺赦賁赫〕　瀧一三・七，慶七右四，殿六左五，凌七右二。○南化、謙本校記引正義本「賁赫」二字作「賁荞」。

＊正　賁荞上肥下赫姓名也　南化 謙。

〔汝陰侯滕公召故楚令尹問之〕　瀧一三・八，慶七右六，殿六左六，凌七右四。○南化 楓 棭 三 汝陰侯滕公召故楚令尹而問之。

〔是固當反〕　瀧一三・九，慶七右七，殿六左七，凌七右五。○固，景 井 毛 金陵 故。札記 宋本、毛本「故」各本作「固」。

〔其反何也〕　瀧一三・一〇，慶七右九，殿六左九，凌七右七。

索　疏分也漢書曰禹決江疏河　○耿 慶 中統 彭 凌 殿 無此注十一字。按：合刻者削去。

〔前年殺韓信〕　瀧一四・二，慶七右一〇，殿六左一〇，凌七右八。○殺，毛 擊。

〔此三人者同功一體之人也〕　瀧一四・三，慶七左一，殿七右一，凌七右八。○井 紹 耿 慶 中統 彭 毛 凌 殿 言此三人者同功一體之人也。楓 三 刪去「言」。按：南化本標記「云言字衍字與」。

〔故反耳〕　瀧一四・四，慶七左二，殿七右一，凌七右九。○楓 棭 三 是故反耳。

〔臣客故楚令尹薛公者〕　瀧一四・五，慶七左二，殿七右二，凌七右一〇。○楚，紹 是。

〔東取吳〕　瀧一四・九，慶七左七，殿七右六，凌七左四。

正　荆王劉賈都吴蘇州閶廬城也　○廬，慶彭殿閭。

〔據敖庾之粟〕　瀧一五・一，慶七左九，殿七右八，凌七左七。○庾，景井蜀紹耿慶中統彭毛凌殿倉，南化楓棭三校記「庾」。按：索隱本亦作「庾」。

索　又立庾　○立，索金陵云。

索　故云敖庾也　○耿慶中統彭凌殿故亦云敖庾也。

〔漢無事矣〕　瀧一五・四，慶八右三，殿七左一，凌七左一○。

集　桓譚新論曰　○譚，慶彭潭楓校記「譚」。按：景印慶元本「潭」改「譚」。

集　世有圍碁之戲　○碁，毛棊。下同。

集　或言是兵法之類　○言，慶彭兵。按：景印慶元本「兵」改「言」。

集　然亦必不如　○如，井恕。

集　及燕趙者　○及，毛反。

集　中計云取吴楚　○蜀「取」字空格。

〔何謂廢上中計而出下計〕　瀧一五・七，慶八右七，殿七左六，凌八右六。○南化楓棭三何爲各本校記「謂」字作「爲」。廢上計中計——。

〔令尹曰〕　瀧一五・八，慶八右八，殿七左六，凌八右六。○南化楓棭三令尹答曰。

〔布故麗山之徒也〕　瀧一五・八，慶八右八，殿七左七，凌八右六。○札記舊刻「麗」作「驪」。

〔封薛公千户〕 瀧一五・一〇，慶八右一〇，殿七左八，凌八右八。

索 薛公得封千户 ○得，【索】爲。

〔布之初反〕 瀧一六・一，慶八左二，殿七左一〇，凌八右一〇。○【札記】王本「初」誤「夜」。

〔使諸將諸將獨患淮陰彭越〕 瀧一六・二，慶八左三，殿八右一，凌八左一。○【井】不重「諸將」二字。【札記】宋本無「諸將」二字，疑脱。

〔欲以相救爲奇〕 瀧一六・七，慶八左八，殿八右五，凌八左六。

***正** 楚軍分爲三處欲互相救爲奇策 【南化】【幻】【謙】【瀧】。

〔諸侯戰其地爲散地〕 瀧一六・八，慶八左九，殿八右六，凌八左七。

正 道近而易敗散 ○【殿】「敗」、「散」互倒。

〔遂西與上兵遇蘄西會甀〕 瀧一七・一，慶九右二，殿八右九，凌八左一〇。

索 甀下亭名 ○【耿】【慶】【中統】【彭】【凌】【殿】無此注四字而有「非也」二字。

〔數止戰〕 瀧一七・六，慶九右六，殿八左三，凌九右四。○【札記】舊刻「止」訛「上」。

〔使人給布僞與亡〕 瀧一七・八，慶九右八，殿八左五，凌九右六。○僞，【南化】【楓】【棭】【三】爲。

〔誘走越〕 瀧一七・八，慶九右九，殿八左五，凌九右七。

集 芮之孫固 ○固，【紹】周。【札記】「固」，表作「回」，漢書同。

索　哀字誤也是成王臣吳芮之子也　○耿慶中統彭凌殿無此注十三字。

*__正__　哀字誤當作成南化、謙本有「字」字。也　南化幻謙瀧。

〔遂滅黥布〕　瀧一七・一〇，慶九左一，殿八左七，凌九右九。

索　番陽鄱縣之鄉　○索「番」字作「鄱」而「鄱」字作「鄡」。

〔諸將率多以功封者〕　瀧一八・二，慶九左二，殿八左八，凌九右一〇。

集　將率封者六人　○紹慶中統彭凌殿無「率」字。

〔自愛姬殖〕　瀧一八・八，慶九左七，殿九右三，凌九左六。○紹重「愛姬」二字。

〔妒媢生患竟以滅國〕　瀧一八・九，慶九左七，殿九右三，凌九左六。○媢，南化楓棭三媢。

索　案王邵音冒媢亦妒也　○冒，索媢，耿慶中統彭凌殿無此注九字。按：合刻者削去。

索　或結寵妾妒媢之誅　○或，耿慶中統彭凌殿成。

索　爲疑賁赫與其妃有亂　○耿慶中統彭凌殿爲疑賁赫與其姬妃有亂。

史記會注考證校補卷九十二

淮陰侯列傳第三十二

〔不得推擇爲吏〕　瀧二・一，慶一右三，殿一右八，凌一右四。

集　無善行可推舉選擇　○中統無「擇」字。

〔人多厭之者〕　瀧二・四，慶一右四，殿一右九，凌一右五。○南化　楓　棭　三無「者」字。

〔常數從其下鄉南昌亭長寄食〕　瀧二・四，慶一右五，殿一右九，凌一右五。

索　下鄉鄉名屬淮陰郡　○耿　慶　中統　彭　凌　殿無此注八字。

索　作新昌亭長　○耿　慶　中統　彭　凌　殿南昌作新昌亭長者主亭之吏也。

**正*　行賣曰商坐賣曰賈也案食飲南化、幻、梅、狩本上三字作「寄飲食」。謂託飲南化、梅、狩本無「飲」字。食於人猶乞食也　南化　幻　梅　狩　野　瀧。

〔亭長妻患之〕　瀧二・六，慶一右六，殿一右一〇，凌一右七。○患耿惡。

〔信釣於城下〕　瀧二・七，慶一右八，殿一左二，淩一右九。

正　昔信去下鄉而釣於此　○殿無此注九字。

〔謂漂母曰〕　瀧二・九，慶一右一〇，殿一左四，淩一左一。○謂，耿爲。

〔豈望報乎〕　瀧二・一〇，慶一左二，殿一左六，淩一左三。

索　蘇林亦同　○耿慶中統彭淩殿無此注四字。

正　食音寺　○殿無此注三字。

〔不能死出我袴下〕　瀧三・三，慶一左四，殿一左八，淩一左五。

索　漢書作胯胯股也　○耿慶中統彭淩殿無此注七字。

索　亦何必須作胯　○耿慶中統彭淩殿何各本「何」上無「亦」字。必須要作胯下。

*__正__　衆辱謂於衆中辱之　南化幻梅狩野瀧。

〔俛出袴下蒲伏〕　瀧三・五，慶一左六，殿一左一〇，淩一左七。○紹無「出」字。

〔一市人皆笑信以爲怯〕　瀧三・五，慶一左七，殿一左一〇，淩一左八。

正　伏蒲北反　○淩「蒲北」二字作「房六」。

〔及項梁渡淮〕　瀧三・七，慶一左七，殿二右一，淩一左八。○楓三及項梁渡淮陰。

〔信杖劍從之〕　瀧三・七，慶一左七，殿二右一，淩一左九。○杖，毛仗。

〔無所知名〕　瀧三・七，慶一左八，殿二右一，淩一左九。

集　戲一作麾　○中統戲一作麾下。按：中統本因「麾」字衍。

〔數以策干項羽〕 瀧三・八，慶一左九，殿二右二，凌一左一〇。〇干，三諫。

〔未得知名〕 瀧三・九，慶一左一〇，殿二右三，凌二右一。〇三無「名」字。

〔爲連敖〕 瀧三・九，慶一左一〇，殿二右三，凌二右一。

索 楚官名 〇索無「名」字。

〔上不欲就天下乎〕 瀧四・一，慶二右二，殿二右五，凌二右三。〇楓三無「上」字。

〔言於上〕 瀧四・四，慶二右四，殿二右六，凌二右五。〇南化楓棭三入言於上。

〔上不我用〕 瀧四・七，慶二右六，殿二右八，凌二右七。〇楓三無「我」字。

〔非信無所與計事者〕 瀧五・三，慶二左四，殿二左五，凌二左四。〇所，南化楓棭三可。

〔齋戒〕 瀧五・九，慶二左一〇，殿三右一，凌二左一〇。〇齋，蜀齊。

〔王許之〕 瀧五・九，慶三右一，殿三右一，凌三右一。〇紹王計許之。

〔乃韓信也〕 瀧六・一，慶三右二，殿三右二，凌三右二。〇彭無「韓」字。楓棭三校補「韓」。按：凌本引一本無「韓」字。札記王本無「韓」字。

〔曰大王自料勇悍仁彊〕 瀧六・四，慶三右五，殿三右四，凌三右五。〇南化楓棭三信曰——。

〔惟信亦爲大王不如也〕 瀧六・五，慶三右六，殿三右六，凌三右六。〇南化楓棭三景蜀殿惟信亦以爲大王不如也。按：凌本引一本有「以」字。

〔項王喑噁叱咤千人皆廢〕瀧六・七，慶三右八，殿三右七，凌三右七。○噁，索啞。

索 上於金反　○金耿慶中統凌殿鴆彭鶴。

索 喑啞懷怒氣　○耿慶中統彭凌殿「啞」字作「噁」，而此注五字移在「叱咤發怒聲」之上。

索 咤或作吒　○耿慶中統彭凌殿此注四字移在「卓嫁反」之下。

〔項王見人恭敬慈愛〕瀧六・九，慶三右九，殿三右九，凌三右一〇。○敬，南化楓棭三謹。

〔言語嘔嘔〕瀧六・九，慶三左一，殿三右一〇，凌三右一〇。

集 音凶于反　○毛「凶」、「于」互倒。

索 嘔嘔猶區區也　○慶彭凌「區區」二字作「嘔嘔」。南化校記「區區」。按：景印慶元本「嘔嘔」改「區區」。殿無此注六字。

索 姁姁好也　○耿慶中統彭凌殿姁姁和好貌也。

索 張晏音吁　○慶中統彭凌殿無此注四字。

〔印刓敝忍不能予〕瀧七・一，慶三左二，殿三左一，凌三左二。○敝，蜀弊。按：古本標記引正義本「印刓」作「印抏」。

＊**正** 印刓作印抏注曰音與刓同南化、幻本無上四字。五丸反南化、幻本有「抏與同」三字。角之刓南化本重「刓」字。與玩南化本「玩」字作「翫」。同手弄角訛不忍授也南化、幻本「也」字作「之」。南化幻野瀧。

〔亦皆歸逐其主〕 瀧七・六，慶三左六，殿三左五，凌三左六。○南化 楓 棭 三 亦皆歸逐其故主。楓、棭、三本「主」字作「王」。

〔特劫於威彊耳〕 瀧七・八，慶三左八，殿三左六，凌三左七。○南化 楓 棭 三 特劫於威彊服耳。

〔何所不誅〕 瀧八・一，慶三左一〇，殿三左八，凌三左九。○索無「所」字。

索 何不誅按劉氏云言何所不誅也 ○耿 慶 中統 彭 凌 殿無此注十三字。

〔何所不散〕 瀧八・二，慶四右二，殿三左九，凌四右一。○索無「所」字。

〔將秦子弟數歲矣〕 瀧八・五，慶四右二，殿三左一〇，凌四右二。

＊**正** 三秦南化、梅本有「王」字。 章邯司馬欣董翳 南化 幻 梅 狩 野 瀧。

〔項王詐阬秦降卒二十餘萬〕 瀧八・六，慶四右三，殿四右一，凌四右三。○詐，毛誅。

札記 宋本、毛本「詐」訛「誅」。

〔秋豪無所害〕 瀧八・八，慶四右六，殿四右三，凌四右六。

索 案毫秋乃成 ○耿 慶 中統 彭 凌 殿案秋毫秋乃成。

索 又王逸注楚詞云 ○耿 慶 彭 凌 殿無「又」字。中統無「又」字而「詞」字作「辭」。

＊**正** 秋豪南化、梅、野本「豪」字作「毫」。 喻微細之物也 南化 幻 梅 瀧。

〔三秦可傳檄而定也〕 瀧九・二，慶四右一〇，殿四右七，凌四右一〇。

索　謂爲檄書以責所伐者　○爲中統檄索無「謂爲檄」三字。

＊正　傳檄而定不用兵革也　南化幻梅狩野瀧。

〔部署諸將所擊〕　瀧九・五，慶四左二，殿四右九，凌四左二。

＊正　部署謂部分而署置之也　南化幻梅狩野瀧。

〔合齊趙共擊楚〕　瀧九・七，慶四左四，殿四左一，凌四左四。　○南化楓棭三合齊趙兵共擊楚。

〔漢兵敗散而還〕　瀧九・八，慶四左五，殿四左一，凌四左四。　○兵，南化楓棭三王。

〔漢之敗卻彭城〕　瀧九・一〇，慶四左七，殿四左三，凌四左六。　○南化楓棭三漢王之敗卻彭城。

正　兵敗散彭城而卻退　○彭「卻」、「退」互倒。

〔齊趙亦反漢與楚和〕　瀧一〇・一，慶四左八，殿四左四，凌四左七。　○亦，慶彭凌殿欲，南化楓三校記「亦」。

〔擊魏魏王盛兵蒲坂〕　瀧一〇・四，慶五右一，殿四左六，凌四左一〇。　○紹不重「魏」字。

〔塞臨晉〕　瀧一〇・八，慶五右一，殿四左六，凌四左一〇。

索　對舊關也　○彭對舊關是也。

〔陳船欲度臨晉〕　瀧一〇・九，慶五右三，殿四左八，凌五右二。　○度，景井蜀耿慶中統彭毛凌殿渡。札記索隱本「度」各本作「渡」。

集 益張旌旗 ○旌，景井蜀紹金陵旍。

索 陳船地名 ○地，中統出。

索 今之朝邑是也 ○是，耿慶中統彭凌殿非。

〔以木罌缻渡軍襲安邑〕 瀧一一·一，慶五右六，殿四左九，凌五右六。

集 以木柙縛罌缻以渡 ○柙，景井耿慶中統彭毛凌殿金陵押。下注同。

〔定魏爲河東郡〕 瀧一一·六，慶五右八，殿五右四，凌五右八。

正 今安邑縣故城 ○今，慶凌理，彭理「今」字作「理」。安邑縣故城是。

〔禽夏説閼與〕 瀧一一·七，慶五右一〇，殿五右五，凌五右一〇。

索 沾音他廉反 ○索無此注五字。

〔信之下魏破代〕 瀧一一·九，慶五左二，殿五右七，凌五左二。○南化楓三無「破」字。

〔欲東下井陘擊趙〕 瀧一一·一〇，慶五左四，殿五右八，凌五左四。○蜀無「東」字。

〔廣武君李左車〕 瀧一二·三，慶五左七，殿五左一，凌五左七。○君井紹軍。李，毛季。

〔新喋血閼與〕 瀧一二·四，慶五左八，殿五左二，凌五左八。○索「新喋血」三字出於上文「東下井陘」之上。

索 喋血萬里之外如淳云殺人血流滂沱也 ○索無「之外如淳云殺人血流滂沱也」十二字。

〔議欲下趙〕 瀧一二·五，慶五左九，殿五左四，凌五左一〇。○南化楓三議欲以下趙。

〔從閒道絕其輜重〕　瀧一二・九，慶六右四，殿五左七，凌六右四。○道，景井蜀紹耿慶中統彭毛凌殿路。

〔使野無所掠〕　瀧一三・一，慶六右六，殿五左九，凌六右五。○南化楓棭三彼　南化、楓、三本「使」字作「彼」。野無所鹵掠。

〔願君留意臣之計〕　瀧一三・二，慶六右七，殿五左一○，凌六右六。○蜀無「之」字。

〔吾聞兵法十則圍之倍則戰〕　瀧一三・四，慶六右八，殿六右一，凌六右八。○南化楓三吾聞兵法不十則不圍之不倍則不戰。井紹耿慶中統彭毛凌殿——倍則戰之。

〔能千里而襲我亦已罷極〕　瀧一三・六，慶六右一○，殿六右三，凌六右九。○已，南化彭以。札記褫志云：「能，猶乃也，古聲近義通。」

〔而輕來伐我〕　瀧一三・八，慶六左一，殿六右四，凌六左一。○輕，毛聽。殿「來」字作「我」而有集解注「駰案：『輕我伐我』一本作『輕來伐我』十三字。」

〔廣武君策不用〕　瀧一三・八，慶六左二，殿六右五，凌六左二。○札記六字疑衍，當是後人注於下，知其不用句旁，誤入正文。

〔未至井陘口三十里〕　瀧一三・一○，慶六左四，殿六右七，凌六左三。○十，毛千。

〔夜半傳發〕　瀧一四・一，慶六左四，殿六右七，凌六左四。○毛無「半」字。

〔選輕騎二千人人持一赤幟〕　瀧一四・二，慶六左五，殿六右八，凌六左五。○井紹中統不重「人」字。札記宋本脱「人」字。

〔從閒道萆山而望趙軍〕　瀧一四・二，慶六左六，殿六右八，凌六左五。○萆，索卑。下注同。札記索隱本作「卑」，疑因引楚漢春秋作「卑山」而誤，觀其引説文「從竹卑聲」云云，則本作「箄」也。

集　如淳曰　○淳，耿浮。按：耿秉本誤。

集　依山自覆蔽　○耿無此注五字。自，蜀目。

索　案謂令從閒道小路向前　○向，中統閒。

索　望見陳餘軍營即住　○殿無「營」字。索無「即」字。

索　萆音蔽　○萆，耿革。按：耿秉本誤。

索　作箄山　○箄，殿萆。下注同。耿慶中統彭凌無「山」字。

索　説文云　○彭説文故云。

索　箄蔽也　○彭箄蔽者也。

索　從竹卑聲　○耿慶中統彭凌「竹」、「卑」互倒。

〔令其裨將傳飱曰今日破趙會食〕　瀧一四・五，慶六左九，殿六左一，凌六左九。○飱，索飡。札記索隱本作「傳飡」，疑集解本亦作「飡」而音飱，今本互誤耳。

集　徐廣曰飱音飡也服虔曰立駐傳飡食也　○殿無此注十六字。蜀上「飡」字作「喰」。

集　小飯曰湌　○[凌]無此注四字。

索　如淳曰至待破趙乃大食也十九字　○[彭]無「如淳曰」三字。[殿]無此注十九字。

索　謂立駐傳湌　○駐，[索]待。

〔趙已先據便地爲壁〕　瀧一四・七，慶七右二，殿六左三，凌七右一。○[南化][楓][三]趙將皆南化本無「皆」字。已先據便地爲壁。

〔出背水陳趙軍望見而大笑〕　瀧一四・一〇，慶七右四，殿六左五，凌七右三。

正　一名洄星　○洄，[彭][殿][金陵]同。[札記]柯、凌「回」作「洄」。

〔詳弃鼓旗走水上軍〕　瀧一五・三，慶七右七，殿六左八，凌七右七。○[楓][三]無「詳」字。

〔皆拔趙旗〕　瀧一五・七，慶七左一，殿七右一，凌七右一〇。○[南化][楓][棭][三]皆拔趙旗鼓。

〔趙軍已不勝〕　瀧一五・七，慶七左一，殿七右二，凌七左一。○[南化][楓][三]無「不勝」二字。

〔斬成安君泜水上禽趙王歇〕　瀧一五・一〇，慶七左四，殿七右四，凌七左四。

集　徐廣曰泜音遲　○[慶][彭][凌][殿]無此注六字。

索　徐廣音遲劉氏音脂　○[耿][中統]無「除廣音遲」四字。[慶][彭][凌][殿]無此注八字。

〔信乃令軍中毋殺廣武君〕　瀧一六・一，慶七左五，殿七右五，凌七左四。○[南化][楓][棭]

三無「中」字。

〔休畢賀〕　瀧一六・五，慶七左八，殿七右七，凌七左八。○休，南化楓梜三皆，景井蜀無「休」字。札記宋本無「休」字。

〔然竟以勝此何術也〕　瀧一六・八，慶七左一〇，殿七右九，凌七左九。○札記舊刻「勝」、「此」倒。

〔此在兵法〕　瀧一六・八，慶八右一，殿七右一〇，凌七左一〇。○此，彭北。札記舊刻「在」作「皆」。

〔臣聞敗軍之將〕　瀧一七・九，慶八右七，殿七左五，凌八右六。○軍，中統君。

〔誠令成安君聽足下計〕　瀧一八・三，慶八左一，殿七左九，凌八右一〇。○誠，三試，紹無「誠令」二字。

〔因固問曰〕　瀧一八・四，慶八左三，殿七左一〇，凌八左一。○紹無「固」字。

〔禽夏説閼與〕　瀧一八・八，慶八左八，殿八右四，凌八左七。

索　此之西河　○殿無「之」字。

〔不終朝〕　瀧一八・九，慶八左九，殿八右六，凌八左七。○終，南化楓梜三佝。

〔破趙二十萬衆〕　瀧一八・一〇，慶八左九，殿八右六，凌八左八。○南化楓梜三破趙二十餘萬衆。

〔農夫莫不輟耕釋耒〕　瀧一九・一，慶八左一〇，殿八右七，凌八左九。〇不，慶 中統 彭
敢。南化 楓 三 校記「不」。札記 王本不誤敢。
*正　魏趙農夫恐滅之不久乃止耕釋耒但美衣甘食側耳待將軍之美命也　南化 幻。
〔褕衣甘食傾耳以待命者〕　瀧一九・一，慶九右一，殿八右七，凌八左九。〇褕，索 榆。下
注同。
索　一曰偷　〇索 金陵 無「一」。
索　作靡衣媮食也　〇靡，慶 中統 彭 凌 殿 美。
〔今將軍欲舉倦獘之兵〕　瀧一九・三，慶九右三，殿八右一〇，凌九右二。〇獘，殿 罷。
〔欲戰恐久力不能拔〕　瀧一九・五，慶九右四，殿八右一〇，凌九右三。〇南化 楓 棭 三
無「久」字。
〔齊必距境以自彊也〕　瀧一九・六，慶九右六，殿八左一，凌九右四。〇慶 彭「距境」二字
作「竟」字。南化 校記「距境」。札記 王、柯脱「距」字。境，王作「竟」。
*正　屈求物反盡也　南化 幻 瀧。
〔北首燕路〕　瀧二〇・一，慶九左二，殿八左八，凌九左一。
集　醉酒也　〇醉，景 井 蜀 耿 慶 中統 彭 毛 凌 殿 金陵 醳。
索　劉氏依劉逵音　〇音，耿 慶 中統 彭 凌 殿 作。
索　皆如此作　〇耿 慶 中統 彭 凌 殿 無「作」字。

索　豈亦謂以酒食釋兵士　○食，【索】驪。

＊**正**　撫存撫南化、幻本「撫」字作「恤」。也孤死士之子　【南化】【幻】【瀧】。

〔燕必不敢不聽從〕　瀧二〇・四，慶九左四，殿八左九，凌九左二。

＊**正**　暴露也　【南化】【瀧】。

〔楚數使奇兵渡河擊趙〕　瀧二〇・一〇，慶九左一〇，殿九右四，凌九左八。○【慶】【彭】無「使」字。【南化】校補「使」。【札記】王、柯脫「使」字。

〔漢王南出之宛葉閒〕　瀧二一・二，慶一〇右二，殿九右六，凌九左一〇。○宛，【景】【井】【紹】【慶】【中統】【彭】苑，【南化】【楓】【棭】【三】校記「宛」。【札記】宋本、中統、游本「宛」作「苑」。

〔走入成皋〕　瀧二一・三，慶一〇右三，殿九右七，凌一〇右一。○成，【慶】【中統】【彭】【凌】城，【南化】校記「成」。下同。

〔楚又復急圍之〕　瀧二一・三，慶一〇右三，殿九右七，凌一〇右一。○又，【南化】【楓】【棭】【三】人。

〔即其臥内上〕　瀧二一・五，慶一〇右五，殿九右九，凌一〇右三。○【南化】【三】無「内」字。

〔收趙兵未發者擊齊〕　瀧二一・一〇，慶一〇右八，殿九左一，凌一〇右六。

集　謂趙人未嘗見發者　○嘗，【中統】常。

〔爲將數歲〕　瀧二二・六，慶一〇左四，殿九左七，凌一〇左二。○【南化】【楓】【棭】【三】爲將十數歲。

〔於是信然之〕　瀧二三一・七，慶一〇左五，殿九左八，凌一〇左三。○南化楓棭三於是韓信然之。

〔齊已聽酈生〕　瀧二三一・八，慶一〇左六，殿九左八，凌一〇左三。○慶彭無「酈」字。南化楓棭三校補「酈」。札記王本脱「酈」字。

〔罷備漢守禦〕　瀧二三一・八，慶一〇左六，殿九左八，凌一〇左四。○紹無「漢」字。

〔乃亨之〕　瀧二三一・九，慶一〇左八，殿九左一〇，凌一〇左五。○亨，南化楓棭三凌烹。札記「亨」字，中統、游、王、柯本同，下同。

〔漢兵遠鬭窮戰〕　瀧二三三・二，慶一一右一，殿一〇右三，凌一〇左八。○南化楓棭三漢兵遠鬭窮寇戰。

〔漢兵二千里居齊城皆反之〕　瀧二三三・五，慶一一右四，殿一〇右五，凌一一右一。○南化楓三重「齊」字。

〔何爲止〕　瀧二三三・九，慶一一右七，殿一〇右八，凌一一右四。

*正　一南化本「一」上有「言此」二字，幻本有「言」字。　戰而勝則齊之地已得半矣　南化幻瀧。

〔與信夾濰水陳〕　瀧二三三・九，慶一一右八，殿一〇右八，凌一一右五。

索　濰水出琅邪箕縣東北　○濰，耿彭維，索彭無「出」字。

索　至都昌入海　○至索經耿慶中統凌殿「都」、「昌」互倒。彭至昌都「都」、「昌」互倒。西入海。

索　徐廣云出東莞而東北流入海蓋據水經　○耿慶中統凌殿此注十六字作「徐所引蓋據水經」七字。彭作「徐所引水經」五字。

索　而說少不同耳　○耿慶凌殿此注六字作「與此少不同」五字。中統作「與此水不同」五字。彭作「焉少不同」四字。

〔滿盛沙〕　瀧二四・一，慶一一右一○，殿一○右一○，凌一一右七。○南化楓無「滿」字。

〔引軍半渡〕　瀧二四・一，慶一一右一○，殿一○左一，凌一一右七。○楓三乃引軍半渡。

〔詳不勝〕　瀧二四・二，慶一一右一○，殿一○左一，凌一一右八。○詳，景井蜀紹耿慶中統彭毛凌殿佯。下或同。

〔遂追信渡水〕　瀧二四・三，慶一一左一，殿一○左二，凌一一右八。○慶彭凌無「信」字。南化楓三校補「信」。

〔龍且軍大半不得渡〕　瀧二四・四，慶一一左二，殿一○左二，凌一一右九。○大，井蜀紹毛太，楓三——不得渡水。

〔龍且水東軍散走〕　瀧二四・四，慶一一左三，殿一○左三，凌一一右一○。○南化楓三龍且死水東軍散走。散，毛敗。

〔寧能禁信之王乎〕　瀧二五・二，慶一一左一○，殿一○左一○，凌一一左七。○南化楓

【三】寧能禁信之自王乎。

〔不如因而立〕　瀧二五・二，慶一二右一，殿一〇左一〇，凌一一左八。〇【南化】【楓】【三】不如因而立信。

〔相與勠力擊秦〕　瀧二五・七，慶一二右六，殿一一右五，凌一二右二。〇勠，【耿】【慶】【彭】【凌】【殿】戮。【札記】毛本「勠」，各本作「戮」。

〔分土而王之〕　瀧二五・八，慶一二右六，殿一一右五，凌一二右三。〇【南化】【楓】【棭】【三】分土立而王之。

〔以東擊楚〕　瀧二五・一〇，慶一二右九，殿一一右七，凌一二右五。〇以，【井】【紹】已。

〔身居項王掌握中數矣〕　瀧二六・一，慶一二右一〇，殿一一右八，凌一二右七。

*正　必謂必信也　按：此注五字與顏師古所注同。【南化】【幻】【瀧】。

〔足下所以得須臾至今者〕　瀧二六・四，慶一二左三，殿一一左一，凌一二右一〇。〇下，【耿】十。按：耿秉本誤。

〔則次取足下〕　瀧二六・七，慶一二左六，殿一一左三，凌一二左二。〇【紹】則次曰取足下。

〔足下與項王有故〕　瀧二六・八，慶一二左六，殿一一左四，凌一二左二。〇【南化】【楓】【棭】【三】足下與項王有雅故。

〔參分天下王之〕　瀧二六・八，慶一二左七，殿一一左四，凌一二左三。〇【南化】【楓】【棭】【三】

參分天下而王之。

〔予我數萬衆〕　瀧二七・一，慶一三右一，殿一一左八，淩一二左七。〇予，毛與。南化楓棭三予我兵數萬衆。

〔以相人説韓信曰〕　瀧二七・六，慶一三右五，殿一二右一，淩一二左一〇。〇南化楓棭詳以相人説韓信曰。

〔願少閒〕　瀧二七・九，慶一三右八，殿一二右四，淩一三右四。〇少，南化楓棭三請。

〔左右去矣〕　瀧二七・九，慶一三右九，殿一二右四，淩一三右四。〇去，南化楓棭三遠。

〔通曰〕　瀧二七・一〇，慶一三右九，殿一二右四，淩一三右四。〇楓三蒯通曰。

〔又危不安〕　瀧二八・一，慶一三右九，殿一二右五，淩一三右五。〇南化楓棭三又危而不安。

〔貴乃不可言〕　瀧二八・一，慶一三右一〇，殿一二右五，淩一三右五。〇札記舊刻「乃」作「而」。

〔建號一呼〕　瀧二八・二，慶一三左一，殿一二右七，淩一三右七。〇建，慶彭連，南化楓棭三校記「建」。一，景井蜀慶彭毛淩金陵壹。札記舊刻「壹」作「一」。

〔天下之士〕　瀧二八・三，慶一三左二，殿一二右七，淩一三右七。〇士，耿大。

〔父子暴骸骨於中野〕　瀧二八・五，慶一三左四，殿一二右九，凌一三右九。○南化楓棭三父子暴骸骨流離於中野。

〔乘利席卷〕　瀧二八・六，慶一三左五，殿一二右一〇，凌一三右一〇。○卷，南化楓三勝。

〔夫鋭氣挫於險塞〕　瀧二八・一〇，慶一三左一〇，殿一二左四，凌一三左五。○險，殿阻。

〔而糧食竭於內府〕　瀧二八・一〇，慶一四右一，殿一二左五，凌一三左六。○府，南化楓棭三外。

〔當今兩主之命〕　瀧二九・二，慶一四右三，殿一二左七，凌一三左八。○主，紹王。

〔縣於足下〕　瀧二九・三，慶一四右三，殿一二左七，凌一三左八。○縣，南化楓棭三懸。

〔夫以足下之賢聖〕　瀧二九・五，慶一四右七，殿一二左一〇，凌一四右一。○札記「賢」、「聖」舊刻倒。

〔爲百姓請命〕　瀧二九・七，慶一四右九，殿一三右二，凌一四右三。

正　土卒不死亡　○慶彭凌殿此注五字作「士卒亡」三字。按：瀧川本「士」作「土」者誤。札記誤作「士卒亡」三字。考證據漢書注改。

〔則天下風走而響應矣〕　瀧二九・七，慶一四右九，殿一三右二，凌一四右四。○走，南化

楓 梜 三 起。

〔懷諸侯以德〕 瀧二九・一〇，慶一四左二，殿一三右四，凌一四右六。○以，景 井 蜀 紹 耿 慶 中統 彭 毛 凌 殿 之。札記 游本以各本訛「之」，褉志云「漢書正作『以』」。

〔韓信曰〕 瀧三〇・三，慶一四左四，殿一三右七，凌一四右九。○毛 無「韓」字。札記 宋本、毛本無「韓」字。

〔我以其衣食我以其食〕 瀧三〇・三，慶一四左五，殿一三右七，凌一四右九。○紹 無「其衣食我以」五字。按：紹興本因「其」字誤脱。

〔後争張黶陳澤之事〕 瀧三〇・七，慶一四左一〇，殿一三左二，凌一四左四。○黶，紹 壓。

〔二人相怨〕 瀧三〇・七，慶一四左一〇，殿一三左二，凌一四左五。○南化 楓 梜 三 此二人相怨。

〔漢王借兵而東下〕 瀧三〇・八，慶一五右二，殿一三左三，凌一四左六。○南化 楓 三 漢王借其兵而東下戰於鄗北。南化本「戰於鄗北」四字無。

〔而獵狗亨〕 瀧三一・五，慶一五右九，殿一三左九，凌一五右二。○楓 三 而獵狗烹各本校記「亨」字作「烹」。敵國破而謀臣亡。亨，南化 烹。

〔則不過大夫種范蠡之於句踐也〕 瀧三一・八，慶一五右一〇，殿一三左一〇，凌一五右四。○楓 梜 三 無「范蠡」二字。按：與漢書蒯通傳合。

〔而略不世出者也〕　瀧三三二・三，慶一五左六，殿一四右五，凌一五右九。

*正　言世之大功不能出於韓信　南化 幻 瀧。

〔今足下戴震主之威〕　瀧三三二・四，慶一五左六，殿一四右五，凌一五右九。○戴，景 載。

札記 王本「戴」作「載」。

〔闕卿相之位〕　瀧三三三・二，慶一六右六，殿一四左四，凌一五左九。○闕，慶 中統 彭 凌 闘。按：景印慶元本「闘」改「闕」。札記 宋本、毛本闕，它本並作「闘」。

集　石石斗也　○各本「石」、「斗」互倒。

集　如今受駘魚石罌　○駘，景 井 蜀 毛 鮐。

集　不過一二石耳　○不，中統 又。過，耿 通。

集　一儋與一斛之餘　○毛 無「與」字。

索　儋音都濫反　○彭「濫」字作「監」而「反」字作「石」。

索　蘇林解爲近之駘音胎　○之，耿 慶 中統 彭 索 凌 殿 得。

索　駘音胎　○駘，索 金陵 鮐。

〔事之害也〕　瀧三三三・六，慶一六右六，殿一四左五，凌一五左九。○害，耿 告。

〔審豪氂之小計〕　瀧三三三・七，慶一六右七，殿一四左五，凌一五左一〇。○景 井 慶 中統 彭「豪氂」二字作「毫釐」。札記「氂」字宋本、中統、游、王、柯本同。

〔不如瘖聾之指麾也〕　瀧三三四・一，慶一六左一，殿一四左九，凌一六右四。

索　吟鄒氏音拒蔭反又音琴　○耿慶中統彭凌殿「吟」字移在「氏」下而「拒」字作「巨」。

〔時乎時〕　瀧三四·三，慶一六左三，殿一四左一〇，凌一六右六。○毛時乎時乎。札記舊刻、毛本下衍「乎」字。

〔已詳狂爲巫〕　瀧三四·五，慶一六左五，殿一五右二，凌一六右八。○南化楓棭

三——巫而去。

集　一本遂不用蒯通　○本，索云。

集　夫迫於細苛者　○殿無「者」字。

索　案漢書及戰國策　○殿案漢書因及戰國策。

〔賜千金〕　瀧三五·三，慶一六左一〇，殿一五右七，凌一六左三。

集　漂母家　○家景井蜀慶彭凌殿金陵冢。

集　在泗口南岸　○彭無「口」字。

〔素與信善〕　瀧三五·七，慶一七右七，殿一五左三，凌一六左一〇。

集　有伊盧鄉　○鄉，索卿。

索　徐注出司馬彪郡國志　○索無「徐注」二字。

正　項羽之將鐘離昧家在　○慶彭凌殿「家」字作「冢」而「在」字下有「焉」字。

正　韋昭及括地志云皆説之也　○殿無此注十一字。

〔信初之國行縣邑〕　瀧三五·一〇，慶一七右八，殿一五左四，凌一七右一。○毛信初之國

行縣鄉邑。

〔高祖且至楚〕　瀧三六・三，慶一七左二，殿一五左七，凌一七右四。○紹高祖且至楚王。

〔良狗亨〕　瀧三六・八，慶一七左八，殿一六右二，凌一七右一〇。○亨，南化楓梜三凌烹。

〔高鳥盡〕　瀧三六・八，慶一七左九，殿一六右三，凌一七左一。○高，紹蜚。

〔謀臣亡〕　瀧三六・八，慶一七左九，殿一六右三，凌一七左二。

索　郊兔死郊音狡狡猾也　○耿慶中統彭凌殿無此注九字。

索　亦通漢書作狡兔　○耿慶中統彭凌殿無此注七字。

〔信由此日夜怨望〕　瀧三七・二，慶一八右二，殿一六右六，凌一七左四。○耿「日」字作「已」而無「夜」字。慶中統彭凌殿無「夜」字。

〔信嘗過樊將軍噲〕　瀧三七・三，慶一八右三，殿一六右六，凌一七左五。○嘗，景井紹耿慶中統彭毛凌殿常南化楓梜三校記「嘗」。

〔生乃與噲等爲伍〕　瀧三七・五，慶一八右四，殿一六右八，凌一七左六。○楓三生乃與樊噲等爲伍。

〔上常從容與信言諸將能不〕　瀧三七・五，慶一八右四，殿一六右八，凌一七左七。○常，楓梜三嘗。

〔曰臣多多而益善耳〕 瀧三七·七，慶一八右七，殿一六右一〇，凌一七左九。○南化 楓 棭 三 信曰臣多多而益善耳。

〔仰天歎曰〕 瀧三八·一，慶一八左一，殿一六左四，凌一八右三。○歎，景 井 嘆。

〔公之所居〕 瀧三八·三，慶一八左三，殿一六左五，凌一八右五。○井 紹 耿 慶 中統 彭 毛 凌 殿 無「之」字。

〔漢十年陳豨果反〕 瀧三八·六，慶一八左六，殿一六左八，凌一八右八。○井 紹 耿 慶 中統 彭 毛 凌 殿 漢十一年——。

〔與家臣夜詐詔赦諸官徒奴〕 瀧三八·八，慶一八左八，殿一六左一〇，凌一八右一〇。○赦，井 紹 報。

〔欲發以襲呂后太子〕 瀧三八·九，慶一八左九，殿一七右一，凌一八左一。○南化 楓 棭 三 欲發兵以襲呂后太子。

〔待豨報〕 瀧三八·一〇，慶一八左一〇，殿一七右一，凌一八左一。○報，景 井 紹 赦。札記 宋本訛「赦」。

〔欲殺之〕 瀧三八·一〇，慶一九右一，殿一七右三，凌一八左三。

索 愼陽侯樂説 ○愼，彭 殿 悼。

索 告信反 ○耿 慶 中統 彭 凌 殿 告信反者。

〔舍人弟上變〕　瀧三九・一，慶一九右一，殿一七右三，凌一八左三。○楓三舍人弟上書變。

〔詐令人從上所來〕　瀧三九・二，慶一九右三，殿一七右四，凌一八左五。○令，殿舍。

〔言豨已得死〕　瀧三九・三，慶一九右三，殿一七右四，凌一八左五。○楓三言陳豨已得死。

〔雖疾彊入賀〕　瀧三九・四，慶一九右四，殿一七右五，凌一八左六。○雖，蜀强。疾，楓三病。賀，紹質。

〔信方斬曰〕　瀧三九・五，慶一九右六，殿一七右六，凌一八左七。○慶彭凌信方斬之曰。札記王、柯、凌本「斬」字下衍「之」字。

〔吾悔不用蒯通之計〕　瀧三九・五，慶一九右六，殿一七右七，凌一八左七。○用，殿聽。

〔乃爲兒女子所詐〕　瀧三九・六，慶一九右六，殿一七右七，凌一八左八。○楓梭三乃果爲兒女子所詐。

〔高祖已從豨軍來〕　瀧四〇・三，慶一九右七，殿一七右八，凌一八左九。○南化楓梭三高祖已從破豨軍來。

〔亨之〕　瀧四〇・八，慶一九左三，殿一七左二，凌一九右四。○亨，凌烹。下同。

〔秦之綱絶而維弛〕　瀧四〇・八，慶一九左四，殿一七左三，凌一九右五。○綱，景井毛網。札記宋本、毛本訛「網」。

〔英俊烏集〕　瀧四〇・九，慶一九左五，殿一七左四，凌一九右六。○烏，楓三烏。

〔於是高材疾足者先得焉〕　瀧四〇・一〇，慶一九左六，殿一九左五，凌一九右七。○足，南化楓三走。

〔蹠之狗吠堯〕　瀧四〇・一〇，慶一九左六，殿一七左六，凌一九右七。○蹠，景井蜀紹慶彭毛凌殿跖。札記舊刻「蹠」各本作「跖」。

〔令其旁可置萬家〕　瀧四一・七，慶二〇右三，殿一八右一，凌一九左四。○南化楓梜三令其旁可置萬餘家。

〔不務出此〕　瀧四一・一〇，慶二〇右六，殿一八右四，凌一九左六。○務，耿爲。

〔乃謀畔逆〕　瀧四二・一，慶二〇右六，殿一八右四，凌一九左七。○畔，詳節叛。

〔夷滅宗族〕　瀧四二・一，慶二〇右六，殿一八右五，凌一九左七。○滅，井威。札記宋本「威」。

〔不亦宜乎〕　瀧四二・一，慶二〇右七，殿一八右五，凌一九左七。

索　拔幟傳餐　○餐，慶中統彭凌殿飧。

〔淮陰侯列傳第三十二〕　瀧四二・四，慶二〇左一〇。○景井——列傳卷第三十二。

史記會注考證校補卷九十三

韓信盧綰列傳第三十三

〔韓信盧綰列傳第三十三〕　瀧一・九，慶一右一，殿一右六，凌一右二。○[耿][慶][中統][彭][毛][凌][殿]韓王信盧綰——。[札記]各本「韓」下衍「王」字，宋本、舊刻無，與索隱本合。

〔韓王信者〕　瀧二・一，慶一右二，殿一右七，凌一右三。

索　案韓王信　○[索]無「王信」二字。信，[金陵]言。

〔長八尺五寸〕　瀧二・四，慶一右四，殿一右九，凌一右六。

集　孺子爲孽　○孺，[景][井]穤。

索　張晏云庶子爲孽子　○[耿][慶][中統][彭][凌][殿]無此注八字。

索　何休注公羊　○休，[耿]晏。

索　猶之伐木有孽生也　○[耿][慶][中統][彭][凌][殿]此注八字作「猶樹之有孽生也」七字。

索 晁錯云孽子悼惠王 ○晁，耿慶彭凌朝，中統「晁」字作「朝」而無「子」字。

〔使張良以韓司徒降下韓故地〕 瀧二・九，慶一右九，殿一左三，凌一右一〇。

集 字由此錯亂耳 ○錯，景井蜀紹耿慶中統彭毛凌殿雜。

〔跂而望歸〕 瀧三・二，慶一左三，殿一左七，凌一左五。

索 音企 ○殿無此注二字。

〔及其鋒東鄉〕 瀧三・三，慶一左三，殿一左七，凌一左五。○鄉，景井蜀紹耿慶中統彭毛凌殿嚮 札記索隱本「鄉」，各本作「嚮」。

*正 其氣鋒鋭欲東也按及事卒鋒鋭之時可東向爭天下 南化梅。按：此正義與索隱略合，疑合刻者削去。

〔可以爭天下〕 瀧三・三，慶一左五，殿一左九，凌一左六。

索 按姚氏云 ○耿慶中統彭凌殿 按：「姚」二字作「鄭」字。

索 軍中將士氣鋒 ○耿慶中統彭凌殿鋒軍中將士氣鋒。

〔更以爲列侯〕 瀧三・三，慶一左五，殿一左九，凌一左六。

索 地理志穰縣屬南陽 ○殿無此注八字。

〔迺令故項籍游吳時吳令鄭昌爲韓王〕 瀧三・九，慶一左九，殿二右二，凌一左一〇。○中統上「令」字作「念」。紹無「項」字。

〔漢王迺立韓信爲韓王〕 瀧四・一，慶二右二，殿二右五，凌二右三。○南化楓三無「王」字。

集　徐廣曰二年十一月　○二，【中統】一。

〔韓王信周苛等守滎陽〕　瀧四・二，慶二右三，殿二右六，凌二右四。○【紹】無「守」字。

〔天下定〕　瀧四・四，慶二右五，殿二右八，凌二右六。○【南化】【楓】【三】天下既定。

〔遂與剖符爲韓王〕　瀧四・四，慶二右五，殿二右八，凌二右七。○【南化】【楓】【棭】【三】遂與信剖符爲漢王。

〔明年春〕　瀧四・五，慶二右六，殿二右九，凌二右七。

*__正__　徐廣曰即高帝南化、幻、梅本無「高帝」二字。五年之二月也漢書韓信傳云六年春史記高祖南化、幻、梅本無「祖」字。紀並云六年徙信都晉陽未審徐何據而言之南化、幻、梅本無「之」字。也　【南化】【幻】【梅】【狩】【野】【瀧】。

〔上以韓信材武〕　瀧四・七，慶二右七，殿二右九，凌二右八。○【南化】【楓】【棭】【三】上以爲韓信材武。

〔以北備禦胡〕　瀧四・八，慶二右九，殿二左一，凌二右一〇。○【南化】以北上備禦胡。【楓】【棭】【三】重「北」字。

〔去塞遠〕　瀧四・一〇，慶二右一〇，殿二左二，凌二左一。○【紹】去塞不遠。

〔請治馬邑〕　瀧四・一〇，慶二右一〇，殿二左二，凌二左一。

集　被音被馬之被也　○【耿】「馬」字作「馮」而無「之被」二字。【景】【蜀】【慶】【中統】【彭】【毛】【凌】【金陵】無

「之被」二字。南化 棭 校補「之被」。殿無「之被」也而有「反」字。

〔信乃徙治馬邑〕 瀧五・一，慶二左一，殿二左三，凌二左二。○治，殿泊。

〔匈奴冒頓大圍信〕 瀧五・二，慶二左一，殿二左三，凌二左二。

索 上音墨 ○墨，凌壁。

索 又音莫報反 ○音，彭云。

〔信數使使胡求和解〕 瀧五・二，慶二左二，殿二左四，凌二左三。○紹不重「使」字。

〔與其將白土人曼丘臣王黃等〕 瀧五・六，慶二左六，殿二左七，凌二左七。○曼，井㬅。

札記 志疑引朱子文漢書辨正曰：多一「與」字。宋本「曼」作「㬅」，下同。

〔復破之〕 瀧六・一，慶三右一，殿三右一，凌三右一。○景 井 紹 耿 慶 中統 彭 毛 凌 殿 後復破之。

〔匈奴復聚兵樓煩西北〕 瀧六・二，慶三右一，殿三右一，凌三右二。○聚，耿乘。煩，毛頓。

〔上出白登〕 瀧六・六，慶三右四，殿三右五，凌三右五。

集 白登臺名 ○臺，中統邑。

索 今猶有壘壁 慶「壘壁」二字作「疊壁」。南化校記「壘壁」。按：景印慶元本改「壘壁」。

〔胡者全兵〕 瀧六・一〇，慶三右一〇，殿三右一〇，凌三左一。

集　無雜仗也　○仗，[耿][慶][中統][彭][凌][殿]杖。

〈信令王黄等説誤陳豨〉　瀧七・五，慶三左三，殿三左二，凌三左四。○豨，[景][井]狶。下同。[札記]宋本「狶」，後皆同。

〈故韓王信復與胡騎入居參合〉　瀧七・五，慶三左四，殿三左三，凌三左四。○[井][紹]無「信」字。[札記]宋本脱「信」字。

〈漢使柴將軍擊之〉　瀧七・七，慶三左五，殿三左四，凌三左六。

集　鄧展曰柴奇也　○奇，[景][井][蜀][紹][毛]武。[札記]毛本「奇」作「武」。蓋後人依索隱引應劭注改。

索　應劭説爲得　○[耿]無「説」字。

索　此時奇未爲將　○時，[慶][彭]奇，[南化]校記「時」。按：景印慶元本「奇」改「時」。

〈乃寇攻馬邑〉　瀧八・一，慶四右一，殿三左九，凌四右一。○乃，[南化][楓][棭][三]反。

〈身死亡〉　瀧八・三，慶四右三，殿四右一，凌四右三。

集　范蠡也　○范，[耿]若。

〈此伍子胥所以僨於吴也〉　瀧八・四，慶四右四，殿四右二，凌四右五。○[紹]此夫伍子胥——。

〈如痿人不忘起〉　瀧八・六，慶四右六，殿四右四，凌四右七。○忘，[慶][彭]亡，[南化]校記

「忘」。按：景印慶元本「亡」改「忘」。

〔盲者不忘視也〕 瀧八・六，慶四右八，殿四右五，凌四右八。○札記舊刻「者」作「人」，與上句合。

〔勢不可耳〕 瀧八・七，慶四右八，殿四右六，凌四右八。

索 舊音耳睡反 ○睡，中統稱。

索 痿不能起 ○起，耿慶中統彭凌殿行。

索 哀帝紀云 ○耿慶中統彭凌殿無「帝」字。

〔與太子俱〕 瀧八・九，慶四右九，殿四右七，凌四右一〇。○南化楓棭三與太子赤俱。

〔因名曰積當〕 瀧八・九，慶四右一〇，殿四右八，凌四右一〇。

集 在匈奴地 ○地，中統彭毛凌也，楓三校記「地」。

〔漢封積當爲弓高侯〕 瀧九・一，慶四左二，殿四右九，凌四左二。

索 地理志屬河間 ○耿慶中統彭凌殿無此注六字。

索 漢書功臣表屬營陵 ○營，慶殿榮，中統彭凌榮，索信。札記案：史記功臣表、索隱及漢書韓王信傳注引晉灼並與此同，今惟明嘉靖廣東本漢表有「營陵」字。地理志「營陵屬北海」。

〔嬰爲襄城侯〕 瀧九・二，慶四左三，殿四右一〇，凌四左三。

索 屬魏郡 ○郡，慶中統彭凌殿都。

〔後歲餘〕　瀧九・八，慶四左八，殿四左五，凌四左九。○後，耿復。

〔説孫曾〕　瀧九・八，慶四左八，殿四左五，凌四左九。○曾，索增，毛會。

〔拜爲龍頟侯〕　瀧九・九，慶四左九，殿四左六，凌四左九。○頟，慶彭毛雒，南化楓棭三校記「頟」。

集　徐廣曰長君之子　○耿慶中統彭凌殿無此注七字。

〔續説後〕　瀧九・九，慶四左九，殿四左六，凌四左九。

索　又作雒　○慶彭凌無「又」字。雒，耿頟。

索　龍雒縣名　○雒，慶中統彭凌殿頟。

正　以酎金坐免　○坐，慶彭一。按：景印慶元本「一」改「坐」。

正　説孫曾紹封龍頟侯　○彭無「曾」字。

〔盧綰親與高祖太上皇相愛〕　瀧一〇・三，慶五右三，殿四左一〇，凌五右三。○南化楓棭三盧綰親與高祖親太上皇相愛。

〔復賀兩家羊酒〕　瀧一〇・六，慶五右七，殿五右三，凌五右六。○南化楓棭三復賀兩家以羊酒。

〔以大尉常從〕　瀧一〇・八，慶五右九，殿五右五，凌五右九。○大，井水。

〔衣被飲食賞賜〕　瀧一〇・九，慶五右一〇，殿五右六，凌五右九。○飲，紹飯。

〔長安故咸陽也〕瀧一〇・一〇，慶五左二，殿五右七，凌五左一。〇紹無「長安」二字。

〔以破項籍〕瀧一一・一，慶五左三，殿五右八，凌五左二。〇以，楓 棭 三 已。

〔迺使盧綰別將〕瀧一一・一，慶五左三，殿五右九，凌五左三。〇迺，井 紹 曰。

〔爲羣臣觖望〕瀧一一・四，慶五左六，殿五左一，凌五左五。

集 觖音決別之決　〇景 井 蜀 紹 耿 慶 中統 彭 殿 上「決」字作「辭」。凌 上「決」字作「辭」而下「決」字作「訣」。慶 下「決」字作「快」字。南化 校記「決」。按：景印慶元本改「決」。

集 瓚曰觖謂相觖而怨望也　〇觖，殿 決，慶 快，南化 校記「決」。按：景印慶元本改「觖」。怨，紹 忽。按：紹本訛。

集 觖猶冀也　〇觖，彭 決。冀，紹 翼。

索 服虔音決　〇耿 慶 中統 彭 凌 殿 無此注四字。

〔擇羣臣有功者以爲燕王羣臣知上欲王盧綰〕瀧一一・六，慶五左八，殿五左三，凌五左七。〇紹 無「羣臣有功者以爲燕王」九字。按：紹與本因「羣臣」誤脫。

〔可王燕〕瀧一一・七，慶五左一〇，殿五左五，凌五左九。〇南化 楓 棭 三 可立爲王燕。

〔高祖如邯鄲擊豨兵〕瀧一一・一〇，慶六右二，殿五左七，凌六右一。〇南化 楓 三 高祖怒如邯鄲擊豨。各本删「兵」字。

〔今公爲燕欲急滅豨等豨等已盡〕瀧一二・五，慶六右七，殿六右一，凌六右六。〇井 紹耿慶中統彭凌殿不重「豨等」二字。南化三校補「豨等」。札記毛本重「豨等」二字，各本無。

〔迺詐論它人〕　瀧一二・一〇，慶六左二，殿六右五，凌六左一。○它，景井蜀紹慶毛彭凌殿他，札記舊刻「它」，各本作「他」。

〔脱勝家屬〕　瀧一二・一〇，慶六左二，殿六右六，凌六左一。○楓棭三以脱勝家屬。按：紹本訛。

〔使得爲匈奴閒〕　瀧一二・一〇，慶六左三，殿六右六，凌六左一。○閒，紹聞。按：紹本訛。

〔豨常將兵居代〕　瀧一三・二，慶六左五，殿六右八，凌六左三。○楓三陳豨常將兵居代。

〔上又使辟陽侯審食其〕　瀧一三・四，慶六左七，殿六右九，凌六左五。○井紹耿慶中統彭無「審」字。南化校補「審」。札記宋本，中統、王、柯本脱「審」字。

〔因驗問左右〕　瀧一三・五，慶六左八，殿六右一〇，凌六左六。○南化楓棭三因驗問其左右。

〔獨我與長沙耳〕　瀧一三・六，慶六左九，殿六左一，凌六左七。○南化楓棭三獨我與長沙王耳。

〔爲燕使〕　瀧一四・一，慶七右四，殿六左五，凌七右二。○楓三爲燕王使。按：上杉家藏慶元本第七、第八葉補寫，而「燕」下增「王」字。

〔居長城下候伺〕　瀧一四・二，慶七右五，殿六左七，凌七右四。○札記王本「伺」訛「同」。

〔封爲亞谷侯〕　瀧一四・九，慶七左二，殿七右三，凌七右一〇。○景井「封」、「爲」互倒。

札記宋本「封」、「爲」誤倒。

〔陳豨者宛朐人也不知始所以得從〕　瀧一四・九，慶七左五，殿七右五，凌七左三。

正　太史公云陳豨　○殿無「陳」字。慶彭無「豨」字。札記王、柯脱「豨」字。

〔迺封豨爲列侯〕　瀧一五・二，慶七左六，殿七右六，凌七左四。

集　陳豨以特將將卒五百人前元年從起宛朐　○景井紹耿慶中統彭毛凌殿不重「將」字而無「起」字。札記「將」字、「起」字，考證據表增。

〔監代邊兵〕　瀧一五・四，慶七左八，殿七右八，凌七左六。○景井蜀紹耿慶中統彭毛凌殿金陵監趙代邊兵。札記監趙代邊兵，舊刻脱「趙」字。案：漢書無「兵」字，疑涉下而衍。

〔皆出客下〕　瀧一五・七，慶八右一，殿七右一〇，凌七左九。

正　不用富貴自尊大　○用，殿以。

〔財物諸不法事〕　瀧一五・九，慶八右三，殿七左二，凌八右一。○楓棭三財物諸不如法事。按：上杉家藏慶元本補寫而「不」下增「如」字。

〔陰令客通使王黄曼丘臣所〕　瀧一五・一〇，慶八右四，殿七左三，凌八右二。○曼，景井鼻。

〔及高祖十年七月〕　瀧一五・一〇，慶八右五，殿七左四，凌八右三。○十，景井蜀紹耿慶中統彭毛凌七，南化楓棭三校記「十」。

〔遂與王黃等反〕　瀧一六・二，慶八右六，殿七左五，凌八右四。○反，紹及。按：紹本訛。

〔自立爲代王〕　瀧一六・二，慶八右六，殿七左五，凌八右四。○代，慶彭凌殿大，南化楓棭三校記「代」。

〔知其無能爲也〕　瀧一六・五，慶八右九，殿七左七，凌八右七。○楓三吾知其無能爲也。按：上杉家藏慶元本補寫而「知」上增「吾」字。

〔對曰有四人〕　瀧一六・九，慶八左三，殿七左一〇，凌八右一〇。○蜀對曰有見四人。

〔上謾罵曰〕　瀧一六・九，慶八左三，殿八右一，凌八左一。○謾，景井耿慶中統彭毛凌殿慢。

〔未有至者〕　瀧一七・二，慶八左八，殿八右五，凌八左六。

集　今邊有小警　○今，殿令。按：殿本訛。

集　飛羽檄之意也　○飛，景井蜀紹耿中統毛非。

集　騶案推其言　○騶，紹騎。按：紹本訛。其，景井蜀耿慶中統彭毛凌殿此。

〔今唯獨邯鄲中兵耳〕　瀧一七・三，慶八左八，殿八右五，凌八左六。○唯，殿惟。

〈不封此四人〉　瀧一七・四，慶八左九，殿八右六，淩八左六。○景井蜀紹耿慶中統彭毛淩殿金陵「不」字、「此」字並無。楓三校補「不」字及「此」字。按：上杉家藏慶元本補寫而增「不」字及「此」字。札記舊刻有「不」字，與漢書、漢紀合，各本脱。

〈以慰趙子弟〉　瀧一七・四，慶八左九，殿八右六，淩八左七。○慰景慶彭殿尉楓棭三校記「慰」。按：上杉家藏慶元本補寫而「尉」作「慰」。

〈破豨將張春於聊城〉　瀧一七・八，慶九右三，殿八右九，淩八左一〇。○於，景井蜀紹慶彭毛淩于。札記考證云：「當是『扇城』，國策所謂『秦子異人質于趙，處于扇城』者。」

〈不罵者黥之〉　瀧一七・一〇，慶九右五，殿八左二，淩九右三。○黥，紹點。按：紹本訛。

〈王黃曼丘臣〉　瀧一八・一，慶九右六，殿八左二，淩九右三。○南化楓棭三王黃曼丘臣等。

〈都中都代鴈門皆屬代〉　瀧一八・四，慶九右九，殿八左五，淩九右六。

正　在汾州平遥縣西南十二里　○平，慶彭淩于。札記官本「平」，各本訛「于」。

〈樊噲軍卒追斬豨於靈丘〉　瀧一八・五，慶九右一〇，殿八左六，淩九右七。○南化楓棭三樊噲軍卒追斬陳豨於靈丘。

〈徼一時權變〉　瀧一八・七，慶九左二，殿八左八，淩九右九。○徼，南化楓棭三激。

〔故得列地南面稱孤〕　瀧一八・八，慶九左三，殿八左九，凌九右一〇。○列，南化 楓 棭 三 裂。

〔是以日疏自危〕　瀧一八・九，慶九左四，殿八左一〇，凌九左一。○自，毛 事。危，中統 疏。

〔及將軍守邊〕　瀧一九・一，慶九左六，殿九右一，凌九左三。○南化 楓 棭 三 及爲將軍守邊。

〔夫計之生孰成敗〕　瀧一九・三，慶九左八，殿九右三，凌九左五。○孰，三 熟。

史記會注考證校補卷九十四

田儋列傳第三十四

〔狄人也〕 瀧二・二，慶一右二，殿一右七，凌一右三。

*正 和帝改千乘爲樂安郡 [南][化][幻][梅][狩][野][瀧]。

〔故齊王田氏族也〕 瀧二・二，慶一右二，殿一右七，凌一右四 ○也，[蜀]榮。

〔宗彊能得人〕 瀧二・三，慶一右三，殿一右八，凌一右四 ○彊，[楓][三]族。

索 儋子市 ○[索]無「儋」字。

索 榮弟橫 ○[索]無「弟」字而「橫」字作「撗」。

索 榮并王三齊 ○[索]「榮」字作「撗」而無「王」字。

〔欲謁殺奴〕 瀧二・六，慶一右六，殿一左一，凌一右七。

集 皆當告官 ○[彭]無「當」字。

集 儋欲殺令　○耿田儋欲殺令。

集 故詐縛奴而以謁也　○札記宋本「詐」，各本作「詳」。按：張文虎所言之各本不審。

*__正__ 詳爲羊僞瀧川本「爲」、「僞」誤易。　二音　南化 幻 梅 狩 瀧。

〈因擊殺令〉　瀧二・七，慶一右七，殿一左二，凌一右八。○因，紹用。

〈齊古之建國〉　瀧二・八，慶一右八，殿一左二，凌一右九。○齊，景 井 蜀 紹 慶 中統 彭 金陵 亝。下或同。　札記宋、中統、舊刻、游、王、柯本並作「亝」，下「定亝地」、「亝王田榮兵敗」，並同。

〈齊王田儋將兵救魏〉　瀧三・一，慶一左一，殿一左五，凌一左二。○魏，三 楚。

〈擊大破齊魏軍〉　瀧三・二，慶一左二，殿一左六，凌一左三。○殿無「齊」字。　魏，楓 三 景 井 蜀 蜀刻 耿 中統 毛 楚。

〈東走東阿〉　瀧三・三，慶一左三，殿一左七，凌一左四。○慶 彭 凌 殿無上「東」字。南化 楓 棭 三 校補「東」。

〈擊逐齊王假〉　瀧三・七，慶一左八，殿二右一，凌一左九。○逐，紹 遂。

〈田横爲將〉　瀧三・九，慶二右一，殿二右四，凌二右一　○横，蜀刻 榮。按：蜀刻本誤。

〈趙亦不殺田角田閒以市於齊〉　瀧四・三，慶二右五，殿二右七，凌二右五。

*__正__ 市如市沽貿南化、幻、梅本上二字作「俗交」。　易　南化 幻 梅 瀧。

〔蝮螫手則斬手〕　瀧四・四，慶二右五，殿二右七，凌二右五。○南化 楓 椵 三 蝮蛇螫手則斬手。

〔何者爲害於身也〕　瀧四・四，慶二右六，殿二右八，凌二右六。

正　頭腹皆一遍　○殿 無「遍」字。

〔今田假田角田閒於楚趙〕　瀧四・七，慶二右八，殿二右一〇，凌二右九。○今，毛 則。

〔何故不殺〕　瀧四・七，慶二右九，殿二左一，凌二右一〇。

集　非手足憂也　○紹 無「手」字。

集　於楚趙非手足之親　○紹 無「趙」字。

＊**正**　蝮蛇之喻言蝮蛇螫人則雖手足斬之爲去其害也今田氏等於楚趙其害甚於斬手足何不殺之乎

南化 幻 梅 瀧　按：各本校記不冠「正義曰」三字，疑非正義注文。

〔則齮齕用事者墳墓矣〕　瀧四・一〇，慶二右一〇，殿二左二，凌二左一。

集　齮齕猶齚齧　○蜀刻「齮」、「齧」互易。

索　齮音蟻　○齮，彭 騎，楓 校記「齮」。

索　齮齕　○耿 慶 中統 彭 凌 殿 無「齕」字。

〔齊將田都從共救趙〕　瀧五・五，慶二左六，殿二左八，凌二左七　○南化 楓 椵 三 齊將田都從兵共救趙。

〔項羽方渡河救趙〕　瀧五・七，慶二左八，殿二左九，凌二左八。○救，耿 赦。按：耿本誤。

〔項羽立田安爲濟北王〕　瀧五・七，慶二左九，殿二左一〇，凌二左九。○南化 楓 棭 三 項羽亦立田安爲濟北王。

〔不肯出兵助楚趙攻秦〕　瀧五・八，慶二左一〇，殿三右一，凌二左一〇。○南化 楓 棭 三 不肯出兵助楚救趙攻秦。

〔田榮留齊王市〕　瀧六・二，慶三右三，殿三右四，凌三右四。○市，蜀刻 亦。

〔盡并三齊之地〕　瀧六・五，慶三右七，殿三右七，凌三右七。○索「三齊」二字出於上文「齮齕」上。

〔平原人殺榮〕　瀧六・六，慶三右九，殿三右九，凌三右九。○人，南化 楓 棭 三 民。

〔迺醳齊而歸〕　瀧七・六，慶三左三，殿三左二，凌三左三。○醳，景 井 蜀 紹 蜀刻 慶 中統 彭 毛 凌 釋。

〔擊漢於彭城〕　瀧七・六，慶三左三，殿三左三，凌三左三。

索　此豈亦以醳酒之義並古釋字　○慶 中統 彭 凌 殿 無此注十二字。

〔漢將韓信引兵且東擊齊〕　瀧七・一〇，慶三左八，殿三左八，凌三左八。○且，紹 日。

〔而亨酈生〕　瀧八・三，慶四右二，殿三左一〇，凌四右二　○亨，南化 楓 三 凌 烹。

札記 宋、中統、游、王、毛本作「亨」，下並同。

〔齊王廣東走高密〕　瀧八・四，慶四右二，殿三左一〇，凌四右二。

集　一作假　○彭無「二」。

〔相横走博陽〕　瀧八・四，慶四右三，殿四右一，凌四右二　○札記考證云：「漢書作『走博』。」蘇林曰：「泰山博縣。」此「陽」字衍，志疑云：「灌嬰傳『破田横至嬴博』傅寬傳屬相國參殘博。若博陽，則汝南縣矣。下亦誤。」

集　漢傳博陽作博王先謙曰博陽即博縣非汝南博陽也　○按：瀧川本誤「考證」爲「集解」耳。

〔漢將韓信與曹參破殺龍且〕　瀧八・六，慶四右五，殿四右二，凌四右四。○中統「破」、「殺」互倒。札記中統本、吴校金板誤倒。

〔而横聞齊王死〕　瀧八・八，慶四右六，殿四右四，凌四右六。○耿無「横」字。

〔歸彭越〕　瀧八・九，慶四右九，殿四右六，凌四右八。

集　晉灼曰　○蜀刻「晉灼」二字作「徐廣」。

〔居㠀中〕　瀧九・四，慶四左五，殿四左一，凌四左四。○㠀，蜀刻毛凌殿島。下注同。

正　按海州東海縣　○海，殿北。

〔迺使使赦田横罪而召之〕　瀧九・六，慶四左七，殿四左四，凌四左六。○蜀刻無「而」字。

〔請爲庶人守海島中〕　瀧九・八，慶四左九，殿四左五，凌四左九。○島，景井㠀。下或同。

〔高皇帝迺詔衛尉酈商曰〕　瀧九・九，慶四左一〇，殿四左六，凌四左九。○南化楓三無「曰」字。

〔臣亨陛下使酈生〕　瀧九・七，慶四左八，殿四左四，凌四左六。○亨，南化 凌 烹。

〔横始與漢王俱南面稱孤〕　瀧一〇・五，慶五右六，殿五右二，凌五右二。

*正　老子云貴以賤爲本侯王自稱南化、幻、梅本無「稱」字。謂孤寡不穀謙稱也　南化 幻 梅 狩 瀧。

〔與其弟並肩而事其主〕　瀧一〇・七，慶五右八，殿五右三，凌五右七。○並，景 井 蜀刻 耿 慶 中統 彭 毛 凌 殿 倂。

〔我獨不愧於心乎〕　瀧一〇・八，慶五右九，殿五右四，凌五右八。○愧，景 井 紹 蜀刻 耿 慶 中統 彭 毛 凌 殿 媿。

〔不過欲一見吾面貌耳〕　瀧一〇・九，慶五右一〇，殿五右五，凌五右九。○吾，毛 我。

〔遂自剄〕　瀧一一・一，慶五左二，殿五右七，凌五左一。○札記 舊刻「剄」作「刎」。

〔以王者禮葬田横〕　瀧一一・四，慶五左六，殿五右一〇，凌五左四。

正　易晞滅　○晞，彭 稀，楓 棭 三 校記「晞」。

正　使挽柩者歌之　○柩，慶 彭 凌 殿 金陵 逝。

〔以田横之客皆賢〕　瀧一一・七，慶五左九，殿五左三，凌五左八。○南化 楓 棭 三 以田横之客皆賢者。

〔蒯通者善爲長短説〕　瀧一二・一，慶六右三，殿五左七，凌六右二。○索「長短説」三字出於上文「迺醳齊」之上。

索　欲令此事短　○耿無「令此事」三字。慶中統彭凌殿無「欲令此事」四字。

索　則短説之　○耿無「説」字。

〔爲八十一首〕　瀧一二・二，慶六右四，殿五左八，凌六右三。

索　音松宄反　○宄，中統遠。

〔已而項羽欲封此兩人〕　瀧一二・五，慶六右六，殿五左一〇，凌六右五。○紹已上而項羽欲封此兩人。

〔無不善畫者莫能圖何哉〕　瀧一二・七，慶六右八，殿六右二，凌六右七。○金陵「無」、「不」互倒。索「無」、「不」互倒而無「能」字。札記索隱本「不無」，各本誤倒。

索　何故哉　○索「何」字、「哉」字並無。

史記會注考證校補卷九十五

樊酈滕灌列傳第三十五

〔沛人也〕 瀧二・三，慶一右二，殿一右七，淩一右三。

正 沛徐州縣 ○縣，[淩][殿]也。

〔破之〕 瀧二・八，慶一右六，殿一左一，淩一右七。

索 秦時御史監郡也 ○郡，[索]都。

〔破泗水守薛西〕 瀧二・九，慶一右七，殿一左一，淩一右八。○薛，[蜀刻]薛。下同。

〔與司馬𡰥戰碭東〕 瀧二・一〇，慶一右七，殿一左二，淩一右九。○𡰥，[景][蜀刻][毛]𡰱，[耿][慶][中統][彭][淩][殿]尼，[南化][楓][棭][三]校記「𡰥」。

〔斬首十五級〕 瀧二・一〇，慶一右八，殿一左三，淩一右一〇。

正 碭宋州縣也 ○[慶][彭][淩][殿]又碭宋州縣也。

〔賜爵列大夫〕 瀧三・三，慶一左一，殿一左五，淩一左二。

集 爵第七 ○七，彭十，楓三校記「七」。

〔從攻城陽〕 瀧三・四，慶一左一，殿一左五，淩一左二。

集 破秦軍濮陽東 ○濮，景候。按：景本誤。

〔賜上閒爵〕 瀧三・五，慶一左四，殿一左七，淩一左五。○閒，索聞。

集 如執圭執帛比也 ○紹無「執圭」二字而「比」字作「此」。

集 如淳曰閒或作聞 ○札記案：漢書「上閒」作「上聞」。

集 天子賞文侯以上閒爵 ○上，蜀一。札記案：如淳本引吕氏春秋以證上聞爵所始此訛爲「閒」，與漢書注乖，并與上「閒或作聞」語不合，或傳寫誤。然索隱據此以爲上閒之證，則所見本集解已如今本矣，志疑云今本吕覽作「上卿」，亦誤。

索 如淳曰或作上聞又引吕氏春秋 ○耿慶中統彭凌殿無「曰或作上聞又」六字。

索 當證上閒閒音中閒之閒 ○耿慶中統彭凌殿無「當」字。索無「之閒」二字。

〔從攻圉東郡守尉於成武〕 瀧三・九，慶一左六，殿一左一〇，淩一左七。○札記杭氏考證云漢書作「從攻圉」。注：「圉，地名」。

〔賜爵五大夫〕 瀧三・一〇，慶一左七，殿二右一，淩一左九。○大，景人。按：景本誤。

〔出亳南〕 瀧三・一〇，慶一左七，殿二右一，淩一左九。○亳，景毫。按：景本誤。

〔河閒守軍於杠里〕 瀧四・一，慶一左八，殿二右二，淩一左一〇。○杠，耿慶中統彭凌殿金陵扛。下或同。

〔捕虜二十七人〕　瀧四・四，慶一左一〇，殿二右四，凌二右二。○彭捕虜首二十七人，楓三刪去「首」。七，中統一。札記中統、游本，吴校金板「七」作「一」，漢書作「六」。

〔從攻破楊熊軍於曲遇〕　瀧四・四，慶二右一，殿二右四，凌二右三。

正　丘雨反　○雨，殿羽。

〔攻宛陵〕　瀧四・五，慶二右二，殿二右五，凌二右四。○宛，景井紹蜀刻苑。札記宋本「宛」作「苑」。

〔號賢成君〕　瀧四・七，慶二右四，殿二右七，凌二右六。

集　食禄比封君　○比，蜀刻人。

索　張晏曰至列侯加美號二十九字　○耿慶中統彭凌殿無此注二十九字。按：合刻者削去也。

索　又小顏云　○耿慶中統彭凌殿無「又」字。南化三各本無「又」字。小顏云瓚説非也。

索　約以秦制於義不通　○索無此注八字。彭——於義有不通。

〔從攻長社轘轅〕　瀧四・九，慶二右六，殿二右九，凌二右八。

正　許州理縣也　○彭許州所理縣也。

正　轘轅關　○關，慶彭凌殿門。札記各本誤「門」，考證改。

〔賜重封〕　瀧五・二，慶二左一，殿二左四，凌二左三。○札記封，舊刻「爵」。

集　張晏曰益禄也　○彭張晏曰乃益禄也。

索　張晏云益祿也　○慶彭凌殿無「云益祿也」四字。
索　臣瓚以爲增封　○耿慶中統彭凌殿無「以爲增封」四字。
索　而如淳曰正爵名　○耿慶中統彭凌殿「而」字、「曰」字、「正爵名」三字並無。
〔亞父謀欲殺沛公〕　瀧五・六，慶二左六，殿二左八，凌二左八。○父，凌夫。
〔項伯常肩蔽之〕　瀧五・七，慶二左七，殿二左九，凌二左九。○中統「之」字作「沛公」二字。
〔時獨沛公與張良得入坐〕　瀧五・八，慶二左七，殿二左九，凌二左九。○中統無「獨」字。
〔噲直撞入〕　瀧五・一〇，慶二左九，殿三右一，凌三右一。
集　音撞鐘　○南化彭音如撞鐘之撞凌無「撞」字。
〔立帳下〕　瀧五・一〇，慶二左九，殿三右一，凌三右二。
集　一本作立帷下　○景井蜀蜀刻耿慶中統彭凌無「作」字。
〔臣恐天下解〕　瀧六・六，慶三右五，殿三右六，凌三右七。
正　紀買反　○買，凌殿賣。
〔獨騎一馬與樊噲等四人步從〕　瀧六・七，慶三右七，殿三右八，凌三右九。
*正　車騎沛公所乘之車及從者之騎　南化幻梅狩野瀧。
〔是日微樊噲犇入營譙讓項羽〕　瀧六・九，慶三右九，殿三右一〇，凌三左一。○譙，景井蜀紹蜀刻耿慶中統彭毛凌殿誚。合刻本下注同。札記索隱本「譙」，各本

作「誚」。

〔沛公事幾殆〕　瀧六・一〇，慶三右一〇，殿三右一〇，凌三左二。

索　或才笑反　○耿 慶 中統 彭 凌 殿 無此注四字。

索　或亦作誚　○慶 彭 凌 殿「或」、「亦」互倒。

〔別擊西丞白水北〕　瀧七・五，慶三左三，殿三左三，凌三左五。

集　隴西有西縣　○隴，紹 龍。

集　今廣平魏縣也　○景 井 蜀 紹 蜀刻 耿 慶 中統 彭 凌 殿 無「平」字。札記「平」字，考證據漢書注增。

正　會經孫山下　○會，慶 彭 凌 殿 曾。

〔從攻雍斄城先登〕　瀧七・九，慶三左六，殿三左七，凌三左九。○斄，景 井 紹 蜀刻 慶 彭 索 凌 斄。合刻本下注同。

〔擊章平軍好時〕　瀧七・九，慶三左七，殿三左七，凌三左九。

索　案雍即扶風雍縣　○耿 慶 中統 彭 索 凌 殿 案雍即扶風雍昌縣。

索　章平即章邯子也　○耿 章平即章邯子是也。索 無此注七字而有「音胎」二字。

〔虜二十人〕　瀧八・一，慶三左九，殿三左九，凌四右一。○十，毛 千。

〔遷郎中騎將〕　瀧八・一，慶三左九，殿三左九，凌四右二。○南化 楓 棭 三 遷爲郎中騎將。

〔從擊秦軍騎壤東〕　瀧八・二，慶三左九，殿三左九，凌四右二。○軍，[南化][楓][棭][三][凌]車。[札記]凌本「車」，與漢書合，各本作「軍」。

索　小顔亦以爲地名　○[耿][慶][中統][彭][凌][殿]小顔亦以爲今之地名

〔攻趙賁下郿槐里柳中咸陽〕　瀧八・三，慶四右一，殿四右一，凌四右三。

索　按柳中即細柳地在長安西也　○地，[慶][彭][凌][殿]也。

〔灌廢丘最〕　瀧八・四，慶四右一，殿四右一，凌四右四。

索　上有槐里　○[索]無「有」字。

索　總言所攻陷之邑　○[索]「總」字作「揔」而「所」字作「是」。

索　其功特最也　○[索]無「功」字。

索　後言功最　○[索]無「功」字。

索　是重擧不欲再見其文　○[索]無「重」字。

〔賜食邑杜之樊鄉〕　瀧八・七，慶四右五，殿四右五，凌四右八。○之，[南化][楓][棭][三]東。

索　即樊川也　○[索]無「樊」字。

〔屠煑棗〕　瀧八・八，慶四右七，殿四右七，凌四右一〇。

索　檢地理志　○[耿][慶][中統][彭][凌][殿]晉灼云檢地理志。

索　晉説是　○[耿][慶][中統][彭][凌][殿]無此注三字。

索　功臣表有煑棗侯云　○[耿][慶][中統][彭][凌][殿]功臣表則有煑棗侯云。

索 非清河之城明矣　○南化楓棭三非清河之城明矣但未詳其處耳。

〔擊破王武程處軍於外黄〕　瀧八・一〇，慶四右九，殿四右九，凌四左二。○黄，中統革。

〔攻鄒魯瑕丘薛〕　瀧九・一，慶四右九，殿四右九，凌四左三。

正 鄒兖州縣　○慶彭凌無「鄒」字。札記官本有「鄒」字。

正 兖州縣　○彭在兖州縣。

〔從高帝攻反燕王臧荼虜荼定燕地〕　瀧九・七，慶四左六，殿四左五，凌四左一〇。○景井耿無「虜荼」二字。蜀刻「臧荼」、「虜荼」爲雙行。札記宋本、舊刻無「虜荼」二字。

〔除前所食〕　瀧九・一〇，慶四左九，殿四左八，凌五右三。○南化楓棭三除前所食邑。

〔自霍人以往〕　瀧一〇・一，慶四左一〇，殿四左九，凌五右三。

正 又山寡反　○彭無「又」字。

正 當作葰　○彭當作葰人。

正 在代州繁畤縣界也　○畤，慶時。按：景印慶元本「時」改「畤」。彭在代州繁時「畤」字作「時」。縣界内也。

〔與曼丘臣軍戰襄國〕　瀧一〇・三，慶五右三，殿五右二，凌五右七。○曼，井蜀刻㬅。按：古體之字耳。

〔破柏人〕　瀧一〇・三，慶五右四，殿五右二，凌五右八。

集 徐廣曰 ○南化 彭 豨音許豈反徐廣曰。

〔殘東垣〕 瀧一〇·四，慶五右三，殿五右三，凌五右九。

集 賊義謂之殘 ○賊，景 井 蜀 蜀刻 耿 慶 中統 彭 凌 殿 害。

〔破得綦毋印〕 瀧一〇·五，慶五右六，殿五右四，凌五右一〇。○印，慶 中統 彭 卯，毛 卬。札記 毛訛「卬」，中統、游、王、柯訛「卯」。彭 「綦」下有「音其」二字注。「毋」下有「音無」二字注。「印」下有「一作卬」三字注。按：南化本校記引小板與彭本合。

〔守孫奮大將王黄〕 瀧一〇·一〇，慶五右一〇，殿五右八，凌五左四。○南化 楓 梜 三 守孫奮大將軍王黄。

〔將軍太卜太僕解福等十人〕 瀧一〇·一〇，慶五右一〇，殿五右八，凌五左四。○景 蜀 毛 無「太卜」二字。札記 疑即下文「太僕」之誤衍，毛本、明監本無此二字，漢書亦無。

〔從斬首百七十六級〕 瀧一一·五，慶五左五，殿五左二，凌五左九。○紹 從斬首百户從斬首——。按：紹興本衍入。

〔别破軍七〕 瀧一一·六，慶五左六，殿五左三，凌五左九。○七，楓 梜 三 十。

〔且陛下病甚〕 瀧一二·三，慶六右四，殿五左一〇，凌六右七。○病，紹 疾。

〔大臣誅諸吕吕須嫓屬〕 瀧一三·三，慶六左四，殿六右八，凌六左七。

索 嬃嫓音須眷二音 ○耿 慶 中統 彭 凌 殿 此注七字作「嫓音眷」三字。

〔乃復封噲他庶子市人爲舞陽侯〕　瀧一三・四，慶六左五，殿六右一〇，凌六左八。○[札記]舊刻「他」作「它」，下同。

〔國除〕　瀧一三・九，慶七右一，殿六左四，凌七右三。

索　案漢書平帝元始二年　○二，[中統]元，[南化][楓][三]——元始二年繼絶世。

索　封噲玄孫之子章爲舞陽侯　○[索]無「子」字而「舞」字作「武」。

〔高陽人〕　瀧一四・一，慶七右三，殿六左六，凌七右五。

正　在洛州曲周西南十五里　○州，[凌]周。

〔東西略人得數千〕　瀧一四・二，慶七右四，殿六左七，凌七右七。○[南化][楓][棭][三]東西略人得數千人。

〔沛公略地至陳留六月餘〕　瀧一四・二，慶七右五，殿六左八，凌七右七。○[索]無「至陳留」三字。

〔屬沛公於岐〕　瀧一四・六，慶七右八，殿七右一，凌七左一。○[南化][楓][棭][三]屬沛公於岐下。

索　此地名闕　○闕，[慶][彭][凌]闘。

索　蓋在河南陳鄭之界　○[索]「陳鄭」二字作「鄭縣」。

〔從攻下宛穰定十七縣〕　瀧一四・九，慶七左三，殿七右五，凌七左六。○[南化][楓][棭][三]

從攻下宛破穰定七十各本校記互倒。縣。

〔別將攻旬關〕 瀧一四・一〇，慶七左三，殿七右六，淩七左六。○旬，【索】栒。【札記】柯本「旬」作「洵」，注同。

〔漢王賜商爵信成君〕 瀧一五・二，慶七左五，殿七右七，淩七左八。○信，【紹】侯。【札記】警云複出，疑誤。

〔破雍將軍焉氏〕 瀧一五・五，慶七左七，殿七右九，淩七左一〇。○焉，【景】【井】【蜀】【紹】【蜀刻】【耿】【慶】【中統】【彭】【毛】【淩】【殿】烏，【南化】校記「焉」。【札記】索隱本「焉」，各本訛「烏」。

集 音支 ○【殿】無此注二字。

正 縣在涇州安定縣東四十里 ○涇，【慶】【淩】經。按：景印慶元本「經」改「涇」。【彭】縣乃在涇州安定縣之東四十里也。【札記】王本「縣」下衍「乃」。

〔周類軍栒邑〕 瀧一五・六，慶七左八，殿七右一〇，淩八右一。

索 栒邑在豳州 ○【索】此注五字作「按在漢中栒陽」六字。

索 地理志屬右扶風 ○【索】無「屬」字。

〔蘇駔軍於泥陽〕 瀧一五・七，慶七左八，殿七左一，淩八右二。○【索】此六字出於上文「栒邑」之上。

〔燕王臧荼反〕 瀧一六・二，慶八右五，殿七左六，淩八右八。○【紹】「臧荼」二字作「藏荼」。

按：紹興本誤。

〔戰龍脫〕 瀧一六・三，慶八右五，殿七左七，凌八右九。

索 孟康曰地名在燕趙之界 ○耿慶中統彭凌殿無此注十字。

〔食邑涿五千户〕 瀧一六・六，慶八右八，殿七左九，凌八左一。○南化楓棭三食邑涿郡五千户。

〔因攻代〕 瀧一六・八，慶八右九，殿七左一〇，凌八左二。○代，蜀伐。按：蜀本誤。

〔還以將軍爲太上皇衛〕 瀧一七・一，慶八左二，殿八右二，凌八左五。○爲，楓三將。

〔又以右丞相從高帝擊黥布〕 瀧一七・三，慶八左三，殿八右三，凌八左六。○右，凌有。

〔得以破布軍〕 瀧一七・四，慶八左五，殿八右六，凌八左九。

集 拒音矩 ○矩，紹拒。按：紹興本誤。

索 又音矩裴駰云拒方陣 ○耿慶中統彭凌殿無此注九字。

索 鄒氏引左傳有左拒右拒 ○索無「右拒」二字。

索 徐云一作和 ○徐，索又。

索 小顏以爲攻其壁壘之前垣也 ○耿慶中統彭索凌殿無「前」字。

〔其子寄字況〕 瀧一七・九，慶八左九，殿八右九，凌九右三。

索 鄒氏本作兄 ○兄，索光。

〔天下稱酈況賣交也〕 瀧一八・三，慶九右五，殿八左四，凌九右八。

集　雖摧呂禄　○摧，景井蜀紹蜀刻慶彭權，耿中統推。

〔王自殺〕　瀧一八・七，慶九右八，殿八左八，凌九左二。○井紹中統無「自」字。札記宋本、中統脱「自」字。

〔除國〕　瀧一八・七，慶九右九，殿八左八，凌九左二。

索　又音輪　○殿此注三字移在「音歙」之上。索無「又」字。

索　在河東　○彭在河東地。

〔寄欲取平原君爲夫人〕　瀧一八・八，慶九右九，殿八左八，凌九左二。○南化楓棭三寄欲取平原君姉爲夫人。

〔景帝乃以商他子堅封爲繆侯〕　瀧一八・一〇，慶九右一〇，殿八左九，凌九左四。○南化楓棭三——封爲繆靖侯。

〔續酈氏後〕　瀧一八・一〇，慶九左二，殿九右一，凌九左五。

索　謚曰靖侯　○耿慶中統彭凌殿無此注四字。

*****正**　繆梅本誤「謬」。　地未詳　南化幻梅狩野瀧。

〔爲沛廄司御〕　瀧一九・五，慶九左六，殿九右四，凌九左八。

索　滕公者御也　○者，慶彭凌殿金陵爲楓棭校記「者」。

〔高祖戲而傷嬰〕　瀧一・九七，慶九左八，殿九右六，凌一〇右一。○戲，南化戲。按：南化本標記「戲」字下有「漢書」二字。

〔重坐傷人〕　瀧一九・八，慶九左九，殿九右七，凌一〇右二。

集　爲吏傷人　○爲，蜀刻急。

〔告故不傷嬰〕　瀧一九・八，慶九左九，殿九右八，凌一〇右二。

索　案晉灼云　○灼，索令。

〔後獄覆〕　瀧一九・一〇，慶一〇右一，殿九右九，凌一〇右四。○索此三字出於上文「告故不傷嬰」集解注「乞鞫」之上。按：南化、梅本校記引正義本至下文「之嬰」絕句。

〔上降沛一日〕　瀧二〇・二，慶一〇右四，殿九左二，凌一〇右七。

正　謂父老開城門迎高祖　○慶彭凌殿又曰謂父老——。

〔平以胡陵降〕　瀧二〇・六，慶一〇右六，殿九左四，凌一〇右一〇。

集　何嘗給之　○給，蜀刻毛給。

〔以兵車趣攻戰疾〕　瀧二〇・七，慶一〇右八，殿九左六，凌一〇左一。○南化楓棭三以兵車趣攻戰疾破之。

〔從擊章邯軍東阿濮陽下〕　瀧二〇・八，慶一〇右九，殿九左七，凌一〇左二。○阿，紹河。按：紹興本訛。

〔得印一匱〕　瀧二一・一，慶一〇左二，殿九左九，凌一〇左五。

索　謂得其時自相部署之印　○時，彭將。

〔賜爵封轉爲滕公〕　瀧二一・二，慶一〇左四，殿一〇右一，凌一〇左七。

集　故號滕公　○滕，井藤。按：井本訛。

〔戰於藍田芷陽〕　瀧二一・四，慶一〇左六，殿一〇右三，凌一〇左九。

索　在京兆　○耿慶中統彭凌殿在京兆縣。

〔項羽至〕　瀧二一・五，慶一〇左七，殿一〇右四，凌一〇左一〇。○南化楓棭三項羽至咸陽。

〔漢王敗不利〕　瀧二一・七，慶一〇左一〇，殿一〇右六，凌一一右二。○紹無「漢」字。

〔徐行面雍樹乃馳〕　瀧二一・九，慶一一右二，殿一〇右八，凌一一右五。

集　高祖欲斬之　○祖，殿帝。

集　嬰恐小兒墜　○殿「墜」字移在「小兒」之上。

集　小兒抱大人頸似懸樹也　○似，井蜀刻耿言。

索　蘇林與晉灼皆言南方及京師謂抱兒爲擁樹　○耿慶中統彭凌殿無「言南方及京師謂抱兒爲擁樹」十二字而有「同」字。

〔而致孝惠魯元於豐〕　瀧二二・五，慶一一右五，殿一〇左二，凌一一右九。○札記舊刻「致」作「置」。

〔嬰固徐行〕　瀧二三・二，慶一一左五，殿一〇左一〇，凌一一左八。○固，楓棭三因。

〔賜所奪邑五百户〕　瀧二三・五，慶一一左八，殿一一右二，凌一二右一。

集　時有罪過奪邑者以賜之　○過，蜀刻遇。

〈陷陳卻敵〉　瀧二三・七，慶一一左九，殿一一右四，凌一二右二。○卻，楓三劫。

〈乃賜嬰縣北第第一〉　瀧二三・一〇，慶一二右二，殿一一右七，凌一二右五。○紹兩「第」字作「弟」。按：南化、梅本校記引正義本「第一」作「第三」而校者云「恐非歟」。

〈復爲太僕〉　瀧二四・三，慶一二右六，殿一一右一〇，凌一二右九。○太，景井大。

〈謚爲文侯〉　瀧二四・三，慶一二右七，殿一一右一〇，凌一二右九。

索　踣地悲鳴　○踣，耿慶中統彭凌殿掊。

索　得石椁有銘曰　○索無「椁有」二字。

索　乃葬之　○彭乃葬之焉。

〈乃秦軍於杠里〉　瀧二五・一，慶一二左五，殿一一左八，凌一二左八。○南化楓棭三及擊秦軍於扛里。

〈從攻秦軍毫南〉　瀧二五・二，慶一二左六，殿一一左八，凌一二左九。○各本「毫」字作「亳」，瀧川本誤。

〈破秦軍尸北〉　瀧二五・四，慶一二左八，殿一一左一〇，凌一二左一〇。○尸，紹户。
按：紹興本誤。

〈十月拜爲中謁者〉　瀧二五・七，慶一三右一，殿一二右三，凌一三右四。○井「拜」下有空格。

〔魏相項他軍定陶南〕　瀧二五・九，慶一三右四，殿一二右五，凌一三右六。○他，[中統]佗。定，[慶][彭]走，[南化]校記「定」。[札記]王、柯本「定」訛「走」。

〔以至彭城〕　瀧二六・二，慶一三右六，殿一二右七，凌一三右八。○[南化][楓][棭][三]以西至彭城。

〔攻下黃〕　瀧二六・四，慶一三右八，殿一二右九，凌一三右一〇。○[南化][楓][棭][三]攻下外黃。[札記]志疑云：漢書作「下外黃」。

〔漢王乃擇軍中可爲車騎將者〕　瀧二六・五，慶一三右九，殿一二右一〇，凌一三左二。○[札記]志疑云：「車」字衍。案：漢書無「車」字。

〔皆推故秦騎士重泉人李必駱甲習騎兵〕　瀧二六・六，慶一三右一〇，殿一二左一，凌一三左二。○故，[中統]其。

〔今爲校尉〕　瀧二六・六，慶一三左一，殿一二左二，凌一三左四。○今，[紹]令。

〔可爲騎將〕　瀧二六・六，慶一三左二，殿一二左二，凌一三左四。

索　桓帝延熹三年　○熹，[耿][慶][中統][彭][索][凌]熙。三，[中統]二。

索　李必後黃門丞李遂　○[索]無下「李」字。

〔必甲曰〕　瀧二六・八，慶一三左三，殿一二左四，凌一三左六。○甲，[紹]駱。

〔擊破柘公王武軍於燕西〕　瀧二七・四，慶一三左九，殿一二左九，凌一四右二。

索　柘縣令也　○耿慶中統彭凌殿無此注四字。

〔斬樓煩將五人〕　瀧二七・六，慶一四右一，殿一三右一，凌一四右三。○五，景井蜀紹蜀刻慶中統毛伍。

集　其人善騎射　○景井紹蜀刻毛「騎」、「射」互倒。

集　未必樓煩人也　○未，毛夫。按：毛本誤。

〔連尹一人〕　瀧二七・七，慶一四右二，殿一三右二，凌一四右五。○札記舊刻「一」作「二」。

索　蘇林曰楚官也　○耿慶中統彭凌殿無此注六字。

索　莫敖連尹宮廄尹是　○索此注八字作「連敖連尹襄老是」七字。

〔還至敖倉〕　瀧二七・九，慶一四右五，殿一三右五，凌一四右八。○敖，景井慶敖。札記敖，宋本、柯本。

〔破其騎〕　瀧二八・四，慶一四右一〇，殿一三右九，凌一四左二。○南化楓棭三擊破其騎。

〔攻龍且留公旋於高密〕　瀧二八・六，慶一四左二，殿一三右一〇，凌一四左四。○景井蜀蜀刻耿慶彭毛凌殿無「旋」字。南化楓棭校補「旋」。索「旋」字作「族」而無「於」字。

索　旋其名也　○旋，[索]族。

索　作假密假密地名　○[索]不重「假密」二字。

索　未知孰是　○[耿][慶][中統][彭][凌][殿]未知孰是耳。

〔生得右司馬連尹各一人〕　瀧二八・九，慶一四左四，殿一三左二，凌一四左六。○一，[中統]二。

〔擊楚將公杲於魯北〕　瀧二八・一〇，慶一四左六，殿一三左四，凌一四左八。○杲，[南化][楓][棭][三]果。

〔盡降其城邑〕　瀧二九・三，慶一四左九，殿一三左六，凌一五右一。○城，[中統]殘。

〔至廣陵〕　瀧二九・三，慶一四左九，殿一三左七，凌一五右一。

正　皆平定也　○[彭]皆平定之也。

〔擊破楚騎於平陽〕　瀧二九・六，慶一五右二，殿一三左九，凌一五右四。

索　此平陽在東郡　○[索]「東郡」二字作「河南」。

正　去徐州滕縣界四十餘里也　○[彭]去徐州滕縣界四十餘里者也。

〔與漢王會頤鄉〕　瀧二九・一〇，慶一五右五，殿一四右二，凌一五右七。

集　徐廣曰苦縣有頤鄉　○鄉，[毛]縣。

索　徐廣云苦縣有頤鄉　○[耿][慶][中統][彭][凌][殿]無此注八字。按：合刻者削去。

〔得吳守〕　瀧三〇・六，慶一五左四，殿一四右一〇，凌一五左六。

正　吳郡長　○殿無「長」字。

〔破胡騎於武泉北〕　瀧三二一・三，慶一五左一〇，殿一四左五，凌一六右二。○泉，南化楓棭三原。

正　在朔州北二百二十里　○殿上「二」作「一」。

〔擊破胡騎於砦石〕　瀧三二一・五，慶一六右二，殿一四左八，凌一六右四。○砦，南化楓棭沙。

索　服虔音沙　○耿慶中統彭凌殿無此注四字。

〔邑車騎將軍先出攻布別將於相〕　瀧三二一・一〇，慶一六右七，殿一五右二，凌一六右八。○邑，慶彭臣，南化校記「邑」。按：景印慶元本「臣」改「邑」。札記宋本、中統、游、柯、毛並作「邑」，王本作「臣」，亦「邑」之訛。

〔又進破布別將肥誅〕　瀧三二一・二，慶一六右九，殿一五右四，凌一六左一。

*正　誅音珠南化、幻、梅本「珠」字作「殊」。　南化幻梅狩瀧。

〔得將軍二人〕　瀧三二一・六，慶一六左四，殿一五右八，凌一六左六。○二，蜀一。

〔呂太后太后崩〕　瀧三二一・八，慶一六左六，殿一五右一〇，凌一六左八。○紹不重「太后」二字。

〔軍長安爲亂〕　瀧三二一・九，慶一六左七，殿一五左一，凌一六左九。○南化楓棭三軍長安欲爲亂。
〈且入誅不當爲王者〉 瀧三三・一〇，慶一六左八，殿一五左一，凌一六左九。○南化 楓 棭 三 且入關誅不當爲王者。入，紹 大。
〈上將軍呂祿等聞之〉 瀧三三・一〇，慶一六左八，殿一五左二，凌一六左一〇。○慶 彭 無「等」字。南化 楓 棭 三 校補「等」。
〈乃遣嬰爲大將將軍〉 瀧三三・一一，慶一六左九，殿一五左二，凌一六左一〇。○楓 三 不重「將」字。
〈風齊王以誅呂氏事〉 瀧三三・一二，慶一六左一〇，殿一五左三，凌一七右二。○以，景 井 紹 蜀刻 慶 中統 彭 毛 目。札記「目」、「誅」，宋本、中統、游、毛並同。
＊正 風方鳳反 南化。
〈十三年〉 瀧三四・八，慶一七右九，殿一六右一，凌一七右一〇。○三，慶 彭 凌 殿 二，南化 校記「三」。札記 宋本、舊刻、毛本與史、漢表合，它本「三」訛「二」。
〈觀故蕭曹樊噲滕公之家〉 瀧三五・一，慶一七左一，殿一六右二，凌一七左三。○家，景 井 蜀 蜀刻 耿 慶 中統 彭 毛 殿 金陵 家。
〈垂名漢庭〉 瀧三五・三，慶一七左四，殿一六右五，凌一七左五。○庭，金陵 廷。札記 舊刻「廷」各本作「庭」。

〔爲言高祖功臣之興時若此云〕　瀧三五・三，慶一七左四，殿一六右五，凌一七左九。〇南化 楓 棭 三 爲余言高祖功臣——。

索　蓋嘗訝太史公序蕭曹樊滕之功悉具　〇索「蓋嘗」二字作「然亦」而「滕」字作「勝」。悉，耿 慶 中統 彭 凌 殿 委。

索　滕灌更王　〇札記「更王」，考證云誤。

〔樊酈滕灌列傳第三十五〕　瀧三五・六，慶一八右六。〇景 井 蜀刻 —— 列傳卷第三十五。

史記會注考證校補卷九十六

張丞相列傳第三十六

〔有罪亡歸〕　瀧二・三，慶一右六，殿一左一，凌一右八。

索　恒在殿柱之下　○索恒在殿柱之下史謂御史。

索　故老子爲周柱下史　○子，耿慶中統彭凌殿聃。

索　如淳以爲方板　○耿慶中統彭凌殿無「如淳以爲」四字。板，索技。

索　謂小事書之於方也　○方耿慶中統凌板彭殿無「之」字而「方」字作「板」。

〔解衣伏質〕　瀧二・七，慶一右七，殿一左二，凌一右九。

索　質椹也　○椹，耿慶中統彭凌殿鍖。

〔入漢中〕　瀧二・九，慶一右一〇，殿一左四，凌一左一。○南化楓棭三從入漢中。

〔四歲〕　瀧三・五，慶一左七，殿一左一〇，凌一左八。

集 與計相同　○同慶司南化校記「同」。按：景印慶元本改「同」。

〈而張蒼乃自秦時爲柱下史〉　瀧三・六，慶一左九，殿二右二，凌一左一〇。○南化楓棭三——爲柱下御史。

〈故令蒼以列侯居相府〉　瀧三・七，慶一左一〇，殿二右三，凌二右一。○南化楓棭三故令張蒼以列侯居相府。南化本標記有「相國府」三字。按：「相府」二字，一本作「相國府」三字乎？

〈黥布反亡〉　瀧三・八，慶二右一，殿二右四，凌二右二。○黥，毛黔。按：毛本誤。

〈於是周昌周苛〉　瀧四・二，慶二右四，殿二右七，凌二右五。○南化楓棭三「周昌周苛」四字作「周苛與昌」。

〈自卒史從沛公沛公以周昌爲職志〉　瀧四・二，慶二右五，殿二右七，凌二右五。○紹不重「沛公」二字。

索 旗幟也　○索無「幟」字。

〈亨周苛〉　瀧四・八，慶二左一，殿二左三，凌二左二。○亨，楓三烹。

〈與蕭曹等俱封封周昌爲汾陰侯〉　瀧四・九，慶二左二，殿二左四，凌二左三。○南化楓三不重「封」字。

〈封爲高景侯〉　瀧四・一〇，慶二左四，殿二左五，凌二左四。

集　九年封　○九，景井紹蜀刻耿慶中統彭凌元。

〔昌嘗燕時入奏事〕　瀧五・二，慶二左五，殿二左七，凌二左六。○嘗，中統常。

集　以上燕時入奏事　○燕，蜀刻耿慶中統彭凌宴，紹毛晏。

＊正　燕者安閒南化、梅本「閒」字作「閑」。之名南化本「名」字作「君」。南化幻梅狩瀧。

〔及帝欲廢太子〕　瀧五・五，慶二左八，殿二左一〇，凌二左九。○南化楓棭三及高帝——

〔上以留侯策即止〕　瀧五・六，慶二左一〇，殿三右一，凌二左一〇。○上，中統止。按：中統本涉下訛。札記中統本、吳校金板「上」訛「止」。

〔然臣期期知其不可〕　瀧五・七，慶三右二，殿三右二，凌三右二。○南化楓棭三然臣期期心知其不可。

正　昌以口吃也　○昌，慶彭凌殿期。

〔呂后側耳於其廂聽〕　瀧五・九，慶三右三，殿三右四，凌三右四。○其，景井蜀刻耿慶中統彭索毛凌殿金陵東。按：瀧川本訛。廂，金陵箱。札記各本作「廂」，依索隱引小顔改。

索　韋昭曰殿東堂也　○耿慶中統彭凌殿無此注七字。

索　皆號曰箱　○箱，耿廂。

〔爲跪謝曰〕　瀧五・一〇，慶三右五，殿三右五，凌三右五。○跪，慶彭詭，南化楓棭校記「跪」。按：景印慶元本「詭」改「跪」。札記宋本、毛本「跪」，各本訛「詭」。

〔微君太子幾廢〕　瀧五・一〇，慶三右五，殿三右五，凌三右五。

索　幾鉅依反　○索此注四字作「上音祈」三字。

〔然奇才也〕　瀧六・三，慶三右九，殿三右九，凌三右九。○札記王脱「才」字。

〔刀筆吏耳〕　瀧六・四，慶三右一〇，殿三右一〇，凌三右一〇。

正　古用簡牘　○牘，慶彭禮。按：南化本標記云「注，禮字牘歟？」

正　故號曰刀筆吏　○凌無「號」字。

〔請問曰〕　瀧六・六，慶三左二，殿三左二，凌三左三。○札記志疑云：宋祁曰：「問，疑作『閒』。」

〔及呂后太子羣臣素所敬憚〕　瀧六・一〇，慶三左六，殿三左五，凌三左六。○南化楓棭三及呂后太子羣臣素所敬憚者。

〔其人堅忍質直〕　瀧七・一，慶三左八，殿三左七，凌三左八。○景井紹蜀刻耿慶中統彭毛凌殿其人有堅忍質直。

〔公彊爲我相趙王〕　瀧七・四，慶四右一，殿三左九，凌四右一。

正　桓譚新論云　○慶彭凌「譚新」二字作「談世」。新，殿世。

〔高祖曰〕　瀧七・六，慶四右三，殿四右一，凌四右三。○祖，南化 楓 三 帝。

〔吾極知其左遷〕　瀧七・六，慶四右三，殿四右二，凌四右三。

索　有左官之律　○有，索 云。

索　禁不得下仕於諸侯王也　○索 無「侯」字。

索　然地道尊右　○耿 索 然按地道尊右。

索　他皆類此　○耿 慶 中統 彭 索 凌 殿「類」、「此」互倒。

〔於是徙御史大夫周昌爲趙相〕　瀧七・八，慶四右六，殿四右四，凌四右六。○南化 楓 棭 三——周昌爲趙王相。

〔無以易堯〕　瀧七・一〇，慶四右八，殿四右五，凌四右八。

＊**正**　易改也無以改易於堯也　南化 幻 梅 狩 瀧。

〔遂拜趙堯爲御史大夫〕　瀧七・一〇，慶四右八，殿四右六，凌四右八。○紹 無「遂拜趙堯」四字。

〔封爲江邑侯〕　瀧八・二，慶四右一〇，殿四右八，凌四右一〇。

集　十一年　○景 井 紹 蜀刻 耿 中統 毛 殿 十一年封。札記 宋、中統、游、毛本下有「封」字。

〔昌既黴〕　瀧八・五，慶四左五，殿四左二，凌四左四。○南化 楓 棭 三 周昌既黴。

〔乃抵堯罪〕　瀧八・九，慶四左九，殿四左六，凌四左九。○楓 棭 乃抵趙堯罪。

*正　畫音獲謂計策　南化 幻 梅 狩 野 瀧。

〔任敖者故沛獄史〕　瀧九・一，慶五右一，殿四左八，凌五右一。○史，景 井 紹 蜀刻 耿 慶 中統 彭 毛 凌 殿 金陵 吏。按：瀧川本訛。

〔二歲〕　瀧九・三，慶五右三，殿四左一〇，凌五右三。○二，景 一，毛 三。

〔三歲免〕　瀧九・五，慶五右六，殿五右二，凌五右五。

集　曾孫越人　○曾，殿 魯。

索　此徐氏據漢書爲説　○耿 慶 中統 彭 凌「此」字作「皆」而「説」字作「記」。此，索 皆。説，殿 記。

索　裴駰又引任安書　○札記 謷云集解不見引任安書。

正　封十九年卒　○慶 彭「十」、「九」互倒。南化 楓 棭 三 校記「十九」。

〔以平陽侯曹窋爲御史大夫〕　瀧九・七，慶五右九，殿五右五，凌五右九。○窋，凌 窟。札記 柯、凌訛「窟」。

〔不與大臣共誅呂禄等免〕　瀧九・八，慶五右九，殿五右六，凌五右一〇。○札記 志疑云：「衍『不』字，漢書云『與大臣共誅諸呂後坐事免』。」

〔蒼與絳侯等尊立代王爲孝文皇帝〕　瀧一〇・二，慶五左一，殿五右七，凌五左一。○南化 楓 棭 三 張蒼與絳侯等——。

〔入之音聲〕 瀧一〇・九，慶五左七，殿五左三，凌五左七。○入，景井紹蜀刻耿慶中統彭毛凌殿人。

〔及以比定律令〕 瀧一〇・九，慶五左七，殿五左三，凌五左七。○南化彭無「以」字。

按：南化本標記亦云本有。

集 謂五音清濁各有所比也 ○五，蜀刻王。按：蜀刻本誤。

索 謂比方也 ○方，凌力。

〔若百工〕 瀧一一・一，慶五左九，殿五左五，凌五左九。○索此三字出於上文，「三歲免」集解注「文帝二年」之上。

〔天下作程品〕 瀧一一・一，慶五左九，殿五左五，凌五左一〇。

索 按晉灼說以爲若預及之辭 ○耿慶中統彭凌殿無「以爲若預及之辭」七字。

〔而尤善律曆〕 瀧一一・四，慶六右二，殿五左七，凌六右三。○善，楓三遂。

〔安國侯也〕 瀧一一・六，慶六右三，殿五左八，凌六右四。

*正 德王陵救其死也 贅異瀧。

〔洗沐常先朝陵夫人上食〕 瀧一一・七，慶六右四，殿五左九，凌六右五。○南化楓梜三洗沐常先朝王陵夫人上食。按：南化本標記「王」字下有「漢書無」三字。

〔草土德之曆〕 瀧一一・一〇，慶六右八，殿六右三，凌六右九。○草，南化楓梜三革。

〔更元年〕瀧一一・一〇，慶六右九，殿六右三，凌六右九。

＊正 草創始也以秦水德漢土勝之 南化 幻 梅 狩 瀧。

〔大爲姦利〕瀧一二・三，慶六右一〇，殿六右五，凌六右一〇。

＊正 言蒼保舉人任而（南化、幻、梅本無「而」字。）爲中侯官 南化 幻 梅 狩 瀧。

〔子康侯代〕瀧一二・五，慶六左二，殿六右六，凌六左二。〇景 井 蜀刻 耿 慶 彭 毛 凌 殿「侯」、「代」互倒。

〔子類代爲侯〕瀧一二・六，慶六左二，殿六右六，凌六左二。

集 類一作顚音瞶 〇中統「類」、「一」互倒。一，毛二。（按：毛本訛。）顚，蜀刻 毛 蒯。

＊正 類五怪反 南化 幻 梅 狩 瀧。

〔國除〕瀧一二・七，慶六左四，殿六右八，凌六左四。

索 傳子至孫毅 〇毅，耿 慶 中統 彭 凌 殿類。（下注同。）

索 今此云康侯代 〇耿 慶 中統 彭 凌 殿「云」字作「文」而無「侯」字。索無「侯」字。札記「侯」字依正文增。

索 八年卒 〇索無「卒」字。

索 則類即毅也 〇類，耿 慶 中統 彭 凌 殿顚。（下注同。）毅，慶 凌 殿類。索「類」、「毅」互易。

索 與漢書略同 〇耿 彭 與漢書略同者也。

〔蒼子復長〕瀧一二・九，慶六左六，殿六右一〇，凌六左六。〇札記 志疑云：「御覽五百十九引史作『蒼子復長八尺』，與漢書同，疑今本脱。」

〔嘗孕者不復幸〕 瀧一三・一，慶六左八，殿六左二，凌六左八。○南化 楓 棭 三 嘗有孕者不復幸。

〔蒼年百有餘歲而卒〕 瀧一三・一，慶六左八，殿六左二，凌六左八。○中統 無「有」字。

〔從高帝擊項籍〕 瀧一三・二，慶七右二，殿六左五，凌七右二。

集 勇健有材力開張 ○毛 無「有」字。

索 主張强弩 ○主，殿 言。

索 又如淳曰材官之多力能蹋强弩張之故曰蹶張 ○蹋，索 蹹，耿 慶 中統 彭 凌 殿 無此注十九字。

索 有蹶張士百人是也 ○耿 慶 中統 彭 凌 殿「有」字作「曰」而無「是」字。

〔張蒼免相〕 瀧一三・八，慶七右六，殿六左八，凌七右六。

集 後二年八月 ○二，中統 一。

〔門不受私謁〕 瀧一四・三，慶七左一，殿七右三，凌七左一。○南化 楓 棭 三 門下不受私謁。

〔是時太中大夫鄧通方隆愛幸〕 瀧一四・四，慶七左一，殿七右三，凌七左一。○太，毛 大。

札記 柯、毛「太」作「大」。

〔文帝嘗燕飲通家〕 瀧一四・四，慶七左二，殿七右四，凌七左二。○嘗，楓 三 常。

〔則富貴之〕　瀧一四・六，慶七左四，殿七右六，凌七左四。○南化楓棭三「富」、「貴」互倒。

〔吾私之〕　瀧一四・七，慶七左六，殿七右七，凌七左五。

＊正　吾私之愛幸之君勿言　南化幻梅狩瀧。

〔嘉爲檄召鄧通詣丞相府〕　瀧一四・八，慶七左六，殿七右七，凌七左六。○檄，井蜀刻撽。

〔汝第往〕　瀧一四・九，慶七左七，殿七右八，凌七左七。○第，景井紹蜀刻弟。

〔使使者持節召通〕　瀧一五・三，慶八右二，殿七左二，凌八右一。○楓三無「者」字。

〔此吾弄臣〕　瀧一五・三，慶八右三，殿七左三，凌八右二。○弄，紹幸。

〔鼂錯爲內史〕　瀧一五・五，慶八右五，殿七左五，凌八右四。○南化楓棭三鼂錯爲左內史。

〔諸法令多所請變更〕　瀧一五・六，慶八右五，殿七左五，凌八右四。○令，蜀刻今。

〔而丞相嘉自絀〕　瀧一五・六，慶八右六，殿七左六，凌八右五。○南化楓棭三而丞相嘉因自絀。

〔南出者太上皇廟堧垣〕　瀧一五・八，慶八右八，殿七左七，凌八右六。○堧，索壖。

集　堧音畏愞之愞　○愞，毛堧。

索　如淳音畏懦之懦乃喚反　○[耿][慶][中統][彭][凌][殿]無「如淳音畏懦之懦」七字而有「懊音」二字。

索　又音輭　○輭，[耿][慶][中統][彭][凌][殿]軟。

***正**　壖廟内院外餘地垣壖外院之牆壖如戀反又而緣反　[南化][幻][梅][狩][野][瀧]。

〔丞相奏請誅内史錯〕　瀧一六・一，慶八左一，殿七左一〇，凌八右一〇。○奏，[石山]奉。按：石山寺本誤。

〔乃外堧垣〕　瀧一六・二，慶八左二，殿八右一，凌八左一。○堧，[石山]壖。

〔故他官居其中〕　瀧一六・二，慶八左二，殿八右一，凌八左二。○他，[石山]地。按：石山寺本誤。

索　謂散官也　○謂，[凌]爲。

〔三年卒〕　瀧一六・六，慶八左六，殿八右四，凌八左四。○三，[紹]二。

〔子侯臾代〕　瀧一六・六，慶八左七，殿八右五，凌八左六。○臾，[毛]更。下注同。[石山]無「代」字。按：石山寺本誤脱。

集　一本無侯去病　○侯，[石山][井][耿][慶][中統][彭][毛][凌][殿]此[蜀刻]比。

集　子臾改封靖安侯　○靖，[石山]清。

〔桃侯劉含爲丞相〕　瀧一六・一〇，慶八左九，殿八右七，凌八左七。○含，[石山][楓][棭][景][井][紹][蜀刻][凌][中統][毛][金陵]舍。[札記]宋、中統、毛本「舍」，各本訛「含」。

集 高祖功臣陶舍之子也　○舍，井 蜀刻 毛 含。札記「陶舍」，宋本「舍」，各本訛「含」，下同。

集 謚夷劉含　○含，石山 景 井 紹 凌 金陵 舍。

集 賜姓劉氏　○石山無「氏」字。

集 含謚哀侯　○含，石山 景 蜀刻 凌 金陵 舍。

〔柏至侯許昌〕　瀧一七・二，慶八左一〇，殿八右八，凌八左九。

集 謚哀侯　○石山無「侯」字。

〔平棘侯薛澤〕　瀧一七・二，慶九右一，殿八右九，凌八左一〇。○薛，石山 蜀刻 薜。下同。

〔高陵侯趙周等爲丞相〕　瀧一七・三，慶九右二，殿八右一〇，凌九右一。○高，石山

集 爲楚王戊太傅　○戊，石山 代。太，毛 大。

南化 楓 三 毛 商。

〔娖娖廉謹〕　瀧一七・五，慶九右四，殿八左二，凌九右二。○謹，石山 謡。

〔爲丞相備員而已〕　瀧一七・五，慶九右五，殿八左三，凌九右四。○石山無「丞」字。

集 一作斷　○斷，中統 卸。

索 音初角反　○角，凌 覺。

索 義如尚書斷斷猗無他技　○猗，南化 倚。按：景印慶元本「猗」改「倚」。索——無他技一作踰則漢書文也。

***正** 孔注論語以束脩爲束帶脩飾此亦當然　贅異 瀧。

〔功名有著於當世者〕　瀧一七・七，慶九右六，殿八左四，凌九右五。○石山功名有著於當世者也。

〔而不遵明用秦之顓頊曆何哉〕　瀧一七・九，慶九右八，殿八左六，凌九右七。○石山無「不」字而「秦」字誤「奏」。曆，耿殿歷。下注同。哉，中統也。札記中統本「哉」作「也」，志疑云「句不可解」。漢書作「專尊用秦之顓頊厤」。

集　不考經典　○考，紹若。

〔孝武時〕　瀧一八・四，慶九左二，殿八左一〇，凌九左一。

＊**正**　孝武時已下皆褚先生所記　南化幻梅狩。

〔長陵人也〕　瀧一八・五，慶九左三，殿九右一，凌九左二。

集　名千秋　○石山此注三字爲正文。秋，彭利。

＊**正**　漢書云車千秋始南化、幻、梅本「始」字作「姓」。田氏其先齊諸田徙長陵千秋爲寢郎會南化、幻、梅本有「衛」字。太子事上急變訟梅本「訟」字作「征」。太子寃爲鴻臚數年代劉屈氂爲丞相封富民侯年老上優之朝見乘牛車入宮中號車丞相　南化幻梅狩瀧。

〔卒而有韋丞相代〕　瀧一八・六，慶九左三，殿九右一，凌九左二。

索　自車千秋已下　○已，索以。

索　然丞相傳都省略　○索然丞相傳都自省略。

〔以讀書術爲吏〕　瀧一九・二，慶九左五，殿九右三，凌九左四。○吏，石山史。

〔使相工相之〕　瀧一九・三，慶九左六，殿九右四，凌九左五。○石山楓三無「相工」二字。

〔此子貴當封〕　瀧一九・四，慶九左七，殿九右五，凌九左六。○石山此子貴當封侯。

〔而立玄成〕　瀧一九・五，慶九左九，殿九右七，凌九左八。

＊正　弘坐宗廟事繫獄未決　南化幻梅狩瀧。

〔得食其故國邑〕　瀧一九・八，慶一〇右二，殿九右九，凌一〇右一。○石山無「故」字。

〔濟陰人也〕　瀧一九・一〇，慶一〇右三，殿九左一，凌一〇右二。

＊正　相字弱翁濟陰定陶人徙平陵　南化幻梅狩瀧。

〔丞相奏以免罪〕　瀧二〇・二，慶一〇右六，殿九左四，凌一〇右五。

＊正　奏京兆尹之罪免也　南化幻梅狩瀧。

〔欲求脱罪〕　瀧二〇・三，慶一〇右六，殿九左四，凌一〇右五。○楓三欲相求脱罪。

〔以夫人賊殺侍婢事〕　瀧二〇・五，慶一〇右七，殿九左五，凌一〇右六。○侍，石山南化楓棭三傅。

〔而私獨奏請驗之〕　瀧二〇・六，慶一〇右八，殿九左五，凌一〇右七。○石山無「獨」字。

〔奏京兆尹趙君〕　瀧二〇・八，慶一〇右一〇，殿九左七，凌一〇右九。○君，蜀刻若。

按：蜀刻本誤。

〔誣以夫人賊殺婢〕　瀧二〇・八，慶一〇右一〇，殿九左八，凌一〇右九。〇石山南化楓棭三誣以夫人賊殺傳婢。

〔劾中尚書〕　瀧二一・一，慶一〇左二，殿九左一〇，凌一〇左一。〇景井紹蜀刻「劾」字作「刻」而無「尚」字。

〔而坐之大不敬〕　瀧二一・二，慶一〇左三，殿九左一〇，凌一〇左二。〇石山「而」字、「大」字並無。大，紹立。

〔長史以下〕　瀧二一・二，慶一〇左三，殿九左一〇，凌一〇左二。〇以，石山已。

〔而魏丞相竟以丞相病死〕　瀧二一・四，慶一〇左四，殿一〇右一，凌一〇左三。〇石山楓三無「魏丞相」三字。

〔失列侯〕　瀧二一・六，慶一〇左六，殿一〇右二，凌一〇左五。〇失，中統大。按：中統本誤。

〔魏丞相卒〕　瀧二一・六，慶一〇左六，殿一〇右三，凌一〇左五。

＊**正**　視事九歲薨謚曰憲侯　幻梅狩瀧。

〔邴丞相吉者〕　瀧二一・七，慶一〇左八，殿一〇右四，凌一〇左七。〇井紹無「邴」字。蜀刻「邴」字移在「相」下。札記宋本無「邴」字。

〔魯國人也〕　瀧二一・七，慶一〇左八，殿一〇右四，凌一〇左七。

*正　字少卿　南化 幻 梅 狩 瀧。

〔封爲列侯〕　瀧二一・八，慶一〇左九，殿一〇右五，凌一〇左八。

正　以孩童時南化、幻、梅本無「時」字。侍養宣帝及拒梅本「拒」字誤「桓」。詔使活宣帝之故後封爲博陽侯邑千三百户　南化 幻 梅 狩 瀧。

〔後世稱之〕　瀧二一・一〇，慶一〇左一〇，殿一〇右六，凌一〇左九。

*正　漢書吉道上見殺人不問見牛梅本「牛」字誤「中」。喘吐舌使吏問之或讓南化、幻本「讓」字作「議」。吉吉曰民間南化、幻、梅本「間」字作「鬬」。相梅本誤重「相」字。傷殺長安令京兆尹職歲竟丞相課其殿最賞罰宰相不親南化、幻、梅本「親」字作「視」。小事非所南化、幻、梅本無「所」字。當於道南化、梅本有「路」字。問也方春少陽用事未可以熱恐南化、幻、梅本「恐」字作「故」。牛近梅本「近」字作「道」。行以南化、幻、梅本以「字」作「用」。暑故喘此時節失氣南化、幻、梅本上三字作「氣失節」。恐有所傷害也三公典陰陽職所當憂是以問之以吉知大體故世稱之。按：南化、幻、梅、狩各本校記不冠「正義曰」三字，疑非正義注文。　南化 幻 梅 狩 瀧。

〔以丞相病死〕　瀧二三・二，慶一〇左一〇，殿一〇右六，凌一〇左九。

*正　謚曰定侯　南化 幻 梅 狩 瀧。

〔得食故國邑〕　瀧二三・三，慶一一右一，殿一〇右七，凌一〇左一〇。〇故，石山其。

〔身及子男有姦贓〕　瀧二三・四，慶一一右二，殿一〇右八，凌一一右一。〇贓，石山臧。

〔免爲庶人〕　瀧二三・四，慶一一右三，殿一〇右八，凌一一右二。

*正　漢書曰上曰故丞相吉有舊恩朕不忍絶免南化、幻、梅本無「免」字。顯官奪邑四百户後復以爲南化、幻、梅

本無「爲」字。城南化、梅本「城」字作「成」。門校尉南化、幻、梅本有「卒」字。子昌嗣爵關内侯成帝鴻嘉元年以吉舊恩封吉孫中郎將關内侯昌爲博陽侯南化、幻、梅本有「奉吉後」三字。國絶三十二南化、幻、梅本「二」作「三」。歲南化、幻、梅本有「復續云」三字。昌傳子孫王莽時乃絶　[南化][幻][梅][狩][瀧]。

〔其後三人竟更相代爲丞相〕　瀧二二・八，慶一一右六，殿一〇左一，凌一一右五。〇[景][井][紹][毛]無「丞」字。[蜀刻]「丞」、「相」互倒。按：蜀刻本訛。

〔何見之明也〕　瀧二二・八，慶一一右六，殿一〇左一，凌一一右五。〇[石山][景][井][耿][毛]是何見之明也。

〔淮陽人也〕　瀧二二・九，慶一一右七，殿一〇左三，凌一一右六。

＊正　霸字次公淮陽陽夏人以豪桀役使徙雲陵南化、幻、梅本「陵」字作「陽」。　[南化][幻][梅][狩][瀧]。

〔至潁川太守〕　瀧二二・九，慶一一右七，殿一〇左三，凌一一右六。〇川，[彭]州。按：彭本訛。

〔風曉令自殺〕　瀧二二・一〇，慶一一右八，殿一〇左四，凌一一右七。〇殺，[南化][楓][棭][三]改。按：石山寺本作「敆」，殺之古字。今本「敆」、「改」字形相近而誤。

〔化大行〕　瀧二三・一，慶一一右九，殿一〇左四，凌一一右八。〇大，[石山]太。

〔而至丞相〕　瀧二三・三，慶一一左二，殿一〇左七，凌一一左一。

＊正　代丙吉爲丞相封建成侯食邑六百户　[南化][幻][梅][狩][野][瀧]。

〔子嗣〕　瀧二三・四，慶一一左二，殿一〇左八，凌一一左一。

＊正 子賞嗣 [南化][幻][梅][狩][野][瀧]。

〔黄丞相卒〕 瀧二三・四，慶一一左三，殿一〇左八，凌一一左二。

＊正 謚曰定侯 [南化][幻][梅][狩][瀧]。

〔以御史大夫于定國代〕 瀧二三・五，慶一一左三，殿一〇左八，凌一一左二。

＊正 于（南化、幻、梅本無「于」字。）定國字曼倩東海郯人也爲縣獄（南化本「獄」字作「令」。）吏及廷尉史歷位超爲廷尉乃迎師學春秋北面備弟子禮爲廷尉民自以不寃定國飲酒至數石不亂甘露中代黄霸爲丞相封西平侯九年薨謚安（南化、幻、梅本有「平」字。）侯子永嗣始定國父爲縣吏郡決曹獄平閭門壞父老（南化、幻、梅本有「方」字。）共治之于公謂曰少（南化、幻、梅本有「高」字。）大閭門令容駟馬高蓋車我治獄多陰德未嘗（南化、幻、梅本「嘗」字作「曾」。）有所寃子孫必有興者至定國爲丞相封侯傳世也 [南化][幻][梅][狩][瀧]。

〔即前韋丞相子也〕 瀧二三・九，慶一一左六，殿一一右一，凌一一左五。

＊正 玄成字少翁以父任爲郎歷位至御史大夫永光中代于定國爲丞相封故國扶陽爲相七年守正持重不及父賢文彩過之薨謚曰恭侯初賢徙平陵玄成徙杜陵（南化、幻、梅本無「陵」字。）父子明經爲相故鄒魯閒云遺子黄金滿籯不如一經（南化本無上十一字。） [南化][幻][梅][狩][瀧]。

〔薛君免爲御史大夫〕 瀧二四・三，慶一一左八，殿一一右三，凌一一左七。

集 名廣德也 ○[石山]「廣」、「德」互倒。

〔于丞相乞骸骨〕 瀧二四・三，慶一一左九，殿一一右三，凌一一左八。○[石山]無「骨」字。

〔賜賞甚厚〕 瀧二四・五，慶一一左一〇，殿一一右五，凌一一左九。〇石山南化「賜」、「賞」互倒。賞，景黨。按：景本誤。

〔而見謂諂巧〕 瀧二四・五，慶一二右一，殿一一右六，凌一一左一〇。〇石山「諂巧」二字作「讇功」。

〔復自游宦而起〕 瀧二四・六，慶一二右二，殿一一右七，凌一二右一。〇宦，景官。

〔世閒美之〕 瀧二四・七，慶一二右三，殿一一右七，凌一二右二。〇美，石山義。

〔丞相匡衡者〕 瀧二四・七，慶一二右五，殿一一右一〇，凌一二右四。〇石山南化楓三「匡」字移在「丞」上。按：上文今本誤。

〔東海人也〕 瀧二四・九，慶一二右五，殿一一右一〇，凌一二右四。

*正 衡字稚（南化本「稚」字作「雅」。）圭東海承（南化、幻、梅本「承」字作「丞」。）人也父世農夫至衡好學 南化幻梅狩野瀧。

〔從博士受詩〕 瀧二四・一〇，慶一二右五，殿一一右一〇，凌一二右四。〇石山無「從」字。

〔衡傭作以給食飲〕 瀧二四・一〇，慶一二右六，殿一一右一〇，凌一二右五。〇衡，石山行。

〔才下〕 瀧二四・一〇，慶一二右六，殿一一左一，凌一二右五。〇才，石山材。下同。

〔數射策不中〕　瀧二四・一〇，慶一二右六，殿一一左一，凌一二右五。○策 石山 筴。下同。

〔乃中丙科〕　瀧二五・一，慶一二右六，殿一一左一，凌一二右五。

*正　衡射策甲科不應令爲太常掌故儒林傳云歲課（南化、幻本無「課」字。）甲科爲郎中乙科爲太子舍人景（幻本「景」字作「丙」。）科補文學掌故也　南化 幻 梅 狩 野 瀧。

〔拜爲太子少傅而事孝元帝〕　瀧二五・四，慶一二右九，殿一一左三，凌一二右八。○石山 從博士拜爲太子少傅而事孝元。無「帝」字。

〔而遷爲光禄勳〕　瀧二五・四，慶一二右一〇，殿一一左四，凌一二右九。○勳，石山 動。

〔御史大夫鄭弘坐事免〕　瀧二五・六，慶一二左一，殿一一左六，凌一二右一〇。○弘，彭 玄。

〔封樂安侯〕　瀧二五・七，慶一二左三，殿一一左七，凌一二左二。

*正　歷位御史大夫建昭中（南化、幻、梅本無「中」字而有「安侯食邑三百户」七字。）代韋玄成爲丞相封樂安（南化、幻、梅本「樂」、「安」互倒。）侯食邑六百户爲相七年以侵封國界免爲庶人終于家　南化 幻 梅 狩 瀧。

〔豈非遇時而命也哉太史公曰〕　瀧二五・九，慶一二左四，殿一一左八，凌一二左三。○石山 景 井 紹 蜀刻 耿 慶 中統 彭 毛 凌 殿 無「太史公曰」四字。南化 三 校補此四字。

索　案此論匡衡已來事至其序述淺陋一何誣也二十九字　○耿 慶 中統 彭 凌 殿 此注二十九

字移在下文「困戹不得者衆甚也」之下。

索　而亦稱太史公　○而，耿慶中統彭凌殿或。

索　其序述淺陋一何誣也　○中統無「序」字。一，慶彭以。按：景印慶元本「以」改「一」。

〈所以至封侯者微甚〉　瀧二六・一，慶一一左五，殿一一左九，凌一二左四。○甚，石山其。

集　微一作徵　○徵，石山井徵。

〈其心冀幸丞相物故也〉　瀧二六・二，慶一一左六，殿一一左一〇，凌一二左五。

集　高堂隆答魏朝訪曰　○石山「曰」字移在「隆」下。

〈至於封侯〉　瀧二六・四，慶一一左九，殿一二右三，凌一二左八。○於，景井蜀刻慶彭毛殿于。

〈數年不得〉　瀧二六・五，慶一一左一〇，殿一二右三，凌一二左九。

*正　鄭弘字神南化、幻、梅本「神」字作「稚」。卿代韋玄成爲御史大夫六歲子南化、幻、梅本「子」字作「而」。坐與京房論議免也　南化幻梅狩瀧。

〈豈可以智巧得哉〉　瀧二六・六，慶一三右一，殿一二右四，凌一二左一〇。○智，石山知。

〈困戹不得者衆甚也〉　瀧二六・七，慶一三右一，殿一二右五，凌一三右一。○戹，毛戹。石山南化楓「衆」、「甚」互倒。

史記會注考證校補卷九十七

酈生陸賈列傳第三十七

〔陳留高陽人也〕　瀧二・四，慶一右二，殿一右七，凌一右三。

集　今在圉縣　○石山今在圉縣者。

索　高陽鄉人　○耿 慶 中統 彭 凌 殿圉高陽鄉人。

正　在雍丘西南　○殿無「丘」字。

正　蓋謂此也　○彭 凌無「蓋」字。

〔無以爲衣食業〕　瀧二・六，慶一右五，殿一右九，凌一右六。

集　志行衰惡之貎也　○石山無「志行衰」三字而「貎」字作「相」。景 井 紹 蜀刻無「志行衰」三字而「貎」字作「類」。

集　落託義同也　○石山落託落義同也。

索　應劭云志行衰惡之貎也　○耿 慶 中統 彭 凌 殿無此注十字。按：合刻者削。

＊**正**　落謂零落南化、幻、梅本有「也」字。魄謂南化、幻、梅本無「謂」字。漂薄也言食其家貧零落漂薄也無可以爲衣食業産也　南化　幻　梅　狩　瀧。

〔爲里監門吏〕　瀧二・八，慶一右六，殿一左一，凌一右七。○石山「吏」字移在下文「然」字下。

〔酈生問其將〕　瀧二・一〇，慶一右九，殿一左三，凌一右一〇。○問，蜀聞。

正　齊宣謂顔斶曰　○慶　彭此注六字作「王蠋對齊宣王曰」七字。

〔皆握齱好苛禮自用〕　瀧二・一〇，慶一右九，殿一左三，凌一右一〇。

集　握齱急促之貌　○石山此注六字作「屋齱急役之根也」七字。

索　齷角反　○齷，慶　彭　凌　殿鹿。

〔不能聽大度之言〕　瀧三・二，慶一左一，殿一左五，凌一左二。

索　案苛亦作荷　○凌　殿無「苛」字。

〔適酈生里中子也〕　瀧三・三，慶一左二，殿一左六，凌一左四。○索「酈生」二字作「食其」。

〔沛公時時問邑中賢士豪俊〕　瀧三・五，慶一左四，殿一左八，凌一左五。○俊，石山儁。

〔生目謂我非狂生〕　瀧三・八，慶一左八，殿二右二，凌一左一〇。○石山無下「生」字。

〔沛公不好儒〕　瀧三・九，慶一左八，殿二右二，凌一左一〇。○儒，石山懦。下同。

〔溲溺其中〕　瀧三・九，慶一左九，殿二右三，凌二右一。

索　溲即溺也　○[凌][殿]溲即溺義也。

〔使人召酈生〕　瀧四・二，慶二右二，殿二右六，凌二右四。

*__正__　傳舍南化、幻、梅本有「謂」字。　傳置之舍　[南化][幻][梅][狩][瀧]。

〔沛公方倨牀〕　瀧四・三，慶二右三，殿二右六，凌二右四。○[索]沛公方踞「倨」字作「踞」。牀洗。[札記]各本「倨」，索隱本作「踞」，然其訓主邊牀，則當從「倨句」之「倨」。

〔而見酈生〕　瀧四・三，慶二右四，殿二右七，凌二右五。

索　案樂産云　○産[耿][慶][中統][彭][索][凌][殿]彥。

索　邊牀曰倨　○倨，[索]踞。

〔曰豎儒〕　瀧四・七，慶二右六，殿二右八，凌二右七。○豎，[石山]竪。

〔起攝衣〕　瀧四・一〇，慶二右九，殿二左一，凌二右一〇。○[石山]無「攝」字。

〔延酈生上坐謝之〕　瀧四・一〇，慶二右九，殿二左二，凌二左一。○[石山][南化][楓][棭][三]延酈生坐上坐謝之。

〔酈生因言六國從横時〕　瀧五・一，慶二右一〇，殿二左二，凌二左一。○[石山]無「酈生」二字。

〔計將安出〕　瀧五・二，慶二左一，殿二左三，凌二左一。○[石山]無「將」字。

〔足下起糾合之衆〕 瀧五・二，慶二左一，殿二左三，凌二左三。○糾，[石山]瓦。按：南化本校記引正義本亦「糾」字作「瓦」。

〔此所謂探虎口者也〕 瀧五・三，慶二左三，殿二左五，凌二左四。

集 糾合一作烏合一作瓦合 ○[石山]無此注十字。按：石山寺本上文「糾」字作「瓦」，蓋此注十字後人傍注混入。

***正** 言南化、幻、梅本「言」字作「如」。 瓦合聚而蓋屋無協南化、幻、梅本「協」字作「僇」。 力之心也 [南化][幻][梅][狩][野][瀧]。

〔天下之衝〕 瀧五・四，慶二左三，殿二左五，凌二左四。○衝，[石山][蜀][紹][蜀刻][耿][慶][中統][彭][凌][殿]衝。[札記]字類引作「衝」，各本作「衝」。

〔四通五達之郊也〕 瀧五・五，慶二左四，殿二左五，凌二左五。

集 言無險阻也 ○阻，[慶]陌，[南化]校記「阻」。按：景印慶元本改「阻」。

〔請得使之〕 瀧五・六，慶二左五，殿二左七，凌二左七。○[石山]無「得」字。

〔漢兵遁保鞏洛〕 瀧五・一〇，慶二左一〇，殿三右一，凌三右一。○[石山]「保」字作「葆」而無「洛」字。

〔楚人聞淮陰侯破趙〕 瀧六・一，慶三右一，殿三右二，凌三右二。○[石山]無「侯」字。

〔彭越數反梁地〕 瀧六・一，慶三右一，殿三右二，凌三右二。

索 數音朔 ○[耿][慶][中統][彭][凌]無此注三字。

〔漢王數困滎陽成皋〕 瀧六・二，慶三右二，殿三右三，凌三右三。○皋，[石山]睪。下同。

凌有集解注「數亦音朔」四字。札記柯、凌本下有「數亦音朔」四字，蓋旁注誤入，各本無。

〔屯鞏洛以拒楚〕　瀧六・三，慶三右三，殿三右四，凌三右四。○拒，石山距。

〔不知天之天者〕　瀧六・四，慶三右四，殿三右五，凌三右五。○石山無下「天」字。

〔王者以民人爲天而民人以食爲天〕　瀧六・四，慶三右五，殿三右五，凌三右六。○索無上「民」字。石山無兩「人」字。

索　案此語出管子　○殿此注六字作「管子云王者以民爲天民以食爲天能知天之天者斯可矣」二十三字。凌案此等語俱出管子。

〔夫敖倉〕　瀧六・六，慶三右六，殿三右七，凌三右七。○倉，石山食。按：石山寺本誤。

〔天下轉輸久矣〕　瀧六・六，慶三右六，殿三右七，凌三右七。○久，井人。

〔其下迺有藏粟甚多〕　瀧六・七，慶三右六，殿三右七，凌三右七。○迺，石山乃。下同。

〔迺引而東〕　瀧六・九，慶三右七，殿三右八，凌三右八。○南化楓棭三迺引兵而東。

〔令適卒分守成皋〕　瀧六・九，慶三右八，殿三右八，凌三右九。○札記舊刻「令」訛「今」。

索　罰罪云讁　○讁，慶彭凌殿云。

索　即所謂讁戍　○凌「讁戍」二字作「謫成」。

索　卒相忽反　○各本「相」作「租」，瀧川本訛。

〔此乃天所以資漢也〕　瀧七・一，慶三右九，殿三右九，凌三右一〇。○石山無「也」字。

〔而漢反郤自奪其便〕　瀧七・一，慶三右一〇，殿三右一〇，凌三右一〇。○石山索無「其」字。

〔臣竊以爲過矣〕　瀧七・二，慶三左一，殿三左一，凌三左一。

索　以言不取敖倉　○凌殿以言不取敖倉之粟。

索　是漢卻自奪其便利　○凌殿無「卻」字。

〔百姓騷動海内搖蕩〕　瀧七・三，慶三左二，殿三左二，凌三左二。○石山「騷」字作「駱」而「蕩」字作「薚」。

〔工女下機〕　瀧七・三，慶三左二，殿三左二，凌三左三。○索「工女」二字出於上文「令適卒」之上。

索　工巧也　○凌殿是工巧也。

索　漢書作紅音工　○工，耿慶中統彭索功。

＊正　耒手耕曲木　南化幻梅狩瀧。

〔願足下急復進兵〕　瀧七・五，慶三左三，殿三左三，凌三左四。○石山無「復」字。

〔據敖倉之粟〕　瀧七・五，慶三左四，殿三左四，凌三左五。

正　在今鄭州滎陽縣西十有五里石門之東　○慶彭殿「今」字、「有」字並無而「西」字作「四」。西凌四。札記王無「今」字。「西」，各本訛「四」，依項羽本紀正義改，與郡縣志合，王本無「有」字。

正 秦始皇時　○[慶][彭]無「始皇」二字。[札記]王本無「始皇」二字。

正 故名之曰敖倉也　○[彭]無「之曰敖倉也」五字。[慶][殿]「之曰」二字、「也」字並無。[札記]王本無「之曰也」三字。

〔杜大行之道〕　瀧七・七，慶三左六，殿三左五，凌三左七。

＊**正** 大行山名在懷州河内縣　[南化][幻][梅][狩][瀧]。

〔距蜚狐之口〕　瀧七・七，慶三左六，殿三左六，凌三左七。

集 騆案蜚狐　○[石山]無「騆」字而「案」字誤「安」。[景][井][蜀刻][耿][慶][中統][彭][毛][凌][殿]無「騆」字。

正 案蔚州飛狐縣北百五十里　○[凌]無「百」字。

正 俗號爲飛狐口也　○[慶]無「爲」字。[彭]無「爲」字而「飛」字作「蜚」。[札記]王本無「爲」字。

〔以示諸侯效實形制之勢〕　瀧七・九，慶三左八，殿三左七，凌三左九。○[石山]「制」、「勢」互易。

〔軍於歷城〕　瀧八・六，慶三左一〇，殿三左九，凌四右一。○城，[井][蜀][紹][蜀刻][耿][中統][殿]下。

〔濟南近楚人多變詐〕　瀧八・七，慶四右一，殿三左一〇，凌四右二。○[石山]「濟」字作「齊」而「人」字作「民」。

〔使爲漢而稱東藩〕　瀧八・九，慶四右三，殿四右二，凌四右四。○藩，[石山]蕃。

〔迺從其畫〕　瀧八・一〇，慶四右三，殿四右二，凌四右四。〇石山「畫」字空格。

〔則齊國未可得保也〕　瀧九・二，慶四右六，殿四右五，凌四右七。〇石山「則」字作「即」，而「保」字作「荷」。則，景井蜀刻耿慶中統彭毛即。

〔歸漢曰先生何以言之〕　瀧九・三，慶四右七，殿四右五，凌四右八。〇石山歸漢王曰先生何以言之。

〔漢王與項王勠力西面擊秦〕　瀧九・四，慶四右八，殿四右六，凌四右八。〇勠，慶彭毛凌戮。札記「勠」，宋、中統、游本同。

〔項王負約不與〕　瀧九・五，慶四右九，殿四右七，凌四右一〇。〇與，石山予。

〔出關而責義帝之處〕　瀧九・六，慶四左一，殿四右八，凌四左一。〇石山無「出」字。

〔豪英賢才〕　瀧九・九，慶四左三，殿四右一〇，凌四左三。〇才，石山材。下同。

〔殺義帝之負〕　瀧一〇・一，慶四左五，殿四左二，凌四左六。〇負，南化楓棭三罪。

〔刓而不能授〕　瀧一〇・三，慶四左八，殿四左四，凌四左八。〇刓，石山抏，南化三玩。

石山寺本，下注同。

集　項羽吝於爵賞　〇羽，石山王。

集　玩惜侯印　〇玩，南化彭毛刓。印，耿即。按：耿秉本誤。

集　不能以封其人也　〇石山無「其」字。其，殿於。

索　杬斷無圭角漢書作玩　○慶中統彭凌殿立法而杬（慶、彭、凌本「杬」字作「刓」。）斷無圭角漢書作玩。（彭本「玩」字作「刓」。）斷，索團。札記各本作「刓斷」。案：（今莊子本作「輐斷」。）

〔積而不能賞〕　瀧一〇・四，慶四左一〇，殿四左六，凌四左一〇。○石山楓棭三積財而不能賞。按：（南化本標記「財」字，下有漢書二字。）

〔賢才怨之〕　瀧一〇・四，慶四左一〇，殿四左七，凌五右一。○石山無「之」字。

〔涉西河之外〕　瀧一〇・六，慶五右二，殿四左八，凌五右二。○外，石山水。

〔誅成安君〕　瀧一〇・七，慶五右三，殿四左九，凌五右三。○石山無「君」字。

〔擧三十二城〕　瀧一〇・八，慶五右三，殿四左九，凌五右三。

索　謂魏豹也　○耿慶中統彭凌殿北魏謂魏豹。（無「也」字。）

索　豹在河北故也　○彭無「故」字。

索　亦謂西魏　○耿慶中統彭凌殿亦謂之西魏。

索　以大梁在河南故也　○河，凌可。彭無「故」字。

〔今已據敖倉之粟〕　瀧一〇・一〇，慶五右五，殿五右一，凌五右五。○中統「敖」、「倉」互倒。

〔可得而保也〕　瀧一一・二，慶五右七，殿五右三，凌五右八。○保，石山葆。（下同。）

〔汝能止漢軍我活汝我將亨汝〕　瀧一一・七，慶五左二，殿五右七，凌五左二。○石山無

「將」字。亨，南化楓棭烹。

*正 言與韓信通 南化。

〔曲周侯酈商〕 瀧一一·九，慶五左四，殿五右九，凌五左四。○周，井固。按：井本訛。

〔酈食其子疥〕 瀧一二·一，慶五左六，殿五右一〇，凌五左六。○景井蜀刻慶中統彭毛凌殿酈食其子酈疥。

〔數將兵功未當侯〕 瀧一二·一，慶五左六，殿五左一，凌五左六。○石山將無「數」字。兵有功未當侯。

索 後更封武遂三世 ○耿慶中統彭凌殿無此注七字。索無「更」字。

索 子遂衍文也 ○耿慶中統彭凌殿「文」字作「字誤」二字。

〔武遂侯平坐詐詔衡山王取百斤金〕 瀧一二·三，慶五左八，殿五左三，凌五左八。○石山「百斤金」三字作「金百斤」。

〔當弃市〕 瀧一二·四，慶五左一〇，殿五左四，凌五左一〇。○南化楓棭三無「當」字。

〔病死國除也〕 瀧一二·四，慶五左一〇，殿五左四，凌五左一〇。○石山「病」字作「疥」而無「也」字。

正 子敵嗣 ○敵，金陵教。札記各本作「敵」，字形相近而訛，今正，今史、漢表作「勃」。

正　恐漢書誤也　○誤，慶彭悞。南化校記「誤」。

考　高山守本　○按：「守」當作「寺」。

〔陸賈者楚人也〕　瀧一二・五，慶六右一，殿五左六，凌六右一。○索無「者」字。

索　齊宣公支子達　○支，慶彭凌殿友，南化校記「支」。

索　達生發　○耿慶中統彭凌殿鄉號曰陸侯達生發。

索　賈其孫也　○索無「其」字。南化三賈其孫顯於漢也。

〔因王之〕　瀧一二・八，慶六右四，殿五左九，凌六右四。

索　趙他爲南越尉　○他，慶彭凌地，南化校記「他」。按：景印慶元本「地」改「他」。

***正**　他音徒何反趙他真定人爲龍川令南海尉任囂死使他盡行南海尉事故曰尉他後自立爲南越王　南化幻梅狩瀧。

〔高祖使陸賈賜尉他印〕　瀧一二・一〇，慶六右五，殿五左九，凌六右五。○賈，石山南化楓棭三生。

〔尉他魋結箕倨見陸生〕　瀧一二・一〇，慶六右六，殿五左一〇，凌六右六。

索　似椎而結之　○似，耿慶中統彭凌殿以。

索　且案其魋結二字　○索無「且」字。

索　依字讀之亦得　○得，耿慶中統彭凌殿通。

索　今他同其風俗　○他，索化。

〔墳墓在真定〕　瀧一三・三，慶六右九，殿六右三，凌六右九。

索　本名東垣　○垣，【索】恒。

〔今足下反天性弃冠帶〕　瀧一三・四，慶六右九，殿六右四，凌六右一〇。○性，【石山】姓。

〔禍且及身矣〕　瀧一三・五，慶六左一，殿六右五，凌六左二。

索　車扼上橫木也　○扼，【殿】軛。

索　言不相避下　○言，【耿】【慶】【中統】【彭】【凌】【殿】率。

〔劫略諸侯〕　瀧一三・八，慶六左四，殿六右八，凌六左五。○【石山】無「略」字。

〔將相欲移兵而誅王〕　瀧一三・一〇，慶六左七，殿六右一〇，凌六左七。○【南化】【楓】【棭】【三】——而誅君王。

〔故且休之〕　瀧一三・一〇，慶六左七，殿六左一，凌六左八。○【石山】「故」字、「之」字並無。

〔迺欲以新造未集之越〕　瀧一四・一，慶六左九，殿六左二，凌六左九。○【石山】無「迺」字。

〔屈彊於此〕　瀧一四・二，慶六左九，殿六左二，凌六左九。

****正**　屈强謂南化、幻、梅本無「謂」字。不柔服也　【南化】【幻】【梅】【狩】【瀧】。

〔掘燒王先人冢〕　瀧一四・三，慶六左一〇，殿六左三，凌六左一〇。○【石山】【楓】【棭】【三】掘石山寺本「掘」字誤「握」。燒王先人冢墓。　冢，【蜀】【紹】家。

〔夷滅宗族〕　瀧一四・三，慶六左一〇，殿六左三，凌六左一〇。○滅，【石山】種。

〔使一偏將將十萬衆臨越〕　瀧一四・三，慶六左一〇，殿六左三，凌六左一〇。○偏，石山偏。

〔我孰與蕭何曹參韓信賢〕　瀧一四・六，慶七右三，殿六左六，凌七右三。○曹，石山曾。

按：石山寺本字形近而訛。

〔王似賢〕　瀧一四・七，慶七右四，殿六左七，凌七右四。○似，石山已。

〔繼五帝三皇之業〕　瀧一四・八，慶七右六，殿六左八，凌七右六。○皇，石山王。札記各本誤「皇」，褋志云「當從漢書、漢紀作「王」，御覽奉使部引史作「三王」」。

〔居天下之膏腴〕　瀧一四・一〇，慶七右七，殿六左九，凌七右七。○腴，石山暎。

〔人衆車轝自天地剖泮〕　瀧一四・一〇，慶七右七，殿六左九，凌七右七。○轝，中統輦。泮，南化楓棭三凌判。札記柯、凌作「判」。

〔未始有也〕　瀧一四・一〇，慶七右八，殿六左一〇，凌七右八。

*正　剖判南化、幻、梅本「判」字作「泮」。猶開闢也　南化幻梅狩瀧。

〔崎嶇山海閒〕　瀧一五・二，慶七右九，殿七右一，凌七右九。○石山崎嶇小「山」字作「小」。之海閒。

〔譬若漢一郡〕　瀧一五・二，慶七右九，殿七右一，凌七右九。○一，紹二。按：紹本訛。

〔王何乃比於漢〕　瀧一五・二，慶七右一〇，殿七右一，凌七右九。○石山南化楓棭三王何可乃比於漢。

〔尉他大笑曰〕 瀧一五・三，慶七右一〇，殿七右二，凌七右一〇。○笑，石山嘆。按：石山寺本依古「笑」作「咲」而誤。

〔何渠不若漢〕 瀧一五・三，慶七左一，殿七右三，凌七左一。○渠，石山遽。

索 渠劉氏音詎 ○耿慶中統彭凌殿無此注五字。

索 小顔以爲有何迫促不如漢也 ○耿慶中統彭凌殿——何迫促而不如漢也。

〔迺大説陸生〕 瀧一五・五，慶七左二，殿七右四，凌七左二。○説，石山悦。

〔至生來〕 瀧一五・六，慶七左三，殿七右四，凌七左三。○南化楓棭三「至」字作「者及」二字。

〔賜陸生橐中裝直千金〕 瀧一五・六，慶七左三，殿七右五，凌七左三。裝，石山裝。下同。

索 以爲明月珠之屬也 ○索無「月」字。

索 謂以寶物以入囊橐也 ○耿慶中統彭凌殿謂以寶物裝裹以入囊橐也。札記下「以」字疑衍，它本「以」上有「裝裹」二字。

〔陸生卒拜尉他爲越王〕 瀧一五・八，慶七左六，殿七右七，凌七左六。○石山南化楓棭三景井蜀紹蜀刻中統毛金陵陸生卒拜尉他爲南越王。

〔帰報高祖大悦〕 瀧一五・九，慶七左七，殿七右八，凌七左七。○南化楓棭三重「高祖」二字。

〔高帝罵之曰〕　瀧一五・一〇，慶七左八，殿七右九，凌七左八。○帝，[中統]祖。

〔且湯武逆取而以順守之〕　瀧一六・四，慶七左一〇，殿七左一，凌七左九。○[楓][棭][三]且湯武以逆取而以順守之。

〔昔者吳王夫差智伯〕　瀧一六・六，慶八右一，殿七左二，凌七左一〇。○[石山]無「者」字。

〔卒滅趙氏〕　瀧一六・六，慶八右二，殿七左二，凌八右一。

索　秦伯益後　○益，[耿][慶][中統][彭][凌][殿]緊。

索　與趙同出　○與，[索]以。出，[中統]也。

索　非廉至造父　○[殿]「非」字作「蜚」而無「至」字。[耿][慶][中統][彭][凌]無「至」字。

索　有功於穆王　○[耿][慶][中統][彭][凌][殿]「於穆」二字作「周繆」。

索　封之趙城　○[耿][慶][中統][彭][凌][殿]無「城」字。

〔鄉使秦已并天下〕　瀧一六・七，慶八右三，殿七左四，凌八右三。○鄉，[石山]向。

〔及古成敗之國〕　瀧一六・九，慶八右六，殿七左六，凌八右五。○[南化][楓][棭][三]及古今成敗之國。[石山]無「之」字。

〔陸生迺麤述存亡之徵〕　瀧一六・一〇，慶八右六，殿七左六，凌八右六。○[石山]「麤」字作「粗」而「存」字作「在」。

〔高帝未嘗不稱善〕　瀧一七・一，慶八右七，殿七左七，凌八右七。○嘗，[石山]當，[毛]常。

按：石山寺本「常」訛「當」。

〔畏大臣有口者〕 瀧一七・七，慶八右九，殿七左九，凌八右九。○[石山]畏大臣及有口者

〔可以家焉〕 瀧一七・八，慶八左一，殿七左一〇，凌八右一〇。

正 時音止 ○[彭]無此注三字。[楓][三]校補此注三字。

〔迺出所使越得橐中裝賣千金〕 瀧一七・九，慶八左一，殿八右一，凌八右一〇。○[石山]「越」、「得」互倒。

〔分其子子二百金〕 瀧一七・九，慶八左二，殿八右一，凌八左一。○[紹]不重「子」字。

〔令爲生産〕 瀧一七・九，慶八左二，殿八右二，凌八左二。

正 一金直千貫 ○按：南化本標記引正義本「千」作「十」。

〔從歌舞鼓琴瑟侍者十人〕 瀧一七・一〇，慶八左三，殿八右二，凌八左二。○舞，[石山]儛。

〔極欲十日而更〕 瀧一八・二，慶八左五，殿八右四，凌八左四。○欲，[石山][南化][楓][棭][三]飲。

〔所死家〕 瀧一八・三，慶八左五，殿八右四，凌八左四。○死，[景]徙。

〔一歲中往來過他〕 瀧一八・四，慶八左六，殿八右五，凌八左五。

*　**正** 言餘處作賓客一年之中不過三兩過到莫數見不鮮潔及久厭我也 [南化][梅]。

〔客率不過再三過〕 瀧一八・四，慶八左六，殿八右五，凌八左六。

索　率音律過音戈　○耿、慶、中統、彭、凌、殿——過音戈其下過字音光卧反。

〔數見不鮮〕　瀧一八・五，慶八左七，殿八右六，凌八左六。

索　數見音朔現　○索此注五字作「上朔現二音數見」七字。

〔無久慁公爲也〕　瀧一八・七，慶八左八，殿八右七，凌八左八。　○慁，石山圂。下注同。

集　慁污辱　○石山無「污」字。

〔常燕居深念〕　瀧一九・一，慶九右一，殿八右一〇，凌八左一〇。　○常，石山嘗。

***正**　國家不安故静居深思其計策　南化、幻、梅、狩、瀧。

〔陸生往請〕　瀧一九・二，慶九右一，殿八右一〇，凌九右一。　○石山陸生往請也。

〔生揣我何念〕　瀧一九・四，慶九右四，殿八左二，凌九右三。　○石山無「我」字。

集　揣度也　○度，毛量。

〔食三萬户侯〕　瀧一九・五，慶九右五，殿八左三，凌九右三。

***正**　陳平世家南化、幻、梅本有「云」字。食曲逆五千户後攻陳豨黥布凡六出南化、幻、梅本「出」字移在「凡」下。奇計益邑蓋三萬户也　南化、幻、梅、狩、瀧。

〔注意將〕　瀧一九・八，慶九右八，殿八左六，凌九右七。　○石山無「注」字。

〔則士務附士務附〕　瀧一九・八，慶九右八，殿八左六，凌九右七。　○石山不重「士務附」三字而下有「也」字。

集　徐廣曰務一作豫　○毛無「徐廣曰」三字。　豫，石山務。

〔即權不分爲社稷計〕 瀧一九・九，慶九右九，殿八左七，淩九右八。○石山「即」字作「則」而重「權不分」三字。南化 楓 棭 三 景 井 蜀 蜀刻 中統 毛 重「權不分」三字。

〔在兩君掌握耳〕 瀧一九・一〇，慶九右九，殿八左七，淩九右九。○掌，石山常。

〔易吾言〕 瀧二〇・一，慶九右一〇，殿八左八，淩九右一〇。

正 絳|南化、幻、梅本「絳」上有「言」字。侯與生常戲狎輕易其言也 南化 幻 梅 狩 瀧。

〔君何不交驩太尉深相結〕 瀧二〇・一，慶九左一，殿八左八，淩九右一〇。○石山君何不交懽「驩」字作「懽」。太尉深相連結。

〔爲陳平畫呂氏數事〕 瀧二〇・二，慶九左一，殿八左九，淩九右一〇。○畫，石山盡。

〔迺以五百金爲絳侯壽〕 瀧二〇・三，慶九左二，殿八左九，淩九左一。○以，紹風。按：|紹本訛。

〔太尉亦報如之〕 瀧二〇・三，慶九左三，殿八左一〇，淩九左二。○太，石山大。

〔則呂氏謀益衰〕 瀧二〇・四，慶九左三，殿九右一，淩九左二。○衰，南化 楓 棭 三 廢。

〔陸生以此游漢廷公卿閒〕 瀧二〇・五，慶九左五，殿九右二，淩九左四。○廷，紹延。按：|紹本訛。

〔名聲藉甚〕 瀧二〇・六，慶九左六，殿九右二，淩九左四。○甚，殿盛。

****正** 孟康云猶|南化、幻、梅本無「猶」字。言狼藉甚盛也按藉言公卿假藉陸生名聲甚敬|野本「敬」字作「驚」。重

也　南化 幻 梅 狩 野 瀧。

〔爲太中大夫〕　瀧二〇・八，慶九左八，殿九右五，凌九左七。○太，景 井 蜀 大。

〔令尉佗去黄屋稱制〕　瀧二〇・九，慶九左八，殿九右五，凌九左七。○石山 南化 楓 棭 三 無「令尉他」三字。

〔有臯去〕　瀧二一・二，慶一〇右二，殿九右七，凌九左一〇。○臯，石山 罪。

〔布欲反時〕　瀧二一・三，慶一〇右二，殿九右八，凌一〇右一。○石山 黥布欲反時。

〔布不聽〕　瀧二一・三，慶一〇右三，殿九右八，凌一〇右二。○不，石山 弗。

〔而聽梁父侯遂反〕　瀧二一・四，慶一〇右三，殿九右九，凌一〇右二。○石山 景 井 無「而」字。札記 宋本無「而」字。

索　布用梁父侯計遂反耳　○耿 慶 中統 凌 索 殿 布不用梁父侯計遂反耳。彭「布」字作「不」而無「耳」字。

〔聞平原君諫不與謀〕　瀧二一・五，慶一〇右四，殿九右一〇，凌一〇右三。○諫，石山 誅。

〔平原君爲人辯有口〕　瀧二一・七，慶一〇右六，殿九左一，凌一〇右五。○辯，石山 辨。下同。

〔辟陽侯行不正〕　瀧二一・七，慶一〇右七，殿九左二，凌一〇右六。○正，石山 政。

〔方假貸服具〕　瀧二二・一，慶一〇右一〇，殿九左五，凌一〇右九。

索　須啓其殯宮　○其，[耿][慶][中統][彭][凌][殿]發。

〔陸賈曰〕　瀧二二・三，慶一○左三，殿九左七，凌一○左一。○賈，[石山]生。

〔平原君義不知君以其母故〕　瀧二二・四，慶一○左三，殿九左八，凌一○左二。

集　相知當同恤災危　○[毛]無「災」字。

集　母在　○[石山]以母在。

*正　接上文以辟陽侯行不正又不知平原君而陸賈誤以母在故令二君之交歡　[南化][梅]。

〔辟陽侯急因〕　瀧二二・九，慶一○左一○，殿一○右四，凌一○左九。○因，[石山]困。

〔迺求見孝惠幸臣閎籍孺〕　瀧二三・一，慶一一右一，殿一○右五，凌一○左一○。○[石山][南化][楓][棭][三]平原君迺石山寺本作「乃」。求見孝惠——。[彭]迺求見孝惠帝幸臣——。

索　孝惠時有閎孺　○孺，[索]儒。

*正　按籍字後人妄加也　[南化][幻][梅][狩][瀧]。

〔亦誅君何不肉袒爲辟陽侯言於帝〕　瀧二三・四，慶一一右五，殿一○右八，凌一一右四。○[石山][南化][楓][棭][三]重「君」字。

〔兩主共幸君〕　瀧二三・六，慶一一右七，殿一○右一○，凌一一右五。○主，[楓][三]王。

〔言帝果出辟陽侯〕　瀧二三・七，慶一一右八，殿一○左一，凌一一右六。○[石山][楓][三]重「帝」字。

〔辟陽侯之囚〕　瀧二三・七，慶一一右八，殿一〇左一，凌一一右六。○囚，石山困。

〔呂太后崩〕　瀧二三・九，慶一一右一〇，殿一〇左三，凌一一右八。○后，石山多。按：石山寺本誤。

〔而卒不誅〕　瀧二三・一〇，慶一一左二，殿一〇左五，凌一一左一。○石山無「而」字。

〔計畫所以全者〕　瀧二三・一〇，慶一一左三，殿一〇左五，凌一一左一。○石山「以全」二字作「已令」。

〔皆陸生平原君之力也〕　瀧二三・一〇，慶一一左三，殿一〇左五，凌一一左一。

集　辟陽侯與諸呂相親信也　○石山無「侯」字。

索　案如淳說以爲宜誅非也　○耿慶中統彭凌殿此注十字作「如淳之說非也」六字。按：合刻者改。

索　辟陽侯與諸呂相知至深重　○耿慶中統彭凌殿直言辟陽侯與諸呂相知情義至深重。

〔淮南厲王殺辟陽侯〕　瀧二四・三，慶一一左四，殿一〇左六，凌一一左二。○殺，石山刺。

〔以諸呂故〕　瀧二四・三，慶一一左四，殿一〇左六，凌一一左二。○南化以黨諸呂故。

〔文帝聞其客平原君爲計策〕　瀧二四・四，慶一一左四，殿一〇左六，凌一一左三。○石山呂，紹侯。

孝文帝聞——。

〔聞吏至門〕　瀧二四・四，慶一一左五，殿一〇左七，凌一一左三。○門，紹聞。按：紹本訛。

〔平原君欲自殺〕　瀧二四・五，慶一一左五，殿一〇左七，凌一一左四。○殺，石山刺。

〔何早自殺爲〕　瀧二四・五，慶一一左六，殿一〇左八，凌一一左四。○早，石山蚤。

〔迺召其子拜爲中大夫〕　瀧二四・七，慶一一左八，殿一〇左一〇，凌一一左六。○索迺召其子無「拜」字。爲太中大夫。

〔將兵助楚討不義〕　瀧二五・二，慶一一右一，殿一一右三，凌一一左一〇。○討，石山景井蜀紹耿中統毛誅。慶無「討」字。南化校補「誅」。按：南化本標記引小板「誅」作「討」。札記王脱「討」字。

〔沛公方洗〕　瀧二五・三，慶一一右三，殿一一右四，凌一一右一。○石山南化沛公方洗足。

〔狀貌類大儒〕　瀧二五・四，慶一一右四，殿一一右五，凌一一右二。○石山狀貌類大儒也。

〔未暇見儒人也〕　瀧二五・六，慶一一右六，殿一一右六，凌一一右四。○石山無「也」字。

〔非儒人也〕　瀧二五・九，慶一一右九，殿一一右九，凌一一右七。○儒，紹而。

〔走復入〕　瀧二六・一，慶一一左一，殿一一左一，凌一一右九。○走，中統夫。

〔言而公高陽酒徒也〕　瀧二六・一，慶一一左一，殿一一左一，凌一一右九。○石山無「而」字。

〔陳留者〕　瀧二六・九，慶一二左一〇，殿一一左九，凌一二左八。〇楓三夫陳留者。

〔天下之據衝也〕　瀧二六・九，慶一二左一〇，殿一一左九，凌一二左八。〇南化楓棭三「據衝」二字作「權衡」。衝，慶彭毛凌殿衡。札記衝，宋本。

〔今獨爲亡秦嬰城而堅守〕　瀧二七・六，慶一三右八，殿一二右五，凌一三右五。〇嬰，南化楓棭三管。

〔沛公引兵攻城〕　瀧二七・一〇，慶一三左二，殿一二右九，凌一三右九。〇引，中統及。

〔縣令首於長竿〕　瀧二七・一〇，慶一三左二，殿一二右九，凌一三右九。〇縣，南化楓棭三懸。

〔而令頭已斷矣〕　瀧二八・一，慶一三左三，殿一二右一〇，凌一三右一〇。〇石山無「而」字。

〔今後下者必先斬之〕　瀧二八・一，慶一三左三，殿一二右一〇，凌一三右一〇。〇石山南化楓棭三今石山寺本「令」字作「今」。後下者必先斬斷之。

〔於是陳留人見令已死〕　瀧二八・二，慶一三左四，殿一二左一，凌一三左一。〇石山無「人」字。

〔遂入破秦〕　瀧二八・四，慶一三左六，殿一二左三，凌一三左三。〇入，石山南化楓棭三大。

〔漢王已拔三秦〕　瀧二八・五，慶一三左七，殿一二左四，凌一三左四。○拔，石山收。

〔而引軍於鞏洛之閒〕　瀧二八・五，慶一三左八，殿一二左五，凌一三左五。○石山「引」字移在「而」上，又「洛」字作「雒」。南化楓棭三而引兵軍於鞏洛之閒。

〔余讀陸生新語書十二篇〕　瀧二八・七，慶一三左一〇，殿一二左六，凌一三左七。○余，凌今。

〔固當世之辯士〕　瀧二八・八，慶一三左一〇，殿一二左七，凌一三左七。○固，紹曰。

按：紹本訛。

〔是以得具論之〕　瀧二八・一〇，慶一四右一，殿一二左八，凌一三左八。○石山是以得具論之也。

索　始冠側注　○冠，慶彭殿官，南化校記「冠」。

史記會注考證校補卷九十八

傅靳蒯成列傳第三十八

〔陽陵侯傅寬〕 瀧二・二，慶一右二，殿一右七，凌一右三。

集 地理志云馮翊陽陵縣 ○景蜀紹耿中統毛無此注九字。翊，慶彭凌相。按：景印慶元本「相」改「翊」。

〔起横陽〕 瀧二・三，慶一右三，殿一右八，凌一右四。○横，索撗。下注同。

〔從攻安陽杠里〕 瀧二・五，慶一右四，殿一右九，凌一右五。○陽，南化楓棭三楊。杠，楓三江，景井紹杜。札記宋本、舊刻「杠」訛「杜」。

正 今宋州楚丘縣西十里安陽故城是也 ○彭無「今宋州楚丘」五字。凌無「是」字。

〔賜爵卿〕 瀧二・六，慶一右七，殿一左二，凌一右九。

***正** 賁音奔 南化梅狩瀧。

〔漢王賜寬封號共德君〕　瀧二・八，慶一右八，殿一左三，凌一右一〇。

索　謂美號耳　○索無「美」字。耳，殿爾。

索　共音恭　○凌無此注三字。

〔賜食邑雕陰〕　瀧二・九，慶一右一〇，殿一左四，凌一左一。

索　案孟康徐廣云　○耿慶中統彭凌殿無「徐廣」二字。

索　屬上郡　○耿慶中統彭凌殿無此注三字。

〔從擊項籍待懷〕　瀧二・一〇，慶一左一，殿一左五，凌一左二。○待，紹侍。下注同。

〔賜爵通德侯〕　瀧二・一〇，慶一左二，殿一左六，凌一左三。

索　按服虔云待高祖於懷縣　○耿慶中統彭凌殿無此注十字。

*＊**正**　通德侯未詳　南化梅狩瀧。

〔益食邑〕　瀧三・二，慶一左三，殿一左七，凌一左四。

＊**正**　敖倉山之下也　南化梅狩瀧。

〔擊田解〕　瀧三・三，慶一左四，殿一左八，凌一左五。

索　信時爲相國　○耿慶中統彭凌殿「相國」二字作「將」字。

〔益食邑〕　瀧三・五，慶一左五，殿一左九，凌一左六。

索　顧祕監云　○顧，南化耿顔。

〔徙爲代相國將屯〕　瀧三・一〇，慶一左一〇，殿二右三，凌二右一。

集　案律謂勒兵而守曰屯　○耿無「兵」字。兵，慶彭夫。按：景印慶元本「夫」改「兵」。

索　邊郡有屯兵　○郡，慶彭凌殿境。

索　兼領屯兵　○慶中統彭凌殿無「兵」字。

〔子頃侯精立〕　瀧四・三，慶二右二，殿二右六，凌二右四。○頃，慶彭凌殿須，楓三校記「頃」。

〔三十一年〕　瀧四・四，慶二右四，殿二右七，凌二右五。○三，慶彭凌殿二。

〔以中涓從〕　瀧四・五，慶二右五，殿二右八，凌二右七。

索　音翁然之翁　○慶彭凌殿無「然之翁」三字。

〔斬騎千人將一人〕　瀧四・七，慶二右七，殿二右一〇，凌二右七。○千，景井耿慶中統彭凌殿十。

〔捕虜七十三人〕　瀧四・八，慶二右八，殿二左一，凌二右一〇。

集　將一作侯　○侯，毛侯。

＊**正**　擊秦軍於南亳南化、梅、狩本有「故」字。縣南化、梅、狩本「縣」字作「城」。之南開封縣之東北也　南化梅狩瀧。

〔斬車司馬二人〕　瀧四・一〇，慶二右八，殿二左一，凌二左一。○二，凌一。

〔別將擊邢說軍〕　瀧五・五，慶二左五，殿二左七，凌二左七。

集　說音悅　○悅，毛稅。按：毛本誤。

索 音悦 ○耿慶中統彭凌殿無此注二字。

〔降吏卒四千一百八十人〕 瀧五・七，慶二左七，殿二左九，凌二左九。○一，景井蜀紹耿慶中統彭毛凌殿六。

〔破之〕 瀧五・八，慶二左一○，殿三右一，凌三右一。

索 非曹參樊噲之所擊也 ○非，南化作。

***正** 按言别之河内疑漢書誤也 南化梅狩瀧。

〔車馬二百五十匹〕 瀧五・一○，慶二左一○，殿三右二，凌三右二。○匹，中統四。按：中統本誤。

〔及别擊破趙軍〕 瀧六・五，慶三右五，殿三右六，凌三右七。○及，南化楓棭三反。

〔擊絶楚饟道〕 瀧六・七，慶三右七，殿三右八，凌三右九。○饟，凌餉。札記柯、凌作「餉」。

〔起滎陽至襄邑〕 瀧六七，慶三右七，殿三右八，凌三右九。○滎，慶榮，南化校記「滎」。按：景印慶元本改「滎」。

〔擊項悍濟陽下〕 瀧六・九，慶三右一○，殿三左一，凌三左二。○濟，南化楓棭三清。

索 二邑名 ○中統無「名」字。

索 上音機 ○耿慶彭凌殿無「上」字而有「蘄在沛」三字。中統無「上」字而有「竹蘄沛」三字。

索 即竹邑 ○邑，中統也。

〔號信武侯〕 瀧七・三，慶三左四，殿三左四，凌三左五。○南化「信」、「武」互倒。

〔凡斬首九十級〕 瀧七・六，慶三左八，殿三左七，凌三左八。○紹無「凡」字。

〔謚爲肅侯〕 瀧七・九，慶四右一，殿三左一〇，凌四右二。○謚，中統謚。按：中統本誤。

〔坐事國人過律〕 瀧七・九，慶四右二，殿四右一，凌四右三。

索 謂使人違律數多也 ○也，索矣。

〔常爲高祖參乘〕 瀧八・一，慶四右八，殿四右七，凌四右九。

索 在城父縣音裴 ○索無「縣音裴」三字。

索 漢書作鄘 ○鄘，慶彭凌殿蒯，索漢書作鄘字。

索 今書本並作蒯 ○耿慶中統彭凌殿今書本並作管蒯。

索 音菅蒯之蒯非也 ○耿慶中統彭凌無「菅蒯之蒯」四字而有「姧」字。殿無「菅蒯之蒯」四字。

索 蘇林音簿催反 ○索無「林」字而「簿」字作「苦」。

索 崔浩音簿壞反 ○簿，索苦。

索 則裴憑聲相近 ○裴，索陪，慶彭悲，南化校記「裴」。按：景印慶元本「悲」改「裴」。

索 此得其實也 ○此，索或。

〔東絶甬道〕 瀧八・五，慶四右一〇，殿四右八，凌四左一。○甬，凌角。按：凌本誤。

〔終無離上心〕　瀧八・六，慶四左一，殿四右九，凌四左二。

集　蒯成侯表云　○中統無「云」字。

集　遇淮陰侯軍襄國　○中統無「遇」字而有「方謁」二字。

〔以緤爲信武侯〕　瀧八・七，慶四左三，殿四左一，凌四左三。○楓三中統「信」、「武」互倒。

〔是爲無人可使者乎〕　瀧八・一〇，慶四左五，殿四左三，凌四左六。○人，中統令。

〔殺人不死〕　瀧八・一〇，慶四左六，殿四左四，凌四左七。

*正　楚漢春秋云上令殺人不死入廷不趨也　南化梅狩瀧。

〔謚爲貞侯〕　瀧九・二，慶四左六，殿四左五，凌四左八。

正　謚爲尊侯一作卓　○南化、梅本校記引正義此注七字作「謚爲寧尊侯尊本或作卓漢書作卓侯」十五字。

〔封緤子居代侯〕　瀧九・四，慶四左八，殿四左六，凌四左九。

集　封緤子應爲鄲侯　○鄲，毛鄲。

索　沛郡有鄲縣　○鄲，耿慶中統彭凌殿多。

索　不同也　○也，慶中統彭凌殿者。

*正　案表南化、梅、狩本有「云」字。應南化、梅本有「爲」字。鄲侯一歲卒侯居代而文不說者南化、梅本有「以」字。年少故鄲音多　南化梅狩瀧。

〔皆高爵〕　瀧九・七，慶五右一，殿四左九，凌五右三。

＊正　言名卑而户數多者南化、梅、狩本無「者」字。　爲高爵也　南化梅狩瀧。

〔此有傷心者然〕　瀧一〇・一，慶五右五，殿五右二，凌五右七。

集　此一作比　〇慶彭重「比」字。按：景印慶元本不重「比」字。

〔可謂篤厚君子矣〕　瀧一〇・二，慶五右五，殿五右三，凌五右七。

索　動叶人謀　〇叶，殿協。

〔傅靳蒯成列傳第三十八〕　瀧一〇・一〇，慶五左五。〇景井——列傳卷第三十八。

史記會注考證校補卷九十九

劉敬叔孫通列傳第三十九

〔齊人也〕 瀧二・二，慶一右二，殿一右七，凌一右三。

索 高祖曰婁即劉也因姓劉耳 ○慶彭凌殿無此注十一字。楓三校補「高祖曰婁即劉也因姓劉耳」十一字。

***正** 本姓婁漢書作婁敬南化、幻、梅本無上五字。 高祖曰婁者劉也賜姓劉氏 南化幻梅狩瀧。

〔婁敬脱輓輅〕 瀧二・三，慶一右三，殿一右七，凌一右四。

集 輅音胡格反 ○反，井耿切。

索 輓者牽也 ○輓，殿晚。按：殿本誤。

〔衣其羊裘〕 瀧二・三，慶一右四，殿一右九，凌一右五。○衣，南化楓棭三去。

〔虞將軍欲與之鮮衣〕 瀧二・六，慶一右五，殿一右一〇，凌一右六。

*正　鮮衣狩、瀧本無「衣」字。鮮潔美服　南化幻梅狩瀧。

〔自后稷堯封之邰〕　瀧二・一〇，慶一右一〇，殿一左四，凌一左一。○堯，楓三世。

〔太王以狄伐故去豳杖馬箠居岐〕　瀧三・一，慶一左二，殿一左六，凌一左四。○太，景井蜀蜀刻殿大。

〔國人争隨之〕　瀧三・二，慶一左三，殿一左七。凌一左五　○隨，南化楓棭三歸。

*正　杖音直尚反箠音竹委反杖持也顏師古曰箠馬策也杖謂柱之也云杖馬垂者以其無所携持也狩、瀧本無「顏師古曰」以下二十五字。南化幻梅狩瀧。

〔迺營成周洛邑〕　瀧三・七，慶一左八，殿二右一，凌一左九。

正　居邶鄘之衆　○邶，慶鄁。

〔有德則易以王〕　瀧四・一，慶二右二，殿二右五，凌二右四。○紹無「德」字。

〔令後世驕奢以虐民也〕　瀧四・四，慶二右四，殿二右七，凌二右五。

*正　言帝王阻險之地令後世驕奢之主役民則虐苦也　南化幻梅狩瀧。

〔附離而並事天子〕　瀧四・五，慶二右五，殿二右八，凌二右七。

索　義見莊子　○耿慶中統彭凌殿無此注四字。

*正　有德則離散之民歸附之梅本「之」作「也」。南化幻梅狩瀧。

〔今陛下收豐沛起卒三千人〕　瀧五・一，慶二右一〇，殿二左三，凌二左一。○景井蜀紹蜀刻耿慶中統彭凌殿「收豐沛起」四字作「起豐擊沛收」五字。南化楓棭三刪去「擊」字。毛金陵「收豐沛起」四字作「起豐沛收」四字。按：瀧川本「收」字、「起」字誤易。札記毛本、凌引一本同，與漢書合，它本「豐」下衍「擊」字。

〔傷痍者未起〕瀧五・四，慶二左四，殿二左六，凌二左五。○痍，南化楓三夷。

〔而欲比隆於成康之時〕瀧五・四，慶二左四，殿二左六，凌二左五。

*正　痍音夷創也　南化幻梅狩瀧。

〔不搤其亢拊其背〕瀧五・九，慶二左九，殿三右一，凌二左一〇。○亢，景井蜀紹蜀刻耿慶中統彭毛凌殿肮。下同。札記索隱本「亢」，御覽三百七十一又四百九十六引同它本，皆作「肮」。

〔未能全其勝也〕瀧五・九，慶三右一，殿三右二，凌三右二。

索　搤音戹　○戹，慶彭凌殿厄。

索　音胡朗反　○朗，慶中統彭凌殿浪。

索　俗所謂胡脈也　○所，索字。

〔即日車駕西都關中〕瀧六・四，慶三右四，殿三右五，凌三右六。○索無「車」字。札記索隱本出「即日駕西」四字，御覽引亦無「關中」二字。

〔徒見羸瘠老弱〕瀧七・二，慶三左三，殿三左三，凌三左四。○弱，中統病。

索　瘠瘦也　○彭無「瘠」字。瘦，中統疫。

索 漢書作齘 ○書，中統音。按：中統本訛。

〔愚以爲匈奴不可擊也〕 瀧七・四，慶三左四，殿三左四，凌三左五。○紹無「以」字。

〔今迺妄言沮吾軍〕 瀧七・七，慶三左七，殿三左六，凌三左八。○迺，毛乃。下或同。

〔械繫敬廣武〕 瀧七・八，慶三左七，殿三左七，凌三左八。○繫，紹毛索擊。

〔然後得解〕 瀧七・一〇，慶三左九，殿三左八，凌三左一〇。○耿無「得」字。

〔吾皆已斬前使十輩言可擊者矣〕 瀧八・一，慶三左一〇，殿三左九，凌四右一。○已，慶彭凌殿以，南化楓三校記「已」。

〔迺封敬二千户爲關内侯〕 瀧八・一，慶四右一，殿三左一〇，凌四右二。○户，中統石。札記中統本、吴校金板訛「石」。

〔韓王信亡入胡〕 瀧八・二，慶四右二，殿四右一，凌四右三。○胡，井朝。札記宋本訛「朝」。

〔數苦北邊〕 瀧八・三，慶四右四，殿四右二，凌四右四。

*正 謂能引弓者三十萬人也 南化幻梅狩瀧。

〔冒頓在〕 瀧九・一，慶四左二，殿四右九，凌四左二。○在，南化楓棭三存。

〔固爲子婿〕 瀧九・一，慶四左二，殿四右一〇，凌四左二。○婿，景井蜀蜀刻耿慶中統彭凌殿壻。

〔而令宗室及後宮詐稱公主〕 瀧九・三，慶四左四，殿四左一，凌四左五。○南化楓棭三而令宗室女及後宮——。

〔妾唯太子一女〕 瀧九・四，慶四左六，殿四左三，凌四左七。○妾，紹妄。按：紹興本誤。

〔使劉敬往結和親約〕 瀧九・七，慶四左八，殿四左五，凌四左八。

＊**正** 顔師古曰於外庶人之家取女而名之爲公主 南化幻梅狩瀧。

〔劉敬從匈奴來〕 瀧九・九，慶四左九，殿四左五，凌四左九。○南化楓棭三劉敬從使匈奴來。

〔匈奴河南白羊樓煩王〕 瀧九・一〇，慶四左一〇，殿四左六，凌四左九。○王，慶彭主，南化楓三校記「王」。

〔可以至秦中〕 瀧一〇・一，慶五右一，殿四左八，凌五右二。

索 河南者案在朔方之河南 ○索無「河南者」三字。

索 今亦謂之新秦中 ○今，索秦，慶中統彭凌殿無「之」字。

＊**正** 白羊樓煩梅本重「煩」字。兩胡國名在朔方之南靈夏勝等三州之地秦得之號秦新南化、梅本「秦」、「新」互倒。中漢爲朔方郡而勝州河東□南化、幻、梅狩本作「岢」。嵐州亦樓煩胡地梅本「地」作「他」。也 南化幻梅狩瀧。

〔實少人〕 瀧一〇・五，慶五右四，殿四左一〇，凌五右四。○楓三其實少人。

〔臣願陛下徙齊諸田〕　瀧一〇・六，慶五右五，殿五右一，凌五右五　○南化 楓 棭 三 臣願陛下亦徙齊諸田。

〔迺使劉敬徙所言關中十餘萬口〕　瀧一〇・九，慶五右八，殿五右四，凌五右八。○索無「關中」二字。

〔薛人也〕　瀧一〇・一〇，慶五左一，殿五右六，凌五左一。○索無「也」字。

索　按楚漢春秋云名何　○耿 慶 中統 彭 凌 殿無此注八字。

〔罪死無赦〕　瀧一一・四，慶五左五，殿五右九，凌五左五。

＊**正**　案幻、梅、狩、野、瀧本無「案」字。　將謂將帶群衆也　南化 幻 梅 狩 野 瀧。

〔安敢有反者〕　瀧一一・八，慶五左九，殿五左三，凌五左九。○者，蜀 側。

〔諸生或言反〕　瀧一一・一〇，慶六右一，殿五左五，凌六右一。○紹無「或言反」三字。

〔拜爲博士〕　瀧一二・二，慶六右四，殿五左八，凌六右四。

索　案國語　○國，凌古。

索　謂之一稱　○索「謂之」二字作「云」字。

索　不單　○索無「不」字。

＊**正**　衣單複具爲一襲也　南化 幻 梅 狩 瀧。

〔漢二年〕　瀧一二・八，慶六右九，殿六右二，凌六右八。○二，紹一。

〔何也〕瀧一三·三，慶六左五，殿六右七，凌六左五。

索 猾狡也　○耿慶中統彭凌殿大猾狡猾也。

〔漢王方蒙矢石爭天下〕瀧一三·四，慶六左六，殿六右八，凌六左五。

集 謂發石以投人　○投，毛殺。按：毛本訛。

*正 蒙猶被也冒也　南化幻梅狩瀧。

〔我不忘矣〕瀧一三·六，慶六左一〇，殿六左一，凌六左九。

索 南方取物云搴　○云，彭爲。

索 山在楚　○索此注三字作「在楚地」。

索 音毗　○索無此注二字。

〔故夏殷周之禮〕瀧一四·四，慶七右八，殿六左九，凌七右七。○紹「周」、「之」互倒。

按：紹本誤。

〔又欲起禮樂〕瀧一四·一〇，慶七左三，殿七右三，凌七左二。○南化楓棭三又有欲起禮樂。

〔遂與所徵三十人西〕瀧一五·四，慶七左七，殿七右六，凌七左五。○毛遂與所徵三十三人西。

〔習之月餘〕瀧一五·五，慶七左一〇，殿七右九，凌七左九。

集 爲習肄處　○肄，景井蜀蜀刻紹耿慶中統彭毛凌殿隷。

集　謂以茅蕝樹地爲纂位　○蕝，耿剪。

索　徐音子外反如淳云蕝茅樹地爲纂位尊卑之次蘇林音纂　○耿慶彭凌殿無此注二十三字。

索　束茅以表位爲蕝　○位，彭立。

***正**　於野外即縛茅竹表爲南化、幻本無「爲」字。纂立尊卑之位次狩、瀧川本無「次」字。也蕝南化、梅本無「蕝」字。子悦反又子芮梅本「芮」作「苪」。反朝會束茅表位也幻、梅、瀧本無上七字。若今之纘也　南化幻梅狩瀧。

〔迺令羣臣習肄〕　瀧一五・九，慶八右一，殿七左一，凌七左一〇。○迺，耿乃。肄，景井蜀紹蜀刻耿慶中統彭凌殿隸。札記毛本與索隱本合，各本譌「隸」。

〔漢七年長樂宮〕　瀧一六・一，慶八右二，殿七左一，凌八右一。○宮，蜀刻官。按：蜀刻本譌。

〔十月儀〕　瀧一六・二，慶八右三，殿七左二，凌八右二。

索　案諸書並云　○索無「並」字。

〔步卒衛官〕　瀧一六・四，慶八右五，殿七左四，凌八右四。○官，景井蜀蜀刻慶毛凌殿金陵宮。札記漢書作「官」。

〔傳言趨〕　瀧一六・五，慶八右六，殿七左五，凌八右五。

索　案小顔云　○慶中統彭凌殿無「云」字。

索　趨疾行致敬也　○殿無「趨」字。致，耿教，索爲。

〔臚傳〕　瀧一六・八，慶八右九，殿七左七，凌八右八。○景井蜀紹蜀刻耿慶中統彭毛凌殿臚句傳。

索　漢書云設九賓臚句傳　○耿慶中統彭凌殿無此注九字。

索　上傳語告下爲臚　○爲，索云。札記各本與漢書注合，單本「爲」作「云」，下爲句同。

索　下傳語告上爲句　○索無「告」字。　爲，索云。

索　大行人掌賓客之禮　○耿慶中統彭凌殿無「人」字。

索　依次傳令上也　○依，耿慶中統彭索殿以。

索　從上語下爲臚　○爲，索曰。

〔於是皇帝輦出房〕　瀧一七・一，慶八左一，殿七左一〇，凌八左一。

索　職載芻豢　○芻，慶彭凌蒭。

〔百官執職傳警〕　瀧一七・二，慶八左二，殿七左一〇，凌八左一　○執，索報。

索　亦音試　○慶彭凌殿無此注三字。

索　傳警者　○索無「者」字。

索　則左右侍帷幄者稱警　○帷，彭幃。

〔復置法酒〕　瀧一七・四，慶八左五，殿八右三，凌八左五。

集　然後入置酒矣　○入，蜀刻又。

索 進酒有禮也　○酒，耿慶中統彭凌殿止。

索 不爲之亂也　○耿慶中統彭凌殿無「之」字。

＊**正** 姚察云諸侯羣臣於奏賀禮畢皆復置法酒及侍坐殿上者云（狩、瀧本無「云」字，而梅本作「亦」。）皆伏而抑首也謂之法酒者異於私燕之酒言進止有禮法也古人飲不過三爵君臣百拜終日宴而不亂也　南化幻梅狩瀧。

〔皆伏抑首〕　瀧一七・八，慶八左七，殿八右五，凌八左七。

＊**正** 畏禮法不敢平（梅本「平」作「而」。）面視也　南化幻梅狩瀧。

〔御史執法〕　瀧一七・九，慶八左八，殿八右六，凌八左八　○札記王本「史」訛「吏」。

〔竟朝置酒〕　瀧一七・一〇，慶八左八，殿八右七，凌八左八。○置，南化楓棭三罷。

〔無敢讙譁失禮者〕　瀧一七・一〇，慶八左九，殿八右九，凌八左九。○讙，凌諠。　失，毛夫。

〔賜金五百斤〕　瀧一八・二，慶八左一〇，殿八右九，凌八左一〇。

＊**正** 百官公卿表云叔孫通高祖七年爲奉常至景帝中六年始改奉常爲太常（南化、幻、梅、狩本無上五字，而有「復爲太常」四字。）按云太常以修史時言也　南化幻梅狩瀧。

〔與臣共爲儀〕　瀧一八・四，慶九右一，殿八右一〇，凌九右一。○紹無「臣」字。

〔叔孫通諫上曰〕　瀧一八・七，慶九右六，殿八左三，凌九右五。○毛無「上」字。

〔秦以不蚤定扶蘇〕　瀧一八・九，慶九右八，殿八左五，凌九右七。○蚤，景井蜀紹蜀刻耿慶中統彭毛凌殿早。下或同。

〔其可背哉〕　瀧一九・一，慶九左一，殿八左八，凌九左一。

索　音唐敢反　○反，慶彭也，南化楓棭三校記「反」。按：景印慶元本「也」改「反」。

〔臣願先伏誅〕　瀧一九・二，慶九左二，殿八左九，凌九左二。○索無「伏」字。

〔以頸血汙地〕　瀧一九・三，慶九左二，殿八左九，凌九左二。

索　叔孫何云　○索「叔孫」二字作「蕭」字。

索　臣三諫不從　○三，中統以。

索　吾聽子計　○索此注四字作「吾定計」三字。

〔天下振動〕　瀧一九・四，慶九左五，殿九右一，凌九左四。○動，耿蕩。

〔上迺遂無易太子志矣〕　瀧一九・六，慶九左七，殿九右三，凌九左六。

*正　招客謂四皓也　南化幻梅狩瀧。

〔羣臣莫能習〕　瀧一九・八，慶九左八，殿九右四，凌九左七。○札記　襍志云：當從漢書作「莫習」，書鈔設官部、類聚職官部引史並無「能」字。

〔及稍定漢諸儀法〕　瀧一九・九，慶九左九，殿九右五，凌九左八。○景井蜀紹毛——漢諸儀法漢諸儀法。　札記　宋本、毛本此四字重。

〔皆叔孫生爲太常所論著也〕　瀧一九・九，慶九左九，殿九右五，凌九左九。○著，景井

紹 金陵 箸。札記 宋本「箸」，各本作「著」。

〔孝惠帝爲東朝長樂宮〕　瀧二〇・二，慶九左一〇，殿九右六，凌九左九。

*正　孟康云朝太后於長樂宮　南化 梅。

〔及閒往〕　瀧二〇・二，慶一〇右一，殿九右七，凌九左一〇。〇景 井 蜀 紹 蜀刻 耿 慶 中統 彭 毛 凌 殿 及閒往來。

〔數蹕煩人〕　瀧二〇・二，慶一〇右一，殿九右七，凌九左一〇。

索　韋昭云　〇慶 彭 無此注三字。南化 楓 校補「韋昭云」三字。

索　東西相去稍遠　〇耿 慶 中統 彭 凌 殿 無「西」字。

索　清道煩人也　〇索 清道煩於人也。

*正　樗里子傳云漢興長樂宮在其東未央宮在其西武庫正直其北案共（南化、幻、梅本無「共」字。）在故水（狩、瀧本無「水」字。）長安城中　南化 幻 梅 狩 瀧。

〔迺作複道〕　瀧二〇・四，慶一〇右二，殿九右八，凌一〇右二。〇札記 舊刻「迺」作「及」，蓋「乃」之訛。

〔奈何令後世子孫乘宗廟道上行哉〕　瀧二〇・六，慶一〇右五，殿九右一〇，凌一〇右四。

集　月旦出高帝衣冠　〇景 井 紹 蜀刻 耿 慶 中統 彭 毛 凌 殿 無「旦」字。南化 楓 校補「旦」字。金陵「月旦」二字作「日月」。

集　其道值所作複道下　〇景 井 蜀 紹 蜀刻 耿 慶 中統 彭 毛 凌 殿 無「下」字。札記

＊正 「下」字考證據漢書注增。

服虔云持南化、梅本「持」作「將」。高廟中衣月旦以游於衆南化、梅本無「衆」字。廟已而復之也應劭云月旦出高帝衣冠備法駕名曰游衣冠如淳云高祖之衣冠藏在宮中之寢三月出游其道正值今之所作複南化、梅本「複」作「復」。道下故言乘南化、梅本無「乘」字。宗廟道上行也晉灼云黃圖高廟在長安城門街東寢在桂宮北服言衣藏於廟中如言宮中衣冠游於高廟每月一爲之漢制則然後之學者不曉其意謂以月出之時南化、梅本有「而」字。夜游衣冠失之遠矣 [南化][幻][梅][狩][瀧]古本標記不冠「正義曰」三字，疑非正義注文。

〔人主無過擧〕 瀧二一・一，慶一〇右八，殿九左三，凌一〇右七。

索 左傳云君擧必書 ○[索]此注七字作「傳云君不擧不書」。

〔則示有過擧〕 瀧二一・三，慶一〇右九，殿九左四，凌一〇右八。○示，[中統]是。

〔願陛下爲原廟渭北衣〕 瀧二一・三，慶一〇右九，殿九左四，凌一〇右九。

＊正 則以謂北屬上爲原廟於渭北也 [南化][梅]。

〔大孝之本也〕 瀧二一・四，慶一〇右一〇，殿九左五，凌一〇右一〇。

＊正 按南化、梅、狩本無「按」字。括地志云高廟在長安縣西北十三里渭南長安故城在中長陵在渭北咸陽縣東三十里按更於渭北爲南化、幻、梅本「爲」作「作」。原廟則衣冠每月出游高廟不渡渭南明顏説是也 [南化][幻][梅][狩][瀧]。

〔孝惠帝曾春出游離宮〕 瀧二一・七，慶一〇左一，殿九左六，凌一〇左一。○[南化][楓]

[棭][三]孝惠帝曾暮春出游離宮。

〈可獻〉　瀧二一・八，慶一〇左三，殿九左八，凌一〇左二。

索　今之朱櫻即是也　〇即，[耿]桃。

*__正__　禮記月令（梅、狩、瀧本無「月令」二字。）云仲夏之月以含桃先薦寢廟鄭玄云含桃今謂之櫻桃　[南化][幻][梅][狩][瀧]。

〈非一狐之腋也〉　瀧二三・二，慶一〇左六，殿九左一〇，凌一〇左五。〇腋，[楓][三]皮。

〈非一木之枝也〉　瀧二三・二，慶一〇左七，殿九左一〇，凌一〇左六。〇枝，[耿]板。[景][井][蜀][刻][慶][中統][彭][毛]無「也」字，[南化]校補「也」字。[札記]宋、中統、游、柯、毛本脱「也」字。

〈道固委蛇〉　瀧二三・七，慶一一右一，殿一〇右四，凌一〇左一〇。〇蛇，[索]虵。

索　音移　〇[彭]無此注二字。

*__正__　委紆危反蛇音移逶迤言屈曲順從　[南化][梅]。

史記會注考證校補卷一百

季布欒布列傳第四十

〔有名於楚〕　瀧二・一，慶一右二，殿一右九，凌一右五。

集　俜也　○俜，慶彭凌殿甹。下注同。札記王、柯、凌本「俜」作「甹」，索隱同。

索　如淳曰至其説爲近二十六字　○耿慶中統彭凌殿此注二十六字作「如淳説爲近」五字。

索　音普丁反　○丁，耿慶中統彭凌殿名。

索　其義難喻　○札記攷異云：「説文：『甹，俠也。』三輔謂輕財者爲甹。」

〔漢購將軍急〕　瀧二・五，慶一右六，殿一左一，凌一右七。　○購，楓三求。

〔迹且至臣家〕　瀧二・五，慶一右六，殿一左一，凌一右七。

＊**正**　謂尋其蹤跡也　南化梅。

〔置廣柳車中〕　瀧二・七，慶一右八，殿一左三，凌一右九。

索 東郡謂廣轍車爲廣柳車及茂陵書稱每縣廣柳車數百乘　○耿慶中統彭凌殿無此注二十三字。

索 則凡大車任載運者　○凡，耿慶中統彭凌殿是。索無「運」字。

索 通名廣柳車　○耿慶中統彭凌殿無「通」字。

索 柳皆棺飾載以喪車欲人不知也　○耿慶中統彭凌殿無此注十三字。

索 最爲通允　○充，彭名。

索 諸飾所聚也　○飾，耿慶中統彭凌殿色。

索 後人通謂車爲柳也　○耿慶中統彭凌殿故後人通——。

*__正__ 褐衣毳布衣瀧川本無「衣」字。也劉熙注孟子云織南化、梅本「織」作「繖」。毛狩、瀧本無「毛」字。爲之如今馬衣也廣柳車鄭氏曰作大柳衣幻、梅狩本「衣」作「木」。車也若周禮喪車也晉灼曰周禮翣柳柳聚也衆飾之所聚也此爲載以喪車欲人不知也鄧展曰皆棺飾也顏師古曰梅本無「曰」字。同也南化本無上四十字。

南化幻梅狩瀧。

〔迺買而置之田〕　瀧三・二，慶一左三，殿一左七，凌一左四。○南化楓棭三迺買而置之田舍。

〔見汝陰侯滕公〕　瀧三・四，慶一左五，殿一左九，凌一左六。

集 馬車也　○景此注三字作「一馬之車也」五字。札記據索隱疑「馬」上脱「一」字。

〔項氏臣可盡誅邪〕　瀧三・八，慶一左九，殿二右三，凌二右一。○氏，楓三羽。

*正 布爲羽將而迫窘高祖是布之職耳 南化 幻 梅 狩 瀧。

〔夫忌壯士以資敵國〕 瀧四・一，慶二右二，殿二右五，凌二右三。○忌，紹 蜀刻 記，札記宋本「忌」作「誋」。國，慶 固，南化 校記「國」。按：景印慶元本改「國」。

〔待閒〕 瀧四・三，慶二右五，殿二右八，凌二右六。○待，楓 三 得，紹 侍。

〔夫高帝將兵四十餘萬衆〕 瀧四・九，慶二左一，殿二左三，凌二左二。○南化 楓 棭 三 夫以高帝將兵——。

〔見罷〕 瀧五・五，慶二左八，殿二左九，凌二左八。

*正 即南化、幻、梅本無「即」字。謂諸郡國瀧川本無「國」字。朝宿之舍在京都南化、幻、梅、狩本「都」作「師」。也 南化 幻 梅 狩 瀧。

〔待罪河東〕 瀧五・六，慶二左八，殿二左九，凌二左九。

索 其詞典省而文也 ○耿 慶 中統 彭 凌 殿——而文之也。

〔此人必有以毀臣者〕 瀧五・八，慶三右一，殿三右一，凌三右一。○景 紹 蜀刻 耿 無「以」字。

〔一人之毀而去臣〕 瀧五・九，慶三右二，殿三右二，凌三右二。○南化 楓 三 景 蜀 紹 蜀刻 耿 中統 毛 以一人之毀——。

〔有以闚陛下也〕 瀧五・九，慶三右二，殿三右三，凌三右三。○有，紹 者。闚，彭 窺。

〔上默然慙〕　瀧五・一〇，慶三右三，殿三右四，凌三右三。〇【紹】【蜀刻】【耿】【慶】【中統】【彭】【毛】【凌】【殿】無「然」字。【南化】【楓】【棭】【三】校補「然」。　慙，【殿】慚。

〔河東吾股肱郡〕　瀧五・一〇，慶三右三，殿三右四，凌三右四。〇【楓】【三】河東吾股肱郡也。股，【中統】服。

〔故特召君耳〕　瀧六・一，慶三右四，殿三右四，凌三右四。〇特，【景】【蜀】【蜀刻】【耿】【慶】【中統】【彭】【毛】時。

〔數招權顧金錢〕　瀧六・二，慶三右五，殿三右五，凌三右五。

集　招求也　〇求，【景】【紹】【蜀刻】【耿】【慶】【中統】【彭】【凌】【殿】來。【札記】「求」訛「來」，考證據漢書注改。

〔事貴人趙同等〕　瀧六・六，慶三右七，殿三右七，凌三右八。

集　司馬遷以其父名談故改之　〇【毛】無「其」字。

〔僕游揚足下之名於天下〕　瀧七・三，慶三左五，殿三左四，凌三左五。〇【南化】【楓】【棭】【三】亦使僕游揚足下——。

〔季布迺大説〕　瀧七・五，慶三左六，殿三左五，凌三左六。〇説，【殿】悦。

〔曹丘揚之也〕　瀧七・六，慶三左七，殿三左六，凌三左六。〇【南化】【楓】【棭】【三】曹丘揚之故也。

＊正　既爲俠則其交必雜此曹邱所以容于季布也　贊異瀧。
〔氣蓋關中〕　瀧七・七，慶三左八，殿三左七，凌三左七。
集　弟一作子　○子，紹字。
〔弟畜灌夫籍福之屬〕　瀧七・九，慶三左一〇，殿三左九，凌三左一〇。
＊正　以兄禮事袁盎也　南化幻梅狩瀧。
〔嘗爲中司馬〕　瀧七・九，慶三左一〇，殿三左九，凌三左一〇。
索　作中尉司馬　○索作中尉之司馬。
〔少年多時時竊籍其名以行〕　瀧七・一〇，慶四右二，殿三左一〇，凌四右二。
＊正　籍如字言少年多假南化、梅本「假」作「暇」。籍季心賓客從黨之名以行也　南化幻梅狩瀧。
〔布以諾〕　瀧八・二，慶四右三，殿四右一，凌四右三。○楓三季布以諾。
〔季布母弟丁公爲楚將〕　瀧八・三，慶四右三，殿四右二，凌四右三。
索　案謂布之舅也　○慶彭凌殿無此注六字。
〔高祖急顧丁公曰〕　瀧八・四，慶四右五，殿四右三，凌四右五。○南化楓梳三高祖急顧謂丁公曰。
〔漢王遂解去〕　瀧八・五，慶四右六，殿四右四，凌四右六。
＊正　兩賢高祖及固也　南化幻梅狩瀧。
〔高祖以丁公徇軍中曰〕　瀧八・八，慶四右七，殿四右五，凌四右七。○紹蜀刻耿慶

中統彭凌殿無「曰」字。楓椴三校補「曰」。

〔使後世爲人臣者〕　瀧八・九，慶四右九，殿四右六，凌四右八。○蜀「後世」二字作「天下」。

〔無效丁公〕　瀧八・一〇，慶四右七，殿四右七，凌四右九。○楓無效丁公也。

〔爲酒人保〕　瀧九・二，慶四左一，殿四右九，凌四左一。○南化楓椴三爲酒人家保。

＊正　言可保信而傭役南化、幻、梅本「役」作「賃」。也方言曰保傭賤稱也　南化幻梅狩瀧。

〔爲其家主報仇〕　瀧九・四，慶四左三，殿四左一，凌四左三。

＊正　服虔曰爲買者報仇也按臧荼賢其爲主執仇故擧爲都尉　南化幻梅狩瀧。

〔漢召彭越〕　瀧九・七，慶四左六，殿四左三，凌四左六。○南化楓椴三漢王召彭越。

〔吾禁人勿收〕　瀧九・九，慶四左一〇，殿四左六，凌四左九。○禁，紹楚。

〔趣亨之〕　瀧九・一〇，慶四左一〇，殿四左七，凌四左一〇。○亨，楓三烹。

索　謂疾令赴鑊也　○令，索命

〔方提趣湯〕　瀧一〇・一，慶五右一，殿四左八，凌五右一。○索出「提趣」二字，云「上音啼，下音趨」。又出「趣湯」二字，云「上音娶」。徐廣云：「一作『走』。走，趣向之也。」札記索隱本疑「湯」上重「趣」字，今本皆無。御覽四百二十引同漢書亦不重。

索　下音趨　○趨，耿慶中統彭凌殿娶。

索　走亦趣向之也　○索無「亦」字。

〔滎陽成皋閒〕　瀧一〇·三，慶五右三，殿四左一〇，凌五右三。○紹無「閒」字。

〔徒以彭王居梁地〕　瀧一〇·四，慶五右四，殿四左一〇，凌五右三。○徒，紹慶彭凌殿徒南化校記「徒」。

〔彭王病不行〕　瀧一〇·七，慶五右八，殿五右三，凌五右七。○札記「不行」，御覽四百二十引作「不得從」。

〔以軍功封俞侯〕　瀧一一·二，慶五左四，殿五右九，凌五左三。○南化楓梜三——封爲俞侯。

〔景帝中五年薨子賁嗣爲太常犧牲不如令國除〕　瀧一一·五，慶五左六，殿五右一〇，凌五左五。○楓三此十九字細書。

〔身屨典軍搴旗者數矣〕　瀧一一·八，慶五左八，殿五左二，凌五左七。○索無「典」字。札記索隱無「典」字，與漢書合。志疑云：「衍『師古云』，流俗本加『典』字非。」

集　屨一作屢　○屢，毛屨。

集　瓚曰　○瓚，毛黄。

集　屢數也　○屢，慶彭殿屨，南化校記「屢」。下注同。

索　按下云搴旗　○按，耿慶中統彭凌殿而。云，慶彭去，南化校記「云」。按：影印慶元本「去」改「云」。

索　勝於屢之與履　○[耿][慶][中統][彭][凌][殿]愈各本「勝」字作「愈」。於屢之與履者也。

＊**正**　搴拔也按幻本無「按」字。數屨軍拔取旗也本或改屨爲婁外曲字皆非也瀧川本無上二十字。　[南化][幻][梅][狩][瀧]。

〔然至被刑〕　瀧一一・一〇，慶五左一〇，殿五左四，凌五左九。○[慶][彭][凌][殿]無「至」字。[楓][三]校補「至」。

〔其未足也〕　瀧一二・二，慶六右二，殿五左六，凌六右一。○[南化][楓][三]其材未足也。

〔非能勇也〕　瀧一二・四，慶六右四，殿五左七，凌六右三。

＊**正**　慨歎也或作概謂節概　[南化][幻][梅][狩][瀧]。

〔何以加哉〕　瀧一二・七，慶六右六，殿五左一〇，凌六右五。

索　犯禁見虜　○禁，[索]楚。

史記會注考證校補卷一百一

袁盎鼂錯列傳第四十一

〔盎兄噲任盎爲中郎〕 瀧二・三，慶一右四，殿一右八，凌一右五。

*正 百官公卿表云中郎秩比六百石郎中（幻、梅本無上五字。）比三百石按任（南化、幻、梅本「任」作「既」。）保其中郎是（狩、瀧本無「是」字。）也 [南化][幻][梅][狩][瀧]。

〔常自送之〕 瀧二・六，慶一右五，殿一右一〇，凌一右六。○常，[中統]嘗。

〔主在與在〕 瀧二・七，慶一右八，殿一左二，凌一右八。

索 按如淳云人主在時與共理在時之事也 ○[耿][慶][中統][彭][凌][殿]無此注十六字。

〔主亡與亡〕 瀧二・八，慶一右八，殿一左三，凌一右九。

索 如淳云不以人主亡而不行其政令 ○[耿][慶][中統][彭][凌][殿]無此注十四字。

索 按如説爲得 ○[耿][慶][中統][彭][凌][殿]此注五字作「如淳説爲得」。

*正　人主南化、幻、梅、狩本「人」、「主」互倒。在時與共治在時之事人主雖亡其法度狩、瀧本無「度」字。存當奉行之高帝誓非劉氏不王而勃等聽王諸呂是從生主之欲不與亡者也　【南化】【幻】【梅】【狩】【瀧】。

〔上益莊〕　瀧三・四，慶一左三，殿一左七，凌一左四。○莊，【楓】【三】壯。

〔今兒廷毀我〕　瀧三・六，慶一左五，殿一左八，凌一左五。○今，【慶】【彭】令，【南化】【楓】【棭】【三】校記「令」。按：南化本標記「令」字下有「漢書」二字。

〔徵繫清室〕　瀧三・七，慶一左六，殿一左九，凌一左七。○清，【紹】請。

集　若古刑於甸師氏也　○氏，【紹】是。

〔可適削地〕　瀧四・一，慶一左一〇，殿二右三，凌二右一。○【南化】【楓】【棭】【三】可適削其地。

〔陛下竟爲以天下之大弗能容〕　瀧四・五，慶二右五，殿二右七，凌二右五。○【殿】「爲」、「以」互倒。

〔聞上輟食哭甚哀〕　瀧四・七，慶二右七，殿二右九，凌二右七。○【南化】「聞」、「上」互倒。【楓】【三】此七字作「上聞之輟食哭甚哀」八字。【紹】無「甚」字。

*正　聞聞於天子　【南化】【幻】【梅】【狩】【瀧】。

〔盎入頓首請罪〕　瀧四・七，慶二右七，殿二右九，凌二右七。

*正　頓首請罪自南化本「自」作「對」。責幻本「責」作「賛」。以南化、梅本無「以」字。不强諫也　【南化】【幻】【梅】

狩 瀧。

〔陛下不交睫〕　瀧五・一，慶二左一，殿二左二，凌二左一。○南化 楓 梜 三陛下不交睫憂勞。

〔雖賁育之勇不及陛下〕　瀧五・四，慶二左五，殿二左六，凌二左五。

索　賁孟賁育夏育也　○耿 慶 中統 彭 凌 殿無此注七字。

索　陸行不避兕虎　○耿 慶 中統 彭 凌 殿「兕」、「虎」互倒。

索　高誘曰育　○耿 慶 中統 彭 凌 殿高誘曰育衛人。

〔唯在陛下耳〕　瀧五・一〇，慶三右一，殿三右二，凌三右一。○在，南化 楓 梜 三任。

〔常害袁盎〕　瀧六・二，慶三右三，殿三右四，凌三右三。○常，毛嘗。

集　同作談字　○耿 金陵無「同」字。

〔持節夾乘〕　瀧六・三，慶三右四，殿三右四，凌三右四。○札記四字疑後人依索隱增，或旁注羼入，漢書無。

索　案漢舊儀云　○耿 慶 中統 彭 索 凌 殿案漢書舊單索隱本無「舊」字。儀云。

索　輿車騎從者云常侍騎　○殿此注九字作「輿騎從者則云常侍騎也」十字。

〔臣聞天子所與共六尺輿者〕　瀧六・六，慶三右七，殿三右七，凌三右七。○子，慶 彭下，南化 楓 梜 三校記「子」。按：南化本標記「下」作「子」，「三字下有「漢書」二字。景印慶元本「下」改「子」。

〔坐不垂堂〕　瀧七・一，慶三左一，殿三右一〇，凌三左一。

＊**正**　乘堂簷下也恐尾落中人言富人子自愛惜也　南化 梅。

〔不騎衡〕　瀧七・二，慶三左二，殿三左一，凌三左二。○札記 志疑云：「水經注十九引作『立不依衡』，依上『坐不垂堂』句，似失『立』字。」案：漢書「坐」字、「立」字皆無。

集　樓殿邊欄楯也　○楯，紹 栢。

索　張晏云　○耿 慶 中統 彭 凌 殿 無此注三字。

索　衡木行馬也　○索 此注五字作「木衡馬也」四字。

索　衡樓殿邊欄楯也　○耿 慶 中統 彭 凌 殿 無此注七字。

索　衡車衡也　○耿 慶 中統 彭 凌 殿 無此注四字。

索　騎音倚　○倚，耿 慶 中統 彭 凌 殿 奇。

索　謂跨之　○耿 慶 中統 彭 凌 殿 無此注三字。

索　按如淳之説爲長　○耿 慶 中統 彭 凌 殿 此注七字作「按諸家説如淳爲長」八字。

索　案纂要云　○耿 慶 中統 彭 凌 殿 如云欄楯者案纂要云。

索　宮殿四面欄　○欄，耿 蘭。

索　縱者云檻　○檻，慶 彭 凌 殿 欄。

索　橫者云楯也　○耿 慶 中統 彭 凌 殿 橫者云楯是也。

〔馳下峻山〕　瀧七・五，慶三左五，殿三左四，凌三左五。

＊正　緋南化、幻、梅本無「緋」字而有「按騑」二字。音芳菲反騑驂馬也騑騑行不正貌瀧本無上六字。南化、幻、梅、狩、瀧。

〔袁盎引卻慎夫人坐〕　瀧七・九，慶三左八，殿三左七，凌三左八。

集　豫設供帳待之　○帳，景、張、蜀、刻、耿、慶、中統、彭、凌、殿無「帳」字。

集　故得卻慎夫人坐　○得，南化、彭待，楓、三校記「得」。

〔妾主豈可與同坐哉〕　瀧八・二，慶四右二，殿三左一○，凌四右一。○與，楓以。

〔適所以失尊卑矣〕　瀧八・三，慶四右三，殿四右一，凌四右三。○景、蜀、紹、耿、慶、中統、彭、毛、凌、殿無此七字。札記宋本有此七字，各本缺，漢書亦無。

〔陛下獨不見人彘乎〕　瀧八・四，慶四右三，殿四右二，凌四右三。○彭無「陛下」二字。楓、棭、三校補「陛下」。

〔慎夫人賜盎金五十斤〕　瀧八・五，慶四右五，殿四右三，凌四右四。○斤，凌觔。

〔毋苛〕　瀧八・九，慶四右九，殿四右七，凌四右九。○苛，楓、三、耿、中統、凌、金陵何。

＊正　苛音何言無狩、瀧本無「無」字。苛細勾當也外本多作何南化本有「漢書亦作何」五字。言無何猶何說王也狩、瀧本無上十三字。南化、幻、梅、狩、瀧。

〔丞相從車上謝袁盎袁盎還〕　瀧九・四，慶四左二，殿四右九，凌四左一。○蜀不重「袁盎」二字。

〔即私邪〕　瀧九・五，慶四左五，殿四左二，凌四左四。○南化、楓、棭、三即私事邪。

〔袁盎即跪説曰〕　瀧九・六，慶四左五，殿四左二，凌四左四。○跪，耿毛詭。

〔遷爲隊率〕　瀧九・九，慶四左九，殿四左五，凌四左八。

*正　所類反如淳曰隊帥軍中小官　南化梅。

〔君受禍不久矣〕，瀧一〇・五，慶五右四，殿四左九，凌五右三。○受，景蜀刻耿慶彭毛授，南化楓棭三校記「受」。札記宋本、毛本「受」訛「授」，下「受吴王財物」訛亦同。

〔丞相乃再拜曰〕　瀧一〇・五，慶五右五，殿四左一〇，凌五右三。○南化楓棭三丞相乃再拜謝曰。

〔乃不知將軍幸教〕　瀧一〇・五，慶五右五，殿五右一，凌五右四。

*正　鄙野謂邊幻本「鄙野謂邊」四字作「謂邊鄙野」。邑野外之人也　南化幻梅狩瀧。

〔盎去盎坐〕　瀧一〇・七，慶五右七，殿五右二，凌五右五。○南化楓棭三盎輒去盎所居坐。

〔使吏案袁盎受吴王財物〕　瀧一〇・九，慶五右八，殿五右三，凌五右七。○受，景蜀刻耿慶彭毛授，南化楓棭三校記「受」。按：影印慶元本「授」改「受」。

〔宜知計謀〕　瀧一一・一，慶五左二，殿五右六，凌五右一〇。

集　丞相史也　○相，金陵及。札記舊刻「及」，與漢書注合，各本訛「相」。

*正　按百官表御史大夫有幻本無「有」字。兩丞及御史員十五人兩南化、梅本「兩」作「而」。丞無史蓋史是御

史如誤也　南化幻梅狩瀧。

〔治之有絶〕　瀧一一・四，慶五左二，殿五右七，凌五左一。

集　事未發之時治之　○事，毛爲。按：毛本誤。

＊**正**　按未發治之乃有所絶　南化幻梅狩瀧。

〔上乃召袁盎入見〕　瀧一一・八，慶五左六，殿五右一〇，凌五左五。○南化楓棭三上乃召袁盎袁盎入見。

〔以錯故〕　瀧一一・一〇，慶五左八，殿五左二，凌五左六。

＊**正**　謂南化本「謂」作「請」。錯削諸侯也　南化幻梅狩瀧。

〔其語具在吳事中〕　瀧一一・一〇，慶五左九，殿五左三，凌五左七。○具，凌倶。

〔嘗有從史嘗盜愛盎侍兒〕　瀧一一・六，慶六右四，殿五左七，凌六右二。○景蜀紹蜀刻耿慶中統彭毛殿嘗有從史從史嘗盜——。札記宋本、中統、游、王、柯、毛並重「從史」二字，疑衍。

〔袁盎驅自追之〕　瀧一一・八，慶六右六，殿五左九，凌六右四。○南化楓棭三袁盎覺驅自追之。

〔從史適爲守盎校尉司〕　瀧一一・九，慶六右七，殿五左一〇，凌六右五。

＊**正**　從史爲守盎校尉之司馬也　南化幻梅狩瀧。

〔乃悉以其裝齎置二石醇醪〕　瀧一二・一〇，慶六右八，殿五左一〇，凌六右六。○醇，[景][蜀刻]淳，[蜀][紹]惇。

*正　醪音牢醪汁今之酒　[南化][幻][梅][狩][瀧]。

〔臣故爲從史盜君侍兒者〕　瀧一三・三，慶六左一，殿六右三，凌六右九。○[南化][楓][棭][三]臣故爲君從史——

〔吾不足以累公〕　瀧一三・四，慶六左二，殿六右四，凌六右一〇。○足[殿]可[札記]舊刻「足」作「可」。

〔君弟去〕　瀧一三・五，慶六左三，殿六右五，凌六右一〇。○弟[毛][凌]第。

〔臣亦且亡辟吾親〕　瀧一三・五，慶六左三，殿六右五，凌六左一。○辟[景][蜀刻][耿][慶][中統][彭][凌][殿]避。下同。[札記]「辟」字，索隱、中統、游、王、柯本同。按：中統本、王本「避」，札記誤但索隱本「辟」。

〔君何患〕　瀧一三・五，慶六左四，殿六右六，凌六左二。

集　藏匿吾親　○藏，[景]義。

索　言自隱辟親不使遇禍也　○[耿][慶][中統][彭][凌][殿]此注十字作「言自隱辟我親不擬遇禍也」十一字。

〔道從醉卒直隧出〕　瀧一三・六，慶六左五，殿六右六，凌六左二。○[南化][楓][棭][三]道從醉卒所直隧出。

集 決開當所從亡者之道 ○決，耿夾。

〔司馬與分背〕 瀧一三・七，慶六左六，殿六右八，凌六左三。○南化 楓 棭 三司馬與盎分背。

〔見梁騎騎馳去〕 瀧一三・九，慶六左七，殿六右九，凌六左五。○南化 楓 三不重「騎」字。札記舊刻脱「馳」字。

〔袁盎爲楚相〕 瀧一四・一，慶六左九，殿六右一〇，凌六左七。○南化 楓 棭 三以袁盎爲楚相。

〔且緩急人所有〕 瀧一四・五，慶七右四，殿六左五，凌七右一。

＊**正** 凡南化、幻、梅本有「言」字。人世之中不能無緩急之變南化、幻、梅本「變」作「事」。 南化 幻 梅 狩 瀧。

〔不以親爲解〕 瀧一四・六，慶七右五，殿六左六，凌七右二。

集 凡人之於赴難濟危 ○濟，景辭。

＊**正** 言人有急叩門被呼則依梅本無「依」字。父母自南化、幻、梅、狩本「自」作「爲」。解説南化、幻、梅、狩本「説」作「免」。也 南化 幻 梅 狩 瀧。

〔不以存亡爲辭〕 瀧一四・七，慶七右六，殿六左七，凌七右四。

＊**正** 存謂辭以南化、幻、梅本「以」作「有」。事故也亡謂出不在家也 南化 幻 梅 狩 瀧。

〔獨季心劇孟耳〕 瀧一四・九，慶七右七，殿六左八，凌七右四。

＊正　言二子救人之急如父母耳文梅本「文」誤「父」。穎曰心季布弟也　南化幻梅狩瀧。按：據南化本標記，則「文穎曰」以下八字提行，疑非正義佚文。

〔然後刺君者十餘曹〕　瀧一五・五，慶七左四，殿七右四，凌七左一。○殿無「者」字。

〔乃之棓生所問占〕　瀧一五・六，慶七左五，殿七右四，凌七左一。○棓，蜀刻慶中統彭凌殿掊。下注同。

集　棓一作服　○服，中統明。

集　秦時賢士善術者　○毛無「時」字。

索　文穎云棓音陪　○耿慶中統彭凌殿無此注六字。

〔果遮刺殺盎安陵郭門外〕　瀧一五・八，慶七左六，殿七右七，凌七左四。

＊正　遮作蹠音之石反蹠謂尋其蹤南化、梅本「蹤」作「從」。也又音庶　南化幻梅狩瀧。

〔潁川人也〕　瀧一五・九，慶七左八，殿七右八，凌七左六。

索　上音朝　○上，慶朝，南化校記「鼂」。按：景印慶元本改「上」。

索　案朝氏出南陽　○朝，耿慶中統彭凌殿鼂。

索　今西鄂晁氏謂子朝之後也　○耿慶中統彭凌殿此注十一字作「今西鄂鼂氏自謂子鼂之後也」十二字。按：各本「朝」、「晁」、「鼂」混用，下同。

〔學申商刑名於軹張恢先所〕　瀧一五・一〇，慶七左九，殿七右九，凌七左七。○先，索生。

〔以文學爲太常掌故〕　瀧一六・三，慶七左一〇，殿七右一〇，凌七左八。

集　百石吏　○南化 楓 三 六百石吏。

〔錯爲人陗直刻深〕　瀧一六・五，慶八右二，殿七左二，凌七左一〇。

集　術岸高曰陗　○陗，凌 殿 陗。

索　案韋昭注　○注，索 云。

索　陗七笑反　○耿 慶 中統 彭 凌 殿 此注四字作「陗音七笑反」五字。

索　陗峻也　○耿 慶 中統 彭 凌 殿 無此注三字。

〔詔以爲太子舍人門大夫家令〕　瀧一六・一〇，慶八右八，殿七左八，凌八右七。

*正　太子漢書作天子也　南化 梅。

〔數上書孝文時〕　瀧一七・二，慶八右一〇，殿七左九，凌八右九。○耿 無「數」字。

〔然奇其材〕　瀧一七・四，慶八左一，殿八右一，凌八右一〇。○材，耿 林，札記 舊刻「才」。

〔法令多所更定〕　瀧一七・九，慶八左四，殿八右三，凌八左三。○紹 無「多」字。

〔鑿廟壖垣〕　瀧一八・一，慶八左七，殿八右五，凌八左五。

索　上音乃戀反。○戀，耿 慶 彭 凌 殿 亂。

正　上人緣反壖者廟內垣外游地也　○慶 彭 凌 殿 上人緣反石壖者——。札記 此正義各本錯在下文「乃壖中垣」下。今案：當在「此反」下，多「石」字，蓋即「反」字訛衍，今刪。

〔請諸侯之罪過〕　瀧一八・七，慶九右三，殿八左一，凌九右一。○南化 楓 棭 三 請諸侯之有罪過。

〔上令公卿列侯宗室集議〕　瀧一八・九，慶九右五，殿八左三，凌九右三。○札記「集」字字類引作「桀」，蓋「褋」之訛，漢書作「雜」。

〔莫敢難〕　瀧一八・九，慶九右五，殿八左三，凌九右四。

＊正　集本南化、幻、梅、狩本無「本」字。作褋音雜南化、狩、瀧本無「音雜」二字。高誘云褋集也　南化　幻　梅　狩　瀧。

〔獨竇嬰争之〕　瀧一八・一〇，慶九右六，殿八左三，凌九右四。○嬰，慶　彭　安，南化　楓　棭　三　校記「嬰」。校景印慶元本「安」改「嬰」。

〔諸侯皆諠譁疾鼂錯〕　瀧一九・一，慶九右七，殿八左四，凌九右五。○中統「諠譁」二字作「喧嘩」。

〔錯父聞之〕　瀧一九・一，慶九右七，殿八左四，凌九右五。○札記宋本「聞」訛「閒」。

〔吾去公歸矣〕　瀧一九・七，慶九左一，殿八左八，凌九右一〇。○公，慶　彭　殿　父，南化　楓　棭　三　校記「公」。

〔謁見上〕　瀧一九・一〇，慶九左五，殿九右二，凌九左三。

＊正　百官表云郎中令屬官有謁者秩比六百石謁者有僕射秩比千石　南化　幻　梅　狩　瀧。

〔外爲諸侯報仇〕　瀧二〇・七，慶一〇右二，殿九右七，凌九左九。○札記仇，舊刻「讐」。

〔鄧公成固人也〕　瀧二〇・一〇，慶一〇右四，殿九右九，凌一〇右一。○固，紹同。

〔引義忼慨〕　瀧二一·三，慶一〇右九，殿九左三，凌一〇右六。〇忼，紹炳，毛慷。按：紹本訛。

*正　傅會上音附言善爲附近而會時也張晏曰因宜（幻本無「宜」字。）附著合會也（梅本無「張晏」以下十字。）南化 幻 梅 狩 瀧。

〔資適逢世〕　瀧二一·五，慶一〇右九，殿九左四，凌一〇右七。

集　適值其世　〇世，南化 彭 勢。

集　得騁其才　〇彭 得騁其才焉。

〔時以變易〕　瀧二一·六，慶一〇右一〇，殿九左四，凌一〇右八。〇以，南化 楓 棭 三 已。

〔說雖行哉〕　瀧二一·六，慶一〇右一〇，殿九左五，凌一〇右八。

*正　謂殺晁錯　南化 梅。

〔竟以名敗〕　瀧二一·七，慶一〇左一，殿九左六，凌一〇右九。〇敗，蜀 數。

〔欲報私讎〕　瀧二一·九，慶一〇左三，殿九左七，凌一〇右一〇。〇讎，詳節 怨。

〔豈錯等謂邪〕　瀧二一·一〇，慶一〇左四，殿九左八，凌一〇左一。

索　袁絲公直　〇絲，慶 中統 彭 凌 殿 盎。

史記會注考證校補卷一百二

張釋之馮唐列傳第四十二

〔字季〕瀧二・二，慶一右四，殿一右九，凌一右五。

正　哀帝改爲順陽　○札記考證云：「地理志此注在『博山』下，又誤『哀帝』爲『明帝』。」攷異云：「此承『酈氏淯水注赭陽』下引地理志『縣有赭水，漢哀帝改爲順陽』之誤。」

〔事孝文帝〕瀧二・四，慶一右五，殿一右一〇，凌一右七。

集　雇錢　○雇，毛、金陵顧。札記毛本作「顧」，與雇同，各本作「雇」。

〔令今可施行也〕瀧三・八，慶一右九，殿一左四，凌一左一。

索　欲令且卑下其志　○凌、殿無「且」字。

索　無甚高談論　○耿、慶、中統、彭無甚高談論語。

索　但令依時事　○耿、慶、中統、彭、凌、殿且紹、慶、中統、彭本無「且」字。但令依今時事。

索　無説古遠也　○凌、殿語無説古遠也。

*正　卑之謂依附幻本無「附」字。時事令可南化本「可」作「耳」。施行者也　南化 幻 梅 狩 瀧。

〔上問上林尉諸禽獸簿〕　瀧四・二，慶一右四，殿一左七，凌一左五。

*正　上林尉屬丞幻、梅本無「丞」字。水衡狩、瀧川本無「水衡」二字。梅本無「衡」字。也　南化 幻 梅 狩 瀧。

〔豈斅此嗇夫諜諜利口捷給哉〕　瀧四・一〇，慶二右二，殿二右五，凌二右三。

集　諜音牒　○牒，毛 諜。按：毛本訛。

索　音牒　○耿 慶 中統 彭 凌 殿 無此注二字。

索　漢書作喋喋口多言　○耿 慶 中統 彭 凌 殿 此注八字作「漢書作喋喋喋喋多言也」十字。

〔吏争以亟疾苛察相高〕　瀧五・三，慶二右三，殿二右六，凌二右四。○苛，景 奇。按：景本誤。

〔然其敝徒文具耳〕　瀧五・三，慶二右四，殿二右七，凌二右五。

*正　言狩、瀧本無「言」字。秦政弊壞梅本「壞」作「懷」。之時空以文書具備而已　南化 幻 梅 狩 瀧。

〔臣恐天下隨風靡靡〕　瀧五・六，慶二右六，殿二右九，凌二右七。○楓 棭 三 不重「靡」字。

〔争爲口辯〕　瀧五・七，慶二右七，殿二右九，凌二右八。○南化 楓 棭 三 無「爲」字。

〔疾於景響〕　瀧五・七，慶二右七，殿二右一〇，凌二右八。○景，南化 楓 棭 三 影。

〔上拜釋之爲公車令〕　瀧五・一〇，慶二右一〇，殿二左二，凌二左一。○公，毛 宮。

〔太子與梁王共車入朝〕　瀧六・一，慶二左一，殿二左二，凌二左一。○南化 楓 棭 三 太子與梁孝王共車入朝。

〔居北臨廁〕　瀧六・五，慶二左七，殿二左八，凌二左七。

集　居高臨垂邊曰廁也　○垂，毛岸。

集　蘇林曰廁　○廁，毛側。按：毛本誤。

索　按李奇曰霸陵北頭廁近霸水蘇林曰廁邊側也　○耿 慶 中統 彭 凌 殿無此注十九字。

〔上指示慎夫人新豐道曰〕　瀧六・九，慶二左九，殿二左一〇，凌二左一〇。○曰，蜀之。

〔上自倚瑟而歌〕　瀧六・一〇，慶二左一〇，殿三右一，凌三右一。

集　聲依永　○永，景 蜀刻 慶 中統 彭咏。札記宋本作「咏」，與漢書禮樂志合。

索　於綺反　○索無「反」字。

〔以北山石爲椁〕　瀧七・二，慶三右二，殿三右三，凌三右三。○椁，慶 彭 凌 殿槨。

〔用紵絮斮陳蕠漆其閒〕　瀧七・二，慶三右三，殿三右四，凌三右四。○蕠，景 索絮。

〔豈可動哉〕　瀧七・三，慶三右五，殿三右六，凌三右六。

集　駰案漢書音義曰　○駰，景張。

索　上張呂反下息慮反　○耿 慶 中統 彭 凌 殿此注八字作「紵音竹呂反絮音息慮反」十字。

索　斮陳絮漆其閒　○耿 慶 中統 彭 凌 殿無此注六字。

〔釋之前進曰〕　瀧七・六，慶三右五，殿三右六，凌三右六。○楓 棭 三無「進」字。按：漢書亦無「進」字。

〔雖錮南山猶有郄〕　瀧七・七，慶三右六，殿三右七，凌三右七。

索　案張晏云錮鑄也帝北向故云北山回顧向南故云南山　○耿慶中統彭凌殿無此注二十二字。

索　今案大顏云　○耿慶中統彭凌殿無「今」字。

索　肌理密　○耿慶中統彭凌殿肌理細密。

索　堪爲碑槨　○碑，耿慶中統彭凌埤，殿椑。

索　或作鄘山　○耿慶中統彭凌殿無「或」字。

索　發北山石槨是也　○索金陵無「發北山」三字。耿慶中統彭凌殿——石槨乃寫是也。

索　若使厚殉冢中有物　○殉，耿慶中統彭凌殿葬。

〔雖無石椁〕　瀧七・一〇，慶三右一〇，殿三左一，凌三左一。○椁，南化槨。

〔上行出中渭橋〕　瀧八・一，慶三左一，殿三左二，凌三左三。

集　瓚曰中渭橋　○渭，毛尉。按：訛。

索　一所在東北高陵道　○道，耿慶中統彭凌殿路。

索　古城之北也　○古，耿慶中統彭凌殿故。

〔一人犯蹕〕　瀧八・六，慶三左六，殿三左七，凌三左八。○一，楓棭三耿毛此。

〔當罰金〕　瀧八・六，慶三左六，殿三左七，凌三左八。

索　廷尉平刑罰　○慶彭凌殿廷尉掌平刑罰。

〔令他馬〕　瀧八・八，慶三左九，殿三左九，凌四右一。○令，耿今。札記舊刻「他」作「它」。

〔天子所與天下公共也〕　瀧八・九，慶三左一〇，殿三左一〇，凌四右二。

索 謂不私也　○彭謂不私者也。

〔一傾〕　瀧九・二，慶四右三，殿四右三，凌四右五。○傾，楓三領。

〔民安所措其手足〕　瀧九・二，慶四右三，殿四右三，凌四右五。○措，景蜀紹蜀刻耿慶中統彭毛凌殿錯。札記舊刻「措」。

〔文帝怒下廷尉治〕　瀧九・四，慶四右五，殿四右五，凌四右七。○景蜀紹蜀刻慶彭凌殿文帝怒下廷尉廷尉治，凌一本不重「廷尉」二字。

〔盜宗廟服御物者爲奏〕　瀧九・五，慶四右六，殿四右五，凌四右八。○宗，中統高。札記中統、游本「宗」作「高」，涉上而誤。

〔欲致之族〕　瀧九・六，慶四右八，殿四右七，凌四右九。○景蜀紹蜀刻耿慶中統彭毛凌殿「之」、「族」互倒。札記舊刻與漢書合，各本「之」、「族」倒。

〔而君以法奏之〕　瀧九・七，慶四右八，殿四右七，凌四右九。

索 案法者依律以斷也　○耿慶中統彭凌殿案以法者謂依律以斷也。

〔陛下何以加其法乎〕　瀧一〇・一，慶四左五，殿四左三，凌四左七。

索　汙尊而抔飲　○抔，凌林。

索　手掬之　○掬，索抔。

索　字本或作盃　○耿字本或作盃音杯。

索　坯者塼之未燒之名也　○坯，慶殿坏，凌杯，索——未燒之名也注坏土。

索　及說傷迫近先帝故也　○耿慶中統彭凌殿「說傷迫近」四字作「侵柩恐傷迫切」六字。

*正　按釋之言盜長陵一抔土與盜環罪等用以比之令帝詳審故云陛下何以加其法乎故狩、瀧本無「故」字。張晏云不欲指言故以取土梅本無「土」字。譬一何疎鄙不解義理之甚裴氏引之重爲錯也　南化幻梅狩瀧。

〔是時中尉條侯周亞夫〕　瀧一〇·五，慶四左六，殿四左四，凌四左八。　○南化楓棭三是是時中尉——。

〔乃結爲親友〕　瀧一〇·六，慶四左八，殿四左六，凌四左一〇。

集　開一作關　○關，景紹蜀刻耿慶中統彭毛殿金陵間，札記宋本、中統、舊刻、游、王、柯、毛同凌剜改作「關」。

〔釋之恐稱病〕　瀧一〇·七，慶四左九，殿四左七，凌五右一。

索　謂帝爲太子時　○謂，慶彭凌殿景。

索　釋之曾劾　○耿慶中統彭凌殿釋之曾奏劾。

〔顧謂張廷尉〕　瀧一一·二，慶五右三，殿五右一，凌五右五。　○南化楓棭三顧謂張廷尉曰。

〔爲我結韈〕　瀧一一・二，慶五右四，殿五右一，凌五右五。○韈，[索]襪。

〔欲以重之〕　瀧一一・五，慶五右七，殿五右五，凌五右九。○欲，[毛]故。按：毛本誤。

〔故終身不仕〕　瀧一一・八，慶五左一，殿五右七，凌五左二。

索　不能曲屈見容於當世　○曲，[彭]能　按：彭本誤。

〔事文帝〕　瀧一一・一〇，慶五左四，殿五右一〇，凌五左六。

索　案謂爲郎署之長也　○[彭]「之」字、「也」字並無。

〔文帝輦過〕　瀧一二・一，慶五左四，殿五左一，凌五左六。

索　會過郎署　○[耿][慶][中統][彭][凌][殿]此注四字作「過郎署」也。

〔家安在〕　瀧一二・二，慶五左六，殿五左二，凌五左八。

索　帝詢唐　○詢，[索]訪。

索　乃自爲郎　○[耿][慶][中統][彭][凌][殿]何乃自爲郎。

〔吾尚食監高袪〕　瀧一二・四，慶五左六，殿五左三，凌五左八。○袪，[毛]祛。

〔意未嘗不在鉅鹿也〕　瀧一二・五，慶五左八，殿五左四，凌五左一〇。○[南化][楓][棭][三]

　意未嘗不在鉅鹿下也。

〔何以〕　瀧一二・七，慶五左一〇，殿五左六，凌六右二。○[南化][楓][棭][三]何以知。

〔爲官卒將〕 瀧一二・七，慶五左一〇，殿五左六，凌六右二。○索下有「按國語闔閭卒百人爲徹行行頭皆官將徐廣云一云官士將也」二十五字注。札記襍志云：「卒」當作「率」。

〔善李牧〕 瀧一二・八，慶六右二，殿五左八，凌六右四。

索 案國語百人爲徹行 ○耿慶中統彭凌殿案國語闔閭卒百人——。

集 亦皆帥將也 ○帥，耿慶中統毛凌殿師。

〔陛下雖得廉頗李牧弗能用也〕 瀧一三・三，慶六右七，殿六右三，凌六右九。

索 人臣進對前 ○人，中統大。

索 何乃言及上祖 ○耿慶中統彭凌殿此注六字作「何乃上及父祖」。

索 解已見前志也 ○耿慶中統彭凌殿「志也」二字作「篇」字。

〔匈奴新大入朝那〕 瀧一三・七，慶六右九，殿六右五，凌六左二。

索 上音朝遥反 ○耿慶中統彭凌無「反」字。南化楓棭三校補「反」。索金陵此注五字作「上音朝早也」。

索 屬安定也 ○耿慶中統彭凌殿屬河西安定也。

〔殺北地都尉印〕 瀧一三・八，慶六左一，殿六右六，凌六左三。○印，景蜀紹蜀刻耿慶中統彭凌殿昂。札記索隱本「卬」，與文紀、惠景閒侯者表、匈奴傳合，御覽二百七十八引作「卬」，注音昂，今各本並作「昂」，說見襍志。

索 名印 ○耿慶中統彭凌殿無此注二字。

〔閫以內者〕　瀧一四・一，慶六左四，殿六右九，凌六左六。○南化 楓 棭 三 自閫以內者。

〔不從中擾也〕　瀧一四・六，慶六左八，殿六左三，凌七右一。○擾，南化 楓 三 景 紹 毛 覆。

〔委任而責成功〕　瀧一四・七，慶六左九，殿六左四，凌七右二。○委，紹 季。按：紹本誤。

〔遣選車千三百乘〕　瀧一四・七，慶六左九，殿六左四，凌七右二。

索　有選車之法　○耿 慶 中統 彭 凌 殿 云有選車之法十。

〔彀騎萬三千〕　瀧一四・八，慶六左一〇，殿六左五，凌七右三。

索　彀騎　○耿 謂彀騎。

〔百金之士十萬〕　瀧一四・一〇，慶七右一，殿六左五，凌七右三。

索　百金取其貴重也　○取，慶 中統 凌 喻 耿 彭 殿 言。

索　服虔曰良士直百金也　○耿 慶 中統 彭 凌 殿 此注九字作「注云或者服晉之說也」。

索　及小爾雅　○索 無「小」字。

〔破東胡〕　瀧一五・二，慶七右三，殿六左七，凌七右五。

索　烏丸之先也　○耿 慶 中統 彭 凌 此五字作「東胡丸之先也」六字。按：景印慶元本「丸」字上增「烏」字。殿 東胡烏丸之先也。

〔滅澹林〕　瀧一五・二，慶七右三，殿六左七，凌七右六。

索　一本作襘襤　○索金陵「襘襤」二字作「檜檻」。

〔南支韓魏〕　瀧一五・四，慶七右四，殿六左九，凌七右七。○支，慶彭殿友，南化校記「支」。札記王本「支」訛「友」。

〔卒誅李牧〕　瀧一五・五，慶七右七，殿七右一，凌七右九。

索　按開是趙之寵臣　○之，耿慶中統彭凌殿王。

〔令顏聚代之〕　瀧一五・六，慶七右七，殿七右二，凌七右一○。

索　本齊將也　○耿慶中統彭凌殿最本齊將無。「也」字。

正　絕庾反　○殿無此注三字。庾，慶彭凌瘦反，慶彭也。按：景印慶元本「也」改「反」。札記此「聚」字音也，各本「庾」訛「瘦」，今改。

〔今臣竊聞魏尚爲雲中守〕　瀧一五・八，慶七右九，殿七右三，凌七左二。○竊，紹切。

〔私養錢〕　瀧一五・九，慶七右一○，殿七右四，凌七左三。○南化楓棭三出私養錢。

〔五日一椎牛〕　瀧一五・九，慶七左一，殿七右五，凌七左五。○椎，景紹蜀刻推。

〔饗賓客軍吏舍人〕　瀧一五・九，慶七左二，殿七右六，凌七左五。

索　按漢書　○耿慶彭凌殿無「書」字。

索　爲私奉養　○索爲新私奉養

索　服虔曰私稟假錢是也或云　○索此注十一字作「如淳云稟假錢也云」八字。

索　椎音直追反　○追，彭椎。

〔不近雲中之塞〕　瀧一六・一，慶七左三，殿七右六，淩七左六。○南化 楓 棭 三不敢近雲中之塞。

〔夫士卒盡家人子〕　瀧一六・三，慶七左四，殿七右七，淩七左七。○彭無「卒」字。楓 棭 三校補「卒」。

〔安知尺籍伍符〕　瀧一六・四，慶七左五，殿七右八，淩七左八。○伍，蜀刻 耿 慶 彭 毛 五，南化 楓 棭 三校記「伍」。札記 索隱本「伍」，淩本同各本作「五」。

集　亦什伍之符　○什，紹 付。

索　謂書其斬首之功於一尺之板　○索無「一」字。板，中統 版。

索　注故行不行　○耿 慶 中統 彭 淩 殿無「注」字。

索　奪勞二歲也　○二，耿 慶 中統 彭 淩 殿 一。

***正**　注行不行故當行雇人行身南化、梅本「身」作「反」。不行奪南化、梅本「奪」作「善」。勞二歲也　南化 幻 梅 狩 瀧。

〔上功莫府〕　瀧一六・七，慶七左八，殿七左二，淩八右二。○莫，景 蜀 紹 蜀刻 毛 幕。

索　古者出征無常處　○耿 慶 中統 彭 淩 殿 古者出征爲將治無常處。

索　故云莫府　○莫，淩 幕。

〔弗能用也〕　瀧一七・一，慶八右三，殿七左六，淩八右七。

集　班固稱楊子曰　○楊，蜀刻 慶 殿 揚。

〔主中尉及郡國車士〕　瀧一七・四，慶八右六，殿七左九，凌八右一〇。〇郡，毛軍。按：毛本誤。

集　車軍之士　〇耿「車」、「軍」互倒。軍，金陵戰，札記「戰」誤「軍」，考證據漢書注改。

〔武帝立〕　瀧一七・七，慶八右八，殿七左一〇，凌八左一。〇耿無「立」字。

〔遂字王孫〕　瀧一七・八，慶八右九，殿八右二，凌八左三。〇字，紹子。

〔有味哉有味哉〕　瀧一七・一〇，慶八左二，殿八右四，凌八左五。〇中統不重「有味哉」三字。

史記會注考證校補卷一百三

萬石張叔列傳第四十三

〔萬石張叔列傳第四十三〕　瀧一・九，慶一右一，殿一右六，凌一右二。　○南化楓棭三萬石君張叔列傳第四十三。

〔萬石君名奮〕　瀧二・一，慶一右二，殿一右七，凌一右三。

正　以父及四子皆二千石　○石，南化彭君。

〔徙居温〕　瀧二・三，慶一右三，殿一右八，凌一右四。　○徙，慶彭徒，南化楓棭三校記「徙」。按：景印慶元本「徒」改「徙」。

〔以姊爲美人故也〕　瀧二・九，慶一右一〇，殿一左四，凌一左一。

索　於上有姻戚者皆居之　○於，索此。

索　長安記　○記，彭也。

〔東陽侯張相如爲太子太傅免〕 瀧三・二，慶一左二，殿一左六，淩一左三。○免，慶彭
逸，南化楓棭三校記「免」。按：景印慶元本「逸」改「免」。札記王訛「逸」。

〔皆推奮奮爲太子太傅〕 瀧三・三，慶一左二，殿一左六，淩一左四。○南化楓三不重
「奮」字。札記舊刻無「奮」字。

〔對案不食〕 瀧四・二，慶二右二，殿二右五，淩二右三。

索 蓋謂爲之不處正室 ○室，中統堂。

索 別坐他處 ○他，慶也，彭殿之。按：景印慶元本「也」改「他」。

索 坐音如字 ○字，耿慶中統彭淩殿座。

索 音婢見反 ○耿慶中統彭淩殿又彭本「又」作「亦」。音婢見反。

***正** 案謂盤案 南化幻梅狩瀧。

〔雖燕居必冠〕 瀧四・五，慶二右五，殿二右八，淩二右六。○南化三無「居」字。

〔申申如也〕 瀧四・五，慶二右六，殿二右八，淩二右七。

索 燕謂閒燕之時燕安也 ○閒，耿中統索閑，殿無此注全文。

〔哀戚甚悼〕 瀧四・八，慶二右八，殿二右一〇，淩二右九。○悼，慶彭倬。按：景印慶元本
「倬」改「悼」。

〔入子舍〕 瀧五・五，慶二左七，殿二左八，淩二左七。

索 非正堂也 ○堂，索室。

〔取親中裙廁腧〕瀧五・六，慶二左八，殿二左九，凌二左九。○裙，索金陵帬。札記索隱本「帬」，各本作「裙」。

〔以爲常〕瀧五・七，慶三右二，殿三右四，凌三右四。

集 音住　○住，紹生，耿毛注。

集 廁腧　○廁，紹隱。

集 謂廁溷垣牆　○溷，紹圂。

集 建隱於其側浣滌也　○紹「建隱」二字作「先以」。毛「側浣」二字作「廁洗」。

集 一讀腧爲竇　○腧，紹牘。

集 械窬　○械，紹威。

集 音投　○投，紹後。

集 謂之窬　○窬，紹蜀刻瘉，慶凌⿸广俞。

集 今世謂反閉小袖衫爲侯窬　○慶凌「袖」、「衫」互倒。

集 廁此最廁近身之衣也　○札記上「廁」字當衍，漢書注無，索隱引亦無。

索 蘇林曰腧音投又音豆孟康曰廁行清腧行清中受糞函也言建又自洗盪廁竇竇者洗除穢汙之穴也又晉灼云今世謂反閉小袖衫爲侯腧此最廁近身之衣　○閉，索金陵開。耿慶中統彭凌殿無此注六十二字。

索 而徐廣云　○耿慶中統彭凌殿無「而」字。

索 以築廁牆 ○[索]以築築廁牆。

索 恐非也 ○[耿]恐非是也。

＊**正** 腧音投野本無上三字。中裙謂中衣今之裙南化、幻、梅、狩本「裙」作「裩」。也晉灼云今世謂半南化、幻、梅、狩本「半」作「反」。閉幻、狩本「閉」作「閑」。小袖衫爲侯腧此最廁近身之衣也顏師古云南化、幻本無「古云」二字而梅本無「云」字。親謂父也中裙梅本「中裙」二字作「君衣」。若今言中衣也廁腧近身之小衫若今汗衫也野本無「晉灼」以下五十字。[南化][幻][梅][狩][野][瀧]。

〔事有可言〕 瀧六・三，慶三右三，殿三右四，凌三右五。○[南化][楓][棭][三]奏事即有可言。

〔至廷見〕 瀧六・四，慶三右三，殿三右五，凌三右五。○廷，[毛]庭。

〔萬石君徙居陵里〕 瀧六・四，慶三右四，殿三右六，凌三右六。○徙，[蜀]徒。

正 在雍州始平縣東北二十里 ○[彭]——始平縣自東北二十里。

〔事下〕 瀧七・二，慶三左三，殿三左四，凌三左五。○[南化][楓][棭][三]事下建。

〔馬者與尾當五〕 瀧七・三，慶三左四，殿三左四，凌三左五。○者，[慶][彭][凌][殿]字，[南化][楓][棭][三]校記「者」。

〔甚惶恐〕 瀧七・五，慶三左五，殿三左六，凌三左七。○惶，[南化][楓][棭][三]悼。

〔雖他皆如是〕 瀧七・六，慶三左六，殿三左六，凌三左八。○[札記]舊刻「它」，下同。

〔慶於諸子中最爲簡易矣〕 瀧七・七，慶三左八，殿三左八，凌三左九。○[南化][楓][棭][三]

無「中」字。

〔然猶如此〕　瀧七·八，慶三左九，殿三左九，凌四右一。○景 蜀 紹 蜀刻 毛「然」、「猶」互倒。

正　上問車中幾馬　○按：瀧川本「問」誤「間」。

〔爲齊相〕　瀧七·一〇，慶三左九，殿三左九，凌四右一。○南化 楓 棭 三 出爲齊相。

〔爲立石相祠〕　瀧八·一，慶三左一〇，殿三左一〇，凌四右二。○祠，南化 楓 棭 三 社。

〔子孫孝〕　瀧八·四，慶四右四，殿四右三，凌四右六。○南化 楓 子孫至孝。

〔天子巡狩海內〕　瀧八·六，慶四右六，殿四右五，凌四右八。○狩，耿 中統 守。

〔事不關決於丞相〕　瀧八·八，慶四右九，殿四右七，凌四右一〇。

*正　倪寬千乘人也治尚書受業於南化、幻、梅本無「於」字。孔安國貧無資用常爲弟子都養時行賃作帶經而鋤射梅本無「射」字。策補掌故歷位左內史御史大夫而卒　南化 幻 梅 狩 瀧。

〔嘗欲請治上近臣所忠九卿咸宣罪〕　瀧九·一，慶四右一〇，殿四右九，凌四左一。○咸，景 蜀 紹 蜀刻 毛 凌 殿 減，耿 慶 中統 減。

〔無名數百四十萬〕　瀧九·三，慶四左二，殿四右一〇，凌四左四。○百，景 蜀刻 耿 慶 中統 彭 毛 凌 殿 金陵 者，蜀 紹 索 無「百」字。

〔罷駑以輔治〕　瀧九·七，慶四左六，殿四左四，凌四左八。○景 蜀 紹 蜀刻 耿 慶中統彭毛凌殿金陵罷駑無以輔治。

〔諸子孫爲吏〕 瀧一〇·五，慶五右五，殿五右一，凌五右六。〇楓梜三時諸子孫爲吏。

〔孝謹益衰矣〕 瀧一〇·六，慶五右六，殿五右二，凌五右七。〇益南化楓梜三蓋。

〔代大陵人也〕 瀧一〇·八，慶五右七，殿五右三，凌五右八。

正 在并州文水縣北十二里 〇二，慶彭凌殿三。

正 按代王耳時 〇耳，殿是。

〔綰以戲車爲郎〕 瀧一〇·一〇，慶五右九，殿五右六，凌五右一〇。

集 櫟機轊之類 〇轊，景紹蜀刻輻。

索 按應劭云能左右超乘 〇耿慶中統彭凌殿無此注九字。

索 案今亦有弄車之戲 〇耿慶中統彭凌殿——弄車之戲是也

索 謂車軸頭也 〇軸，索轂。

〔醇謹無他〕 瀧一一·三，慶五左一，殿五右八，凌五左二。

***正** 性醇謹無他伎能也南化、幻、梅、狩本此八字作「唯醇而已無他伎能」八字。南化幻梅狩瀧。

〔歲餘不譙呵綰〕 瀧一一·六，慶五左三，殿五右一〇，凌五左五。〇譙，景蜀蜀刻慶凌殿譙。

索 譙何二音 〇耿慶中統彭凌殿此注四字作「譙呵音」三字。札記志疑引野客叢書云：「史記『不譙何』，綰傳寫誤以爲『譙呵』。」案：索隱所據本作「譙何」，故釋爲借訪，而云一本作

「譙呵」，蓋別本也。今史本無作「誰何」者，并改單本所出文爲「噍呵」而反以「誰何」作音，疑非小司馬原文。且正文既作「噍呵」，何又云一本作「譙呵」邪？漢書作「孰何」，「誰」、「孰」聲之轉。

索　一作譙呵譙　○耿慶中統彭凌殿此注五字作一曰譙呵者。慶、凌本無「者」字。

索　言不嗔責綰也　○耿慶中統凌殿不譙呵言不嗔責綰也　彭不譙呵者言不嗔責衛綰也。

〔獨至今乎〕　瀧一二・二，慶五左一〇，殿五左六，凌六右一。

集　言劒者人之所好　○好，紹蜀刻加。

集　故多數移易貿換之也　○故，紹蜀刻耿慶中統彭杖。貿，紹蜀刻貨。

〔不與他將爭〕　瀧一二・五，慶六右六，殿六右二，凌六右八。

*＊***正**　蒙謂覆蔽之 南化、幻、梅本無「之」字。　南化幻梅狩瀧。

〔誅栗卿之屬〕　瀧一二・一〇，慶六右六，殿六右二，凌六右八。

索　栗姬之兄弟　○耿慶中統彭凌殿「兄弟」二字作「族」字。

索　蘇林云栗太子之舅也　○耿慶中統彭凌殿無此注九字。

〔召綰拜爲太子太傅〕　瀧一三・三，慶六右一〇，殿六右四，凌六左一。○耿脱「拜」字。

〔代桃侯舍爲丞相〕　瀧一三・四，慶六左一，殿六右五，凌六左二。○耿代桃侯舍爲爲丞相。按：衍。

正　劉舍所封也　○殿無「舍」字。

〔如職所奏〕　瀧一三・五，慶六左二，殿六右六，凌六左三。○奏，景蜀紹蜀刻奉。

〔然自初官以至丞相〕　瀧一三・六，慶六左二，殿六右七，淩六左四。○官，【南化】【楓】【棭】【三】宦。

〔南陽人也〕　瀧一四・三，慶六左七，殿六左一，淩六左九。

正　皆桃林塞地也　○【彭】無「地」字。

〔誤持同舍郎金去已而金主覺妄〕　瀧一四・四，慶六左九，殿六左三，淩七右一。○【慶】【彭】「去」、「已」互倒。妄，【南化】【楓】【棭】【三】【景】【紹】【蜀】刻亡。

〔朝廷見人或毀曰〕　瀧一四・九，慶七右三，殿六左七，淩七右五。○人，【彭】之，【楓】【棭】【三】校記「人」。【札記】柯本「廷」訛「延」，王本「人」訛「之」。

〔然獨無奈其善盜嫂何也〕　瀧一四・一〇，慶七右四，殿六左八，淩七右六。

索　謂私之　○【彭】無「之」字。

〔我乃無兄〕　瀧一五・一，慶七右五，殿六左九，淩七右七。○【南化】【楓】【棭】【三】我乃無兄安得嫂。

〔天子修吳楚時功〕　瀧一五・三，慶七右七，殿七右一，淩七右九。○【南化】【楓】【三】天子修吳楚時功臣。

〔孫望坐酎金失侯〕　瀧一五・七，慶七右一〇，殿七右四，淩七左二。

索　漢書作彭祖坐酎金國除　○【索】無此注十字。

〔常衣敝補衣溺袴〕　瀧一六・一，慶七左五，殿七右八，凌七左七。○常，紹蜀刻耿慶中統彭毛裳，南化楓棭三校記「常」。札記宋本、中統、游、王、柯、毛「常」訛「裳」。

集　是以得比宦者　○比，慶此。南化校記「比」。按：景印慶元本改「比」。

集　出入後宮　○出，景紹蜀刻慶中統彭凌殿得。

索　各有理　○耿慶中統彭凌殿亦各有理。慶、彭、凌本「理」作「異」。

索　服虔云周仁性質重不泄人之陰謀也　○耿慶中統彭凌殿無此注十五字。

索　不泄人言也　○人，中統其。

索　亦其類也　○索無「其」字。

索　又張晏云陰重不泄陰下溼故溺袴是以得比宦者出入後宮也仁有子孫者先未得此疾病所生也。○耿慶中統彭凌殿無此注三十九字。

〔期爲不絜清〕　瀧一六・五，慶七左八，殿七左一，凌八右一。

索　謂心中常期不絜之服　○中，耿小。

正　故得入卧内後宮比宦者　○彭故得以入其卧内也——。

〔入卧内〕　瀧一六・六，慶七左一〇，殿七左三，凌八右三。○南化楓棭三出入卧内。

〔仁常在旁〕　瀧一六・七，慶八右二，殿七左三，凌八右三。

索　所宜祕也　○耿慶中統彭凌殿「所宜」二字作「宜可」。

〔名歐〕　瀧一七・三，慶八右七，殿七左九，凌八右一〇。○名，索張。

集　史記音隱曰　○音，景索。隱，南化楓棭義。

索　漢書作毆　○毆，耿慶中統彭凌殿歐。

索　孟康音驅也　○音，南化楓棭云。

〔事太子〕　瀧一七・四，慶八左一，殿八右三，凌八左四。

集　欲令名實相副也　○令，耿合。

索　申子學號曰刑名家者　○耿慶中統彭凌殿無「家」字。

索　其尊君卑臣　○臣，慶正。按：景印慶元本改「臣」。

索　合於六家也　○家，耿慶中統彭索凌金陵經。

索　即太史公所説六家之一也　○説，南化記。一，耿慶中統彭凌殿金陵二。

正　名名家也　○慶彭凌不重「名」字。

正　在太史公自序傳　○序，慶彭凌金陵有，南化楓棭校記「序」。殿無此注七字。

〔面對而封之〕　瀧一八・五，慶八左六，殿八右七，凌八左九。○南化楓棭三景無「對」字。

〔子孫咸至大官矣〕　瀧一八・八，慶八左八，殿八右九，凌九右一。○咸，南化楓棭三皆。

〔仲尼有言曰〕　瀧一八・九，慶八左九，殿八右一〇，凌九右二。○殿無「曰」字。

〔其萬石建陵張叔之謂邪〕　瀧一八・一〇，慶八左一〇，殿八左一，凌九右三。○詳節其萬石君建陵——。

〔塞侯微巧〕　瀧一九・一，慶九右一，殿八左二，凌九右四。○[索]「微巧」二字作「功微」。

索　功微也　○[耿][慶][中統][彭][凌][殿]「功微」二字作「微巧」。

〔爲其近於佞也〕　瀧一九・三，慶九右五，殿八左六，凌九右九。

索　謂爲郎中令　○[索]無「謂」字。

索　陰重得幸出入卧内也　○[耿][慶][中統][彭][凌][殿]陰重得幸出入卧内也故班固曰石建之瀚衣周仁之垢汙君子譏之是也。

史記會注考證校補卷一百四

田叔列傳第四十四

〔學黃老術於樂巨公所〕　瀧二・二，慶一右三，殿一右八，凌一右四。○札記「所」字疑當在下文「喜游諸公」下。

正　樂姓巨公名　○札記此正義王本脱。

〔喜游諸公〕　瀧二・五，慶一右四，殿一右九，凌一右五。

正　喜音許記反諸公謂丈人行也　○札記此正義王本脱。

〔切直廉平〕　瀧二・七，慶一右六，殿一左一，凌一右七。○直，慶彭置，南化楓棭三校記「直」。按：景印慶元本「置」改「直」。札記游本訛「置」。

〔會陳豨反代〕　瀧二・七，慶一右七，殿一左一，凌一右八。

集　高帝征之　○征，中統正。

〔漢七年〕　瀧二・八，慶一右八，殿一左二，凌一右九。○七，景 蜀 紹 蜀刻 十。札記 宋本「七」作「十」。蓋因上云「陳豨反而改」也，然七年不誤，陳豨則誤耳，徐廣已糾之。

〔臣等當蟲出〕　瀧三・二，慶一左二，殿一左五，凌一左三。

索　齊桓公死　○耿 慶 中統 彭 凌 殿 無「公」字。

索　是也　○彭 是之謂也蟲直隆反。

〔王長者〕　瀧三・四，慶一左四，殿一左七，凌一左四。○南化 楓 棭 三 王素長者。

〔不倍德〕　瀧三・四，慶一左四，殿一左七，凌一左五。○南化 楓 棭 三 義不倍德。

〔卒私相與謀弒上〕　瀧三・四，慶一左四，殿一左七，凌一左五。○札記 柯本「弒」誤「我」。

〔會事發覺〕　瀧三・五，慶一左四，殿一左八，凌一左五。

集　九年十二月　○二，紹 一。

〔趙有敢隨王者〕　瀧三・六，慶一左六，殿一左一○，凌一左七。○南化 楓 棭 三 趙有敢隨趙王者。

〔貫高事明白〕　瀧三・八，慶一左八，殿二右一，凌一左九。○南化 楓 棭 三 此五字作「貫高明事白無反狀」八字。

〔士卒戰死者數百人〕　瀧四・七，慶二右七，殿二右九，凌二右八。○彭「數」字下有「音疏」二字注。

〔士爭臨城死敵〕　瀧五・三，慶二左四，殿二左五，淩二左四。○敵，慶　彭　敝，南化　楓　棭　三　校記「敵」。按：南化標記「敵」字，下有「漢書」二字，景印慶元本改「敵」。札記　王、柯訛「敝」。

〔孟舒豈故驅戰之哉〕　瀧五・三，慶二左五，殿二左六，淩二左五。○南化　楓　棭　三　孟舒豈敢故驅戰之哉。

〔曰今梁王不伏誅〕　瀧五・八，慶三右一，殿二左一〇，淩二左一〇。○南化　楓　棭　三　叔曰今梁王不伏誅。

〔如其伏法〕　瀧五・九，慶三右一，殿三右一，淩三右一。○南化　楓　棭　三　蜀刻　無「如其」二字。其，耿　中統　是。

〔訟王取其財物百餘人〕　瀧六・一，慶三右三，殿三右三，淩三右三。○財，耿　毛　錢。札記　財物，毛本、吳校元板作「錢物」。

〔各搏二十〕　瀧六・二，慶三右五，殿三右四，淩三右四。○二，中統　一。按：中統本誤。

〔發中府錢〕　瀧六・三，慶三右六，殿三右五，淩三右五。○楓　三　發中尉府錢。

〔使相償之〕　瀧六・三，慶三右七，殿三右六，淩三右六。

正　王之財物所藏也　○彭　殿「之」字、「也」字並無。物。彭　牧。札記　王本無「之也」二字。

〔相常從入苑中〕　瀧六・六，慶三右九，殿三右八，淩三右八。

正　矍相圃在兗州曲阜縣南三十里　○彭　無「三十里」三字。楓　三　校補「三十里」。札記　王本脱。

正 觀者如堵堵墻也　○彭無「堵墻也」三字。金陵不重「堵」字。札記原重「堵」字，汪校删，與射義合，王本止有「觀者如堵」四字。

〔不以百金傷先人名〕　瀧六・一〇，慶三左四，殿三左二，凌三左三。○南化楓棭三——先人名遂不受百金。

〔爲二千石丞相長史〕　瀧七・二，慶三左六，殿三左四，凌三左五。○南化楓棭三爲二千石至丞相長史。

〔上遷拜爲司直〕　瀧七・六，慶三左一〇，殿三左八，凌三左九。

集 漢書百官表曰至掌佐丞相擧不法二十八字　○殿無此注二十八字。札記此注各本錯在下文「閉守城門」下，今移正。

正 百官表云至掌佐丞相擧不法也二十七字　○彭無此注二十七字。

〔仁發兵長陵令車千秋上變仁仁族死〕　瀧七・九，慶四右四，殿四右一，凌四右三。○南化楓棭三無「令」字而不重「仁」字。札記此十五字疑後人附注異説誤入正文。

〔陘城今在中山國〕　瀧八・一，慶四右五，殿四右一，凌四右四。○今，紹令。按：紹興本誤。

〔田仁故與任安相善任安滎陽人也〕　瀧八・六，慶四左四，殿四右七，凌四左一。○耿無「相善任安滎陽人也」八字。

〔家於武功〕　瀧八・八，慶四左七，殿四右九，凌四右左。○金陵無「家於」二字。

索　言卜日而自占著家口名數　○日，索金陵占。

〔谷口蜀剗道〕　瀧八・一○，慶四左八，殿四左一，凌四左五。○南化楓三此五字作「蜀口剗道」四字。

〔近山〕　瀧九・一，慶四左八，殿四左一，凌四左六。

正　今盩厔縣西界也　○盩，慶彭凌盭。

正　閒在雍州之盩厔縣西南二十里　○之，慶彭凌縣。

〔易高也〕　瀧九・二，慶四左一○，殿四左三，凌四左八。

索　易得高名也　○彭易得高名者也。

〔安留〕　瀧九・三，慶五右一，殿四左三，凌四左八。○紹無「安」字。

〔任安常爲人分糜鹿雉兔〕　瀧九・五，慶五右三，殿四左六，凌五右一。○糜，景蜀刻耿中統彭凌殿麋，慶麋，南化校記「麋」。按：景印慶元本改「麋」。兔，金陵免。

〔無傷也〕　瀧九・八，慶五右五，殿四左七，凌五右三。

*正　說文傷憂　南化幻梅狩瀧。

〔共張不辦〕　瀧一○・三，慶五右一○，殿五右二，凌五右八。○各本「張」作「帳」，瀧川本誤。

〈同心相愛〉　瀧一〇・四，慶五左一，殿五右三，淩五右一〇。〇楓 三「同」、「心」互倒。

〈衛將軍從此兩人過平陽主〉　瀧一〇・七，慶五左四，殿五右六，淩五左三。〇南化 楓 棭 三——過平陽主家。

〈此二子拔刀列斷席別坐〉　瀧一〇・九，慶五左六，殿五右七，淩五左四。〇列，南化 楓 棭 三裂。

〈令具鞍馬絳衣玉具劒〉　瀧一一・一，慶五左八，殿五右一〇，淩五左六。〇詳節無「具」字。具，殿貝。

〈視其所友〉　瀧一一・五，慶六右三，殿五左四，淩六右一。〇友，紹有。

〈如木偶人衣之綺繡耳〉　瀧一一・七，慶六右五，殿五左六，淩六右三。〇彭「偶」字下有「五后反」三字注。

〈得田仁任安〉　瀧一一・九，慶六右七，殿五左七，淩六右五。〇詳節無「田」字而「任」作「及」。紹無「任」字。

〈提桴鼓立軍門〉　瀧一二・五，慶六左三，殿六右三，淩六左二。〇南化 楓 棭 三——立軍門外。

〈使士大夫樂死戰鬬〉　瀧一二・五，慶六左三，殿六右三，淩六左二。〇楓 棭 三——樂死安戰鬬。

〔以警天下姦吏〕　瀧一三・三，慶七右二，殿六左二，凌七右一。○南化楓棭三「警」字作「驚動」二字。吏，紹人。

〔仁已刺三河〕　瀧一三・八，慶七右七，殿六左六，凌七右六。○南化楓棭三仁已刺舉三河。

〔武帝說〕　瀧一三・九，慶七右八，殿六左七，凌七右七。○說，南化意，楓棭三武帝意說。

〔去之諸陵過〕　瀧一四・二，慶七左一，殿六左一〇，凌七右一〇。

＊**正**　過音光卧反上云仁發兵長陵是也　南化幻梅狩瀧。

〔以爲任安爲詳邪〕　瀧一四・八，慶七左七，殿七右六，凌七左六。○詳，景蜀紹蜀刻耿慶中統彭殿佯。下同。

索　音羊　○耿慶中統彭凌殿音羊邪弋奢反。

索　謂詐受節不發兵　○耿慶中統彭凌殿佯謂詐受節——。

索　不傳會太子也　○彭——太子者也。

〔安有當死之罪甚衆〕　瀧一五・三，慶八右三，殿七左一，凌八右二。○南化楓棭三此八字作「任安有當死之罪甚重」九字。

〔今懷詐〕　瀧一五・四，慶八右三，殿七左一，凌八右三。○南化楓棭三今乃懷詐。

〔知進而不知退〕　瀧一五・七，慶八右五，殿七左三，凌八右四。○景蜀蜀刻中統詳節無「而」字。

〔禍積爲祟〕　瀧一五・七，慶八右六，殿七左四，凌八右五。○各本「祟」字作「崇」，瀧川本誤。

〔故范蠡之去越〕　瀧一五・八，慶八右六，殿七左四，凌八右五。○蜀刻「故」字、「越」字並無。札記宋本脱「越」字。

〔後進者慎戒之〕　瀧一五・七，慶八右七，殿七左四，凌八右五。

索　漢中是榮　○中統無「榮」字。

索　孟舒見廢　○舒，索舍。

史記會注考證校補卷一百五

扁鵲倉公列傳第四十五

〔扁鵲倉公列傳第四十五〕瀧一・九，慶一右一，殿一右六，凌一右二。

索 此醫方 ○耿 慶 中統 彭 凌 殿無「此」字。

索 宜與日者龜筴相接 ○與，耿興。按：耿本訛。

索 後人誤也 ○耿 慶 中統 彭 凌 殿後人誤之也。

正 故太史公以次述之 ○故，慶 彭改。案：景印慶元本改「故」。

正 太倉公次之也 ○南化 彭「之」、「也」二字作「扁鵲之後」四字。

〔勃海郡鄭人也〕瀧二・七，慶一右六，殿一左一，凌一右七。

索 當作鄚縣音莫今屬河閒 ○作，索爲。耿 慶 中統 彭 凌 殿此注九字作「徐説是也」四字。

〔少時爲人舍長〕瀧三・一，慶一右七，殿一左二，凌一右八。○索無「人」字。

索 守客館之帥 ○耿 慶 中統 彭 凌 殿守客館之師各本「帥」作「師」。故號云舍長也。札記單本

「帥」，各本作「師」。

〔飲是以上池之水三十日〕　瀧三・五，慶一左二，殿一左六，凌一左三。○是，詳節之。

〔當知物矣〕　瀧三・六，慶一左三，殿一左七，凌一左四。

索　上池水謂水未至地蓋承取露及竹木上水取之以和藥　○索「上池水」至「竹木上水」十七字作「上池水未至地蓋承取露竹木上水」十四字。慶 彭「水」、「取」互倒。按：景印慶元本「水取」二字改「取水」。

***正**　謂以器物高承天露之水飲藥也　南化 幻 梅 狩 瀧。

〔視見垣一方人〕　瀧三・一〇，慶一左五，殿一左九，凌一左七。

索　則眼通神也　○眼，耿 慶 中統 彭 殿 凌服。

〔盡見五藏癥結〕　瀧三・一〇，慶一左六，殿一左一〇，凌一左八。

正　謂大小腸胃膽膀胱三焦也　○耿 慶 中統 彭 凌 殿無「小」字。札記脱「小」字，考證增。

正　上部者濡結　○濡，凌需。

〔趙簡子爲大夫專國事〕　瀧四・六，慶二右二，殿二右六，凌二右四。○專，中統事。按：中統本誤。

〔血脈治也〕　瀧四・八，慶二右五，殿二右八，凌二右七。○脈，慶脤。札記王本訛「脤」。

〔昔秦穆公嘗如此七日而寤〕　瀧四・九，慶二右五，殿二右九，凌二右八。○穆，中統繆。

〔七世而亡〕　瀧六・五，慶二左一〇，殿三右一，凌三右一。

正　晉定公出公哀公幽公烈公孝公靜公爲七世　○彭無「烈公」二字。三校補「烈公」。

〔敗周人於范魁之西〕　瀧六·六，慶三右一，殿三右三，凌三右三。○耿慶中統彭凌殿「西」字下有「范魁地名未詳」六字，索隱注。

正　謂衛也　○慶彭凌殿謂爲衛也。札記「謂」下衍「爲」字，依趙世家正義刪。

正　川阜曰魁也　○川慶彭凌月金陵小　札記各本「小」作「月」，又「川」之訛也，説見趙世家。

〔虢太子死〕　瀧六·一〇，慶三右六，殿三右七，凌三右八。

集　傅玄曰虢是晉獻公時先是百二十餘年滅矣是時焉得有虢　○札記此集解各本系在下文「越人能使之起」下，今依索隱移此。

索　案傅玄曰　○傅，慶傳，南化校記「傅」。按：景印慶元本改「傅」。

正　下云色廢脈亂故形靜如死狀也　○札記各本錯在上文「血脈治也」下，今移正。

〔扁鵲至虢宮門下〕　瀧七·七，慶三右七，殿三右九，凌三右九。○宮，凌官。按：凌本訛。

〔問中庶子喜方者〕　瀧七·七，慶三右七，殿三右九，凌三右一〇。

索　方技之人也　○技，耿慶中統彭索凌殿伎。按：各本「技」與「伎」混用，下同。

〔邪氣畜積而不得泄〕　瀧八·二，慶三左一，殿三左二，凌三左三。○殿「畜」、「積」互倒。

〔今曰收乎〕　瀧八·五，慶三左四，殿三左五，凌三左六。○曰，井慶彭殿日。按：南化、梅本標記「云」，正義「日」作「曰」。

〔先生得無誕之乎何以言太子可生也〕　瀧八·八，慶三左七，殿三左八，凌三左九。○何，慶凌可，南化校記「何」。

＊正　誕欺也　南化幻梅狩瀧。

〔醫有俞跗〕　瀧八・九，慶三左八，殿三左八，凌三左一〇。

索　下又音趺　○又，彭及。趺，慶彭凌趹。按：景即慶元本「趹」改「趺」。

〔鑱石撟引案扤毒熨〕　瀧九・二，慶三左九，殿三左一〇，凌四右一。○撟，中統毛凌橋。扤，景蜀蜀刻中統索毛凌金陵杌，紹祝，慶殿杭，南化校記「抗」。

索　音士咸反　○士，慶殿仕，凌在。

〔訣脈結筋〕　瀧九・一〇，慶四右五，殿四右五，凌四右八。

索　音束注反　○束，慶彭凌東，南化楓棭三校記「東」。按：景印慶元本「東」改「束」。

正　出於全谷　○全，金陵合。札記「合」訛「全」，考證據難經改。

〔揲荒〕　瀧一〇・三，慶四右五，殿四右五，凌四右八。

索　荒膏荒也　○慶索凌殿揲荒膏荒也。

〔爪幕〕　瀧一〇・四，慶四右五，殿四右五，凌四右八。

索　幕音漠漠病也謂以爪決之　○耿慶中統彭凌殿無此注十一字。

〔湔浣腸胃〕　瀧一〇・六，慶四右六，殿四右六，凌四右九。

正　下胡管反　○胡，凌因。按：凌本訛。

〔望色〕　瀧一一・二，慶四左一，殿四左一，凌四左四。

正　脈當沈浮而滑也　○浮，[凌]濡。

〔論得其陽〕　瀧一一・六，慶四左五，殿四左四，凌四左八。

正　故令幕在陰　○幕，[慶][彭][凌][殿]募。下注同。[札記]「幕」訛「募」，考證改，下同。

正　楊玄操云　○操，[慶][彭]孫。按：景印慶元本「孫」改「操」。[札記]官本「操」，各本訛「孫」。

正　腹爲陰　○腹，[慶][彭][凌][殿]腸。[札記]「腹」訛「腸」，考證改。

〔不可曲止也〕　瀧一一・一〇，慶四左八，殿四左八，凌五右二。

索　言皆有應見　○[慶][彭][凌][殿]言病皆有應見。

〔當聞其耳鳴而鼻張〕　瀧一二・二，慶四左一〇，殿四左九，凌五右四。○當，[慶][彭]嘗。

按：景印慶元本「嘗」改「當」。[札記]王本「當」訛「嘗」。

〔當尚温也〕　瀧一二・三，慶五右一，殿四左一〇，凌五右五。

正　張音漲　○[札記]王本訛「張」。

〔舌撟然而不下〕　瀧一二・四，慶五右二，殿五右一，凌五右五。

索　眩音縣瞚音舜撟音紀兆反撟舉也　○[慶][彭][凌][殿]無此注十四字。[楓][三]校補此十四字。

〔偏國寡臣幸甚〕　瀧一二・一〇，慶五右四，殿五右四，凌五右八。

*正　幸而舉之謂活太子也　[南化][幻][梅][狩][瀧]。

〔流涕長潸〕　瀧一三・三，慶五右七，殿五右六，凌五左一。○潸，[景][蜀刻][耿][慶][彭][凌]潛。下注同。

集 噓唏不能自止也　○噓，耿墟。按：耿本訛。

〔容貌變更〕　瀧一三・四，慶五右九，殿五右八，凌五左三。

索 音接　○接，殿挾。

〔謂尸蹷者也〕　瀧一三・五，慶五右一〇，殿五右九，凌五左四。○尸，紹户。按：紹本訛。

〔動胃〕　瀧一三・六，慶五右一〇，殿五右九，凌五左四。

正 脈雖時沈滑而長　○沈，慶凌殿浮。

〔纏緣中經維絡〕　瀧一三・八，慶五左二，殿五左一，凌五左五。

索 纏音直延反　○凌殿無此注五字。

〔別下於三焦膀胱〕　瀧一三・一〇，慶五左四，殿五左三，凌五左八。

＊**正** 主內而不出其治在胸中玉堂下一寸六分直兩孔間陷者是也　贅異瀧。按：各本無此正義，瀧川氏以博士家本補，南化本標記亦有此條，但不冠「正義曰」三字。

＊**正** 主腐熟水穀其治在臍旁也　贅異瀧。按：各本無此正義，瀧川氏以博士家本補，南化本標記亦有此條，但不冠「正義曰」三字。

＊**正** 主分別清濁主出而不內以傳道其治在臍下一寸故名曰三焦　贅異瀧。按：各本無此「正義」，瀧川氏以博士家本補，南化本標記亦有此條，但不冠「正義曰」三字。

正 言經維絡不干三焦及膀胱也　○慶彭凌殿金陵無「維」字。不，慶彭殿金陵下。

札記王本「下」，柯、凌訛「不」。

〔陰上而陽内行〕 瀧一四・六，慶五左九，殿五左八，凌六右二。○耿無「陰上而」三字。蜀刻 中統 無「上而」二字。札記 宋本、中統、吳校元板無「上而」二字。

〔以取外三陽五會〕 瀧一五・七，慶六右七，殿六右五，凌六左二。

正 太陰少陰厥陰 ○慶 彭 凌「少陰」作「少陽」。札記「少陰」誤「少陽」，今改。

〔以更熨兩脇下〕 瀧一六・一，慶六右一〇，殿六右八，凌六左五。○慶 彭「兩脇」二字作「雨臍」。

索 八減之齊者 ○減，彭咸。

索 並越人當時有此方也 ○彭——此方者也。

〔齊桓侯客之〕 瀧一六・六，慶六左五，殿六左三，凌七右一。

集 傅玄曰是時齊無桓侯騆謂是齊侯田和之子桓公午也。○傅，慶傳。按：景印慶元本改「傅」。札記 集解、各本誤系下文「桓侯遂死」下，今依索隱移正。

索 蓋與趙簡子頗亦相當 ○彭 蓋與此趙簡子——。

〔桓侯謂左右曰〕 瀧一六・一〇，慶六左八，殿六左五，凌七右四。○謂，紹 詳節 問。

〔其在骨髓〕 瀧一七・七，慶七右五，殿七右二，凌七左一。○詳節 無「其」字。在，紹 遂。髓，蜀刻 ⿰骨隨。

〔後五日桓侯體病〕 瀧一七・九，慶七右六，殿七右三，凌七左二。○詳節 此七字作「後日桓侯髓病」六字。

〔桓侯遂死〕　瀧一八・一，慶七右七，殿七右三，凌七左三。○桓，彭恒。札記宋本脱「侯」字。

〔則疾可已〕　瀧一八・二，慶七右九，殿七右四，凌七左四。○中統無「則」字。

〔病疾多〕　瀧一八・二，慶七右九，殿七右五，凌七左五。○多，紹遂。按：紹本誤。

〔名意〕　瀧一九・五，慶七左一〇，殿七左四，凌八右五。

正　春秋州公如曹　○慶彭凌無「州」字。札記官本有「州」字，各本脱。

〔更悉以禁方予之〕　瀧一九・一〇，慶八右五，殿七左八，凌八右一〇。○予，慶彭子。

按：景印慶元本「子」改「予」。

〔五色診病〕　瀧二〇・二，慶八右五，殿七左九，凌八左一。

正　五藏有色　○南化五藏有五色。

正　亦當與寸口尺内相應也　○彭——相應者也。

正　已見前也　○彭已見於前也。

〔受之三年〕　瀧二〇・四，慶八右七，殿八右一，凌八左三。○三，蜀二。

〔病家多怨之者〕　瀧二〇・五，慶八右九，殿八右二，凌八左四。○紹脱「多」字。

〔乃隨父西〕　瀧二〇・九，慶八左三，殿八右五，凌八左八。

索 音紆營反 ○紆，凌紆。

〔此歲中亦除肉刑法〕 瀧二一一·三，慶八左七，殿八右一〇，凌九右二。

正 左右趾一 ○趾，慶 彭 凌止。按：景印慶元本「止」改「趾」。札記官本「趾」，各本作「止」。

正 困急獨煢煢 ○困，金陵因。慶 彭 凌 殿「煢煢」二字作「焭焭」。

〔受學幾何歲〕 瀧二一一·一〇，慶九右三，殿八左五，凌九右九。○歲，紹幾。按：紹本因上文而訛。

〔得見師臨菑元里公乘陽慶〕 瀧二一三·三，慶九右七，殿八左八，凌九左二。

集 意年三十六 ○三，景 蜀刻 紹 耿 慶 中統 彭 毛 凌 殿二。

〔接陰陽禁書〕 瀧二一三·九，慶九左六，殿九右七，凌一〇右一。

集 咳音該 ○該，紹診。按：紹本誤。

正 胲當宍也 ○胲，殿咳。宍，南化 彭 凌 殿寅。

正 胲指毛皮也 ○胲，凌晐。

〔年三十九歲也〕 瀧二一三·九，慶九左九，殿九右一〇，凌一〇右四。○毛無「年」字。

〔此病疽也〕 瀧二一四·三，慶一〇右一，殿九左一，凌一〇右七。

集 疽七如反 ○彭無此注四字。

〔嘔膿死〕 瀧二一四·五，慶一〇右三，殿九左三，凌一〇右九。

正 女東反 ○反，慶 彭也，南化校記「反」。札記王、柯「反」誤「也」。

〔肝氣濁而靜〕　瀧二四・九，慶一〇右五，殿九左四，凌一〇左一。

集　濁一作黽　〇凌無此注四字。

〔則絡脈有過〕　瀧二五・七，慶一〇右一〇，殿九左一〇，凌一〇左六。

正　代則絡有過也　〇代，慶彭凌殿大。

正　遂上魚際　〇慶彭凌殿無「際」字。札記「際」字，考證增。

〔少陽初代〕　瀧二六・五，慶一〇左七，殿一〇右六，凌一一右四。〇耿以少陽初代

札記「少陽」上，吳校元板有「以」字，疑衍。

〔盡泄而死〕　瀧二六・八，慶一一右三，殿一〇左三，凌一一左一。

正　分別三門鏡界脈候所主云　〇札記「鏡」當作「境」。

正　其自高骨從寸至尺　〇慶彭凌殿「骨」字移在「自」上。札記「骨」字錯在「自」上，考證改。

正　陰入三分　〇慶彭凌殿金陵無此注四字。按：瀧川本依鳳文館史記評林。

〔數忔食飲〕　瀧二七・六，慶一一右九，殿一〇左七，凌一一左六。

索　音疑乙反　〇乙，慶彭凌殿乞。

〔脈來數疾〕　瀧二八・一，慶一一左二，殿一一右一，凌一一左九。〇疾，蜀刻耿慶中統彭凌殿病。

〔重陽者遏心主〕　瀧二八・三，慶一一左四，殿一一右二，凌一二右一。〇遏，慶毛遏，札記王本、毛本誤「遏」，注同。

〔絡脈有過〕 瀧二八・七，慶一一左六，殿一一右四，凌一二右三。○耿脫此四字。

〔衆醫皆以爲蹷入中〕 瀧二八・九，慶一一左九，殿一一右六，凌一二右五。○入，耿 慶 中統 彭 毛 凌 殿 人 楓 三 校記「入」。

〔湧疝也〕 瀧二八・一〇，慶一一左一〇，殿一一右六，凌一二右六。

索 上音勇下音訕 ○彭 上音勇字下音訕字。按：彭本衍。

索 疝音山也 ○也，慶 凌 反 按：景印慶元本「反」改「也」。南化 彭 殿「山也」二字作「仙」字。楓 三 校記「山」。

〔三飲而疾愈〕 瀧二九・四，慶一二右三，殿一一右九，凌一二右九。○疾，蜀 蜀刻 毛 病，紹 無「疾」字。

〔右口氣急〕 瀧二九・七，慶一二右四，殿一一左一，凌一二右一〇。

正 乃氣口也 ○慶 彭 凌 無「乃」字。

〔中下熱而湧〕 瀧二九・九，慶一二右六，殿一一左二，凌一二左二。○札記 據下文，疑下脫「疝」字。

〔故溺赤也〕 瀧三〇・一，慶一二右七，殿一一左三，凌一二左三。

正 徒弔反 ○弔，慶 彭 吊。

〔并陰〕 瀧三〇・一〇，慶一二左七，殿一二右二，凌一三右三。○札記 吳校元板「陰」訛

「陽」。

〔故以此知之〕　瀧三一·四，慶一二左一〇，殿一二右四，凌一三右六。○故，中統固。

〔失治一時〕　瀧三一·四，慶一二左一〇，殿一二右五，凌一三右六。○失，耿中統毛未。按：訛。

〔風癉客脬〕　瀧三一·六，慶一三右二，殿一二右六，凌一三右七。○脬，紹浮。按：紹本訛。

正　音單旱反　○反，慶彭凌殿也。札記也當爲「反」字之誤。按：瀧川本依札記改。

〔病得之流汗出循〕　瀧三一·九，慶一三右五，殿一二右九，凌一三右一〇。○循，景蜀紹蜀刻耿慶中統索毛凌殿滫，南化校記「循」。下同。

〔沈之而大堅〕　瀧三二·三，慶一三右七，殿一二左一，凌一三左二。

正　沈一作深　○慶彭此注四字作「深一作沈」。按：景印慶元本改「沈一作深」。札記王本「沈」、「深」互易。

〔大者〕　瀧三二·七，慶一三右一〇，殿一二左三，凌一三左五。○南化彭無「大」字。三校補「大」字。

〔膀胱氣也〕　瀧三二·七，慶一三右一〇，殿一二左三，凌一三左五。○各本「膀」字作「膀」字，瀧川本訛。

〔形獘〕　瀧三三·四，慶一三左八，殿一二左一〇，凌一四右三。

集 徐廣曰一作散 ○慶 彭 凌 殿無此注六字。楓 三校補此注六字。

〔形弊者不當關灸鑱石及飲毒藥也〕 瀧三四・二,慶一四右三,殿一三右五,凌一四右八。○藥,彭樂,楓 棭 三校記「藥」。

〔又灸其少陰脈〕 瀧三四・五,慶一四右六,殿一三右七,凌一四左一。○灸,景炎。按:景本誤。

〔盡即死矣〕 瀧三四・一〇,慶一四右一〇,殿一三左一,凌一四左五。○耿無「盡」字。

〔齊中尉潘滿如病少腹痛〕 瀧三五・一,慶一四左二,殿一三左三,凌一四左七。○少,景 蜀刻 紹 慶 中統 毛小。

正 王叔和脈經云 ○王,彭正。按:彭本誤。

〔遺積瘕也〕 瀧三五・二,慶一四左二,殿一三左四,凌一四左八。

正 龍魚河圖云 ○河慶 彭 凌反。按:景印慶元本「反」改「河」。札記官本「河」,各本誤「反」。

〔其卒然合〕 瀧三五・七,慶一四左七,殿一三左八,凌一五右二。

集 來然合 ○景 蜀 蜀刻 紹 耿 慶 中統 彭 毛 凌 殿來然合然凌本無「然」字。合。

〔是脾氣也〕 瀧三五・八,慶一四左八,殿一三左八,凌一五右三。

正 生於五藏 ○慶 彭 凌無「生」字。札記官本有「生」字,各本脱。

〔右脈口氣至緊小〕 瀧三五・一〇,慶一四左九,殿一三左一〇,凌一五右五。○口,耿曰。按:訛。

〔三陰俱搏者如法〕 瀧三六・一，慶一五右一，殿一四右一，凌一五右六。○搏，凌金陵搏，札記凌本與如淳音合，各本訛「搏」，下同。

〔迴風〕 瀧三六・九，慶一五右五，殿一四右五，凌一五左一。

集 言洞徹入四支 ○支，殿肢。

〔飲食下嗌〕 瀧三六・九，慶一五右六，殿一四右六，凌一五左二。○嗌，紹益。

〔而輒出不留〕 瀧三六・九，慶一五右六，殿一四右六，凌一五左二。

集 謂喉下也 ○喉，紹侯。

〔召臣意診其脈〕 瀧三七・五，慶一五左三，殿一四左二，凌一五左九。○診，耿胗。按：耿本誤。

〔盡三石〕 瀧三七・七，慶一五左四，殿一四左二，凌一五左一〇。○石，毛日。按：毛本誤。

〔汗出伏地者〕 瀧三八・一，慶一五左八，殿一四左六，凌一六右四。○汗，毛汁。札記毛本「汗」作「汁」。案，説文「汗，身液也。汁，液也」。是「汁」與「汗」同。

〔出及瀺水也〕 瀧三八・一，慶一五左八，殿一四左六，凌一六右四。

正 音常灼反 ○反，慶彭凌也。按：景印慶元本「也」改「反」。札記官本「反」，各本誤「也」。

〔衆醫皆以爲風入中〕 瀧三八・五，慶一五左一〇，殿一四左八，凌一六右七。○耿無「爲」字。

〔刺其足少陽脈〕　瀧三八·五，慶一六右一，殿一四左九，凌一六右七。○陽，殿陰。

〔故濟北王阿母〕　瀧三九·三，慶一六左一，殿一五右八，凌一六左七。

索　案是王之嬭母也　○中統案阿是王——。

正　慈己者　○慈，慶凌兹。

〔濟北王召臣意診脈〕　瀧三九·七，慶一六左四，殿一五左一，凌一六左一〇。○召，紹否。

慶彭凌殿無「臣」字，楓三校補「臣」。

〔爲所是案法新〕　瀧三九·一〇，慶一六左七，殿一五左四，凌一七右三。

索　謂於舊方技能生新意也　○方，殿力。按：殿本誤。

〔灸其左大陽明脈〕　瀧四〇·八，慶一七右六，殿一六右一，凌一七左三。○蜀毛無「大」字。札記宋本「大」作「太」，毛本無。疑「大陽明脈」四字有誤。

〔菑川王美人懷子而不乳〕　瀧四〇·一〇，慶一七右九，殿一六右四，凌一七左五。

*正　人及鳥生子曰乳乳曰産　南化。

〔比五六枚〕　瀧四一·三，慶一七左二，殿一六右七，凌一七左八。○枚，慶枝。按：景印慶元本「枝」改「枚」。

〔即示平曰〕　瀧四一·一〇，慶一七左一〇，殿一六左三，凌一八右六。○示，中統視。

〔若加以一病〕　瀧四三·二，慶一八右九，殿一七右一，凌一八左四。○耿無「加」字。

〔灸於火而以出見大風也〕　瀧四三・四，慶一八左一，殿一七右三，凌一八左七。○灸，毛灸。

〔蹶上〕　瀧四三・五，慶一八左三，殿一七右四，凌一八左八。

正　時掌反　○彭脱「時」字。

〔使人煩懣〕　瀧四三・六，慶一八左四，殿一七右五，凌一八左九。

正　非但有煩也　○非，慶凌止。札記官本「非」，各本誤「止」。

〔所以蹶頭熱至肩〕　瀧四三・八，慶一八左六，殿一七右七，凌一九右一。○紹無「熱」字。

〔諸客坐〕　瀧四三・八，慶一八左八，殿一七右八，凌一九右三。○札記襍志云「諸客」上脱「與」字，御覽引有。

〔病方今客腎濡〕　瀧四四・二，慶一九右二，殿一七左一，凌一九右六。○病，耿疾。

正　欲溺腎也　○溺，慶弱。南化校記「溺」。

〔暮要脊痛〕　瀧四五・三，慶一九左三，殿一八右二，凌一九左七。○脊，毛瘠。按：毛本訛。

〔病已〕　瀧四五・三，慶一九左三，殿一八右二，凌一九左七。

索　謂以藥熅之　○藥，耿慶中統彭索凌殿金陵熅。按：瀧川本依鳳文館史記評林。

索　音七亂反　○音，彭言。按：彭本誤。

〔嗇而不屬〕　瀧四五・五，慶一九左五，殿一八右三，凌一九左一〇。

*正　嗇音色不滑也　南化幻梅狩瀧。

〔其來難堅〕　瀧四五・六，慶一九左八，殿一八右四，凌一九左一〇。○堅，紹豎。按：紹本字形近而訛。

〔月不下〕　瀧四五・六，慶一九左六，殿一八右四，凌一九左一〇。○蜀月事不下。

〔嶢瘕〕　瀧四五・八，慶一九左九，殿一八右七，凌二〇右三。

索　舊音遶遐　○遶，索堯。

〔病嶢得之於寒溼〕　瀧四六・一，慶二〇右二，殿一八右九，凌二〇右六。○寒，紹塞。

〔化爲蟲〕　瀧四六・二，慶二〇右三，殿一八右一〇，凌二〇右七。○蟲，慶蠱，南化校記「蟲」。按：景印慶元本「蠱」改「蟲」。

〔臣意所以知薄吾病者〕　瀧四六・三，慶二〇右三，殿一八右一〇，凌二〇右七。○慶彭凌殿——知寒薄吾病者，南化楓棭削去「寒」。按：南化本標記「寒」字下有「索隱無」三字。

〔循其尺〕　瀧四六・四，慶二〇右四，殿一八左一，凌二〇右八。

正　寸關尺其有一寸九分也　○各本「其」字作「共」字，瀧川本「其」、「共」字形近而訛。

〔而毛美奉髮〕　瀧四六・五，慶二〇右五，殿一八左二，凌二〇右九。

集　奉一作奏又作秦　○秦，景蜀刻紹毛拳。

索　奉一作奏　○奏，索髼。

〔輒後之〕　瀧四六・九，慶二〇右一〇，殿一八左七，凌二〇左四。

集 如廁　○廁，[彭][凌]前。

〈即泄數十出〉　瀧四七・二，慶二〇左二，殿一八左九，凌二〇左六。○十，[耿]七。

〈信謂左右閣都尉〉　瀧四七・三，慶二〇左四，殿一八左一〇，凌二〇左八。

索 閣即宮閣　○[耿]「即宮」二字作「郎官」。

〈意以淳于司馬病爲何曰以爲迵風〉　瀧四七・四，慶二〇左五，殿一九右一，凌二〇左九。○[紹]無「爲何曰以」四字。

〈臣即爲一火齊米汁使服之〉　瀧四七・七，慶二〇左八，殿一九右四，凌二一右二。○一，[殿]三。

〈診其脈時〉　瀧四七・八，慶二〇左九，殿一九右五，凌二一右三。○[景][紹]無「診」字。

〈切之得番陰脈〉　瀧四八・四，慶二一右五，殿一九右九，凌二一右八。

索 音芳袁反　○袁，[慶][凌][殿]遠。

〈番陰脈入虛裏〉　瀧四八・五，慶二一右六，殿一九右一〇，凌二一右八。○[紹]無「番陰脈」三字。

〈黍主肺〉　瀧四八・八，慶二一右八，殿一九左二，凌二一左一。○肺，[景][蜀][蜀刻][紹][耿][中統][毛]肝。

〈養喜陽處者逆死〉　瀧四八・九，慶二一右一〇，殿一九左三，凌二一左二。○[景][蜀刻]

慶 中統 彭 凌 殿「養」、「喜」互倒。

〔陽疾處内〕 瀧五〇・一，慶二三右二，殿二〇右三，凌二三右三。〇疾，紹 侯。

〔不加悍藥及鑱石〕 瀧五〇・一，慶二三右二，殿二〇右四，凌二三右三。〇鑱，慶 彭 讒。

按：景印慶元本「讒」改「鑱」。

〔則邪氣辟矣〕 瀧五〇・二，慶二三右二，殿二〇右四，凌二三右四。

*正 辟言幻本無上二字。辟南化本「辟」下有「除」字。惡風梅本「風」作「氣」。也劉伯莊云辟楯聚也恐非其理也 南化 幻 梅 狩 瀧。

〔陽病益著〕 瀧五〇・五，慶二三右五，殿二〇右六，凌二三右七。〇著，蜀 紹 蜀刻 箸。

札記 宋本「箸」，各本作「著」。

〔岔發爲疽〕 瀧五〇・六，慶二三右六，殿二〇右七，凌二三右七。〇中統 岔發發爲疽。

〔死〕 瀧五〇・七，慶二三右七，殿二〇右八，凌二三右八。

索 人乳房上骨名也 〇名，中統 石。按：中統本誤。

〔病甚〕 瀧五〇・一〇，慶二三右一〇，殿二〇右一〇，凌二三左一。

集 謚孝王 〇孝，中統 平。

〔大如覆杯〕 瀧五一・二，慶二三左二，殿二〇左二，凌二三左三。〇杯，中統 柸。

〔病得之内〕 瀧五一・三，慶二三左四，殿二〇左三，凌二三左五。〇蜀 無「病」字。

〔臣意嘗診安陽武都里成開方〕　瀧五一・四，慶二二左五，殿二〇左四，凌二二左七。○嘗[慶][中統][彭][毛][凌][殿]常[南化][楓][棭][三]校記「嘗」。[札記]宋本「嘗」，各本訛「常」。

〔使人瘖〕　瀧五一・七，慶二二左七，殿二〇左六，凌二二左九。

索　瘖者失音也　○音，[耿][慶][彭][索]瘖[中統][凌]聲。

索　言使人運置其手足也　○[彭]——其手足者也。

〔今聞其四支不能用〕　瀧五一・八，慶二二左八，殿二〇左七，凌二二左一〇。○今，[耿]令。

按：訛。

〔牡疝〕　瀧五二・二，慶二三右三，殿二一右三，凌二三右六。○牡，[景][蜀][蜀刻][紹][中統]壯。下同。

〔爲勞力事〕　瀧五二・四，慶二三右六，殿二一右四，凌二三右七。○[慶][彭]無此四字。

按：景印慶元本補此四字。[札記]王、柯本此四字不重。

〔處後蹴踘〕　瀧五二・五，慶二三右六，殿二一右五，凌二三右八。

集　一作蹹　○蹹，[彭]塌。

正　上千六反下九六反　○[凌]無此注八字。

〔得番陽〕　瀧五二・七，慶二三右九，殿二一右八，凌二三左一。

索　以言陽脈之翻入虛裏也　○[彭]以其言陽脈之翻入虛裏者也。

〔牡疝也〕　瀧五二・九，慶二三左一，殿二一右九，凌二三左三。

集　徐廣曰絡一作結　〇毛無此注七字。

〔他所診期決死生〕　瀧五二・九，慶二三左一，殿二二右九，凌二三左三。〇診，中統脈。按：中統本誤。

〔有數者能異之〕　瀧五三・四，慶二三左七，殿二二左五，凌二三左九。〇能，凌皆。

〔臣意所受師方適成〕　瀧五三・八，慶二三左一〇，殿二二左八，凌二四右一。〇所，景蜀紹蜀刻中統新。

〔何故〕　瀧五四・三，慶二四右七，殿二二右六，凌二四右一〇。

集　以文帝十五年卒　〇毛文以文帝十五年卒。按：毛本衍。

〔臣意家貧〕　瀧五四・五，慶二四右九，殿二二右七，凌二四左一。〇貧，毛負。按：毛本誤。

〔誠恐吏以除拘臣意也〕　瀧五四・五，慶二四右九，殿二二右八，凌二四左二。

*正　恐幻、梅、狩本有「除」字。爲吏拘梅本「拘」作「拗」。繫之南化、幻本「之」作「也」。時諸侯得自拜除官吏也南化幻梅狩瀧。

〔故移名數左右〕　瀧五四・七，慶二四右一〇，殿二二右八，凌二四左三。

正　以名籍屬左右之人　〇殿無「之人」二字。

〔氣當大董〕　瀧五五・五，慶二四左一〇，殿二二左七，凌二五右三。

集　謂深藏之　〇毛無「之」字。

〔而徐之〕　瀧五五・八，慶二五右一，殿二二左九，凌二五右四。〇徐，紹除。

〔擇晏日〕　瀧五六・一，慶二五右四，殿二三右一，凌二五右七。○日，慶曰，南化校記「日」。按：景印慶元本改「日」。

〔臣意聞菑川唐里公孫光善爲古傳方〕　瀧五六・九，慶二五左三，殿二三右九，凌二五左六。

正　謂全傳寫得古人之方書　○彭無「之」字。

〔得見事之〕　瀧五七・一，慶二五左五，殿二三左一，凌二五左八。○札記「事之」，舊刻作「客之」。

〔臣意悉受書之臣意欲盡受他精方〕　瀧五七・二，慶二五左六，殿二三左一，凌二五左九。○札記舊刻「之」作「而」，屬下句。

〔意死不敢妄傳人〕　瀧五七・五，慶二五左一〇，殿二三左五，凌二六右三。○耿無「意」字。

〔吾年中時〕　瀧五七・八，慶二六右四，殿二三左八，凌二六右七。○景　蜀「年」、「中」互倒。

〔嘗欲受其方〕　瀧五七・九，慶二六右四，殿二三左八，凌二六右七。

索　古人語自爾　○古，彭乃。

〔時者未往〕　瀧五八・一，慶二六右七，殿二四右一，凌二六右一〇。○札記舊刻重「時」

字，疑衍。

〔即爲書以意屬陽慶〕　瀧五八・四，慶二六左一，殿二四右四，凌二六左三。○陽，慶彭毛楊。札記王、柯、毛本「陽」作「楊」。

〔及奇絡結〕　瀧五八・八，慶二六左六，殿二四右九，凌二六左八。

正　素問云　○按：各本「間」作「問」，瀧川本誤。

〔定砭灸處〕　瀧五九・一，慶二六左八，殿二四左一，凌二六左一〇。○砭，紹貶。

〔高永侯家丞杜信喜脈來學〕　瀧五九・四，慶二六左一〇，殿二四左三，凌二七右二。○殿無「丞」字。

〔五診〕　瀧五九・五，慶二七右一，殿二四左三，凌二七右三。

*正　五診謂診五藏之脈　南化幻梅狩。

〔除爲齊王侍醫〕　瀧五九・七，慶二七右三，殿二四左五，凌二七右五。○王，中統國。

〔臣意不能全也〕　瀧五九・一〇，慶二七右八，殿二四左八，凌二七右九。

正　胃大一尺五寸　○札記案：此下藏府脈法蓋張守節所附合刻，各本皆有之，姑從其舊。

正　謂受穀而傳入於大腸也　○受，慶彭凌殿之。札記「受」誤「之」，考證改。

正　受穀九升三合八分合之一　○慶彭凌殿「分合」二字作「寸半」。札記「分合」誤「寸半」，吴校改，與後肛門條合。

正　此經從胃至腸而數之　○經，慶凌殿徑。

正　女子三　○慶彭凌「女子三」三字作「世子也」。按：景印慶元本改「女子三」。札記「女」誤「世」，「三」誤「也」，官本不誤。

正　主裹血溫五藏　○裹，慶凌殿裏。札記「裏」疑「裹」。

正　主藏意　○意，慶彭凌殿榮。札記誤「榮」，考證據素問改。

正　紆曲屈申　○申，彭伸。

正　重三斤十二兩　○三，慶彭凌二。札記官本「三」，各本作「二」。

正　又名嗔也　○札記嗔，不知何字之誤。按：札記引注文「嗔」作「瞋」。

正　長五尺　○五，慶彭凌殿三，南化校記「五」。按：景印慶元本「三」改「五」。札記「五」訛「三」，吳校改，與下數合。

正　五六三丈　○丈，慶彭凌也，札記官本「丈」，各本誤「也」。

正　兩足各有三陰　○慶彭凌殿無「三」字。札記「三」字考證增。

正　蓋據其相接之次者也　○彭無「者」字。

正　督脈各長四尺五寸　○金陵督任脈——。札記「任」字吳校增。

正　爲二十四　○二，彭三。

正　十二經十五絡二十七氣　○札記王本「十」訛「寸」。

正　故五度復會於手太陰　○金陵故五十度——。札記「十」字吳校增。

〔父得以後寧〕　瀧六二一・六，慶二七左一，殿二五右一，凌二七左二。○後，詳節復。

史記會注考證校補卷一百六

吴王濞列傳第四十六

〔吴王濞列傳第四十六〕　瀧一・九，慶一右一，殿一右六，凌一右二。

索　五宗之國　○索右五宗之國。

索　衡山亦其罪差輕　○差，慶中統彭凌殿蓋。

索　安得黜其王國　○黜，耿慶中統彭索凌殿出。

索　不止上同五宗三王　○耿慶中統彭索凌殿無「止」字。

〔閒行走雒陽〕　瀧二・八，慶一右七，殿一左二，凌一右八。○閒，紹聞。按：紹本訛。

〔自歸天子〕　瀧二・八，慶一右八，殿一左三，凌一右九。○歸，蜀刻劉。按：蜀刻本訛。

〔布走〕　瀧三・二，慶一左三，殿一左七，凌一左四。

索　會音古兑反　○會，彭噌。

〔王三郡五十三城〕　瀧三・八，慶一左六，殿一左九，凌一左七。○蜀上「三」字作「二」字。

〔高帝召濞相之〕　瀧三・九，慶一左六，殿一左一〇，凌一左七。○耿脱「高」字。

〔東南有亂者〕　瀧四・一，慶一左八，殿二右二，凌一左九。○索脱「者」字。

〔不敢〕　瀧四・二，慶二右二，殿二右六，凌二右三。

集　疑當如此耳　○中統「如此」二字作「東巡」。

〔吳有豫章郡銅山〕　瀧四・六，慶二右四，殿二右七，凌二右五。

集　今故鄣　○鄣，景蜀紹蜀刻慶中統彭凌殿章。

索　鄣郡後改曰故鄣　○慶中統彭凌殿下「鄣」字作「章」。

〔益鑄錢〕　瀧四・一〇，慶二右八，殿二左二，凌二右一〇。○益，南化楓棭三盜。

〔國用富饒〕　瀧四・一〇，慶二右八，殿二左二，凌二右一〇。

〔得侍皇太子飲博〕　瀧五・三，慶二右一〇，殿二左四，凌二左二。○博，蜀博。下同。

正　何以收其利足國之用　○何，彭河。

〔京師知其以子故稱病不朝驗問實不病〕　瀧五・一〇，慶二左五，殿二左八，凌二左七。○紹脱「不朝驗問實不病」七字。

〔及後使人爲秋請〕　瀧六・一，慶二左七，殿二左九，凌二左八。○紹脱「後」字。

集　秋先請擇其輕重也。○擇，紹釋。

集　孟康曰　○康，紹裏。按：紹本訛。

集　濞不得行　○行，紹何。按：紹本訛。

集　使人代己致請禮也　○代，紹伐。

〔漢繫治使者數輩〕　瀧六・四，慶二左一〇，殿三右三，凌三右二。○使，紹成。按：紹本訛。

〔且夫察見淵中魚不祥〕　瀧六・五，慶三右一，殿三右三，凌三右三。

集　張晏曰　○晏，中統見。按：中統本訛。

索　韋昭曰　○昭，彭詔。按：彭本訛。

〔於是天子乃赦吴使者歸之〕　瀧六・九，慶三右四，殿三右六，凌三右六。○乃，楓三皆。

〔吴得釋其罪〕　瀧六・一〇，慶三右五，殿三右七，凌三右七。○南化楓棭三無「罪」字。

〔然其居國以銅鹽故〕　瀧六・一〇，慶三右六，殿三右八，凌三右八。○銅，紹錮。

〔卒踐更〕　瀧七・二，慶三右七，殿三右九，凌三右九。○更，紹文。按：紹本誤。

〔輒與平賈〕　瀧七・二，慶三右七，殿三右九，凌三右九。

集　自行爲卒　○紹無「卒」字。

集　謂之踐更　○紹無「謂」字。謂，蜀刻耿慶中統彭爲。

集　爲卒雇者　○金陵「雇者」二字作「者顧」。札記「者」、「雇」誤倒，考證據漢書注改。

集　以少府錢借民比也　○比，凌此。

索　乃與平賈　○乃，金陵輒。賈，慶索價。

正　皆當迭爲之　○迭，慶彭殿送，慶彭凌殿無「爲」字。札記「迭」訛「送」，脫「爲」字，考證據漢書昭紀注改增。

正　貧者欲雇更錢者　○雇，慶彭故，凌金陵顧。

正　次直者出錢雇之　○雇，慶彭金陵顧。

正　天下人皆直戍邊三月　○月，凌日。

正　又行者出錢三百入官　○又，凌不。

〔訟共禁弗予〕　瀧七・九，慶三左四，殿三左六，凌三左七。

集　音松　○松，耿毛公。札記各本皆同，廣韻、集韻、類篇並有此音，又見李斯傳。毛本作「公」，蓋依如訓改。

〔鼂錯爲太子家令〕　瀧八・二，慶三左七，殿三左九，凌三左一〇。○各本「鼂」與「晁」混用，下同。札記宋本「鼂」作「晁」，下同。

〔數從容言吴過可削〕　瀧八・二，慶三左七，殿三左九，凌四右一。○過，紹適。按：紹本誤。

〔文帝寬〕　瀧八・三，慶三左八，殿三左一〇，凌四右一。○蜀無「文帝」二字。

〔以此吴日益横〕　瀧八・三，慶三左八，殿三左一〇，凌四右二。○南化楓棭三以此吴王日益横。按：南化本標記「王」字下有「漢書」二字。

〔錯爲御史大夫〕　瀧八・四，慶三左九，殿四右一，凌四右二。○南化棭三鼂錯爲御史大夫。

〔往年爲薄太后服〕　瀧九・二，慶四右八，殿四右九，淩四左一。○毛「年」、「爲」互倒。

〔諸齊皆憚畏〕　瀧一〇・一，慶四左四，殿四左四，淩四左七。

集　分爲國者　○者，耿毛名。

〔於是乃使中大夫應高誂膠西王〕　瀧一〇・一，慶四左五，殿四左四，淩四左八。○誂，南化楓棭三桃。

〔有宿夕之憂〕　瀧一〇・三，慶四左六，殿四左六，淩四左九。○夕，毛久。

〔今者主上興於姦〕　瀧一〇・四，慶四左八，殿四左七，淩四左一〇。○於，紹表。

〔聽讒賊〕　瀧一〇・五，慶四左八，殿四左七，淩五右一。

*正　飾於邪臣言被邪臣裝飾　南化幻梅狩瀧。

〔里語有之〕　瀧一〇・七，慶四左一〇，殿四左九，淩五右二。○楓無「里」字。

〔舐糠及米〕　瀧一〇・七，慶四左一〇，殿四左九，淩五右二。○糠，景蜀蜀刻耿慶中統彭毛索淩殿糠。下同。

〔恐不得安肆矣〕　瀧一〇・八，慶五右一，殿四左一〇，淩五右四。

*正　肆放縱也　南化幻梅狩瀧。

〔不能朝請二十餘年〕　瀧一〇・九，慶五右二，殿五右一，淩五右四。○南化楓三無

「請」字。

〈嘗患見疑無以自白〉 瀧一〇・九，慶五右三，殿五右一，凌五右五。○嘗，南化 楓 三 景 蜀 紹 蜀刻 毛 常。

〈猶懼不見釋〉 瀧一〇・一〇，慶五右三，殿五右二，凌五右六。

＊正 脅歛也竦體也累重足也 南化 幻 梅 狩 瀧。

〈同利相死〉 瀧一一・四，慶五右七，殿五右五，凌五右九。○同，景 問。按：景本誤。

〈弃軀以除患害於天下〉 瀧一〇・六，慶五右八，殿五右六，凌五右一〇。○患，紹 忠。

按：紹本誤。

〈固有死耳〉 瀧一一・八，慶五右一〇，殿五右八，凌五左二。○固，紹 用。按：紹本誤。

〈安得不戴〉 瀧一一・八，慶五右一〇，殿五右八，凌五左三。

索 又說文云 ○殿「又」字、「云」字並無。

＊正 瞿音句 南化 幻 梅 狩 瀧。

〈煢惑天子〉 瀧一一・九，慶五左一，殿五右八，凌五左三。○耿 無「煢」字。

〈而愁勞聖人之所以起也〉 瀧一二・一，慶五左三，殿五右一〇，凌五左五。

＊正 孔文梅本「文」作「父」。 祥曰按唯瀧本無「唯」字。 愁勞則有聖人也 南化 幻 梅 瀧。

〈故吴王欲内以鼂錯爲討〉 瀧一二・二，慶五左四，殿五左一，凌五左六。○討，紹 計。

〔彷徉天下〕　瀧一二・三，慶五左五，殿五左二，淩五左七。

＊正　彷徉梅本「徉」作「佯」。猶依倚也漢書作方洋幻本「洋」作「佯」。師古曰方洋幻本「洋」作「祥」。猶翱翔也。

南化　幻　梅　狩　瀧。

〔吳王猶恐其不與〕　瀧一二・七，慶五左九，殿五左六，淩六右一。○楓　棭　三無「其」字。

〔面結之〕　瀧一二・八，慶五左一○，殿五左六，淩六右二。○南化　楓　棭　三面結約之。

〔第令事成〕　瀧一二・九，慶六右二，殿五左八，淩六右三。○第，景　蜀　紹　蜀刻　耿　慶　中統　彭　殿　金陵弟。

〔不足爲漢郡什二〕　瀧一二・一○，慶六右三，殿五左八，淩六右四。○二，中統一。按：中統本誤。

〔遂發兵西〕　瀧一三・七，慶六右九，殿六右四，淩六右一○。

＊正　言膠西同吳王先起兵　南化　幻　梅　狩　瀧。

〔孝景帝三年正月甲子〕　瀧一四・七，慶六左七，殿六左一，淩六左七。○耿無「帝」字。

南化　楓　棭　三孝景帝前三年正月甲子。

〔吳王劉濞敬問膠西王膠東王菑川王濟南王趙王楚王淮南王衡山王盧江王故長沙王子〕

瀧一四・九，慶六左九，殿六左三，淩六左九。

集　無子國除　○無，紹孫。

集　庶子二人　○二，景 蜀 毛 一。按：訛。

〔進任姦宄〕　瀧一五・五，慶七右五，殿六左八，凌七右六。○宄，楓 棭 三 人。

〔人雖少〕　瀧一五・七，慶七右七，殿六左一〇，凌七右八。○南化 楓 棭 三 人民雖少。

札記 柯本「人」上衍「寡」字。

〔寡人素事南越三十餘年其王君皆不辭分其卒以隨寡人〕　瀧一五・七，慶七右八，殿七右一，凌七右九。○紹 脱「寡人」至「以隨」二十一字。南化 楓 棭 三 ——其王諸君皆不辭分其卒士以隨寡人。　三，毛 二。按：毛本訛。

〔越直長沙者〕　瀧一五・一〇，慶七右一〇，殿七右三，凌七左一。

索　服虔云直音值　○耿 慶 中統 彭 凌 殿 無此注六字。

〔西走蜀漢中〕　瀧一六・一，慶七左二，殿七右五，凌七左三。

集　告東越使定之　○彭 無「使定之」三字。棭 三 校補「使定之」三字。

正　走音奏　○奏，慶 彭 凌 殿 後。札記「奏」誤「後」，考證據蒙恬傳索隱改。

正　其民因王子卒而鎮定長沙以北　○卒，殿 率。

〔與寡人西面〕　瀧一六・三，慶七左四，殿七右七，凌七左五。

正　越東越也又告東越楚淮南三王與吳王共西面擊之　○彭 無此注二十一字。

〔搏胡衆入蕭關〕　瀧一六・六，慶七左七，殿七右一〇，凌七左九。○搏，景 蜀 蜀刻 耿

[慶][中統][彭][索][凌]搏。下同。

索 謂專統領胡兵也 ○[耿]脱「專」字。

正 今名隴山關 ○名，[慶][彭]古。按：景印慶元本「古」改「名」。

〈匡正天子〉 瀧一六・七，慶七左九，殿七左一，凌七左一〇。○匡，[紹]王。按：紹本誤。

〈欲一有所出之久矣〉 瀧一六・九，慶七左一〇，殿七左二，凌八右一。

*正 出南化本無「出」字。 師古曰謂發兵集義南化、瀧本無上八字。 謂泄出其怨意 [南化][梅][瀧]。按：南化、梅本不冠「正義曰」三字，疑非正義佚文。

〈振弱伐暴〉 瀧一六・一〇，慶八右二，殿七左四，凌八右三。○伐，[慶][彭]代。按：景印慶元本「代」改「伐」。

〈寡人節衣食之用〉 瀧一七・一，慶八右三，殿七左五，凌八右四。○[慶]無「寡」字。[南化]校補「寡」。按：南化本標記「寡」字下有「漢書」三字。

〈卒萬人〉 瀧一七・六，慶八右八，殿七左九，凌八右九。○[楓]卒又萬人。

〈人户五千〉 瀧一七・七，慶八右九，殿七左一〇，凌八右九。○[三]又人户五千。[毛]一人户五千。

〈如得列將〉 瀧一七・七，慶八右九，殿七左一〇，凌八右一〇。○將，[中統]侯。按：中統本誤。

〈佗封賜皆倍常法〉 瀧一七・八，慶八左一，殿八右一，凌八左一。○常，[景][蜀][紹][蜀刻]

耿 慶 中統 毛 金陵 軍。札記 凌本「軍」作「常」。

〔盎時家居〕　瀧一八・七，慶八左九，殿八右八，凌八左九。○耿 毛 袁盎時家居。

〔對曰〕　瀧一八・九，慶九右一，殿八左一，凌九右一。○慶 彭 殿 無「對」字。南化 楓 棭 三 校補「對」。

〔誘天下豪桀〕　瀧一八・一〇，慶九右二，殿八左二，凌九右三。○桀，彭 傑。

〔吴有銅鹽利則有之〕　瀧一九・二，慶九右四，殿八左三，殿九右四。○南化 楓 棭 三 吴王有銅鹽利則有之。

〔誠令吴得豪桀〕　瀧一九・三，慶九右五，殿八左四，凌九右五。○南化 楓 棭 三 誠令吴王得豪桀。

〔吴所誘〕　瀧一九・四，慶九右六，殿八左四，凌九右六。○南化 楓 棭 三 吴王所誘。

〔願屏左右〕　瀧一九・五，慶九右八，殿八左六，凌九右八。○屏，慶 彭 殿 并，南化 校記「屏」。札記 王、柯「凌」作「并」。按：今所見凌本作「屏」。

〔削奪之地〕　瀧一九・八，慶九左二，殿八左九，凌九左一。

索　音直革反　○直，索 值。

〔故以反爲名〕　瀧一九・九，慶九左二，殿八左一〇，凌九左二。○景 蜀 蜀刻 耿 毛「爲」、「名」互倒。札記 宋本、毛本倒。

〔復其故削地〕　瀧一九・一〇，慶九左三，殿九右一，凌九左三。○故，紹敌。

〔願上孰計之〕　瀧二〇・三，慶九左六，殿九右三，凌九左五。○願，南化楓梜三唯。

孰，南化熟。

〔乃拜盎爲太常〕　瀧二〇・三，慶九左六，殿九右三，凌九左六。

正　令盎爲太常　○令，慶凌今。

正　以示奉宗廟之指意　○慶彭凌「以示」二字作「史失」。

〔吴王弟子德侯爲宗正〕　瀧二〇・四，慶九左七，殿九右四，凌九左六。

集　吴王弟子德侯廣爲宗正也　○正，毛王。按：毛本訛。

〔紿載行東市〕　瀧二〇・六，慶九左九，殿九右六，凌九左八。○紿，南化梜三縛，梜三無「東市」二字。

〔吴楚兵已攻梁壁矣〕　瀧二〇・八，慶一〇右一，殿九右七，凌九左一〇。○今所見紹興本「梁壁矣」以下缺如。

〔吾據滎陽滎陽以東無足憂者〕　瀧二一・六，慶一〇右八，殿九左四，凌一〇右八。○蜀耿慶中統彭毛金陵不重「滎陽」二字。札記王、柯、凌本重「滎陽」二字。

〔吴兵鋭甚〕　瀧二一・九，慶一〇右一〇，殿九左六，凌一〇右九。○三吴楚兵鋭甚。

〔不能久〕　瀧二一・一〇，慶一〇左一，殿九左六，凌一〇右一〇。

正　遺正反　○[慶][彭][凌][殿]無「遺」字。[札記]脱「遺」字，考證據左傳隱九年釋文增。

〔塞吴饟道〕　瀧二二・一，慶一〇左三，殿九左八，凌一〇左二。○[南化][楓][棭][三]此四字作「吴饟道絶」。

〔此亦一奇也〕慶二二・九，慶一〇左九，殿一〇右三，凌一〇左八。○[耿]無「亦」字。

〔徒自損耳〕　瀧二三・一，慶一一右二，殿一〇右六，凌一一右一。

集　自爲利己　○[景][蜀刻][耿][慶][中統][彭][毛][殿]「利」、「己」互倒。

〔此少年推鋒之計可耳〕　瀧二三・七，慶一一右八，殿一〇左一，凌一一右七。○推，[景][蜀刻][耿][慶][中統][毛]椎。[楓][棭][三]無「可」字。[札記]宋本、中統、王、毛「推」作「椎」。

〔安知大慮乎〕　瀧二三・八，慶一一右八，殿一〇左二，凌一一右七。○[南化][楓][棭][三]安可知大慮乎。

〔未度淮〕　瀧二三・九，慶一一右一〇，殿一〇左三，凌一一右八。○淮，[毛]渡。按：毛本因「度」字而誤。

〔周丘得節〕　瀧二四・三，慶一一左四，殿一〇左七，凌一一左二。○丘，[彭]兵。

〔比至城陽〕　瀧二四・七，慶一一左九，殿一一右一，凌一一左七。○[景][蜀][蜀刻][耿][慶][中統][彭][毛]「城」、「陽」互倒。[南化]校記「城陽」。[札記]宋本、中統、舊刻、游、王、柯、毛本「城」、「陽」誤倒。

〈破城陽中尉軍〉　瀧二四・八，慶一一左一〇，殿一一右二，凌一一左八。○景 蜀 蜀刻 耿 中統 毛「城」、「陽」互倒。慶 彭「城陽」二字作「蕩城」。南化 校記「城陽」。札記 宋本、中統、舊刻、柯、毛「城」、「陽」誤倒，游、王誤作「蕩城」。正 地理志云 ○殿 地理志云城陽志云。

〈爲非者〉　瀧二五・二，慶一一右四，殿一一右五，凌一一右二。○中統「非」字作「不善」二字。

〈賊殺大臣及漢使者〉　瀧二五・九，慶一一左二，殿一一左三，凌一一右一〇。○及，耿 慶 中統 彭 凌 反。南化 校記「及」。按：景印慶元本「反」改「及」。札記 宋本、舊刻、毛本及它本訛「反」。

〈斬首捕虜〉　瀧二六・三，慶一一左七，殿一一左七，凌一一左五。○南化 楓 三 而斬首捕虜。

〈皆要斬〉　瀧二六・四，慶一一左九，殿一一左八，凌一一左六。○要，南化 腰。

〈初吴王之度淮〉　瀧二六・四，慶一一左九，殿一一左八，凌一一左六。○之，毛 上。按：毛本誤。

〈與楚王遂西敗棘壁〉　瀧二六・五，慶一一左九，殿一一左九，凌一一左七。○壁，中統 璧。按：中統本誤。

〔士卒皆還走梁梁數使使報條侯求救〕　瀧二六・七，慶一三右二，殿一一左一〇，凌一二左九〇。三 中統 不重「梁」字。

〔梁使韓安國及楚死事相弟張羽爲將軍〕　瀧二六・八，慶一三右三，殿一二右二，凌一三右一。

正　按羽　〇彭 按張羽。

〔保東越〕　瀧二七・四，慶一三右一〇，殿一二右八，凌一三右八。

正　東越傳云　〇傳，彭 專。按：彭本誤。

〔漢使人以利啗東越〕　瀧二七・五，慶一三左二，殿一二右一〇，凌一三右九。

集　音徒覽反　〇覽，毛 屬。按：毛本誤。

〔馳傳以聞〕　瀧二七・八，慶一三左六，殿一二左四，凌一三左三。

索　今注本云　〇耿 慶 中統 彭 凌 殿 無「注本」二字。

正　在潤州丹徒縣東練壁聚北　壁，慶 彭 殿 辟。

正　今入于江　〇于，殿 平。札記 王、柯本「干」訛「平」。

〔膠西王乃袒跣席槀飲水謝太后〕　瀧二八・三，慶一四右一，殿一二左八，凌一三左八。〇袒，慶 祖，南化 校記「袒」。按：景印慶元本「祖」改「袒」。跣，慶 中統 彭 殿 洗。

〔漢兵遠〕　瀧二八・四，慶一四右二，殿一二左九，凌一三左九。〇南化 楓 棭 三 漢兵遠來。

〔須以從事〕　瀧二八・七，慶一四右六，殿一三右三，凌一四右四。

*正　待王定計以行事南化、幻、梅、狩本「事」作「之」。南化幻梅狩瀧。

〔乃苦將軍〕　瀧二八・八，慶一四右七，殿一三右四，凌一四右四。○苦，慶彭若。按：景印慶元本「若」改「苦」。

〔且以誅錯〕　瀧二九・二，慶一四左二，殿一三右八，凌一四右九。○誅，慶凌殿銖。

〔初吳王首反〕　瀧二九・一〇，慶一四左九，殿一三左四，凌一四左五。○耿脱「首」字。

〔由父省也〕　瀧三〇・三，慶一五右三，殿一三左七，凌一四左九。

索　省者減也　○減，中統咸。按：中統本誤。

〔能薄賦斂〕　瀧三〇・四，慶一五右四，殿一三左八，凌一四左一〇。○斂，耿欲。

〔争技發難〕　瀧三〇・五，慶一五右五，殿一三左九，凌一五右一。○技，南化楓棭三博。

〔卒亡其本〕　瀧三〇・五，慶一五右六，殿一三左一〇，凌一五右二。

索　爲争技也　○爲，耿慶中統彭凌殿是。

〔禍反近身〕　瀧三〇・七，慶一五右七，殿一四右一，凌一五右三。○近，南化楓棭三及。

〔豈盎錯邪〕　瀧三〇・一〇，慶一五右一〇，殿一四右三，凌一五右五。○毛「盎錯」二字作

「袁盎」。

索　憍矜貳志　○慶 中統 彭 淩 殿此注四字作「驕矜携貳」。

索　嬰命始監　○慶 中統 彭 淩 殿「始監」二字作「廣陵」。

史記會注考證校補卷一百七

魏其武安侯列傳第四十七

〔孝文后從兄子也〕 瀧二・三，慶一右七，殿一右七，凌一右三。○[楓][棭][三]孝文皇后從兄子也。按：漢書亦有「皇」字。

〔病免〕 瀧二・七，慶一右四，殿一右九，凌一右五。○病，[三]疾。

〔爲詹事〕 瀧二・七，慶一右四，殿一右九，凌一右六。

正 百官表六 ○百，[彭]白。按：彭本誤。

正 秦官 ○[彭]秦官名也。

正 掌皇后太子家也 ○[彭]——太子家者也。

〔竇嬰引巵酒進上曰〕 瀧二・一〇，慶一右八，殿一左二，凌一右九。○[楓][三]竇嬰引巵酒進上壽曰。

〔天下者高祖天下〕　瀧二・一〇，慶一右八，殿一左二，凌一右九。○中統——高祖之天下。

〔竇嬰亦薄其官〕　瀧三・二，慶一右一〇，殿一左四，凌一左一。○亦，紹示。

〔毋如竇嬰賢〕　瀧三・四，慶一左四，殿一左八，凌一左五。

索　周陽由其父趙兼以淮南王舅　○索無「其」字。

索　故國改氏　○國，耿慶彭索凌金陵因。按：鳳文館史記評林此注四字作「故因氏焉」。

〔固辭謝病不足任〕　瀧三・六，慶一左四，殿一左八，凌一左五。○楓棭三固辭謝稱病不足任。按：漢書亦有「稱」字。

〔嬰乃言袁盎欒布諸名將賢士在家者進之〕　瀧三・八，慶一左七，殿一左一〇，凌一左八。○景蜀刻耿慶中統毛竇嬰乃言——。嬰，彭竇。按：景印慶元「嬰」上補「竇」字。札記宋本、中統、游、毛「嬰」上有「竇」字，王本有「竇」字，失「嬰」字。

〔金無入家者〕　瀧三・九，慶一左九，殿二右二，凌一左一〇。

集　自令裁度取爲用也　○金陵「自」、「令」互倒。札記「令」、「自」各本倒，考證據漢書注改。

〔封嬰爲魏其侯〕　瀧四・三，慶一左一〇，殿二右四，凌二右一。○嬰，紹賜。

〔魏其謝病屏居藍田南山之下數月〕　瀧四・六，慶二右五，殿二右七，凌二右五。○景蜀刻耿慶中統彭毛凌無「藍」也。札記官本有「藍」字。

〔相提而論〕瀧五・一，慶二右九，殿二左一，凌二右一〇。

索 提音弟 〇弟，[中統]躰。

索 又音啼 〇啼，[慶]帝。

正 下昌汝反 〇汝，[殿]女。

〔則妻子毋類矣〕瀧五・三，慶二左二，殿二左四，凌二左三。

集 螫怒也 〇怒，[慶][彭][凌]恐。按：景印慶元本「恐」改「怒」。

索 毒蟲怒必螫人 〇[中統]無「人」字。

索 漢書作奭奭即螫也 〇[索]不重「奭」字。

〔朝請如故〕瀧五・五，慶二左三，殿二左五，凌二左四。〇故，[紹]元。

〔難以爲相持重〕瀧五・七，慶二左七，殿二左九，凌二左八。

集 沾一作怗 〇怗，[景][蜀刻][耿][慶][中統][彭][毛][凌][殿]恬。[札記]索隱本「怗」各本訛「恬」。

集 言自整頓也 〇頓，[景]于。

集 沾音幨也 〇幨，[景][蜀][蜀刻][慶][索][毛][殿]憺，[凌]擔。[札記]索隱本、宋本、游、毛作「憺」，與幨形近而訛。集韵「憺」與「沾」無同音。今正漢書注作「音幨」。

索 愛猶惜也 〇[索]愛猶惜也音如字。

索 沾音襜又音當牒反 〇[耿][慶][中統][彭][凌][殿]無此注八字。

索 小顏音他兼反 〇[耿][慶][中統][彭][凌][殿]小顏云耿、慶、中統、彭本無「云」字。沾音他兼反。

索　注怗音如字又天牒反　○耿此注九字作「怗如字天牒反」六字。慶中統彭凌殿無此注九字。

索　膽音尺占反　○膽，慶索殿憎，凌擔，金陵幨。札記單本「幨」亦訛「憎」，憎無尺占反，今正此爲集解「幨」字作音也。

＊正　易以豉反言自多簡易之行也前云南化本無「云」字。毋南化、幻、梅本「毋」作「無」。如竇嬰賢而張晏云幻本「云」作「之」。輕易之行未幻本「未」作「本」。知甚矣　南化幻梅狩瀧。

〔孝景后同母弟也〕　瀧五・九，慶二左九，殿三右一，凌二左一〇。○南化楓棭三孝景帝后同母弟也。

〔魏其跪起如子姓〕　瀧六・二，慶三右三，殿三右三，凌三右三。○姓，景蜀紹蜀刻耿慶中統彭毛凌殿姪。

集　時人相號長老者爲諸公　○景蜀刻耿慶中統彭毛凌金陵時人相號長老老者——。

〔學槃盂諸書〕　瀧六・五，慶三右三，殿三右五，凌三右四。○槃，毛盤。

集　黄帝史孔甲所作銘也　○史，慶中統彭凌殿使。

集　凡二十六篇　○六，金陵九。札記「九」訛「六」，考證據漢書注改。

集　書槃盂中所爲法戒　○槃，彭盤。

＊正　晉灼曰按藝文志孟説是也　南化幻梅狩瀧。

〔孝景崩〕　瀧六・八，慶三右五，殿三右七，凌三右六。○南化楓棭三孝景帝崩。

〔所鎮撫多有田蚡賓客計筴〕　瀧六・九，慶三右六，殿三右七，凌三右七。○有，南化　楓　棭　三用。

〔蚡弟田勝〕　瀧六・一〇，慶三右六，殿三右八，凌三右八。○田，紹曰。

〔丞相綰病免〕　瀧七・五，慶三右一〇，殿三左二，凌三左二。○病，三疾。

〔未如魏其〕　瀧七・六，慶三左二，殿三左三，凌三左三。○如，中統知。按：中統本訛。

〔君侯資性喜善疾惡〕　瀧七・一〇，慶三左六，殿三左七，凌三左七。○南化　楓　棭　三無「性」字。

〔俱好儒術〕　瀧八・二，慶三左一〇，殿三左九，凌三左一〇。○術，中統推。按：中統本訛。

〔王臧爲郎中令〕　瀧八・三，慶四右一，殿三左九，凌四右一。

索　謂自卑下之　○卑，耿軍。

索　如爲之推車轂也　○爲，索謂。

〔以興太平〕　瀧八・五，慶四右三，殿四右二，凌四右四。

索　多不依禮　○禮，耿　慶　彭　凌　殿古。

索　今令吉凶服制　○耿　慶　彭　凌　殿無「令」字。

〔除其屬籍〕　瀧八・六，慶四右四，殿四右三，凌四右五。

索　音直革反　○革，索格。

〔太后好黃老之言〕 瀧八・八，慶四右六，殿四右五，凌四右六。○南化 楓 三 竇太后好黃老之言。

〔請無奏事東宮〕 瀧八・一〇，慶四右八，殿四右七，凌四右九。

集 欲奪其政也 ○其，耿共。

〔以柏至侯許昌爲丞相〕 瀧九・三，慶四右一〇，殿四右八，凌四右一〇。○柏，紹相。

按：紹本訛。

〔數言事多效〕 瀧九・五，慶四左二，殿四左一，凌四左三。○南化 楓 棭 三 數言私事多效。

〔郡諸侯〕 瀧九・八，慶四左六，殿四左四，凌四左六。○景 紹 蜀刻 耿 慶 中統 彭 毛 凌 殿 郡按：南化、楓、棭、三本「郡」字上補「任」字。國諸侯。

〔愈益附武安〕 瀧九・九，慶四左六，殿四左四，凌四左六。○附，慶拊，南化校記「附」。

〔武安者貌侵〕 瀧九・一〇，慶四左七，殿四左五，凌四左七。○索無「者」字。

集 刻确也音核 ○核，紹移。札記「刻确」二字皆無核音，索隱「又音确，爲刻」，疑皆有誤。

索 案服虔云侵短小也韋昭云刻确也按确音刻又孔文祥侵醜惡也音寢 ○耿 慶 中統 彭 凌 殿無此注二十八字。

〔生貴甚〕 瀧一〇・一，慶四左八，殿四左六，凌四左八

索　謂蚡自生尊貴之勢特甚　○特，耿符。按：耿本訛。

索　又以諸侯王多長年　○索無「又以」二字。

索　非痛折節以禮屈之　○節，彭即。

〔蚡以肺腑爲京師相〕　瀧一〇・三，慶四左一〇，殿四左八，凌五右一。

索　腑音附肺附言如肝肺之相附又云柿木札附木皮也詩云如塗塗附以言如皮之附木也　○索金陵「腑音附」三字作「腑音府、肺音廢」六字。耿中統無上「言」字。慶彭凌殿無此注三十五字。楓三校補此三十五字。

正　舊解云肺腑　○附，慶凌殿腑。

正　如肝肺之相附著也　○著，慶彭凌着。下注同。

正　柿斫木札也　○慶彭凌殿「柿斫」二字作「肺碎」。

正　又爲帝之腹心親戚也　○殿無「帝」字。

〔天下不肅〕　瀧一〇・八，慶五右五，殿五右三，凌五右六。

索　欲令士折節屈下於己　○士，索其。

索　知或説爲非也　○索無「或説爲」三字。

〔治宅甲諸第〕　瀧一一・五，慶五左三，殿五右一〇，凌五左四。○第，景蜀蜀刻弟。

〔立曲旃〕　瀧一一・七，慶五左四，殿五左一，凌五左五。

集　大夫建旃曲旃　○景蜀紹蜀刻耿慶中統彭毛凌殿「建旃曲旃」四字作「立曲旃

曲」。札記各本作「大夫立旃曲柄上曲也」。考證據漢書注增改。案：漢書注「曲」下亦脱「旃」字。按：張文虎所言之各本不審，疑札記有誤。

索 按曲旃旌旃柄上曲僭禮也通帛曰旃　○耿慶中統彭凌殿無此注十五字。

〔魏其日默默不得志〕　瀧一一・一〇，慶五左八，殿五左五，凌五左九。○志，南化楓棭意。

〔夫父張孟嘗爲潁陰侯嬰舍人〕　瀧一二・二，慶五左一〇，殿五左七，凌六右一。○楓棭——潁陰侯灌嬰舍人。

〔以報父之仇〕　瀧一二・八，慶六左七，殿六右三，凌六右八。

集 自奮勵也　○自，彭有。勵，毛厲。

〔於是灌夫被甲持戟募軍中〕　瀧一二・九，慶六右七，殿六右四，凌六右八。○募，景蜀刻慕。

〔復馳還〕　瀧一三・一，慶六左一，殿六右六，凌六左一。○還，南化退。

〔吴已破〕　瀧一三・五，慶六左五，殿六右一〇，凌六左五。○已，中統以。慶彭無「破」字。按：景印慶元本補「破」字。札記王本脱「破」字。

〔潁陰侯言之上〕　瀧一三・五，慶六左五，殿六右一〇，凌六左六。○之，楓於。

〔數月坐法去〕　瀧一三・六，慶六左六，殿六左一，凌六左六。○紹脱「去」字。

〔以爲淮陽天下交〕 瀧一三・八，慶六左八，殿六左三，凌六左九。○交，南化狡。

〔故徙夫爲淮陽太守〕 瀧一三・八，慶六左八，殿六左三，凌六左九。

*正 言淮陽天下交會處而兵又勁 南化幻梅狩瀧。

〔夫與長樂衛尉竇甫飲〕 瀧一三・一〇，慶六左九，殿六左四，凌六左一〇。○殿脱「夫」字。

〔輕重不得〕 瀧一三・一〇，慶六左一〇，殿六左四，凌六左一〇。

集 飲酒輕重不得其平也 ○也，紹地。按：紹本訛。

〔夫醉搏甫〕 瀧一四・一，慶六左一〇，殿六左六，凌七右一。○夫，中統大。

索 音博 ○博，凌慱，殿搏。按：殿本誤。

索 謂擊也 ○也，耿慶彭凌殿之，中統謂擊之也。

〔徙爲燕相〕 瀧一四・二，慶七右一，殿六左六，凌七右二。○南化楓棭三徙夫爲燕相。

〔灌夫爲人剛直使酒〕 瀧一四・三，慶七右二，殿六左六，凌七右二。○札記王本「剛」誤「則」。

〔尤益敬〕 瀧一四・五，慶七右四，殿六左八，凌七右四。○尤，中統猶，南化楓棭三尤益禮敬。

〔已然諾〕　瀧一四・六，慶七右六，殿六左九，凌七右六。○索脱「然」字。

〔無非豪桀大猾〕　瀧一四・八，慶七右七，殿六左一〇，凌七右七。○桀，慶中統毛傑。

〔食客日數十百人〕　瀧一四・八，慶七右七，殿七右一，凌七右七。○十，耿中統毛千。

按：訛。

〔引繩批根生平慕之後弃之者〕　瀧一五・二，慶七左一，殿七右四，凌七左一。○批，慶索枇。按：景印慶元本「枇」改「批」。

集　意批根賓客也　○批，慶彭枇。案：景印慶元本「枇」改「批」。

集　弃之者　○紹云之弃之者。弃，景蜀蜀刻耿慶中統彭毛去。

集　根根括　○括，凌挌。

索　共相依引也　○共，中統並。

索　漢書作排排根者　○耿慶中統彭凌殿「排排根者」四字作「排根」二字。

索　蘇林云賓客去之者不與通也孟康云音根格謂引繩排彈其根格平生慕嬰交而弃者令不得通也小顔根音痕格音下各反騆謂引繩排彈根括以退之者也　○索下「通」字作「退」。金陵下「彈」字下有「繩」字。耿慶中統彭凌殿注此六十二字作小顔凌本有「云」字。根音痕括凌本「括」作「格」。音泪耿本「泪」作「涸」。謂人生平慕嬰夫彭本「夫」作「去」。後見其失職而頽弛慢如此者共排退之不復與交也譬如相對挽繩而括凌本「括」作「格」。之也四十六字。

〔兩人相爲引重〕　瀧一五・七，慶七左五，殿七右八，凌七左六。

集　相薦達爲聲勢　○紹脱「薦」字。

〔會仲孺有服〕　瀧一五・九，慶七左八，殿七左一，淩七左九。

索　仲孺不辭同生之服是也　○耿慶中統彭淩殿無「是也」二字。

〔將軍旦日蚤臨〕　瀧一六・一，慶八右一，殿七左三，淩八右一。

＊**正**　解紀買反謂辭之也　南化幻梅狩瀧。

〔灌夫具語魏其侯〕　瀧一六・三，慶八右一，殿七左四，淩八右一。○具，楓三見。

〔宜往〕　瀧一六・六，慶八右五，殿七左七，淩八右五。

索　正言夫請不以服爲解　○耿慶中統彭淩殿正言灌夫請——。

索　蚡不宜忘　○索「忘」字作「妄言」二字。

索　故駕自往迎也　○索「往迎」二字作「迎之」。

〔武安鄂謝曰〕　瀧一六・一〇，慶八右九，殿八右一，淩八右九。○安，彭守。

〔夫起舞屬丞相〕　瀧一七・二，慶八左一，殿八右二，淩八左一。

索　音之欲反　○慶彭索淩殿無「音」字。

索　若今之舞訖相勸也　○之，耿慶中統淩殿人，彭無「之」字。

〔灌夫亦持丞相陰事〕　瀧一八・三，慶九右三，殿八左二，淩九右二。○持，毛時。按：毛本訛。

〔受淮南王金與語言〕　瀧一八・三，慶九右三，殿八左三，淩九右三。

＊正　姦利爲姦惡而求利　南化幻梅狩瀧。

〔餘半膝席〕　瀧一八・九，慶九右一〇，殿八左九，凌九右九。○半，彭坐，楓棭校記「半」。

集　以膝跪席上也　○膝，紹滕。

＊正　蘇説是也　南化幻梅狩瀧。

〔灌夫不悦〕　瀧一八・一〇，慶九右一〇，殿八左九，凌九右一〇。○悦，中統説。

〔武安膝席曰〕　瀧一九・一，慶九左一，殿八左一〇，凌九右一〇。○膝，南化楓棭三跪。

〔屬之〕　瀧一九・二，慶九左二，殿九右一，凌九左二。

＊正　屬音燭屬付也重付合盡　南化梅。

〔時武安不肯〕　瀧一九・三，慶九左三，殿九右一，凌九左二。

＊正　不肯不爲盡也　南化梅狩瀧。

〔行酒次至臨汝侯〕　瀧一九・四，慶九左三，殿九右一，凌九左二。

索　則賢是嬰之孫　○索無「賢是」二字。

〔乃罵臨汝侯曰〕　瀧一九・五，慶九左五，殿九右四，凌九左四。○乃，中統因。

〔乃效女兒呫囁耳語〕　瀧一九・六，慶九左六，殿九右五，凌九左六。

集　呫囁　○囁，中統聶。

索 音汝輒反　○汝，[中統]女。[札記]單本「女」訛「汝」。

索 說文附耳小語也　○[耿][慶][中統][彭][凌][殿]無此注七字。

〔仲孺獨不爲李將軍地乎〕　瀧二〇・一，慶九左九，殿九右八，凌九左九。

＊**正** 按地猶材地二（南化、幻、梅本「二」作「云」）。人有材能若廣材地故云材地二人（幻、狩、瀧本無「有材」以下十三字）。俱東西宮毀程（幻本「程」作「稚」）。能不損李將軍之（狩、瀧本無「之」字）。材地也　[南化][幻][梅][狩][瀧]。

〔今日斬頭陷胷〕　瀧二〇・三，慶一〇右一，殿九右九，凌九左一〇。○胷，[索]匈。

〔何知程李乎〕　瀧二〇・三，慶一〇右一，殿九右一〇，凌一〇右一。

索 漢書作穴匈　○匈，[慶]凶，[凌]「穴匈」二字作「亢凶」。

〔乃令騎留灌夫〕　瀧二〇・六，慶一〇右三，殿九左一，凌一〇右三。

＊**正** 謂常從騎之人　[南化][幻][梅][狩]。

〔繫居室〕　瀧二〇・九，慶一〇右六，殿九左四，凌一〇右六。

集 百官表　○[凌]百官表云。

＊**正** 居室署名也官屬名武帝改爲保宮（狩本無「武帝」以下六字）。[南化][幻][梅][狩]。

〔遂按其前事〕　瀧二一・一，慶一〇右七，殿九左五，凌一〇右六。○按，[慶]桉。

〔與太后家忤〕　瀧二一・五，慶一〇左二，殿九左九，凌一〇左一。

＊**正** 忤逆也　[南化][幻][梅][狩]。

〔立召入〕　瀧二一・七，慶一〇左四，殿一〇右一，凌一〇左四。○入，[慶][凌]人，[南化]校記

「入」。按：景印慶元本「人」改「入」。

〔武安又盛毀灌夫所爲横恣〕　瀧二二・一〇，慶一〇左七，殿一〇右四，凌一〇左七。○爲，中統以。

〔不如魏其灌夫〕　瀧二二・二，慶一一右一，殿一〇右七，凌一〇左一〇。○不，南化楓棭三景蜀紹蜀刻毛今。

〔腹誹而心謗〕　瀧二二・四，慶一一右二，殿一〇右八，凌一一右一。○誹，慶彭腓，南化校記「誹」。按：景印慶元本「腓」改「誹」。

〔不仰視天而俯畫地〕　瀧二二・四，慶一一右二，殿一〇右八，凌一一右一。○耿脱「不」字。

集　諭欲作反事　○諭，中統彭論。

〔辟倪兩宮閒〕　瀧二二・五，慶一一右三，殿一〇右九，凌一一右二。

集　音芳细反　○芳，紹旁。

索　辟普係反　○辟，凌僻，殿碎。

索　埤倉云　○倉，慶凌殿蒼。

〔而欲有大功〕　瀧二二・六，慶一一右六，殿一〇右一〇，凌一一右四。

*__正__　按大功謂爲天子也　南化幻梅狩瀧。

〔臣乃不知魏其等所爲〕瀧二三・八，慶一一右六，殿一〇左一，凌一一右五。〇知，毛如。

〔淩轢宗室〕瀧二三・三，慶一一左一，殿一〇左六，凌一一右一〇。〇淩，景蜀刻耿慶中統彭凌殿凌。

〔侵犯骨肉〕瀧二三・三，慶一一左二，殿一〇左六，凌一一右一〇。

*正，凌轢謂蹈践之　南化幻梅狩瀧。

〔不折必披〕瀧二三・四，慶一一左三，殿一〇左七，凌一一左一。

正　鋪被反　〇被，彭披。

〔後不敢堅對〕瀧二三・六，慶一一左四，殿一〇左九，凌一一左三。〇南化景蜀無「對」字。對，毛封。按：毛本訛。

〔吾并斬若屬矣〕瀧二三・八，慶一一左七，殿一一右二，凌一一左六。

集　俛頭於車轅下　〇俛，毛挽。車，紹直。按：紹本訛。

索　駒馬加著轅　〇著，慶彭着札記　漢書注作「駒者駕著轅下」。疑各有誤。

〔而人皆藉吾弟〕瀧二四・二，慶一一左九，殿一一右四，凌一一左八。〇藉，毛籍。弟，索第。

索　以言蹂藉之　〇之，耿慶中統彭凌殿也。

〔且帝寧能爲石人邪〕瀧二四・三，慶一二右一，殿一一右五，凌一一左一〇。〇邪，索耶。

正　言徒有人形耳　○慶彭凌殿無「形」字。札記「形」字，考證據漢書注增。

〔此特帝在〕　瀧二四・四，慶一二右一，殿一一右六，凌一二右一。○特，耿時。

〔故廷辯之〕　瀧二四・六，慶一二右四，殿一一右八，凌一二右三。○故，紹放。按：紹本訛。

〔爲上分別言兩人事〕　瀧二四・七，慶一二右五，殿一一右九，凌一二右四。○紹「兩人事」三字作「而姓急」。

〔與長孺共一老禿翁〕　瀧二四・八，慶一二右七，殿一一右一〇，凌一二右六。○禿，紹御。

〔何爲首鼠兩端〕　瀧二四・九，慶一二右七，殿一一右一〇，凌一二右六。

集　禿老翁　○翁，景蜀紹蜀刻毛公。

集　言嬰無官位扳援也　○扳，景蜀蜀刻板，耿毛扱。援，蜀授，凌緩。

索　服虔云首鼠一前一卻也　○耿慶中統彭凌殿無此注十字。

〔不廢君〕　瀧二五・五，慶一二左二，殿一一左五，凌一二左一。○君，耿若。按：耿本訛。

〔杜門齰舌自殺〕　瀧二五・六，慶一二左二，殿一一左六，凌一二左二。○齰，景蜀蜀刻紹耿慶中統彭毛凌殿齚。下注同。

索　音側革反　○耿慶中統彭凌殿「側革」二字作「士白」。

〔君亦毀人〕　瀧二五・六，慶一二左三，殿一一左六，凌一二左二。○人，蜀紹耿中統

毛 殿 之。

〔於是上使御史簿責魏其所言灌夫〕 瀧二五・八，慶一二左五，殿一一左八，凌一二左四。○簿，南化 楓 棭 毛 薄。札記 宋本、毛本「簿」作「薄」。

〔欺謾〕 瀧二五・九，慶一二左七，殿一一左九，凌一二左六。

*正 簿責以文簿責問之 南化 幻 梅 狩 瀧。

*正 以不對簿爲（幻本無「爲」字。） 南化 幻 梅 狩。

〔魏其乃使昆弟子上書言之〕 瀧二六・二，慶一二左一〇，殿一二右二，凌一二左九。○紹 蜀刻 無「乃」字。札記 宋本無「乃」字。

〔大行無遺詔〕 瀧二六・三，慶一三右一，殿一二右三，凌一二左九。○楓 三 無「無遺」二字。

〔五年十月〕 瀧二六・六，慶一三右五，殿一二右七，凌一三右四。

索 疑非者 ○索 無「疑」字。

索 案武紀四年三月蚡薨 ○紀，耿 慶 中統 彭 凌 殿 帝。三，索 五。

索 竇嬰死在前 ○索 此注五字作「疑竇嬰在前」。

〔欲死〕 瀧二六・一〇，慶一三右八，殿一二右一〇，凌一三右八。

索 痱音肥 ○痱，凌 亦。

索 又音扶味 ○味，耿 未。

＊正　痱風病小腫也又音蒲罪反瘠［南化、幻、梅本「瘠」作「瘦」。］也　南化幻梅狩瀧。

〔弃市渭城〕　瀧二七·二，慶一三左一，殿一二右二，凌一三右九。

索　著日月者見春垂至　○索此注八字作「張晏云見日月者蓋春垂至」十一字。

〔專呼服謝罪〕　瀧二七·四，慶一三左五，殿一二左七，凌一三左六。

正　十二月末　○殿無「末」字。

正　秦楚之際表云　○表，慶彭凌者。按：景印慶元本「者」改「表」。

正　然夫子作春秋依夏正　○殿無此注九字。

〔子恬嗣〕　瀧二七·八，慶一三左七，殿一二左八，凌一三左七。

集　則其死共在一春内邪　○死，景蜀紹蜀刻耿慶中統彭毛凌金陵春。札記當作「死」。

集　田蚡薨　○田，耿由。按：耿本訛。

集　當爲二月也　○也，景蜀刻紹邪。

〔元朔三年〕　瀧二七·一〇，慶一三左九，殿一三右一，凌一四右一。○中統脱「元朔」二字。

〔武安侯坐衣襜褕入宮不敬〕　瀧二七·一〇，慶一三左一〇，殿一三右二，凌一四右一。○褕，凌褕。

索　表云恬坐衣不敬國除　○慶中統彭凌殿無此注九字。

正 衣蔽前謂之襜　○衣，[慶][彭][淩][殿]今　[札記]「衣」誤「今」，考證據爾雅改。

〔特爲太后故耳〕　瀧二八・七，慶一四右六，殿一三右七，淩一四右七。○特，[中統]時。

按：中統本訛。

索 特爲太后故耳　○特，[耿]待。

〔然魏其誠不知時變〕　瀧二九・一，慶一四左一，殿一三左一，淩一四左二。○誠，[詳節]終。

〔灌夫無術而不遜〕　瀧二九・一，慶一四左一，殿一三左二，淩一四左二。○夫，[彭]大。

〔衆庶不載〕　瀧二九・三，慶一四左三，殿一三左四，淩一四左四。○載，[南化][楓][棭][三]戴。

〔竟被惡言〕　瀧二九・三，慶一四左四，殿一三左四，淩一四左五。○竟，[毛]音。毛本誤。

〔禍所從來矣〕　瀧二九・四，慶一四左四，殿一三左四，淩一四左五。

索 睥睨兩宮　○睥，[慶][中統][淩][殿]辟[索][金陵]睤。睨，[中統]倪。

史記會注考證校補卷一百八

韓長孺列傳第四十八

〔梁成安人也〕　瀧二・一，慶一右二，殿一右七，凌一右三。○成，景井衲耿慶中統毛凌殿城。

集　在汝潁之閒也　○潁，耿中統陰。

正　成安故城　○成，殿城。

正　地理志云　○慶彭凌殿此四字作「括地志云」。札記誤括地志、考證據漢書改。

〔後徙睢陽〕　瀧二・四，慶一右四，殿一右九，凌一右五。○睢，井慶凌殿睢，毛雎。

〔嘗受韓子雜家説於騶田生所〕　瀧二・四，慶一右四，殿一右九，凌一右六。

索　案安國學韓子及雜家説於騶縣田生之所　○耿慶中統彭凌殿案謂——。及中統撰。

〔而太后曾弗省也〕　瀧三・二，慶一左四，殿一左八，凌一左五。

集　景帝姊　○姊，毛姑。按：毛本訛。

正　景帝姊　○札記考證云，漢書注作「姊」。案：徐廣亦云「姊」。

〔夫前日吳楚齊趙七國反時〕　瀧三・三，慶一左五，殿一左八，凌一左六。○井紹衲「前」、「日」互倒。札記「前」、「日」宋本倒。

〔梁王父兄皆帝王〕　瀧三・八，慶一左一○，殿二右三，凌二右一，○王，南化楓三生。

〔令天下盡知太后帝愛之也〕　瀧四・一，慶二右三，殿二右六，凌二右四。

集　侘一作絎也　○絎，紹絹。

集　駰案侘音丑亞反誇也　○丑，慶彭刃，凌力。按：景印慶元本「刃」改「丑」。毛無此注九字。

索　侘音丑亞反字如姹侘者誇也　○耿慶中統彭凌殿無此注十二字。

〔蒙獄吏田甲辱安國〕　瀧四・九，慶二右一○，殿二左二，凌二左一，○吏，景井衲史。

集　蒙縣名　○殿無此三字注。

索　蒙縣名　○耿無「名」字。

索　屬梁國也　○屬，彭蜀，楓棭三校記「屬」。

〔死灰不復然乎〕　瀧五・一，慶二左二，殿二左三，凌二左二，○然，南化燃。

〔然即溺之〕　瀧五・一，慶二左二，殿二左三，凌二左三，○即，耿則。

〔梁內史缺〕　瀧五・一，慶二左二，殿二左四，凌二左三，○札記游本「史」訛「使」。

〔甲不就官〕　瀧五・三，慶二左四，殿二左五，凌二左四。○南化楓棭三甲還不就官。

〔公等足與治乎〕　瀧五・四，慶二左五，殿二左六，凌二左五。○札記　王本「足」訛「成」。

案　案謂不足與繩持之　○札記「持」當作「治」。

〔竇太后聞〕　瀧五・六，慶二左七，殿二左八，凌二左八。○井紹耿衲竇太后所聞。

〔公孫詭羊勝説孝王〕　瀧五・六，慶二左八，殿二左九，凌二左八。○孝，蜀者。按：蜀本訛。

〔主辱臣死〕　瀧六・一，慶三右三，殿三右三，凌三右三。

索　此語見國語　○殿無此五字注。

〔請辭賜死〕　瀧六・二，慶三右五，殿三右四，凌三右五。○南化三無「辭」字。

〔夫太上臨江〕　瀧六・五，慶三右七，殿三右六，凌三右七。○南化楓三夫太上皇、臨江王。

〔橈明法〕　瀧七・二，慶三左四，殿三左三，凌三左四。○橈，蜀毛撓。

索　悦漢書作怵　○耿索上音悦，漢書作「怵怵」。金陵訹。

*正　橈曲也　南化幻謙野瀧。

〔有如太后宮車即晏駕〕　瀧七・三，慶三左六，殿三左四，凌三左六　○有，南化楓三又。

〔孝王泣數行下〕　瀧七・四，慶三左七，殿三左五，凌三左七。○王，彭土。按：彭本訛。

〔於是景帝太后〕　瀧七・六，慶三左九，殿三左七，凌三左九。○南化楓棭三於是景帝及太后。

〔安國及大行王恢將兵未至越〕　瀧八・一，慶四右四，殿四右一，凌四右三。○慶 彭 凌 金陵 無「兵」字。南化 楓 棭 三 校補「兵」。按：景印慶元本增「兵」字。札記 宋本、中統、游、毛「未」上有「兵」字。

〔韓安國爲御史大夫〕　瀧八・四，慶四右六，殿四右二，凌四右四。○景 井 紹 衲 耿 慶 中統 彭 毛 凌 殿 無「韓」字。

〔遷徙鳥舉〕　瀧八・七，慶四右一〇，殿四右六，凌四右九。○徙，蜀 徒。按：蜀本訛。

〔衝風之末力〕　瀧九・二，慶四左四，殿四右九，凌四左二。○衝，紹 毛 衛。

〔不能漂鴻毛〕　瀧九・二，慶四左四，殿四右一〇，凌四左三。

集　魯之縞尤薄　○尤，毛 光。

〔雁門馬邑豪聶翁壹〕　瀧九・四，慶四左七，殿四左二，凌四左五。

索　翁壹名也　○壹，彭 一。下同。

〔匈奴初和親〕　瀧九・八，慶四左八，殿四左三，凌四左六。○初，紹 勑。

〔吾能斬馬邑令丞吏〕　瀧九・一〇，慶四左九，殿四左四，凌四左八。○吏，景 史。

〔財物可盡得〕　瀧九・一〇，慶四左一〇，殿四左五，凌四左八，○可，中統 乃。

〔將十餘萬騎入武州塞〕　瀧一〇・三，慶五右三，殿四左七，凌五右一。

索　今平城直西百里　○直，彭 首。按：彭本訛。

索 有武州城是也　○[索]無「是」字。

〔衛尉李廣爲驍騎將軍〕　瀧一〇・五，慶五右五，殿四左九，凌五右三。

集 若六博樂矣　○[毛]「博」字作「搏」而「矣」字作「也」。

〔太僕公孫賀爲輕車將軍〕　瀧一〇・六，慶五右七，殿五右一，凌五右五。

正 古之戰車　○[殿]無「之」字。

〔於是單于入漢長城武州塞〕　瀧一〇・一〇，慶五左二，殿五右五，凌五右一〇。○[南化][楓][棭][三][紹][毛]於是時單于——。

〔攻烽燧〕　瀧一一・二，慶五左四，殿五右七，凌五左二。○烽，[殿]熢。

〔單于顧謂左右曰〕　瀧一一・四，慶五左五，殿五右八，凌五左三，○[南化][楓][棭][三]於是單于顧謂左右曰。謂，[毛]問。

〔乃天也〕　瀧一一・五，慶五左七，殿五右九，凌五左五。○[南化][楓][棭][三]乃天命也。

〔聞單于不與漢合〕　瀧一一・七，慶五左九，殿五左一，凌五左七。○[南化][楓][棭][三]聞單于兵不與漢合。

〔城兵與單于接而擊其輜重〕　瀧一一・九，慶六右二，殿五左四，凌五左一〇。○[南化][楓][棭][三]無「城兵與單于接而」七字。

〔臣以三萬人衆不敵〕　瀧一二・一，慶六右三，殿五左五，凌六右一。○敵，[南化][景][井]

蜀 紹 衲 適。

〔廷尉當恢逗橈當斬〕 瀧一二・二，慶六右五，殿五左七，凌六右三。

索 案應劭云逗曲行而避敵音豆又音住住謂留止也橈屈弱也女孝反 一云橈顧望也 ○耿 慶 中統 彭 凌 殿 此注三十三字作「案如淳云軍法行而逗留畏橈者要斬逗音豆又音住耿、彭本「住」作「往」。 逗留也橈屈弱也」二十八字。

〔智足以當世取舍〕 瀧一二・九，慶六左三，殿六右四，凌六左一。○舍，景 井 合，札記宋本、舊刻「舍」作「合」，各本作「舍」，漢書同。

〔貪嗜於財〕 瀧一三・一，慶六左四，殿六右五，凌六左二。○南化 楓 棭 三 貪嗜於財利。

〔所推舉皆廉士〕 瀧一三・一，慶六左五，殿六右五，凌六左二。○南化 景 井 蜀 紹 衲 中統 毛 殿 然所推舉皆廉士。

〔皆天下名士〕 瀧一三・二，慶六左六，殿六右六，凌六左三。

索 下徒河反 ○河，耿 中統 毛 何。

〔奉引墮車蹇〕 瀧一三・五，慶六左九，殿六右九，凌六左六。

集 而墮車跛足 ○彭 無「而」字。

〔請且罷軍屯〕 瀧一四・四，慶七右九，殿六左八，凌七右六。○請，紹 諸。

〔罷軍屯月餘〕 瀧一四・四，慶七右九，殿六左八，凌七右六，○紹 無「罷軍屯」三字。

〔安國壁乃有七百餘人〕　瀧一四・五，慶七右九，殿六左九，淩七右七。○彭無「乃」字。

〔復入壁〕　瀧一四・五，慶七右一〇，殿六左九，淩七右七。○復，南化 楓 棭 三 傷。

〔匈奴虜略千餘人及畜産而去〕　瀧一四・六，慶七右一〇，殿六左九，淩七右七。○略，彭 掠。

〔徙安國益東屯右北平〕　瀧一四・七，慶七左二，殿七右一，淩七右九。○耿無「徙安國」三字。

正　即漢右北平也　○右，慶 彭 殿 古，楓 梓記「右」。

〔甚自愧〕　瀧一五・一，慶七左六，殿七右四，淩七左三。○愧，中統 媿。

〔病歐血死〕　瀧一五・一，慶七左七，殿七右五，淩七左四。○札記 游本「歐」作「嘔」。

〔壺遂之深中隱厚〕　瀧一五・三，慶七左九，殿七右八，淩七左六。

集　一云廉正忠厚　○厚，毛 直。

〔天子方倚以爲漢相〕　瀧一五・五，慶八右一，殿七右九，淩七左八。○蜀 無「以」字。

〔不然〕　瀧一五・五，慶八右二，殿七右九，淩七左八。○南化 楓 三 不終然。

〔壺遂之内廉行修〕　瀧一五・六，慶八右二，殿七右九，淩七左九。○行，詳節 外。

〔斯鞠躬君子也〕　瀧一五・六，慶八右二，殿七右一〇，淩七左九。

索　死灰更然　○然，中統 索 燃。

索　雪泣悟主　○主，淩 注。按：淩本訛。